中国社会科学院 学者文选

苏振兴集

中国社会科学院科研局组织编选

中国社会科学出版社

图书在版编目(CIP)数据

苏振兴集／中国社会科学院科研局组织编选. —北京：中国社会
科学出版社，2012.12（2018.8 重印）
（中国社会科学院学者文选）
ISBN 978 - 7 - 5161 - 1653 - 1

Ⅰ.①苏…　Ⅱ.①中…　Ⅲ.①拉丁美洲—文集　Ⅳ.①D773 - 53

中国版本图书馆 CIP 数据核字（2012）第 251250 号

出 版 人　赵剑英
责任编辑　易小放
责任校对　王春霞
责任印制　李寡寡

出　　　版　中国社会科学出版社
社　　　址　北京鼓楼西大街甲 158 号
邮　　　编　100720
网　　　址　http：//www.csspw.cn
发 行 部　010 - 84083685
门 市 部　010 - 84029450
经　　　销　新华书店及其他书店

印刷装订　北京市十月印刷有限公司
版　　　次　2012 年 12 月第 1 版
印　　　次　2018 年 8 月第 2 次印刷

开　　　本　880 × 1230　1/32
印　　　张　14.5
字　　　数　361 千字
定　　　价　79.00 元

凡购买中国社会科学出版社图书,如有质量问题请与本社营销中心联系调换
电话:010 - 84083683

出 版 说 明

一、《中国社会科学院学者文选》是根据李铁映院长的倡议和院务会议的决定，由科研局组织编选的大型学术性丛书。它的出版，旨在积累本院学者的重要学术成果，展示他们具有代表性的学术成就。

二、《文选》的作者都是中国社会科学院具有正高级专业技术职称的资深专家、学者。他们在长期的学术生涯中，对于人文社会科学的发展做出了贡献。

三、《文选》中所收学术论文，以作者在社科院工作期间的作品为主，同时也兼顾了作者在院外工作期间的代表作；对少数在建国前成名的学者，文章选收的时间范围更宽。

中国社会科学院

科研局

1999 年 11 月 14 日

目　录

拉美经济研究

新自由主义指导下的拉美经济改革与影响 …………………（3）

增长、分配与社会分化

　　——对拉美国家社会贫富分化问题的考察 …………（50）

智利的经济政策与发展模式 …………………………（76）

拉美国家能实现《千年宣言》的减贫目标吗? …………（89）

巴西工业竞争力分析 …………………………………（105）

谨防城市化过程的负面后果

　　——拉美国家城市化进程的若干启示 …………（122）

拉美城市化进程及其特点 ……………………………（143）

关于拉美国家现代化研究若干问题的探讨 ……………（182）

未竟的工业化

　　——对拉美国家工业化进程的考察 ……………（210）

拉美国家探索现代化道路的若干启示 …………………（230）

拉美国家经济社会危机频发并非发展的一般规律 ………（237）

拉丁美洲:新自由主义"退潮",本土发展理论复兴 ………（244）

拉美经济形势：近期回顾与前景预测 ·············· （250）

拉美政治、历史研究

拉美印第安人运动兴起的政治与社会背景 ········· （273）

拉美左派崛起与左派政府的变革 ·············· （289）

拉美政坛"左倾化"现象评析 ·················· （305）

土生白人与拉美独立运动 ··················· （311）

挫折中学习 危机后崛起

——拉美国家独立200周年感言 ············ （331）

中国与拉美关系研究

2009年的拉丁美洲

——中国企业"走出去"的新机遇 ············ （337）

中拉关系60年：成就与政策 ················· （353）

中拉关系如何面向未来 ···················· （371）

拉丁美洲对中国迅速发展与影响扩大的反响 ········ （391）

美国与拉美关系研究

从"美洲倡议"看美、拉关系的走向 ·············· （417）

全球化背景下美国与拉美关系的新特点 ·········· （431）

作者著作目录 ························· （449）

作者年表 ··························· （455）

拉美经济研究

新自由主义指导下的拉美 经济改革与影响

20世纪70年代中期以来,一场新自由主义指导下的经济改革席卷了除古巴以外的整个拉丁美洲和加勒比(以下简称拉美地区或拉美国家)地区。这场经济改革既促成了拉美国家由国家主导型经济体制向自由市场经济体制的转变、由进口替代工业化的内向发展模式向出口主导型的外向发展模式的转变,也造成了国家宏观调控能力被过度削弱和社会冲突普遍加剧等后果。本文将集中分析拉美经济改革的进程和影响。

一 新自由主义在拉美流行的背景

我们在探讨新自由主义在拉美流行的背景时,不能不首先提到智利。1973年,智利发生"9·11"军事政变,社会党领袖阿连德领导的"人民团结"政府被推翻。以皮诺切特将军为首的军政府在政治上建立独裁统治,残酷镇压左翼势力,在经济上开始实行新自由主义改革。因此,在国际范围内,智利启动新自由主义改革比英国撒切尔政府和美国里根政府更早,是开新自由主义改革先河的国家，被称为新自由主义改革的"实验场"。紧随智利之后推行新自由主义改革的还有乌拉圭（1974 年）和阿根廷（1976 年）等拉美国家。为什么自 20 世纪 70 年代中期起在世界范围内出现的新自由主义勃兴的浪潮率先从拉美国家掀起？为什么智利、阿根廷等国率先成为新自由主义的"实验场"？新自由主义指导的改革又是如何逐步扩展成席卷整个拉美地区的浪潮的？下面，我们逐一回答这些问题。

（一）进口替代工业化发展模式的衰落

在世界经济发展史上，20 世纪 30 年代的资本主义大萧条导致了凯恩斯主义兴起等诸多深远的影响。对拉美国家而言，那场危机既标志着延续了 60 年左右的初级产品出口繁荣阶段的结束，也催生了建立独立的民族经济的思想。1930 年上台的巴西瓦加斯政府率先举起国家工业化的旗帜，开始探索由国内生产逐步取代部分进口制成品的发展道路。其动机很明确：巴西经济必须"在新的基础上重建，使之不再是国际贸易和国际市场一个单纯的供应商，而要变成一种真正的国民经济，即一个有组织的生产与资源配置体系，以满足其居民的需要"[①]。在 30 年代和 40 年代，这种自发的进口替代工业化发展模式被一批具有早期现代工业基础的拉美国家所采纳，并取得了初步的成功。50 年代初期，以阿根廷经济学家劳尔·普雷维什为代表的拉美结构学派，在总结前期实践经验的基础上对进口替代工业化模式进行了理论概括，并向整个拉美地区推广。1950—1980 年，拉美地区形成了战后工业化的高潮期，地区经济保持了长达 30 年（年均 5.3%）的稳定增长。

---

① Caio Prado Junior, *Historia económica del Brasil*, Editorial Futuro, Buenos Aires, Argentina, 1960, pp. 336–337.

　　但是，在经济增长的同时，进口替代工业化发展模式所固有的诸多结构性制约因素也逐步加剧。例如，由于国内市场狭小，一些实施进口替代模式较早的中小国家，如阿根廷、智利、乌拉圭等国，在50年代就开始面临工业化进程活力衰退、经济增长乏力的局面。由于长期实行高保护政策，本国制成品缺乏国际竞争力。由于市场狭小，产业升级过程具有投入高、产出低、效益差的特点。由于工业制成品很少出口，工业部门长期处于外贸逆差状况，只能靠初级产品出口盈余来弥补。这种工业化进程靠非工业部门出口创汇来支撑的局面，到1973年国际石油危机发生后已经无法维持了。当年拉美地区农牧业、石油及其他部门出口盈余的总和已不足以抵消工业部门的外贸赤字。[①]这就意味着拉美国家实际上已经出现了结构性发展危机，巴西、墨西哥等地区大国也不例外。拉美国家在60年代没有像亚洲"四小龙"那样适时地转入外向发展，已经错过了一次调整的机遇。在70年代初结构性发展危机已经发生的情况下，拉美结构学派依然没有提出放弃内向发展模式的问题。1973年石油危机后，拉美国家纷纷转向国际资本市场大举借债，最后酿成地区性严重的债务危机。由此可见，进口替代工业化发展模式从30年代初出现，到80年代初结束，在拉美整整延续了50年。从50年代这种模式的危机开始显现，到80年代最终转型，人们始终未能提出一种有效的替代方案，从而为新自由主义的"闯入"准备了客观条件。

（二）拉美地区政治形势的大反复

　　如果单纯从经济层面考虑，智利、阿根廷和乌拉圭3国率先

---

　　① Fernando Fajzylber, *La industrialización trunca de América Latina*, Editorial Nueva Imagen, México – Caracas – Buenos Aires, 1983. p. 238, Cuadro 63.

实行新自由主义改革的原因很容易解释。如上文所述，这 3 个国家早在 50 年代就出现了工业与整个国民经济相对停滞的局面。统计资料显示，1950 年，这 3 国的工业产值占拉美地区工业产值的 42%，1978 年降为 21%；在这 28 年中，拉美地区工业年均增长率为 6.5%，而阿根廷、智利、乌拉圭分别为 4.1%、3.7% 和 2.7%；1950 年，3 国的工业化率、城市化率和社会整合程度都高于地区平均值，到 1978 年，这些指标都相对大幅降低；1963 年，智利人均 GDP 高于巴西、墨西哥，与西班牙持平，相当于美国的 31%，到 1976 年，智利的这一指标已落后于前 3 国，只相当于美国的 25%。[①]可见，经济地位持续下滑是促使这 3 个国家急于在发展模式上寻找新的出路的直接原因。不过，笔者认为，单从这个层面来解释显然不够，还有更深层的政治与社会文化背景。

　　20 世纪 60—70 年代，拉美地区民族民主运动高涨。这股潮流以 1959 年古巴革命胜利为契机而兴起，席卷了整个拉美地区。(1) 先后有 13 个国家取得民族独立。(2) 民众社会抗议运动蓬勃发展，其中特别是游击队的反政府武装活动此起彼伏，并以 1979 年尼加拉瓜桑地诺民族解放阵线推翻索摩查亲美独裁政权而达到顶峰。(3) 左翼政府在部分国家上台并实行民主变革，其中以 1970 年上台的阿连德政府在智利实行"向社会主义过渡"的改革最为激进。(4) 在意识形态领域，"游击中心"论、解放神学等相继问世，其中在发展理论方面，50 年代形成的拉美结构主义具有"经济民族主义"色彩，而 60 年代出现的依附理论则提出了选择社会主义前途的论断。

---

　　① Fernando Fajzylber, *La industrialización trunca de América Latina*, Editorial Nueva Imagen, México – Caracas – Buenos Aires, 1983. p. 246.

拉美的传统社会是一种等级森严、种族歧视严重、财富占有极度不公的社会。由于普遍没有经历资产阶级民主革命，直至战后年代，传统的右翼保守势力依然相当强大。社会的"精英意识形态"是所谓"现代传统主义"，即既追求"现代化"，又强调要保持传统，实际上就是追求经济增长与财富扩张，但反对在社会结构、价值观念和权力分配等方面进行变革。①因此，拉美各国的右翼保守势力对战后出现的这股变革潮流必然不能容忍。在当时的冷战背景下，美国政府也把拉美的这股变革潮流归咎于国际共产主义的"渗透"和"颠覆"。

1964 年巴西军队发动政变推翻古拉特左翼政府，是其国内外右翼势力反击的重要标志。其后，右翼军事政变在其他拉美国家接连发生。这批拉美军人政府具有两个共同特点：一是依靠军事独裁对左翼势力和游击队进行镇压，二是启用文职技术官僚推动经济改革。下面这段描述足以证明当时镇压活动的残酷程度："根据危地马拉历史真相委员会的报告，该国有 20 万人死亡和 5 万人失踪；阿根廷失踪者达 3 万人；智利有 3200 人失踪，数千人被拷打和流放。如果加上萨尔瓦多、尼加拉瓜、海地、哥伦比亚等国内战中的死亡者与失踪者，人们无法弄清有多少人死于非命。"②从经济改革的角度看，巴西军政府虽然采取了大力发展外贸和主动利用外资等政策，并取得了 1968—1973 年期间的"经济奇迹"，但终究没有缓和国内的社会冲突。美国 60 年代在拉美推行"争取进步联盟"计划也未能达到扭转拉美局势的目的。相反，1970 年上台的智利阿连德政府政治取向更加激进。这些

---

① CEPAL, *Desarrollo y cambio social en América Latina*, Santiago de Chile, 1977, p. 7.

② Atilio Boron, *Crisis de las democracias y movimientos socials en América Latina*, Tareas, No 126, Panamá, Mayo – Agosto, de, 2007, p. 20.

因素似乎都意味着拉美右翼势力和美国政府必然要作出更强烈的反应。后来的事实证明，智利 1973 年右翼军事政变是得到美国支持的。智利军政府启动的经济改革具有强烈的意识形态色彩，公开谴责阿连德政府"企图把智利变成一个马克思主义的极权国家"，改革的宗旨就是要使智利由极权主义转向自由主义。因此，智利军政府启用"芝加哥弟子"设计改革模式，采纳弗里德曼的货币主义作为指导思想，就是顺理成章的事。同期启动新自由主义改革的乌拉圭与阿根廷军政府同样也是国内右翼势力的政治代表。号称乌拉圭和阿根廷新自由主义模式"建筑师"的比列加斯（Alejandro Vegh Villegas）和马丁内斯·德奥斯（Martinez de Hoz），也同智利的"芝加哥弟子"一样与新自由主义学派有着深厚的渊源。

（三）债务危机与两极冷战格局的结束

尽管 20 世纪 70 年代拉美 3 国的新自由主义"实验"都是在军人政权强势督导下进行的，但阿根廷与乌拉圭的"实验"还是遭到失败。1982 年拉美债务危机的爆发为新自由主义在拉美的推广迎来了第二次机遇。

拉美债务危机的突出特点是负债量大（1982 年底外债余额 3500 亿美元）、重债国多。

由于国际私人资本来源中断，拉美国家不得不求助于国际货币基金组织与世界银行，而这两家机构都极力主张以扩大开放和放松管制为中心的结构调整，并得到拉美许多专家治国论者的支持。与此同时，里根、撒切尔夫人等西方保守派领导人也在国内倡导类似政策。一时间，新自由主义的舆论宣传在拉美地区甚嚣尘上，甚至把东亚国家的成功经验归结为对外开放与政府对经济不加管制。1985 年 9 月，西方第二个债务战略——"贝克计划"

出台，要求拉美国家"必须削减政府开支，紧缩财政，开放经济，放宽外资进入条件，鼓励竞争，向自由市场过渡，进行国有企业私有化，发挥私人企业积极性，实行资本流动自由化"①。这等于把一个相当完整的新自由主义改革方案摆在了拉美国家面前。

80年代末、90年代初，新自由主义又在拉美地区形成第三次、也是更大的一次冲击波。这次冲击波的大背景是东欧剧变，苏联解体，世界两极冷战格局的结束。这次世界格局的大变动除了带给拉美地区诸如"历史终结"论、"现实社会主义失败"论等强烈的意识形态冲击之外，还伴随着在拉美推广新自由主义的三个重要事件。其一，1989年，西方国家推出了第四个债务战略——"布雷迪计划"，允许拉美债务国与国际债权人进行减免债务和重新安排债务的谈判，谁推行新自由主义得力，谁就能优先获得谈判的机会。其二，1990年，被称为"新自由主义政策宣言"的"华盛顿共识"出台。人们不应忽视的一点是，由美国国际经济研究所召开的、正式形成"华盛顿共识"10项政策工具的那次会议，是以讨论拉美国家经济改革为中心议题的。其三，1990年6月，美国总统乔治·布什发表"美洲倡议"，不仅为拉美"民主潮流的高涨"感到兴奋，而且赞扬拉美国家"正在抛弃阻碍经济发展的国家主义经济政策，现在正在增强自由市场的力量来帮助西半球实现尚未利用的前进的潜力"。布什明确指出："美洲倡议"的目标就是要使美洲成为"一个完全自由的民主的半球"②。

正是在这股空前强大的冲击波之下，新自由主义指导的经济

---

① 张宝宇等：《拉丁美洲外债简论》，社会科学文献出版社1993年版，第122页。

② 参见苏振兴《从"美洲倡议"看美、拉关系的走向》，载《苏振兴文集》，上海辞书出版社2005年版，第47—58页。

改革在拉美地区全面铺开。在拉美国家的当权者看来，实行新自由主义经济改革已经成为应对由美国主导的"单极世界"和经济全球化的战略选择。一些长期活跃在拉美政坛上的民族主义政党也纷纷丢弃民族主义旗帜，奉新自由主义为圭臬。例如，阿根廷梅内姆政府（1989—1999 年）放弃了以前由庇隆提出的"政治主权"、"经济独立"和"社会正义"三大旗帜，对内全面推行新自由主义，对外奉行与美国战略结盟的方针。梅内姆政府的首席顾问豪尔赫·卡斯特罗认为："梅内姆所作的战略性转折不仅是对经济衰退长周期所表现的恶性通货膨胀的唯一必要和可能的回答，而且使阿根廷能适应以美国霸主地位的确立和经济体系全球化为特征的新的国际现实。"①

二　拉美在新自由主义指导下的调整和改革

拉美经济改革经历了一个逐步推进的过程，20 世纪 70 年代中期，智利、乌拉圭、阿根廷率先启动改革，但后两国的改革很快就陷入停顿；80 年代中期，玻利维亚、哥斯达黎加和墨西哥等国开始改革；80 年代末 90 年代初，改革在地区范围内全面铺开。在此过程中，1982 年债务危机发生后还有一个"应急性"调整阶段。

债务危机发生后，西方债权国迅速达成共识：不向拉美提供新贷款，不接受"以发展促还债"的建议，要求拉美债务国实行"应急性"调整，保证偿还债务。拉美国家采取的主要调整措施包括：大力促进出口，将有限的资源集中投入可出口的初级

---

① 豪尔赫·卡斯特罗：《第三次革命》，徐世澄译，世界知识出版社 1999 年版，第 66 页。

产品生产；压缩进口；冻结工资，等等。这一套措施虽然取得了一定数量的贸易盈余来缓解国际支付困境，但带来的后果也很严重。制造业成为重点牺牲对象，整个 80 年代，拉美制造业年均增长仅为 0.1%，工业部门失去了拉动国民经济增长的作用，经济持续衰退。财政赤字剧增导致货币迅速扩张，加上供给不足引起物价上涨，通货恶性膨胀。

在新自由主义指导下，拉美经济改革的基本理念可以概括为：取消管制，让私人部门发挥主导作用，以增加投资和提高生产率；对外开放，让国际竞争促进效率，并扩大资金与技术来源；发挥比较优势，增加资源和劳动密集型产品出口。因此，尽管拉美各国改革进展有先有后，但改革内容基本相同，这有利于我们从整体上进行论述。

（一）改革的主要内容

1. 贸易自由化

高保护政策与国家广泛干预经济被认为是进口替代工业化内向发展模式的两大政策支柱，因此，贸易自由化就成为摒弃这种模式的一项重大改革。根据美洲开发银行的研究，拉美国家贸易自由化改革主要发生在 1985—1995 年期间，其中大部分国家是在 1989—1995 年；改革的主要内容包括取消配额，降低关税，简化税种，等等；就每个国家而言，通常都是在 2—3 年内实现自由化的目标。整个地区贸易自由化的进展是，"在 10 年时间内，平均关税税率已经从 44.6% 降至 13.1%，最高税率从 83.7% 降至 41%"。"非关税限制所涉及的商品占进口总额的比重从 33.8% 下降到 11.4%"①。

①　美洲开发银行：《拉美改革的得与失》，江时学等译，社会科学文献出版社 1999 年版，第 23 页。

2. 国内金融改革

金融改革也是拉美最具普遍性的一项改革。根据美洲开发银行20世纪90年代中期对26个拉美国家的统计，尽管各国改革的规模存在差别，但很少或没有进行这项改革的只有2—3个小国。改革者认为，存、贷款利率由政府确定，过高的储备金要求，商业银行信贷按政府行政命令分配，国有银行信贷占信贷总额比重过大，等等，造成了"金融压抑"。因此，改革的主要内容包括：让市场自由决定利率，降低储备金要求，限制或取消信贷分配，将国有银行关闭或私有化，强化对银行机构和资本市场的谨慎监督和管理，加强中央银行独立性，等等。经过改革，有23个国家全部商业银行的存款利率由市场决定，19个国家的商业银行贷款利率是自由浮动的；9个国家的所有3种准备金（本币和外币定期存款以及本币活期存款）都保持在15%左右的水平上，另外7个国家的所有这3种准备金率都保持在25%或更低。[①]

不过，拉美金融改革过程多半是金融自由化在先，而加强金融机构监管与增强央行独立性在后，这成为90年代中期许多拉美国家发生银行危机的重要原因。

3. 开放资本项目

改革者认为，资本管制是贸易保护主义和金融压抑的补充方式，导致外币兑换出现黑市，引发寻租行为，并堵塞了本地企业获取外国资金、技术和进入外国市场的途径。改革主要是取消外汇管制，取消对外国直接投资和其他各种资本流动的限制，拉美国家的突出之处是在经济改革的前期就普遍开放了资本账户。因

---

① 美洲开发银行：《拉美改革的得与失》，江时学等译，社会科学文献出版社1999年版，第72、95页。

此，在90年代前半期，包括短期投机资本在内的大量外资涌入拉美市场，以至于一些国家不得不重新采取限制措施，如规定对资本流动的储备金要求或对流入资本征税等。

4. 私有化

国企私有化被认为是减少国家干预的主要途径。除智利、墨西哥等极少数国家分别在20世纪70年代或80年代实行部分私有化外，拉美国家私有化的高潮出现在90年代。据统计，1990—1999年，拉美地区私有化总收入1770亿美元，占同期发展中国家私有化收入的56%。[1]按年均私有化收入相当于国内生产总值的比重计算，拉美为0.89%，远远高于同期发展中国家0.46%的平均数。[2]私有化所涉及的部门可以说是三大产业部门无所不包，只不过各国保留的国有企业多寡不一，如阿根廷国有资产几乎全部卖出，智利保留了四大国有铜矿公司，墨西哥保留了国有石油公司，等等。私有化的方式包括：直接出售，公开上市，管理人员和雇员购买，建立合资企业，特许经营权和租赁，等等。巴西私有化数据（见表1）表明，巴西在1991—2000年期间，通过私有化出售的资产736亿美元，转移债务181亿美元，两项合计917亿美元。巴西并不是拉美私有化程度最高的国家，其私有化收入之高是因为它是拉美规模最大的经济体。

---

① Gregorio Vidal, *Privatizaciones en América Latina: flujos internacionales de capital, regionalización y desarticulación productiva*, *Consecuencias financieras de la globalización*, Universidad Nacional Autónoma de México, Instituto de Investigaciones Económicas, México, 2005, pp. 73 – 99.

② 美洲开发银行：《拉美改革的得与失》，江时学等译，社会科学文献出版社1999年版，第118页。

表1 　　　　　**巴西：1991—2000 年的私有化计划**　　单位：百万美元

部门	企业数（个）	售出资产	转移债务	总计
冶金	8	5562	2625	8187
石油化工	27	2698	1003	3701
电力	3	3907	1670	5577
铁路	6	1697		1697
矿业	2	3305	3559	6864
电信	21	26978	2125	29103
其他	14	2583	344	2927
联邦企业	81	46730	11326	58056
各州企业	26	26866	6750	33616
合计	107	73596a	18076	91672a

注：a 包含出售企业中的国有少数股份。

资料来源：Pinheiro y Giambiagi（1998），国家经济与社会开发银行。转引自 Renato Bauman，*Brasil en los años noventa：una economía en transición*，Revista de la CEPAL，No. 73，Abril de 2001，p. 157.

　　5. 税制改革

　　拉美税制改革提出"追求中性化"、"简化税收政策和税收管理体制"、"降低公平的重要性"等目标。改革的主要内容包括：降低或取消进出口贸易税，降低个人与公司所得税，取消了数百种对税收贡献不大的收税项目，增加增值税和营业税。从 90 年代前半期的情况看，改革以后，增值税、营业税和所得税 3 项占总税收收入的比重在 60%—80% 之间；税收收入占国内生产总值的比重有所提高。

　　6. 其他改革

　　前述 5 项改革在拉美具有普遍性，被称为"第一代改革"。此外，还有所谓"第二代改革"，如养老金制度改革、劳工市场改革、行政改革、司法改革等。这些改革启动较晚，只局限于部分拉美国家，改革进展程度差异也很大。

(二) 改革的成效

拉美国家经济改革究竟成效如何，一直是学术界争论很大的问题。其中既包含着人们对新自由主义所持的立场不同，也有评价角度或研究方法上的差异。笔者认为，判断这样一场全面性经济改革的成效，涉及太多的复杂因素。例如，人们往往以改革对经济增长的影响作为衡量改革成效的主要依据，这是有道理的，但只看这一点也是不全面的，还需要考虑体制与结构方面的改革，而这些改革的成效并不都能在短期内体现出来。又如，改革举措与宏观经济政策是两个不同的范畴，但两者之间的关系又非常密切，特别是在改革的整体环境并不有利的情况下，两者之间往往互不协调，这种现象在拉美国家非常突出，因此，成效与问题往往相伴而生。总之，一场成功的改革，不等于就没有问题；出现很多问题的地方，也不等于改革就没有成效。我们力求从拉美国家的实际情况出发作实事求是的分析。

拉美国家改革的成效之一是实现了由长期的国家主导型经济体制向市场经济的转变。国家主导型经济体制在拉美延续了40多年，人们对这种体制下国家对市场过度干预、资源配置不当、经济效益低等弊端以及向市场经济体制转变的必要性，是有广泛共识的。[1]在拉美经济改革中，新自由主义把国家主导型体制的

---

① 拉美学者指出，债务危机后拉美国家对改革必要性的共识是："强烈的保护主义、国家主导和对各类市场的过度干预，降低了经济效益，阻碍了生产率增长，造成了资源配置不当，限制了私人部门的活动。" Andrea C. Bandeira y Fernando Garcia, *Reformas y crecimiento en América Latina*, Revista de la CEPAL, No. 77, Agosto de 2002, p. 86.

弊端无限夸大，把市场经济也推到"市场原教旨主义"的极端，因而给体制转换过程带来许多消极后果。但是，我们不能因此而否定拉美国家转向市场经济体制的正面效果，更不能无视其为建立市场经济而进行的各种相关制度建设。

拉美国家改革的成效之二是由过去高保护型的内向发展模式向开放型的外向发展模式的转变。无论从拉美国家改革前深陷发展危机还是从经济全球化的大背景来看，发展模式的这种转换都是正确的。没有经济开放，拉美国家很难走出债务危机的深渊，不可能迎来90年代外资流入、出口扩张等新的发展机遇，更不可能参与经济全球化和地区一体化的进程。同样，人们也不能因为拉美市场开放过程中大批企业倒闭、金融自由化引发金融危机等问题而否定其对外开放的战略选择。

拉美国家改革的成效之三是降低了通货膨胀。拉美地区通货膨胀率1990年曾达到4位数，即1185.2%。1990年以来，拉美通胀率的变化大致如下：1991—1994年，保持3位数的水平，但起伏不定，其中1993年反弹至876.6%；1995—1998年间降至2位数，并呈现持续下降趋势；1999年首次降到1位数（9.7%），2002年曾一度反弹（12.2%），但其后一直呈持续下降趋势，2006年达到4.8%的最低值。[①]尽管拉美经济改革的拥护者很强调降低通货膨胀是一大成就，但也有许多学者认为，降低通货膨胀与其说是改革的成效，不如说是特定的宏观经济政策的成效。通货膨胀得到控制在客观上为推进改革创造了必要的环境，但为降低通货膨胀所实行的宏观经济政策往往是与改革的举措互不协调的，付出的代价是高昂的。

---

① 参见 CEPAL, *Balance preliminar de las economías de América Latina y el Caribe*, 1993、2000、2006 年的消费物价指数表。

　　除上述成效之外，还有其他领域的一些进步或变化也不应忽视。改革以来，拉美国家在医疗和教育方面取得了不同程度的进步。根据世界银行的统计，与1982年相比，1998年，拉美地区人均预期寿命由65岁提高到70岁，新生儿死亡率由41‰降为31‰，5岁以下儿童死亡率由78‰降至38‰。[1]在教育领域，发展教育是改变社会不公正现象的重要渠道的观点受到各国政府重视，教育投入普遍有所增加。"到90年代中期，几乎所有国家的初等教育总入学率均接近100%，初等教育以上的入学率也上升了"[2]。许多国家进行了重要的制度变革，例如，实行对国家开支的监控制度和公共部门报告制度，创建信用度较高的中央银行，建立资本市场，进行中央政府分权化改革，等等。

　　改革虽然取得了一些成效，但是，改革中出现的问题也很引人注目，其中最突出的无疑是经济增长的业绩不佳和社会不公正现象的加剧。一些学者在论及改革对增长的影响时指出："这一影响是令人失望的。改革后的增长慢于该地区过去的增长，既慢于其他地区的增长，也不足以应对本地区的社会问题。"[3]

　　关于拉美改革前与改革后经济增长的比较，分别有3种方法和3组数据。一是将1961—1981年（改革前）与1981—2001年（改革后）进行比较，前一阶段GDP年均增长率5.59%，人均GDP年均增长率1.96%，后一阶段分别为2.15%和0.34%。二是将1961—1990年（改革前）和1991—2001年（改革后）比

---

　　[1]　Joseph E. Stiglitz, *El rumbo de las reformas. Hacia una nueva agenda para América Latina*, Revista de la CEPAL, No. 80, Agosto de 2003, p. 14.

　　[2]　芭芭拉·斯托林斯、威尔逊·佩雷斯：《经济增长、就业与公正——拉美国家改革开放的影响及其经验教训》，江时学等译，中国社会科学出版社2002年版，第126页。

　　[3]　同上书，第10页。

较，前一阶段 GDP 年均增长 4.10%，人均 GDP 年均增长
1.69%，后一阶段分别为 3.05% 和 1.39%。①这两种方法的区别
在于：是将 80 年代这个"失去的 10 年"（GDP 年均增长 1.2%，
人均 GDP 年均增长 -0.9%）放在"改革前"还是放在"改革
后"。上述数据表明，如果把 80 年代放在改革后，那么，改革
后的增长速度仅及改革前的 38%；如果把 80 年代放在改革前，
那么，改革后的增长速度也只及改革前的 74%。第三种方法是，
80 年代既不放在改革前，也不放在改革后，单拿 1961—1981 年
与 1991—2001 年作对比，其结果是改革后的增长速度只及改革
前的 55%。就是说，不论用哪种方法比较，改革后的增长都比
改革前低得多。笔者认为，采用第三种方法更为客观。拉美经济
从 2003 年起进入一个新的扩张期，其前景如何，还有待于继续
观察。

　　有部分学者认为，拉美社会贫富分化的加剧主要是 80 年代
债务危机造成的，与改革关系不大。其主要论据是，拉美的贫困
发生率（贫困人口占总人口的比例）1980 年为 40.5%，1990 年
创 48.3% 的历史纪录，而 90 年代这一比例总体上是不断下降
的。我们认为，仅就贫困化而言，只看贫困发生率是不够的。拉
美贫困人口数量由 1990 年的 2 亿人持续增加，至 2003 年达到
2.266 亿人，增加了 2000 多万。就业方面，在劳动力总量没有
明显增长的情况下，拉美城市公开失业率由 90 年代初的 6% 左
右持续上升，1998—2004 年一直保持在 10%—11% 的水平上；
1990—1998 年，拉美非正规部门对就业增长的贡献率超过 60%，
反映出就业质量的普遍下降。据拉美经济委员会对 21 个拉美国
家的统计，用 20% 最低收入者与 20% 最高收入者各自占总收入

---

① 　世界银行数据。转引自 Revista de la CEPAL, No. 80, Agosto de 2003, p. 16.

的比重进行对比，90 年代形势有所改善的有 3 国，保持原状的有 1 国，出现恶化的有 9 国。此外，诸如国民经济运行中剧烈的起伏波动，对外资依赖程度加深，金融危机频发，国家应对各种风险的能力下降，等等，都是拉美改革后常见的现象。

三　对新自由主义指导下拉美改革的评述

拉美经济改革的突出特点可能就在于，改革的力度不小，成效并不大，出现的问题却不少。国外有一部分学者采用"改革指数"对拉美改革进行量化研究，一般选择 17—18 个经济体作为研究对象，将它们的 5 项主要改革（贸易自由化、资本账户开放、金融自由化、私有化和税制改革）按其进展程度进行量化，最低数值为 0，最高为 1，得出的指数都很高。例如，莫勒等人 1999 年的研究表明，贸易开放与金融自由化的指数都超过 0.9，资本账户开放约为 0.85，私有化接近 0.8，只有税制改革在 0.55 左右；综合指数，即 5 个单项指数的简单平均数超过了 0.8。[1]这说明改革本身的力度和进展是很大的。按照他们的推断，这种程度的改革进展对投资率、全要素生产率和经济增长率都产生了重要的积极影响。然而，人们在实际经济运行过程和社会领域迄今还没有看到这样的"重要"影响。

上述情况表明，对拉美这场改革的研究，总是围绕着改革成就究竟有多大去展开争论是意义不大的。真正值得关注的问题是：导致这场改革出现上述结局的主要原因究竟是什么？下面，我们试图来回答这个问题。

---

① Andrea C. Bandeira y Fernando Garcia, *Reformas y crecimiento en América Latina*, Revista de la CEPAL, No. 77, Agosto de 2002, p. 87.

（一）宏观经济政策与改革之间的不协调

国外有一部分学者把拉美国家改革的内外环境、改革的举措和宏观经济政策结合起来进行研究，从中揭示出宏观经济政策与改革举措之间严重的不协调现象非常突出。20 世纪 90 年代初，拉美面临着 3—4 位数的高通货膨胀，加上债务负担沉重和资本市场快速开放引起的资本流动不确定性增强，进一步加剧了宏观经济的不稳定。各国的改革都是与稳定宏观经济的过程齐头并进，各国普遍采取用固定或准固定汇率制（即所谓"汇率锚"）来控制通胀，加上外资大量流入，导致本币大幅升值。货币升值与快速的市场开放结合在一起，就出现双重负效应：一是削弱了出口竞争力，使长期在高保护下成长起来的本国企业更难适应国际竞争；二是外资流入和国内信贷的扩张主要被引向进口外国商品，进口增长要比出口增长快得多，贸易失衡不断加剧。尽管后来汇率制度逐步走向灵活化，但反通胀仍是重点目标，如实行通货膨胀目标制（metas de inflación）。其主要政策手段是高利率政策与紧缩性财政政策。高利率政策被赋予抑制通胀和吸引短期资本两大功能，例如，1998 年，拉美 9 个主要国家的实际利率水平是：低于 10%（9.6%）的 2 国；10%—20% 之间的 3 国；20%—30% 之间的 3 国；巴西为 50.7%。高利率严重抑制投资增长，世界银行 2000 年的一项企业调查表明，阿根廷、巴西和墨西哥分别有 73%、84% 和 71% 的企业家认为，高利率是妨碍企业融资和发展的主要障碍之一。[1]这种状况与金融自由化所要

---

①　Christoph Ernest, Janine Berg y Peter Auer, *Retos en material de empleo y respuestas de política en Argentina, Brasil y México*, Revista de la CEPAL, No. 91, Abril de 2007, p. 98.

实现的消除"金融压抑"的目标南辕北辙。财政政策主要通过减少公共赤字来配合反通胀，重点是削减财政支出，而不是通过税收增加财政收入，因为拉美的税制改革对提高财政收入作用不很突出。紧缩性财政政策还与持续的偿债压力相关，因而这一政策就具有长期性与顺周期性两大特点，起了加剧经济衰退的作用。正如美国学者斯蒂格利茨所说："华盛顿共识所主张的各项政策使事情变得更糟。几乎心无二用地专注于预算赤字与通货膨胀造就了这样一种局面：每当各国因收入下降而财政吃紧时，或一因债务利率上升而支出增加时，就怂恿它们缩减开支或增税，这类轻率的顺周期财政政策加重了这些国家的衰退。"[①]

(二) 贸易自由化与提高产业竞争力之间的脱节

贸易自由化是拉美国家由内向发展模式转向外向发展模式的关键性改革。开放的目的应是为了更有效地参与国际竞争。如前所述，拉美国家通常都是在短短2—3年之内基本实现了贸易自由化。一方面是市场加速开放，另一方面，拉美国家产业竞争力的提高却经历了诸多曲折。其一，债务危机发生后的"应急性"调整曾引起制造业部门的大衰退，使大批制造业企业陷入困境。其二，快速的市场开放引起外来商品的激烈竞争，使大批中小企业倒闭。其三，根据"比较优势"原则进行的产业结构调整，又使相当一部分企业被边缘化或被迫转产。经过上述过程，拉美国家基本实现了从进口替代工业化阶段以"小而全"为特点的产业结构向"生产专门化"产业结构的转变，并形成了墨西哥及大部分中美和加勒比国家以客户工业为主的、南美国家以资源

① Joseph E. Stiglitz, *El rumbo de las reformas. Hacia una nueva agenda para América Latina*, Revista de la CEPAL, No. 80, Agosto de 2003, p. 24.

加工产业为主的两种新型产业结构①，以适应外向发展模式的要求。这个调整过程伴随着企业在技术设备方面的更新和组织管理方面的改善，从而提高了生产率和经济效益，但同时也对原有生产力造成了相当大的破坏，成为80—90年代经济衰退或低迷的一个重要原因。拉美学者的一项研究表明，以1985—1995年和1995—2000年两个阶段进行比较，阿根廷、巴西和墨西哥3国输出的产品在世界市场上处于需求上升的由277种降为89种，而处于需求下降的由109种增加到246种。因此，该学者认为："自由贸易对一国的发展是否有利，要看世界市场对该国输出的产品和服务的需求是否在增加，还要看这些产品的生产在国内是否具有延伸生产链条和扩大就业的效应。"②

　　10多年的实践初步表明，拉美在改革中形成的两种"专门化"产业结构模式各有利弊。墨西哥北部紧邻美国，重点发展客户工业是合理的选择。客户工业不仅提高了墨西哥出口产品的档次（20世纪90年代末期中高档技术产品出口占总出口的60%，而80年代仅占20%），而且提供了大量就业机会。但是，在客户工业中，中间产品进口一般占出口销售额的80%以上，墨方从加工过程获得的收益比较少。此外，据估计，1993—2002年，墨西哥因来自美国的大量粮食进口而损失约100万个工作岗位。因此，墨西哥面临的问题有两个，其一，作为一个超过1亿人口的大国，恐怕需要在客户工业之外发展更多具有国际竞争力的产业部门，

---

　　①　这两种"专门化"产业结构并不完全是单一型的，在拉美大国中尤其如此。例如，墨西哥的食品加工和原油生产，阿根廷和巴西的汽车生产、电子工业和某些专门机械设备制造等，依然具有重要地位。

　　②　Christoph Ernest, Janine Berg y Peter Auer, *Retos en material de empleo y respuestas de política en Argentina*, *Brasil y México*, Revista de la CEPAL, No. 91, Abril de 2007, pp. 98 – 99.

其二，如何推动以南部为主的广大农业生产地区的发展。南美洲国家自 2003 年起摆脱前期的经济低迷状态，主要得益于世界市场初级产品需求旺盛和价格上涨，说明以资源加工产业为主的产业结构开始发还效益。但是，对每个国家而言，能够大宗出口的资源毕竟只有少数几种，而且还受制于国际市场需求与价格的波动，这类加工产业创造的就业机会也比较少，因此，过分依赖这种产业结构模式能否支撑经济的持续增长，还有待观察。

（三）利用外资没有取得预期效果

1990 年以来，拉美国家投资率在 20% 左右徘徊，大体相当于 60 年代的水平，明显低于 70 年代。拉美经济委员会一个研究小组曾采用拉美 4 个标志性年份的投资率进行比较，1950 年 16.0%，1980 年 21.3%，1990 年 17.1%，1998 年 23.0%，说明 1980 年以前拉美投资率呈上升趋势，1980—1990 年间呈下降趋势，而 1990 年以后又呈上升趋势，其年均增幅比 1980 年以前要大。这个趋势判断基本正确，但其中对 1990 年以后的投资增幅估计显然是偏高了。原因就在于，1997、1998 年是拉美投资率最高的年份，因而没有代表性。事实上，1998 年以后历年的投资率都明显低于 1998 年，最高的 2006 年也只有 21.7%，仅与 1980 年基本持平。

拉美国家开放市场，开放资本账户，实行金融自由化和私有化等改革，都对外资产生了巨大吸引力。外资流入量比改革前大幅增加，其中绝大部分是直接投资。外国直接投资在拉美几个大国的增长尤为迅速，1990—2003 年，墨西哥增加 3 倍，巴西增加 5 倍，阿根廷增加 9 倍。然而，外国直接投资的大幅增长并没有表现为总投资率的增长，原因何在？

外国直接投资在拉美用于并购现存资产的比重很大，创建新的企业或生产线较少。这种投资方式与拉美大规模的私有化相关。联合国贸发会议的一项统计表明，就外国直接投资中并购投资所占的比重而言，阿根廷、巴西、墨西哥要比中国、印度乃至发展中国家的平均水平高得多（见表2）。"外国直接投资进入拉美并不必然表现为资本增长，因为到1998年为止，40%以上的外国直接投资是并购投资，它意味着产权的转移，主要是向跨国公司转移"①。外资在拉美并购的重点首先是公益性的服务企业，其次是资本密集型的制造业（如汽车、化工等）企业。国外的一些研究认为，外资并购在改善企业经营管理和转向出口生产方面的作用是积极的；外国投资既然没有创造多少新的资产，对拉美生产力发展的贡献就相对有限；对就业的贡献很可能是负面的，因为企业被外资接管以后通常都要进行大量裁员，只有少量高素质劳动力能留在外资企业并获得较高待遇。

表2　　　　外国直接投资中并购投资的平均参与比重　　　　（%）

国家	并购占外国直接投资的比重	
	1991—1996 年	1997—2002 年
阿根廷	38.9	82.3
巴西	44.1	58.5
墨西哥	15.6	42.6
中国	2.6	4.4
印度	15.3	39.1
发展中国家	17.4	34.5

资料来源：联合国贸发会议。转引自 Revista de la CEPAL, No. 91, Abril de 2007, p. 102.

---

① Lourdes María Regueiro Bello, *Inversiones*, *núcleo duro del ALCA*, Cuadernos de Nuestra América, Vol. XVII, No. 33, Ciudad de La Habana, Enero – Junio de 2004, pp. 9 – 31.

　　总投资没有增长的另一个主要原因是国内投资萎缩。导致国内投资萎缩的因素多种多样，除我们在上文提到的高利率政策、大批中小企业破产倒闭等因素外，改革以来，多数拉美国家因债务负担沉重而导致储蓄率下降；大宗的私有化收入被用于日常财政开支而不是固定投资；改革所造成的整体经营环境的巨大变化使许多企业一时难以适应，等等。"各国的经济改革及出现的其他新特征尚未完全定型，它们仍然取决于各国在经历了巨大变革后所带来的积极和消极的暂时性因素。将来的结果则取决于各国政府和私人部门是否能共同努力，以适度平衡刺激投资所面对的风险和收益的诸因素。事实上，这意味着要在新的游戏规则中寻找各种方法来弥补企业在进口替代工业化阶段所获得的旧的刺激机制的缺失"①。

　　资本市场的自由化还导致大量短期投机资本涌入拉美。这类资本的投资方式包括信贷、证券投资、短期存款等，主要是追逐在拉美市场的高额收益。短期资本流动的突出特点是反周期性，当一个国家经济发展顺利时，短期资本就竞相进入，一旦形势恶化就纷纷撤离。如果说，改革使拉美国家面临的外部风险空前加大，那么，由资本市场快速自由化引起的大量投机资本的涌入便是其中最大的风险之一，是导致拉美金融危机频发的主要因素。拉美国家除了原本对外资依赖性较高之外，在新自由主义影响下还产生一种错误观念，认为获得的资本越多，经济增长就越快。因此，在90年代前半期，短期投机资本在拉美的活动几乎没有遇到任何阻碍。在1994年墨西哥金融危机中，拉美人首次见识

---

　　①　芭芭拉·斯托林斯、威尔逊·佩雷斯：《经济增长、就业与公正——拉美国家改革开放的影响及其经验教训》，江时学等译，中国社会科学出版社2002年版，第87—88页。

到短期投机资本流动兴风作浪、推波助澜的恶劣作用。然而，人们并没有认真吸取教训，以至于在后来的金融危机中这类资本一再地扮演着重要的投机角色。部分国家后来对短期资本流动采取征税等限制措施，基本上属于"亡羊补牢"之举。"毫无疑问，当资本进入一个国家时，其好处是显而易见的。拉美在90年代初获得了这种好处。但同样明显的是，这些国家获得的好处不足以弥补其在危机中遭受的损失。这些危机是如此频繁和有规律地发生，在拉美所产生的负面后果特别深重"[①]。90年代以来，拉美几次大的金融危机所产生的负面后果的确是深重的。例如，1994年底墨西哥金融危机发生后，国家为拯救银行体系和债务人所付出的财政成本高达551亿美元，约相当于墨西哥1998年国内生产总值的14.4%。[②]这场危机使墨西哥经济在1995年出现6.1%的负增长，并给整个拉美地区带来巨大冲击，地区经济连续两年低迷。当1997年拉美地区经济增长率恢复到1994年的水平后，紧接着就是亚洲金融危机，特别是巴西（1999年）和阿根廷（2001年）的金融危机的连续冲击，致使拉美经济从1998年起又出现"失去的5年"。

（四）社会发展问题被严重忽视

忽视社会发展是新自由主义在拉美的一个重大失误，这一点首先表现在理论指导与政策设计上。在理论指导方面，新自由主义突出强调，一旦建立自由市场经济体制，实现由市场有效配置资源，经济就会快速增长，就业就会增加。正如许多批评者所指

---

① Joseph E. Stiglitz, *El rumbo de las reformas. Hacia una nueva agenda para América Latina*, Revista de la CEPAL, No. 80, Agosto de 2003, p. 22.

② 宋林峰：《脆弱与冲击：1995—1996年墨西哥银行危机》，中国社会科学院研究生院博士学位论文，2003年6月，第109页。

出：新自由主义把希望寄托于更高的经济增长带动就业增长，而结果是改革后经济增长比改革前低得多。即便是经济增长速度加快了，也不会同时惠及所有的社会阶层。可见，新自由主义在消除贫困问题上还是在沿袭旧的"渗透"理论和"滴漏"理论。在政策设计方面，"华盛顿共识"的10条政策中仅有一条说到要"重新分配公共支出，更多地向教育、医疗保健和基础设施投资"。威廉姆森1996年又发表《修改"华盛顿共识"》一文，其中的一项修改就是表示要增加社会政策内容，于是，在所谓"新10条"中就有"公共开支向社会计划再投资"和"加大中、小学教育开支"这样两条。仔细对照一下，这两条似乎就是把原来那一条的内容拆开来。

新自由主义忽视了改革过程对就业的冲击这个带根本性的问题。贸易自由化及其引起的外部竞争加剧，大批中小企业破产和产业结构大调整；大规模的私有化；行政机构精简，等等，这些改革必然要伴随原有工作岗位的大量减少和劳动力的重新分布。在面临大批劳动力需要重新就业的压力下，经济低迷限制了就业增长；汇率高估刺激了进口，损害了出口，特别是使那些生产与进口相竞争的产品的企业作出减少雇工的选择；市场开放与汇率高估也相对地降低了资本的价格，促使企业用资本替代劳动力，等等，这一切使就业问题变得更为尖锐，贫困人口有增无减。

90年代拉美的公开失业率不断攀升，新增就业岗位60%以上由非正规经济部门提供。[①]

这种就业日益"非正规化"的趋势的确反映了就业质量下

---

① 拉美的非正规经济部门包括少于6名工人的微型企业、自谋职业者、家庭劳务和没有薪酬的家庭成员。

降和就业不稳定性增强，但是，笔者认为，在正规经济部门创造就业能力严重不足时，非正规部门能为就业提供一个重要途径毕竟是可取的。在这种情况下，政府应当降低个人自主创业的门槛，提供小额贷款支持，在工资政策、合同管理、社会保障等方面尽量保障在非正规部门就业职工的合法权益。然而，新自由主义主导的劳工市场改革却以"劳工市场灵活化"为主攻方向，恰恰与维护劳工权益的目标背道而驰。

面对贫困人口的持续增加，拉美各国政府采取了增加社会开支的政策。80年代，拉美人均社会开支下降了28%，而1990/1991—2002/2003年度，人均社会开支增长了39%，由人均440美元增加到610美元（按2000年美元不变价格计算）。尽管国家间差别很大，如2003年厄瓜多尔、尼加拉瓜人均都不到100美元，阿根廷人均1283美元，但毕竟各国都有不同程度的增长。[①] 除了教育等少数长期性投资外，社会开支主要用于贫困救助，可以说，只能起到一种缓解社会紧张局面的作用。

（五）在国家与市场关系上的误导

拉美国家的改革突出强调由国家主导型经济体制向自由市场经济体制的彻底转变。新自由主义一方面全盘否定国家干预的必要性，另一方面把自由市场的功能无限地加以夸大，因而被批评为"市场原教旨主义"。在拉美，这种错误主张反映在众多方面，造成的后果相当严重。举几个例子。第一，新自由主义者（包括国际货币基金组织）认定，拉美国家宏观经济不稳定的首要原因是政府的浪费、政府对市场的干预，以及货币

---

① José Luis Machinea, Guillermo Gruces, *Instituciones de la política social: objetivos, principios y atributos*, CEPAL, Santiago de Chile, Julio de 2006, pp. 14 – 15.

政策的松弛。这个判断显然是很武断的。不能说上述因素都不存在，但拉美国家80年代后半期和90年代前半期的高通胀主要是由债务危机引发的。新自由主义者之所以作出这样的判断，目的是反对国家宏观控制，为他们所主张的顺周期财政政策与僵硬的货币政策辩护，以至于有些国家本来有条件实行反周期的财政政策也不能实行。正如一些学者所指出，在资本主义200年的历史上，在政府发挥现有的多种功能以前，市场经济就不断地受到起伏波动的冲击。事实表明，政府适度的宏观控制是有助于恢复稳定的。第二，在金融领域，新自由主义主张彻底的金融自由化，任凭短期资本疯狂投机。拉美几次金融危机恰恰表明，相关国家的政府在金融领域没有建立必要的规章制度，对大量投机资本的涌入没有采取相应的缓冲措施，对大规模的投机活动也没有采取严格的监控手段。第三，在私有化方面，新自由主义不遗余力地宣传私人部门的重要性，强调国家只能起某种补充作用，从而在拉美国家掀起一股彻底私有化的浪潮。在拉美国家，国家所有制或全民所有制与社会制度之间关系不大，但对于维护国家利益却并非无关紧要。智利一直将四大铜矿控制在国家手里，墨西哥坚持原油生产部门不搞私有化，这两个部门恰恰成为两国财政收入稳定增长的主要来源。相反，许多国家因为私有化过了头而陷入被动。例如，公共服务部门（如电力、煤气、供水、电信，等等）私有化后，即便服务有所改善（有些并无明显改善），但产品定价权被私人部门控制。因此，近年来，政府将这类企业重新购回的案例不少，如委内瑞拉花7亿多美元将美资控制的电力公司收回；巴西卢拉政府2002年执政以来兴建了30多家国有企业，力求重新加强国家在石油、天然气、电力、金融和交通运输等领域的控制力。

四 对智利和阿根廷的案例研究

毫无疑问，拉美各国的经济改革过程存在着各自的特点或差异。在前面几个部分，我们主要是从地区的角度对这场改革进行介绍和论述，对国别的研究关注比较少。因此，我们进一步选择智利和阿根廷两国来进行个案研究，以弥补上述不足。国内外学术界都有不少人认为，智利是改革成功的样板，阿根廷是改革失败的典型。

（一）智利：从新自由主义到实用主义

智利的改革进程可以划分为三个阶段：1973—1982 年；1983—1989 年；1990—2002 年。

1973—1982 年 智利在这个阶段的改革具有几个鲜明的特点。第一，改革既无别国的先例可循，更没有"华盛顿共识"的 10 大政策指导，只是沿着建立彻底的自由市场经济的基本方向推进改革。"一旦确立了市场力量的统治，资源就会（无代价地）重新配置给本国具有比较优势的出口工业，从而既带动出口也带动整个国民总收入的快速增长"①。这就是当时改革指导思想的一种写照。其主要改革措施包括放松管制，实行贸易自由化，国企私有化（包括将前政府征收的私人土地与企业归还原主），开放金融市场和资本账户，等等。第二，贸易自由化成为初期改革的重点，包括取消所有非关税限制和大幅降低关税，平均关税由 1973 年 12 月的 94% 降至 1979 年 6 月的 10%。第三，

---

① Manual R. Agosin, *Comercio y crecimiento en Chile*, Revista de la CEPAL, No. 68, Agosto de 1999, p. 80.

大力抑制通货膨胀。400%的高通货膨胀是改革初期面临的一大障碍，政府取消了原来对3000多种商品的价格管制和物价补贴，并冻结工资。此举虽然改善了政府财政状况，但物价却大幅上涨，通胀率进一步上升至570%，负担都落到消费者头上。政府转而通过货币政策（限制货币供应）和汇率政策抑制通胀，1976、1977年两次实行货币升值后，通胀率终于降至50%左右；1979年进一步确定比索兑美元39∶1，并一直保持到1982年年中。

这个阶段改革的力度很大，但经济效果却不佳，主要表现为经济剧烈地起伏动荡，其中1975、1982年分别出现12.9%和14.3%的负增长，整个阶段的平均增长率只略高于3%，低于同期拉美地区的平均增长率。其主要原因是快速的贸易开放导致进口激增，而货币大幅升值又使出口处于不利局面，贸易与经常账户赤字大幅上升。智利和其他拉美国家一样，采取大量举借外债的办法来满足资金需求，结果于1982年发生债务危机。

1983—1989年　智利经济学家弗伦奇－戴维斯指出："为了应对1982年的严重危机，智利被迫调整政策以对付外部的严重限制和促进国内的复苏。于是就出现了从主要是在70年代及80年代初确立的非常正统的或新自由主义的模式向一个更实用主义的模式的转变，包括从某些初期改革中大倒退。"①当时的政策调整主要有以下几点：（1）重新提高关税。统一关税由改革后的10%再度提高到35%，1984—1989年，平均关税保持在20%，比1979—1982年间高出1倍。直到1991年年中，智利关税才回降到11%。（2）鼓励出口。其主要措施包括：对用于生产出口

---

① R. Ffrench－Davis, *El impacto de las exportaciones sobre el crecimiento en Chile*, Revista de la CEPAL, No. 76, Abril de, 2002, pp. 144－145.

产品的进口投入免征增值税和退还已征收的关税；对部分出口商品按离岸价值 10% 或 5% 退还出口税；对资本货进口普遍减免关税。（3）修改汇率制度。1983 年重新实行爬行汇率制（paridad reptante），官方汇率根据国内外通货膨胀的差别不断调整，不仅纠正了原来的货币升值，而且使货币逐步贬值，1982—1988 年间货币实际贬值 130%。（4）加大反倾销力度，实行主要农产品价格按国际行情浮动，对出口企业提供技术支持与减税等优惠。类似的政策调整，或者从前期改革中后退的做法，在其他拉美国家是非常少见的。国内学术界对于这种变化往往关注不够。这些政策调整促使资源配置向可交易产品生产部门转移，推动了出口增长，也带动了进口替代商品的生产。在债务危机困扰的 80 年代，智利经济保持了 3% 的增长率，比拉美地区的平均增长率（1.2%）高出 1.5 倍。

1990—2002 年　1990 年 3 月，智利军政府"还政于民"，由基督教民主党等四党组成的"民主联盟"在大选中获胜并连续执政至今。经济政策的连续性及其经济成就也是"民主联盟"在大选中连续获胜的主要原因。文人政府对前期由军政府主导的经济改革采取肯定其体制改革（走向市场经济）和对外开放的基本方向，但作出了一系列的政策调整。有的学者把文人政府的基本立场概括为："新的看法是既赞同对开放过程中的失误有理有据的批评，开放过程造成了 70 年代严重的工业化倒退和大批企业破产，但同时也考虑到，新自由主义改革在 16 年前就开始了，并已在 1979 年结束。做过了的已是既成事实。翻过这一页，重新开始。"①

---

① R. Ffrench‐Davis, *El impacto de las exportaciones sobre el crecimiento en Chile*, Revista de la CEPAL, No. 76, Abril de 2002, p. 149, nota 5.

智利文人政府对前期改革的修正集中表现为对国家与市场关系的重新定位。军政府时期的改革接受了新自由主义在国家作用问题上的两个有代表性的观点：一是认为"市场本身是足够的、良性的经济调节机制"，国家只会造成扭曲与无效率；二是认为国家的收入再分配职能是对企业的负面干预，是经济"停滞之源"。文人政府对国家职能的重新定位主要表现为以下几点：（1）国家不再是企业创建者、直接投资者与经营者，但国家要为保持经济的稳定与活力而不断地进行调节，如通过政府促销、提供补贴、刺激投资、签订贸易协定等支持企业扩张；实施积极有效的外贸政策；提供基础设施；促进人力资本形成，等等。（2）国家作为"第二线的资源配置者"，通过提供补贴、提供投资政策优惠、放慢关税减让速度等来扶持某些特定行业的发展。（3）在收入再分配领域，国家把某些特定的社会阶层和后进地区作为重点，如向特定的社会集团转移资金，包括减免教育、医疗收费，确定最低工资水平，以及向落后地区的转移支付和建立地区发展基金，等等，并尽量不在大企业主阶层中造成不信任感。（4）国家通过汇率、利率、财政等政策调整保持宏观经济稳定。国家制定必要的市场运作规范，包括对已经私有化的企业进行必要的干预，特别是在共用事业领域确保用户权益不受侵害。正如劳尔·冈萨莱斯指出："尽管国家的分量比过去减小了，但情况表明，智利经济绝不是一种不要国家的经济。国家（Estado）保留了它在现代国家应当出现的所有领域的存在，并限制着教条式新自由主义的得逞。"①

---

① Raúl Gonzáles, *Tres décadas de un nuevo orden económico: Chile*, 1973 – 2003, Revista europea de estudios latinoamericanos y del Caribe, CEDLA, Amsterdan, Países Bajos, No. 77, Octubre de 2004, p. 69.

智利文人政府在具体政策上的修正和创新涉及众多方面，下面略举几例。（1）贸易政策。智利贸易自由化启动早、进展快，但政府认为，单边开放带给国家的好处有限。因此，智利 90 年代采取积极与外国签订双边和多边自由贸易协定的政策，以获取"对等"的待遇。（2）汇率政策。放弃本币单独与美元挂钩，改用与多种货币挂钩的"货币篮子"政策。（3）强制存款政策。该项政策于 1991 年 6 月出台，规定流入的短期投机资本必须将资本流入量的 30% 存入央行一年，不付利息。（4）建立财政稳定化基金。在适度限制公共开支的同时，根据形势变化对增值税作适度向上或向下调整，增收的部分留作稳定基金；对作为主要财政来源的铜矿收入，在铜价上涨时将增收部分也留作稳定基金。稳定基金对保持财政稳定发挥了重要作用。（5）支持中小企业政策。智利在这方面已形成包括中小企业专门的融资渠道、技术援助渠道、研究与开发援助、员工培训机制等在内的一套相当完整的政策体系。

1991—2000 年，智利经济保持了年均 6.6% 的增长率，比同期拉美地区的平均增长率高出 1 倍，可谓在拉美"一枝独秀"。这可能是由于智利的改革起步最早，前期改革所引起的各种震荡已基本过去，新的体制正在微调过程中趋于完善，效益正在逐步发挥出来。但政府如何去完善各种政策、体制，无疑是问题的关键。"在智利，从 1990 年起，随着民主的到来，（对新自由主义模式的）偏离就更大了。发展战略虽然是建立在新自由主义模式的基础上，但已经作了修改，旨在建立一个致力于同时取得增长与公正的更积极的国家（un estado más activo），而不是像新自由主义所说的公正是增长的结果"[①]。

---

① Joseph Ramos, *Un balance de las reformas estructurales neoliberales en América Latina*, Revista de la CEPAL, No. 62, Agosto de 1997, p. 18.

（二）阿根廷：从改革"典范"到全面危机

1989 年，卡洛斯·梅内姆领导的正义党上台执政，开始在阿根廷全面推行新自由主义指导下的经济改革。阿根廷的改革经历了两个明显不同的阶段：1991—1998 年基本顺利；1999—2002 年陷入危机。前一个阶段中，阿根廷虽然在 1995 年受到墨西哥金融危机的冲击，出现资本外逃，金融体系存款减少四分之一，经济增长下降（－2.9％），失业率上升到 17.5％，但为时短暂，第二年就开始复苏。因此，梅内姆在 1995 年 5 月的大选中仍以高票当选连任。1991—1998 年，阿根廷经济累计增长 41％，成为其历史上增长最快的时期；按人口和经济规模计算，阿根廷是世界吸收外国直接投资最多的国家[①]，也是在国际资本市场发行债券最多的国家之一（8 年累计发行 650 亿美元左右），反映了国际投资者的青睐。因此，阿根廷曾被誉为新自由主义改革的"典范"，并受到美国总统克林顿（1997 年）授予的"非北约盟国"的褒奖。然而，1999—2002 年，国内生产总值连续 4 年负增长，累计下降约 30％。从 1998 年第三季度起的连续 16 个季度中有 13 个季度负增长，被经济学界称为"经济萧条"。2001 年底阿根廷经济危机爆发后，外逃和撤出金融领域的资金高达 800 多亿美元；失业率大幅上升，2002 年年中估计有四分之一的劳动力处于失业状态，生活在贫困线以下的人口占总人口的 53％。[②]政府采取的冻结储户存款（2001 年 12 月）的所谓"畜栏"政策引发了大规模的社会骚乱，并进而引起政治动荡，

---

① 豪尔赫·卡斯特罗：《第三次革命》，徐世澄译，世界知识出版社 1999 年版，第 57—58 页。

② 相关数据引自江时学主编《阿根廷危机反思》，社会科学文献出版社 2004 年版，第 39—42 页。

两周内更换了 5 位总统。2002 年初，政府宣布停止偿还外债。

阿根廷的改革进程为何会经历这样的戏剧性变化？为了回答这个问题，我们需要作两方面的分析。其一，阿根廷的改革有何与众不同之处？其二，引发 2001 年危机的直接原因是什么？

阿根廷改革的内容和其他拉美国家基本一样，但是，梅内姆政府是在前任激进党政府因经济形势恶化提前交权的情况下上台的强势政府，推进改革的力度很大，是"激进型"改革的代表。我们从下述三个方面就可看出阿根廷改革的激进特色。

第一，梅内姆政府提出了一整套如何应对全球化的理论主张和战略安排，这在其他拉美国家是少见的。[①]这些理论主张和战略安排可简要归纳如下：（1）90 年代世界形势的两大标志是"美国确立军事霸主地位和生产体系全球化"。（2）"苏联阵营的瓦解摧毁了阻碍资本主义作为世界经济制度扩张的最后的墙，这就是全球化"。（3）在全球化的世界，"外交政策和经济政策是同一个硬币的两面"。阿根廷的外交战略是"同美国建立战略同盟关系"和推进地区一体化。（4）在经济政策方面，一是提出"以国家积极干预经济、通过财政刺激和信贷促进出口并限制国际开放为基础的发展战略"已经"行不通"，认为"世界生产体系全球化阶段的内在逻辑是非调控和向世界贸易开放的持续不断的进程"；二是主张放弃国家工业化方针，发挥农牧业食品生产的比较优势，并通过吸收技术革新成果进一步创造竞争优势。（5）改革的主攻方向包括：通过兑换计划确保货币稳定；开放经济并实行非调控；给予国内外私人投资充分保障；通过建立南

---

① 参见豪尔赫·卡斯特罗《第三次革命》，徐世澄译，世界知识出版社 1999 年版。笔者在本段中所引原文均出自该书。

方共同市场等扩大出口市场；在国企私有化驱动下改善国家基础设施。可以说，梅内姆领导的正义党从原来以民族主义为特色的庇隆主义传统立场上来了一个 180 度的大转向。

第二，实施以货币局（caja de conversion）制度为核心的"兑换计划"（convertibilidad）。阿根廷长期受高通货膨胀困扰，整个 80 年代通胀率保持在 3 位数，1989 年更高达 4 位数（3731%）。为遏制高通胀以及央行不断弥补政府财政赤字的恶性循环，阿根廷于 1991 年 4 月开始实施"兑换计划"。其主要内容包括：确定比索与美元 1：1 的固定汇率；货币基础完全以中央银行外汇储备做保证；央行不得弥补政府财政赤字；经常项目和资本项目交易活动所需要的比索可自由兑换；允许美元成为合法支付工具；禁止任何契约采用指数化；外汇买卖不受限制。为使"兑换计划"付诸实施，政府还采取了一系列配套改革。① "兑换计划"的实施使阿根廷迅速控制了恶性通胀，不仅为推进各项改革营造了稳定的宏观经济环境，而且恢复了投资者的信心。可以说，阿根廷 1998 年以前的经济繁荣在很大程度上得益于"兑换计划"。但与此同时，本国货币不断升值，经常账户连年巨额赤字，主要靠在国际资本市场发行债券融资来弥补。随着 1998 年起多种内外不利因素的出现，"兑换计划"终于无法维持，并最终成为 2001 年那场深刻危机的主要原因之一。

第三，彻底的私有化。阿根廷无疑是私有化最彻底的国家。梅内姆政府先后向国会提交了《国家改革法》和《经济紧急状

---

① 国内学者作了大量关于阿根廷"兑换计划"及其配套改革的介绍和分析，例如，有兴趣的读者可参阅江时学主编《阿根廷危机反思》（社会科学文献出版社 2004 年版）一书的第一、六章。

态法》两部法律草案并获得批准。前一部法律授权政府实施国有资产私有化；后一部法律则规定了私有化的范围。实际上，国有的生产企业（如钢铁、化工、食品加工、飞机组装等各类制造业企业），公共服务企业（如供水、电力、煤气、客货运输、邮政等），基础设施（如机场、港口、公路、铁路、地铁及其他建筑物等），资源开发（如石油、天然气开采，土地开发等），以及国家电视台、货币印刷，几乎无所不包；无论是属联邦政府或地方政府所有都无一例外。私有化方式则根据其对象是企业或是基础设施而分别采取拍卖或租赁等不同方式。政府获得的大笔私有化收入除了冲销部分公共债务外，主要用于弥补财政缺口。因此，到90年代末期，随着私有化接近尾声，政府面临的财政困境也日趋严重。

关于阿根廷2001年危机的原因，我们先来谈谈1998—1999年外部环境的变化，其中主要是亚洲、俄罗斯金融危机和美元升值的冲击。这种冲击是多层面的：国际性金融危机引起初级产品市场需求不振，价格下跌；美元升值削弱了阿根廷出口竞争力，因为美国不是其主要出口对象；美元升值还促使巴西1999年1月实行浮动汇率制，雷亚尔大幅贬值，从而打击了阿根廷向巴西的出口；此外，阿根廷出现资本外流和利息支付大幅增加（见表3）。其实，阿根廷受到的冲击远远不限于表3数据所显示的。例如，公共部门的利息支付1997年占GDP的1.8%，到2000年增至3.8%。支付压力加大，资本外流，加上在国外融资面临困境，阿根廷很快就丧失了支付能力。2001年，阿根廷外债余额高达1423亿美元，外债与出口之比为452%，在拉美主要国家中是最高的。当年11月，国际货币基金组织拒绝提供原来承诺的12.6亿美元贷款，从而进一步动摇了国内外投资者对阿根廷的信心。

表 3	阿根廷：1998—1999 年的危机
贸易比价恶化（百分点变动）	11.1
出口价格下降（百分比变动）	20.0
向巴西出口下降（百分比变动）	30.0
巴西雷亚尔对阿根廷比索贬值（世界价格指数）	18.4
美元对欧元升值（百分比）	10.0
资本净流出（含外国直接投资，占 GDP%）	1.4
公共部门利息支付增加（占 GDP%）	1.0

资料来源：José María Fanelli, *Crecimiento, inestabilidad y crisis de la convertibilidad en Argentina*, Revista de la CEPAL, No. 77, Agosto de 2002, p. 40.

阿根廷问题的严重性还在于，国内缺乏应对外部冲击的能力。第一，货币局制度，再加上巨额财政赤字（2001 年公共财政赤字占 GDP 的 3.1%），使政府不具备必要的调控能力，如降低利息、实行反周期的财政政策与货币政策等。第二，在货币局制度已经实行 10 年的情况下，各类合同都已经美元化。如果实行比索贬值，势必引起整个经济与金融秩序的混乱，并给银行带来巨大损失。巧合的是，1999 年阿根廷面临大选，执政党不愿因放弃“兑换计划”而付出政治代价。1999 年上台的由激进党主导的政府是一个弱势政府，缺乏在重大政策上进行矫正的能力。第三，尽管如此，阿根廷的货币局制度必然会放弃，货币必然会大幅度贬值，已成为国内外的普遍预期。于是，储户纷纷提取存款。危机期间，银行系统尚能顶住压力。但随着衰退加深，银行系统储蓄急剧下降，银行资产迅速恶化。政府为阻止银行放血，于 2001 年 12 月出台所谓“畜栏”（corralito）政策，禁止储户提取存款，结果引发大规模抗议。政府的另一举措是实行私人信贷“比索化”，即银行系统的私人信贷用比索表示，并部分地实行通货膨胀指数化。"比索化"导致银行在资产与负债之间出现大缺口，意味着银行财富被吞噬。然而，这些措施都无法挽救局势。2002 年初，政府不得不实行比索贬值，放弃货币局制度，并宣布停止偿还债务。"在此情况下，信贷供应已经消失，获取周转资金变得极端困难，生产投资就更谈不上了。国家面临着重建支付体系的巨大难题。总之，在实行畜栏政策和采用浮动汇率之后，（阿根廷）经济就陷入严重的金融、财政和通货膨胀问题之中"①。

五　对中国的启示

探讨拉美国家的改革对中国有何启示，需要找到一个比较合适的角度。这是因为，我们在上文中所论及的改革内容和过程，不仅在拉美国家已经成为过去，在中国也已基本完成。参照拉美国家的经验教训来推进中国当前的某项具体改革，显然意义不大。从改革作为一个不断深化的长期过程来思考，着眼于总结拉美改革的某些基本经验教训，力求使中国的改革始终沿着正确的方向继续向前推进，可能更具现实意义。

（一）　正确理解经济全球化

在中国的改革开放已经有了 30 年成功实践的今天，再来谈正确理解经济全球化现象这个问题，似乎有点"炒冷饭"之嫌。我们在这里所提出的问题，主要是指如何处理好对外开放与国家发展的关系。如果要谈拉美国家改革的启示，这个问题显然是无

---

① José María Fanelli, *Crecimiento, inestabilidad y crisis de la convertibilidad en Argentina*, Revista de la CEPAL, No. 77, Agosto de 2002, p. 42.

法回避的。

我们注意到，最近二三十年间，拉美地区拥护全球化与反对全球化这样两种思想都非常强大。拉美国家的改革基本上是由全球化的拥护者们来实施的。他们中的相当一部分人或基于自身的意识形态立场，或基于国内政治斗争的需要，几乎是盲目地全盘接受西方关于经济全球化的理论并在拉美加以传播。例如，他们认为，"世界生产体系全球化阶段的内在逻辑是非调控和向世界贸易开放的持续不断的进程"；他们深信，美国和欧洲国家不可能再维持其农产品补贴政策，"多哈回合"谈判"将是国际开放进程的决定性事件"①。总之，他们相信，西方国家的贸易保护主义会很快地销声匿迹，世界贸易会实现完全自由化。因此，他们主张，要尽快地实现贸易与金融自由化，放弃估价宏观控制，敞开大门迎接经济全球化。他们认为，既然强调建立自由市场经济和效益优先，就应当实行全盘私有化；既然强调积极参与国际竞争，就应当回归"比较优势"原则，不必再过分强调国家工业化，如此等等。拉美国家在改革开放过程中的诸多失误，其中一个带根本性的原因是思想认识上的模糊或理论上的偏差。正如有的批评者所指出："对全球化或全球主义的神秘化论述，将全球化说成是资本主义历史上一个'新的和前所未有的'事件，认为全球化会消除国家间的疆界和内部贸易，并同时建立起'非领土含义的政权'（poderes no territoriales），使各国的经济、政治、社会和文化同质化。"②

---

① 豪尔赫·卡斯特罗：《第三次革命》，徐世澄译，世界知识出版社 1999 年版，第 52—54 页。

② Adalberto Ronda Varona, *Crisis del capitalismo neoliberal y reformas al Consenso de Washington*, Cuadernos de Nuestra América, No. 35 – 36, Vol. XVIII, Enero – Diciembre de 2005, p. 9.

拉美地区反全球化的思潮首先形成于社会底层,是对新自由主义指导下的这场改革强烈反弹的产物。这股思潮通过"世界社会论坛"这一德高望重的国际性场合而广为传播,成为一些拉美左翼政府抵制新自由主义的旗帜。但是,这股思潮目前已出现过分激进化的趋势,如有的左翼理论家提出,要抛弃价格机制,建立"价值经济",不与资本主义世界进行商品交换,等等①,因而有可能从"极左"的方面走入歧途。

我们认为,拉美国家的改革对中国的启示之一是,要正确处理对外开放与维护国家利益之间的关系。在经济全球化的大背景下,实行对外开放是实现国家发展的必由之路,但开放终究只是一种手段,实现国家又好又快地发展才是目的。我国 30 年来在对外开放中取得的成就,是与我们对经济全球化现象的清醒认识与科学判断,坚持开放为国家利益服务的宗旨分不开的。以往的经验教训值得我们认真加以总结。从当前情况看,一方面,国内外的环境和条件在不断地发生变化,要求我们在对外开放的诸多政策措施上不断地进行调整与完善。另一方面,随着国家实力的增长,我们在国际上面临的竞争、压力和挑战日趋激烈和复杂化。清醒地认识外部环境的新变化、新趋势并成功地加以应对,是我们面临的一项长期的、重大的任务。

(二) 继续为深化改革创造有利的宏观环境

拉美国家改革过程中的一个重要教训是,宏观经济政策与改革举措之间互不协调,使许多重要的改革未能取得应有的效果。

---

① Heinz Dieterich, *El paso al socialismo económico y la intruducción del modo de producción socialista en la economía mundial*, http: // www. Rebelión. org, 26 de Marzo, 2007.

出现这种现象的背景在于，拉美国家的改革是在一场深刻的结构性发展危机中启动的。这场危机具体表现为大多数拉美国家都同时背负三大包袱：经济持续衰退，社会形势恶化；通货恶性膨胀；债务负担沉重。在此背景下，拉美国家不是采取先稳定宏观经济，再逐步推进改革的办法，而是急于推进改革，或者说是稳定政策与结构改革同时并举，而且两方面的政策措施都相当激进。于是就出现如我们在上文所分析的现象，两方面的政策互不协调，甚至互相抵消，形成所谓"不协调综合征"。

　　其中，阿根廷的案例更值得关注。阿根廷实施"兑换计划"的失败引起学术界许多争论，其实，这个问题并不复杂。利用本币与美元的固定汇率抑制通货膨胀的办法，其他拉美国家也采用了，虽然这在抑制通胀方面起了作用，但引起本币大幅升值，负面后果也很明显。阿根廷则将这个办法更加推进一步，实行货币局制度，其面临的风险就更大了。在货币局制度下，货币基础必须全部以中央银行的外汇储备做保证，而阿根廷的外汇储备本身却是没法保证的。90年代期间，阿根廷的公共财政连年亏空，外贸结算连年逆差，加上国家背负着1000多亿美元外债，经常账户也是连年巨额赤字。①阿根廷政府是靠在国际资本市场发行债券和使用国际货币基金组织贷款来平衡收支的。也就是说，阿根廷外汇储备的主要来源不是基于稳定的出口贸易盈余，而是取决于在国际资本市场上借贷。一旦这个融资渠道发生困难，货币局制度就无法维持。因此，阿根廷的危机并不说明货币局制度本身的优劣，而是阿根廷根本不具备实行这种制度的基本条件。阿根廷虽然取得了一段时间的相对稳定，但最终导致一场严重危

---

① CEPAL, *Balance preliminar de las economías de América Latina y el Caribe*, 2000, apéndice estadístico, cuadro 7 y cuadro 12, Santiago de Chile, 2000.

机，不仅宏观经济稳定不复存在，也使整个金融体系陷于崩溃。

(三) 处理好国家与市场之间的关系

在如何处理国家与市场的关系问题上，拉美国家的改革显然走了一种极端。20世纪90年代，批判国家干预的言论充斥于拉美各种辩论场所，造成一种市场崇拜 (fetichización del Mercado) 和国家妖魔化 (satanización del Estado) 的舆论氛围，放弃调控 (desregulación) 成为改革的指导思想。其结果是，国家宏观控制能力被过度削弱，不仅在经济衰退或金融危机面前往往束手无策，而且在经济社会领域留下许多无人过问的所谓"体制空白"。我们在关注"市场原教旨主义"对拉美的影响的同时，也不能忽略国际多边金融机构所起的作用。例如，斯蒂格利茨在评论拉美的财政政策时就指出："（拉美的）改革用自动非稳定机制取代了自动稳定机制。从整体上说，拉美的财政政策不是反周期的，而是顺周期的。这不是因为拉美的经济学家们没有读过最近70年来的宏观经济教科书，这些教科书都强调反周期财政政策的重要性，而是因为拉美国家在政策咨询和资金上对国际货币基金过于依赖，而这家机构则坚持要拉美国家执行顺周期政策，坚持要它们削减预算以及包括国际货币基金在内的各多边机构提供顺周期贷款的倾向。看来，拉美国家除了执行顺周期财政政策也别无选择。"[1]

基于前期改革在处理国家与市场关系上的深刻教训，智利文人政府1990年上台后就把国家职能的重新定位作为政策调整的重点，并取得了积极的效果。最近几年上台的一些拉美左翼政府

---

[1] Joseph E. Stiglitz, *El rumbo de las reformas. Hacia una ueva agenda para América Latina*, Revista de la CEPAL, No. 80, Agoso de 2003, p. 23.

也都程度不同地强调发挥政府的宏观调控职能。

　　中国在处理国家与市场的关系方面不但没有出现像拉美国家这样的反复，而且在最近 30 年来国民经济的持续高速稳定发展中，国家有效的宏观控制发挥了不可替代的重要作用。不过，我们在重视发挥国家宏观控制职能的同时，似乎也应当关注事物的另一面，即我们的各级政府是否切实尊重了让市场发挥资源配置的基础性作用的原则。具体地说，我们一些政府部门的权利与职能的转变是否与市场经济的发展相适应；我们多次出现的经济"过热"现象，某些生产部门的产能"过剩"，转变经济增长方式进展缓慢，等等，究竟是市场行为的表现，还是一些地方政府片面追求经济增长速度的行为造成的？拉美国家过分削弱国家调控能力的做法吃了亏，但它并不证明政府过多地干预经济、干预市场是可取的。

（四）努力实现经济与社会协调发展

　　在当代发展中国家，经济发展和社会发展两者都差强人意的不在少数，即便是经济发展比较好的国家，社会发展滞后的现象也带有普遍性，中国也不例外。拉美国家在 20 世纪 50—70 年代保持了 30 年的较高经济增长，但在 1970 年前后，全地区处于贫困线以下的家庭已占家庭总数的 40%，其中极端贫困家庭占家庭总数的 19%[①]，说明拉美国家在改革之前社会发展滞后问题就已经相当尖锐。20 世纪 80 年代以来拉美状况的变化可以从表 4 的统计数据中反映出来。

---

　　① Oscar Altimir, *La dimensión de la pobreza en América Latina*, CEPAL, Santiago de Chile, 1979, p. 63.

表4　　　　　　拉丁美洲贫困人口和极端贫困人口的演变　　　单位：百万人

年份	贫困人口比例（%）	极端贫困人口比例（%）	贫困人口数量	极端贫困人口数量
1980	40.5	18.6		
1990	48.3	22.5	200	93
1997	43.5	19.0	204	89
2000	42.5	18.1	207	88
2001	43.2	18.5	214	92
2002	44.0	19.4	221	97
2003	44.3	19.2	226	98
2004	41.7	17.4	216	90
2005a	40.6	16.8	213	88

注：a表示2005年为预测数。

资料来源：CEPAL, *Panorama social de América Latina*, 2005, Santiago de Chile, 2005.

　　表4提供的主要信息是，（1）1980年的贫困人口比例为40.5%，与1970年前后贫困家庭占家庭总数的40%基本相符，说明70年代贫困发生率没有明显变化。（2）经过80年代"失去的10年"之后，社会贫困状况空前加剧，1990年贫困发生率达到483%的历史最高峰。（3）1991—1997年是拉美经济扩张期，贫困发生率呈现下降趋势。1997年以后随着经济进入衰退期，贫困发生率再次反弹并延续到2003年。2003年第三季度经济转入复苏后，贫困发生率再次出现下降趋势，到2005年恢复到1980年的水平。这充分说明拉美贫困发生率的变动与经济周期变动之间存在着密切关系。（4）由于人口在不断增长，即便贫困发生率出现下降，贫困人口的绝对数量却继续增加，这种情况从1990年持续到2003年，2004年才出现贫困人口绝对数量

减少的趋势。

上述情况表明，从 20 世纪 70 年代初以来的 30 多年间，拉美的贫困始终在 40% 左右徘徊，呈现出很强的"刚性"。单靠经济周期性扩张来克服贫困显然是不可能的，因为经济衰退期间贫困发生率又会反弹，甚至进一步恶化。90 年代的结构改革虽然是在 80 年代社会形势空前恶化的背景下进行的，但应当承认，这场改革在促进社会公正方面没有产生明显效果。联合国拉美经济委员会执行秘书马奇内亚指出："最近 25 年来，贫困的持续主要与低的、起伏不定的经济增长，与社会不平等，与那些为社会排斥的代际传递提供便利的因素联系在一起。在这种环境下，90 年代进行的结构改革——经济开放、私有化、放弃调控、劳工市场更大的灵活性，等等——对经济增长影响甚微，并引起失业和就业不稳定大量增加。这两个因素使原本具有严重弊端的社会局面恶化，甚至助长了这些弊端。"[1]

尽管拉美国家当前对减少贫困普遍重视，理论界也提出要实现经济增长与社会公正之间的"正向协同"（sinergias positivas），但各国政府似乎还是在沿袭数十年来指望经济增长会自然消除社会不公的指导思想。我们认为，如果不在发展的指导思想上作出重大调整，不在社会政策及各种相关制度上进行重大变革和创新，不在持续增加社会投入方面提供制度保障，将很难改变社会发展长期严重滞后的局面。

主要参考文献

1. Caio Prado Junior, *Historia económica del Brasil*, Editorial Futuro, Bue-

---

[1]　José Luis Machinea y Guillermo Gruces, *Instituciones de la política social：objetivos, principios y atributos*, CEPAL, Santiago de Chile, Julio de 2006, p. 9.

nos Aires, Argentina, 1960.

2. Fernando Fajzylber, *La industrialización trunca de América Latina*, Editorial Nueva Imagen, México – Caracas – Buenos Aires, 1983.

3. CEPAL, *Desarrollo y cambio social en América Latina*, Santiago de chile, 1977.

4. Atilio Boron, *Crisis de las democracies y movimientos socials en América Latina*, Tareas, No. 126, Panamá, Mayo – Agosto de 2007.

5. 张宝宇等：《拉丁美洲外债简论》，社会科学文献出版社 1993 年版。

6. 苏振兴：《从"美洲倡议"看美、拉关系的走向》，《拉丁美洲研究》1991 年第 5 期。

7. 豪尔赫·卡斯特罗：《第三次革命》，徐世澄译，世界知识出版社 1999 年版。

8. 美洲开发银行：《拉美改革的得与失》，江时学等译，社会科学文献出版社 1999 年版。

9. Gregorio Vidal, *Privatizaciones en América Latina*: *flujos internacionales de capital, regionalización y desarticulación productiva, Consecuencias financieras de la globalización*, Universidad Nacional Autónama de México, Instituto de Invetigaciones Económicas, México, 2005.

10. CEPAL, *Balance preliminar de las economías de América Latina y el Caribe*, 1993, 2000, 2006.

11. 芭芭拉·斯托林斯、威尔逊·佩雷斯：《经济增长、就业与公正——拉美国家改革开放的影响及其经验教训》，江时学等译，中国社会科学出版社 2002 年版。

12. Andrea C. Bandeira y Fernando Garcia, *Reformas y crecimiento en América Latina*, Revista de la CEPAL, No. 77, Agosto de 2002.

13. Christoph Ernest, Janine Berg y Peter Auer, *Retos en material de empleo y respuestas de política en Argentina, Brasil y México*, Revista de la CEPAL, No. 91, Abril de 2007.

14. Joseph E. Stiglitz, *El rumbp de las reformas. Hacia una nueva agenda*

para América Latina, Revista de la CEPAL, No. 80, Agosto de 2003.

15. Lourdes María Regueiro Bello, *Inversiones*, *núcleo duro del ALCA*, Cuadernos de Nuestra América, Vol. XVII, No. 33, Ciudad de la Habana, Enero – Junio de 2004.

16. 宋林峰：《脆弱与冲击：1995—1996 年墨西哥银行危机》，中国社会科学院研究生院博士学位论文，2003 年 6 月。

17. Manual R. Agosin, *Comercio y crecimiento en Chile*, Revista de la CEPAL, No. 68, Agosto de 1999.

18. R. Ffrench – Davis, *El impacto de las exportaciones sobre el crecimiento en Chile*, Revista de la CEPAL, No. 76, Abril de 2002.

19. Raúl González, *Tres décadas de un nuevo orden económico*: *Chile*, 1973 – 2003, Revista europea de estudios latinoamericnos y del Caribe, CEDLA, Amsterdan, Países Bajos, No. 77, Octubre de 2004.

20. Joseph Ramos, *Un balance de las reformas estructurales neoliberales en América Latina*, Revista de la CEPAL, No. 62, Agosto de 1997.

21. José María Fanelli, *Crecimiento*, *inestabilidad y crisis de la convertibilidad en Argentina*, Revista de la CEPAL, No. 77, Agosto de 2002.

22. Adalberto Ronda Varona, *Crisis del capitalismo neoliberal y reformas al Consenso de Washington*, Cuadernos de Nuestra América, No. 35 – 36, Vol. XVII, Enero – Diciembre de 2005.

23. Heinz Dieterich, *El paso al socialismo económico y la intruducción del modo de poducción socialista en la economía mundial*, http: // www. Rebelión. org, 26 de Marzo, 2007.

24. Oscar Altimir, *La dimension de la pobreza en América Latina*, CEPAL, Santiago de Chile, 1979.

（原载李若谷主编《世界经济发展模式比较》，

社会科学文献出版社 2009 年版）

增长、分配与社会分化

——对拉美国家社会贫富分化问题的考察

　　当前，我国的社会主义现代化建设正处于一个重要的发展阶段。这个阶段的主要标志之一是，人均国内生产总值（GDP）达到1000美元，人民生活总体上达到小康水平。但这个阶段也面临着许多新的矛盾，其中很重要的一点就是社会问题日益凸显出来。正是在这一背景下，党的十六届三中全会及时提出了"全面、协调、可持续"的科学发展观，强调发展过程中要突出统筹兼顾的思想，实现五个方面的统筹发展。根据我们对拉美国家现代化进程的初步研究，本文拟结合这些国家的经历，分析考察在处理经济发展与社会发展的关系方面这些国家所提供的某些经验教训。

　　拉丁美洲有30多个国家，其工业化和现代化的经历长短不一。其中发展水平较高的国家，如阿根廷、巴西、墨西哥、智利、乌拉圭等国，工业化和现代化进程于1870年前后初步启动，迄今已130多年。一些拉美国家实现人均GDP 1000美元大体在20世纪60年代末至70年代。到2000年，整个拉美人均GDP已超过3800美元（按1995年美元不变价格计算）。当然，国家之间差别很大，例如，阿根廷为7300美元，

海地只有 356 美元。①但是，拉美国家面临的一个突出问题是社
会的贫富分化还在扩大，并引起严重的社会冲突。为什么会出
现这样一种局面？对这个问题很难简单地作出回答。下面，我
们着重考察一下拉美国家最近 50 多年的发展历程。

一　1950—1980 年的经济增长与收入分配

1950—1980 年的 30 年是拉美国家工业化的高潮期，也是经
济增长的"黄金时期"。在此期间，拉美地区经济保持 5.3% 的
平均增长率，地区 GDP 在 1950 年的基础上增加了 3 倍。尽管同
期拉美人口增长也处于历史高峰期，但地区人均 GDP 仍增长了 1
倍多。在经济持续增长的同时，社会问题却日益尖锐，集中表现
在收入分配上。拉美国家收入分配不公具有久远的历史，然而，
拉美地区在六七十年代因社会分化引起的社会冲突，在规模和激
烈程度上都超过以往的任何时期。

表 1 中的 10 国不仅涵盖了拉美地区经济总量和人口的 90%
左右，而且包含了地区内大、中、小三类经济规模和上、中、下
三个发展层次的国家，是具有代表性的。拉美经济委员会也指
出："经济活动的短期波动和经济政策方向的改变通常会对收入
分配的集中程度产生影响。严重的衰退以及因此而采取的某些特
定政策，可以在 10% 的高收入家庭与金字塔的其余部分之间带
来高于总收入 3% 的收入转移。不过，获取上述表格中的基本数
据的年份是相关国家景气相对正常的年份，因此可以认为，表中

---

① CEPAL, *Anuario Estadístico de América Latina y el Caribe*, 2001, Santiago de Chil-e, pp. 200 – 201.

所作的估计基本反映了 70 年代初期正常的分配结构。"①

表 1　　　　　　　拉美 10 国总收入在家庭间的分配

国家	年份	人均 GDP	按家庭收入高低分组及各组所占%						基尼系数
			0－20	21－40	41－60	61－80	81－90	91－100	
阿根廷	1970	1208	4.4	9.7	14.1	21.5	15.1	35.2	0.44
巴西	1972	539	1.6	4.0	7.1	14.2	14.4	58.7	0.66
哥伦比亚	1972	575	2.0	4.5	9.5	17.9	16.0	50.1	0.61
哥斯达黎加	1971	684	3.3	8.7	13.3	19.9	15.3	39.5	0.49
智利	1968	823	3.7	8.3	13.1	20.4	16.2	38.3	0.48
洪都拉斯	1967	275	2.0	4.6	7.5	16.2	17.5	52.2	0.63
墨西哥	1967	800	2.6	5.8	9.2	16.9	16.2	49.3	0.59
巴拿马	1970	868	1.7	5.3	11.2	20.4	17.8	43.5	0.57
秘鲁	1972	555	1.5	4.2	9.6	20.0	18.5	46.2	0.60
委内瑞拉	1971	1163	2.8	7.0	12.6	22.7	18.6	36.3	0.50

注：人均 GDP 按 1970 年美元不变价格计算。

资料来源：拉美经济委员会和世界银行关于拉美收入分配的衡量与分析课题组。转引自拉美经济委员会《跨入 80 年代的拉丁美洲》，（西文版）第 72 页。

从收入分配集中程度的高低来看，这 10 个国家大体可以分为三类。第一类是巴西和洪都拉斯。尽管这两国的经济发展水平不在同一个档次，但收入分配集中的程度是近似的。巴西 10% 最高收入家庭获得总收入的近 59%，而 40% 的低收入家庭只获得 5.6%，前者的平均收入是后者平均收入的 43 倍。洪都拉斯可以看做是拉美低收入国家的代表，10% 最高收入家庭占有总收

───────────

① CEPAL, *América Latina en el umbral de los años* 80, Santiago de Chile, 1979, pp. 73－74.

入的52%，40%低收入家庭只占有6.6%，前者的平均收入为后者的32倍。第二类是哥伦比亚、墨西哥、秘鲁和巴拿马。这4国的基尼系数在0.57—0.61之间。其实，这些国家收入分配集中的程度与洪都拉斯相比差别不大，例如，以10%最高收入家庭的平均收入与40%低收入家庭的平均收入相比，秘鲁为32倍，哥伦比亚为31倍，与洪都拉斯在同一水平上。第三类是阿根廷、哥斯达黎加、智利和委内瑞拉，其基尼系数在0.44—0.50之间；10%最高收入家庭与40%低收入家庭在平均收入上的差距为13—15倍。尽管这4国中有3国属于当时拉美人均GDP最高的国家，但其中哥斯达黎加人均GDP只有684美元，比第二类中的墨西哥和巴拿马都低。这说明收入分配集中程度的高低并不取决于人均GDP水平的高低。

表2　　　拉美5国60%低收入阶层所占收入比重和实际收入水平的变化

国家	60%低收入阶层				平均增长率（%）	
	阶段	起始时	终结时	增长部分	全国	60%低收入者
巴西	1960—1970	0.25	0.21	0.16	3.1	1.2
哥伦比亚	1964—1974	0.19	0.21	0.24	3.1	4.3
哥斯达黎加	1961—1971	0.24	0.28	0.34	3.2	5.1
墨西哥	1963—1975	0.22	0.20	0.18	3.2	2.4
秘鲁	1961—1971	0.18	0.18	0.18	2.3	2.3

资料来源：Montek S. Ahluwalia, Nicholas G. Carter y Hollis B. Chenery, *Growth and Poverty in Developing Countries*, Journal of Development Economics, No. 6, 1979年9月，表4，第322页。

表2的数据所说明的主要问题是，当时拉美国家不是因为经

济没有增长，而是增长的部分分配得不合理。在 20 世纪 60 年代初，上述 5 国中 60% 低收入阶层所占国民收入份额最高的为 25%（巴西），最低的为 18%（秘鲁），即 40% 高收入阶层所占份额都在 75% 以上。在表 2 所考察的 10 年中，哥伦比亚和哥斯达黎加 60% 低收入阶层从国民收入增长中得到的份额并不很高（分别为 24% 和 34%），但其收入增长率高于全国平均增长率；巴西、墨西哥和秘鲁 60% 低收入阶层从国民收入增长中仅分别得到 16% 和 18%，其收入增长率低于或等于全国平均增长率。这个统计资料说明了下列问题。第一，60% 低收入阶层收入增长的快慢取决于国家所实行的收入分配政策，如哥伦比亚和哥斯达黎加的低收入阶层收入增长就比较快。第二，即便收入分配政策有利于低收入阶层，短期内也改变不了收入分配不公的格局。如果收入分配政策对低收入阶层不利，收入分配不公就会越来越严重。因此，在上述 10 年终结时，5 国中 60% 低收入阶层所占国民收入的比重比 10 年前变化不大，或者比 10 年前更低。

在 20 世纪 50—70 年代期间，拉美各国政府深受当时流行的发展理论的影响，片面强调经济增长，严重忽视经济与社会的协调发展。正如有的学者所指出："在 60 年代期间，许多人认为，经济增长是一个国家发展方程中最重要的因素，并进而认为，经济增长既是必须的，也足以解决包括就业与贫困等社会问题在内的其他问题。……到 70 年代末期人们才发现，高增长率可以与就业形势恶化及贫困并存。"[1]上述思想在拉美的影响突出表现为普遍存在的"重增长、轻分配"或"先增长、后分配"的观念。具体地说，当时有 4 种观点在拉美是比较流行的：（1）"滴漏机

---

[1]　Louis Emmerij, *El desarrollo económico y social en los umbrales del siglo XXI*, BID, Washington, D. C. , 1998, p. 5.

制"（Trickle – down Mechanism）和"溢出"（Slillover）理论。这种理论认为收入不平等对于通过储蓄促进投资和增长是必要的。富人会把收入中的较高比例用于储蓄和投资，穷人会将收入主要用于消费支出。一个国家收入分配越是向高收入阶层倾斜，储蓄率就越高，经济增长就越快，收入就越会通过市场机制"滴漏"在低收入阶层身上。（2）增长与公平的"不相容性"。这种观点认为，增长与公平在一定时期内具有不相容性，必须首先实现经济增长，社会不公正会在强大的发展动力中逐步消除。意思是说，强劲的经济增长就意味着发展，而实现发展并不要求进行社会变革。（3）"蛋糕"论。以巴西经济学家德尔芬·内托为代表的一些人强调，首先必须把"蛋糕"做大，然后再去考虑如何分配。（4）"积累优先"论。这种观点以另一位巴西经济学家 S. 西蒙森为代表，认为要想把经济增长放在优先地位，就得接受收入分配两极分化的现实；如果把改善收入分配和提高福利水平作为基本目标，就会影响积累和增长潜力。

根据拉美经济委员会提供的资料，在 20 世纪 50—70 年代期间，拉美国家公共与私营企业的收入分配原则是，在企业年度"经营总剩余"（superávit bruto de explotación，即不含劳动报酬的要素成本增加值）中，企业固定资产折旧和企业积累两项通常占 40% 左右，投入分配部分占 60% 左右，有些国家投入分配的部分不到 50%。但是，拉美国家的投资率却并不高，普遍比亚洲国家要低得多。问题就在于，高收入阶层并不热心于扩大生产投资，而是热中于高消费，或称"模仿性"消费（模仿发达国家消费），因而出现社会上层的高消费与社会下层消费不足并存的局面。于是，社会就出现所谓"期望的革命"（revolución de las aspiraciones）与"失望的革命"（revolución de las frustraciones）相对立，即高收入阶层并不满足于现状，还期望获得更多；

低收入阶层更对现状不满，对发展的结局感到失望。[1]在这种情况下，拉美各国政府依然把全部注意力放在加快经济增长方面，如实行地区经济一体化，以求克服进口替代工业化所受到的国内市场制约；实施进口替代与促进出口相结合的方针，以扩大制成品出口，等等。到 1973 年石油危机爆发后，拉美国家实际上已面临结构性危机，但各国政府依然没有下决心进行经济调整，而是不约而同地走上"负债增长"的道路，结果酿成了后来的危机。可见，拉美国家当时竭尽全力保持经济增长，这也是拉美经济能够保持 30 年持续增长的重要原因。但与此同时，当六七十年代巴西、墨西哥等国出现"经济奇迹"的时候，其国内的社会矛盾与社会冲突也达到了前所未有的尖锐与激烈程度。

二 1981—2000 年的经济增长与收入分配

1981 年以来的 20 多年间，拉美地区的经济形势发生了大逆转，80 年代持续衰退，90 年代继续低迷。1980—1990 年，拉美地区（根据 23 国的统计）GDP 年均增长率仅为 1.2%，其中阿根廷、萨尔瓦多、海地、尼加拉瓜、秘鲁、圭亚那、特立尼达和多巴哥 7 国是负增长；地区人均 GDP 年均增长率为 -0.9%，其中只有智利、哥伦比亚、多米尼加、巴巴多斯和牙买加 5 个中、小国家是正增长。[2] 1991—2000 年，拉美地区（根据 31 国的统计）GDP 年均增长率为 3.3%，其中海地是负增长；地区人均 GDP 年均增长率为 1.5%，其中厄瓜多尔、海地、巴拉圭、委内

---

① CEPAL, *América Latina en el umbral de los años* 80, p. 91.

② CEPAL, *Anuario Estadístico de América Latina y el Caribe*, 1995, pp. 71 – 72.

瑞拉和牙买加5国为负增长。[①]毫无疑问，拉美国家这20年的经历给人们提供了另一种深刻教训。如果说，在80年代以前的30年间，拉美国家存在着片面强调经济增长的偏差，那么，最近20年来连经济增长这个前提条件也几乎不存在，更何谈经济与社会的协调发展，社会问题只能进一步恶化。

表3　　拉美17国城市家庭收入分配（各家庭组别占总收入的%）

国家	年份	按收入水平由低到高分组						
		0—10	11—20	21—40	41—60	61—80	81—90	91—100
阿根廷	1980	2.8	4.0	10.6	15.7	21.7	14.4	30.9
	1997	2.1	3.3	9.5	13.4	19.9	16.1	35.8
玻利维亚	1989	0.7	2.7	8.7	13.1	20.6	16.1	38.2
	1997	1.6	3.1	9.0	13.6	20.5	15.3	37.0
巴西	1979	1.3	2.6	7.9	12.2	20.0	16.9	39.1
	1996	1.1	2.3	7.2	10.4	18.2	16.6	44.3
智利	1987	1.6	2.8	8.3	12.8	19.4	16.5	39.6
	1998	1.7	3.0	8.7	12.4	19.4	15.8	39.1
哥伦比亚	1980	0.9	2.5	7.6	11.3	18.9	17.5	41.3
	1997	1.4	2.9	8.6	13.0	19.3	15.2	39.5
哥斯达黎加	1981	2.3	4.5	12.1	16.7	24.5	16.9	23.2
	1997	1.9	4.2	11.3	16.8	23.7	15.4	26.8
厄瓜多尔	1990	2.1	3.8	11.3	15.5	21.5	15.3	30.5
	1997	2.3	3.5	11.2	15.1	21.6	14.4	31.9
萨尔瓦多	1994	2.1	4.1	11.1	15.3	21.4	14.3	31.7
	1997	2.1	4.0	11.1	15.2	21.3	15.2	31.1
危地马拉	1986	1.2	2.7	8.6	14.0	21.5	15.6	36.4
	1990	1.7	3.0	8.6	12.7	20.8	16.1	37.1

---

① CEPAL, *Balance preliminar de las economías de América Latina y el Caribe*, 2000, pp. 85 - 86.

续表

国家	年份	按收入水平由低到高分组						
		0—10	11—20	21—40	41—60	61—80	81—90	91—100
洪都拉斯	1990	1.5	2.5	8.3	12.8	20.0	16.1	38.9
	1997	1.4	3.1	9.7	13.8	20.3	14.9	36.8
墨西哥	1984	3.2	4.7	12.3	16.8	21.9	15.4	25.8
	1998	2.8	4.0	10.5	13.6	19.3	15.1	34.8
尼加拉瓜	1997	1.3	3.2	10.0	14.0	20.2	15.9	35.4
巴拿马	1979	1.2	3.5	10.8	15.9	22.7	16.8	29.1
	1997	1.4	2.9	9.0	13.4	20.6	15.4	37.3
巴拉圭	1986	2.2	3.6	10.6	14.5	20.2	17.1	31.8
	1996	2.6	3.9	11.0	15.1	19.8	14.6	33.1
多米尼加	1997	1.5	3.3	10.1	14.5	20.4	14.7	35.5
乌拉圭	1981	2.7	4.1	10.9	14.7	21.2	15.2	31.2
	1997	3.7	5.3	12.9	16.5	21.1	14.6	25.8
委内瑞拉	1981	2.5	4.4	13.2	17.1	24.9	16.0	21.8
	1997	1.8	3.2	9.7	14.4	21.4	16.8	32.8

　　资料来源：拉美经济委员会编《拉美、加勒比统计年鉴（2001 年）》，第 62—63 页。

　　我们从上面的统计表中至少能得到两个信息。第一，在八九十年代期间，这些国家收入分配的总体格局没有太大的变化，特别是其中的中、低收入阶层。第二，除尼加拉瓜和多米尼加只有单一年份的数据而无法作前后比较外，在其余 15 国中，最明显的是 10% 最高收入家庭所占收入比重的变化。其中玻利维亚、智利、哥伦比亚、萨尔瓦多、洪都拉斯和乌拉圭 6 国，10% 最高收入家庭所占比重有所下降，但其中多数国家降幅极小，只有乌拉圭和哥伦比亚的下降幅度分别达到 5.4 和 1.8 个百分点。在其余国家中，与 80 年代初相比，10% 最高收入家庭所占比重都是上升的，其中 6 国的增幅相当大，按增加百分点的多少依次为：

委内瑞拉 11，墨西哥 9.0，巴拿马 8.2，巴西 5.2，阿根廷 4.9，哥斯达黎加 3.6。

最新版（2002—2003 年版）的《拉丁美洲社会状况》所作的描述也与上述统计相吻合。"在 1990—1997 年期间，收入集中指数呈现出一种巨大的凝固性，其中某些国家还出现了明显的恶化趋势，只有乌拉圭和洪都拉斯是收入分配有明显好转的国家，基尼系数降低了 0.05 点。1997—2002 年的情况也大体相同，在进行过数据分析的 14 国中，有 9 国的基尼系数保持原状或进一步恶化，其中基尼系数上升幅度最大的有阿根廷（11.3%）、厄瓜多尔（9.4%）和哥斯达黎加（8.4%），而墨西哥和巴拿马的基尼系数则分别下降了 4.6% 和 6.7%。因此，新的数据再次说明，拉美国家的收入集中程度具有居高不下的巨大刚性"①。

20 世纪 80 年代，拉美国家深受债务危机的困扰。在国际债权人俱乐部的压力下，拉美债务国尽全力扩大出口，压缩进口，通过牺牲经济增长、争取外贸盈余的办法偿还债务，即所谓"衰退性调整"。在广大中下社会阶层深受紧缩政策、经济衰退和高通货膨胀之苦的同时，私人企业欠下的债务通过"债务国家化"机制变成了国家债务。90 年代，拉美国家普遍进入结构改革阶段，以"华盛顿共识"为代表的新自由主义政策成为主流政策。其突出特点之一是强调市场化改革，认为市场化改革自然会带来经济增长，而经济增长则自然会带来社会状况的改善。正如美国学者斯蒂格利茨所说："就连私人市场的拥护者们也不相信，这些政策会在某个时候解决所有的问题，因为这些政策首先就没能保障一种公平的收入分配。'华盛顿共识'的各项政策的根本问题之一就在于观察事物的视野狭

①　CEPAL, *Panorama social de América Latina*, 2002 - 2003, p. 12.

窄：他们集中于关注经济效率，指望其他社会问题在某个另外的时刻去解决。他们在追求其狭隘的经济目标方面失败了。不仅如此，他们在其有限的使命上失败的同时，还加剧了其他更广泛的社会问题。"①

三 社会贫困状况的演变

社会贫富分化是拉美国家的一种长期历史现象，但这一现象直到 20 世纪 60 年代后半期才引起学术界的高度重视。关于拉美国家社会贫困状况比较完整的统计资料出现于 70 年代初。当时，阿根廷等 10 国的贫困线和赤贫线标准以委内瑞拉为最高，洪都拉斯为最低，其他国家均在这二者之间。按 1970 年进口平均汇率计算，委内瑞拉的贫困线（即年人均预算）为 252 美元，赤贫线为 130 美元；洪都拉斯分别为 142 和 77 美元。按购买力平价计算，委内瑞拉分别为 287 和 147 美元，洪都拉斯分别为 162 和 87 美元。

这个统计资料涵盖了拉美地区全部 7 个大、中型国家，以及哥斯达黎加、洪都拉斯和乌拉圭 3 个小国。该地区经济发展水平最高的国家全部包括在内，而发展水平处在地区内最低层次的国家只选取了洪都拉斯。因此，从反映整个地区的社会贫困状况来说，这个统计资料是具有代表性的。从时间背景来看，1970 年前后是拉美国家现代化历史上经济增长最快的时期。资料显示：（1）拉美地区贫困率相当高，处在贫困线以下的家庭占家庭总数的 40%，其中将近一半（19%）处于赤贫状态。（2）农村贫

---

① Joseph E. Stiglitz, *El rumbo de las reformas. Hacia una nueva agenda para América Latina*, Revista de la CEPAL, No. 80, p. 25.

困状况比城市严重，62%的农村家庭处在贫困线以下。（3）就贫困程度而言，上述10国可以分为4个层次。例如，巴西、哥伦比亚和洪都拉斯3国城市贫困家庭比重都超过33%；墨西哥、秘鲁和委内瑞拉3国这一比重在20%—28%之间；哥斯达黎加、智利和乌拉圭则在10%—15%之间；阿根廷只占5%。显然，如果就农村及全国范围贫困家庭所占比重来衡量，秘鲁也应列入贫困程度最高的拉美国家之列。

表4　　　　　1970年前后拉美10国的贫困状况

国家	贫困线以下家庭占家庭总数%			赤贫线以下家庭占家庭总数%		
	城市	农村	全国	城市	农村	全国
阿根廷	5	19	8	1	1	1
巴西	35	73	49	15	42	25
哥伦比亚	38	54	45	14	23	18
哥斯达黎加	15	30	24	5	7	6
智利	12	25	17	3	11	6
洪都拉斯	40	75	65	15	57	45
墨西哥	20	49	34	6	18	12
秘鲁	28	68	50	8	39	25
乌拉圭	10			4		
委内瑞拉	20	36	25	6	19	10
拉丁美洲	26	62	40	10	34	19

资料来源：Oscar Altimir, *La dimensión de la pobreza en América Latina*, p. 63. CEPAL, 1979.

下面，我们根据现有资料来跟踪一下拉美国家社会贫困状况的演变。1998年，拉美、加勒比经济与社会规划研究所公布了两个关于拉美地区社会贫困状况的统计资料。尽管这两个资料在统计范围和方式上有所变化，但其数据同样来自于拉美经济委员会的家庭调查，因此是具有可比性的。

表 5 　　　　　　　　　　拉美 19 国贫困与赤贫家庭的规模
（贫困与赤贫家庭占家庭总数的%）

年份	贫困家庭			赤贫家庭		
	全国	城市	农村	全国	城市	农村
1980	35	25	54	15	9	28
1990	41	36	56	18	13	33
1994	39	34	55	17	12	33

注：贫困家庭中包括赤贫家庭。

资料来源：拉美经济委员会根据家庭调查制表。转引自拉美、加勒比经济与社会规划研究所《关于发展与国家职责的思考》（西文版），1998 年，第 50 页。

表 5 的统计范围扩大到 19 国，但没有提供各国的数据，而只有地区的数据。从这个统计资料中可以得出 3 点看法。（1）70 年代拉美地区的社会贫困现象有所减少。1980 年同 1970 年前后相比，在全国范围内贫困家庭占家庭总数的比重由 40% 降为 35%，城市由 26% 降为 25%，农村由 62% 降为 54%。赤贫家庭比重的下降幅度也大体相近。总体上看，农村贫困现象的减少幅度要大于城市。（2）80 年代拉美地区社会贫困现象大幅反弹，各项相关数据基本上都退回到 1970 年前后的水平，这是 80 年代拉美经济持续衰退的直接结果。特别引人注目的是，1990 年拉美城市贫困家庭占家庭总数的比重高达 36%，比 1980 年增加 11 个百分点，反映出城市社会贫困现象大幅度增加。（3）90 年代头几年，拉美社会贫困现象再次出现小幅度减少，这与同期拉美经济转入恢复性增长分不开。

| 表6 | 拉美19国贫困人口与赤贫人口的规模 | | | | | 单位：千人 |

年份	贫困人口			赤贫人口		
	全国	城市	农村	全国	城市	农村
1980	135900	62900	73000	62400	22500	39900
1990	197200	120800	76400	91900	45400	46500
1994	209300	135400	73900	98300	51900	46400

注：贫困人口中包含赤贫人口。

资料来源：拉美经济委员会根据家庭调查制表。转引自拉美、加勒比经济与社会规划研究所《关于发展与国家职责的思考》（西文版），1998年，第50页。

表6提供的是拉美地区贫困人口绝对数量的变化趋势。从中可以看出：（1）1980年以来，拉美地区贫困人口数量一直呈上升趋势，即使在90年代头几年贫困家庭比重略有下降的情况下，贫困人口的绝对数也是继续上升的。（2）1980年时，拉美农村贫困人口（7300万）比城市多1000万左右；到1990年，城市贫困人口达到1.208亿，而农村贫困人口为7640万，只相当于城市的63%。或者说，在1980—1990年期间，城市贫困人口增加了5790万，而农村只增加了340万。这进一步说明，拉美的社会贫困现象由以往集中在农村转向现在主要集中在城市。对于拉美各国政府来说，这种变化意味着社会问题的敏感程度更高，保持社会稳定和解决社会问题的压力空前加大。

2003年，拉美经济委员会公布了1990—2003年拉美地区贫困人口的变动数据。尽管其中1990年的贫困人口数据与表6的数据不完全吻合，但差距不大，并不妨碍我们用来观察90年代以来拉美社会贫困问题的演变趋势。

表7　　拉美19国1990—2003年贫困人口与赤贫人口的变化

单位：百万

项　目 ＼ 年　份	1990	1997	1999	2000	2001	2002	2003
贫困人口数量	200.2	203.8	211.4	206.6	213.6	221.4	226.6
占总人口%	48.3	43.5	43.8	42.4	43.1	44.0	44.4
赤贫人口数量	93.4	88.8	89.4	88.4	91.7	97.4	102.0
占总人口%	22.5	19.0	18.5	18.1	18.5	19.4	20.0

资料来源：CEPAL, *Panorama social de América Latina*, 2002 – 2003, p. 7.

　　这个统计资料侧重反映了90年代中期以后拉美贫困人口的变化。1997年以后的连续几年中，贫困人口数量仅在2000年一度有所减少。贫困人口的上升与同期经济的衰退几乎完全同步。到2003年，拉美贫困人口总数达到2.266亿，占总人口的44.4%，形势是相当严峻的。在这个阶段，社会贫困状况空前恶化的国家是阿根廷。阿根廷经济自1998年起持续衰退，2001年更爆发了严重危机。1999—2002年，阿根廷大布宜诺斯艾利斯地区的贫困率（贫困人口占总人口的比重）翻了一番，由19.7%上升到41.5%，赤贫人口比重增加约3倍，由占总人口的4.8%上升至18.6%。

　　综上所述，自1970年以来的30多年间，不论是在整个拉美地区还是在各个国家，社会贫困现象尽管在不同时候可能会出现某种程度的缓解，但总的趋势是逐渐加剧的。毫无疑问，80年代的持续经济衰退和90年代的非正常增长，是促使拉美地区社会贫困加剧的重要原因。但是，从拉美社会贫困现象的历史演变过程来看，即便经济恢复正常增长，也只能对贫困现象起到缓解作用。没有国家自觉的社会政策的调节，单靠经济增长这一个途径，是不可能从根本上扭转这种趋势的。社会的贫富鸿沟越深，解决的难度就越大。

四　社会冲突

研究拉美政治史的学者都注意到，拉丁美洲在最近50年间经历了前、后两个政治周期。前一个周期是20世纪50年代后半期至70年代，拉丁美洲经历了一次代议制民主与军事独裁的交替过程。具体情况是：50年代后半期，秘鲁、哥伦比亚、委内瑞拉、古巴、多米尼加等国的独裁政权先后被推翻，出现一股民主化浪潮。但这股浪潮为时短暂，60年代初就被一股军事政变和军人干政的浪潮所取代。"1959年（古巴）巴蒂斯塔的垮台和1960年（多米尼加）特鲁希略王朝的崩溃似乎是一个新时代的预兆。然而，这只是一种幻想。这一幻想的破灭表明，民主与现代化及经济发展之间似乎并不存在一种直接的关系。50年代末期、60年代期间那种令人鼓舞的局面又变得阴暗了"[①]。事实上，从1963年厄瓜多尔发生军事政变起，在60和70年代，军事政变和军人干政之风席卷了几乎整个拉美大陆，连历来号称南美洲"民主橱窗"的智利和乌拉圭也未能幸免。到1976年3月阿根廷军队推翻第三届庇隆政府为止，拉丁美洲仍由文人治理的国家已经寥寥无几。

国外学术界对20世纪六七十年代拉美军人普遍干政所作的解释历来存在某种偏颇，即认为是由进口替代工业化的危机引起的。例如，有的学者提出："民众主义阶段的结束，是与简易进

---

① A. 弗里斯费奇等：《拉美的民主问题与民主政治》，载F. 塞佩达·乌略亚主编《拉丁美洲的民主与发展》（西文版），布宜诺斯艾利斯：拉美出版集团1985年版，第57页。

口替代阶段的危机，以及需要为跨国公司提供政治与社会稳定条件这两者联系在一起的。跨国公司是唯一拥有缓解这场危机所要求的资本与技术的经济角色。这场危机是以工业化进程的深化来克服的，从而为所谓的官僚—威权主义政权开辟了道路。这类政权是以外国垄断资本及其在本国的同盟者与军、文人技术官僚的联盟为基础的。这些政权对原来由民众主义动员起来的民众阶层实行排斥和镇压。"①这里虽然提到了军政权对民众的"排斥和镇压"，但显然只是把这种"排斥和镇压"看做是对前一阶段民众主义政策的否定，而回避了"排斥和镇压"的真实原因与历史背景。

50 年代末 60 年代初，所谓"简易进口替代阶段的危机"仅仅是指进口替代工业化启动最早的一些拉美国家，并不具有普遍性。至于拉美国家工业化对跨国公司资金和技术的依赖更不是从这个时候才开始的。真实的历史背景是，由于社会贫富分化的不断加剧，从 50 年代后期起，拉美国家下层民众对工业化和现代化的前景产生失望情绪，社会冲突进入一个空前激化的阶段。毫无疑问，1959 年古巴革命的胜利对业已遍及拉美地区的这种社会冲突起了重要的催化作用。这种社会冲突不是指日常的劳资矛盾，而是出现在众多的领域，并采取空前激烈的对抗形式。例如，在政治领域，左翼政党积极展开斗争，甚至提出夺取政权的口号；资产阶级改良派纷纷在大选中赢得胜利，如巴西的古拉特政府、智利的基督教民主党政府等，特别是阿连德领导的智利社会党在1970 年大选中获胜，流亡海外 18 年的庇隆于 1973 年回国当政。在学术领域，激进的依附理论于 60 年代在拉美形成。

---

① Felipe Burbano de Lara, Carlos de la Torre, *El populismo en el Ecuador*, ILDIS, Quito, 1985, p. 15.

在社会斗争领域，基层民众的罢工、抗议浪潮此伏彼起，出现了像阿根廷"科尔多瓦风暴"那样震撼全国的大规模罢工运动。更加引起世界关注的是拉美地区的游击战，20世纪六七十年代，数十支不同政治色彩的游击队在大多数拉美国家掀起的城市与乡村游击战，对各国社会造成了前所未有的震撼。当时，西方舆论几乎众口一词地把拉美社会的剧烈动荡归咎于国际共产主义特别是古巴的煽动，并借此掀起国际性的反共宣传浪潮。

其实，不论是美国政府还是拉美国家的统治阶级内心都明白问题出在哪里。美国抛出的"争取进步联盟"计划就是最好的佐证。1961年8月，在乌拉圭埃斯特角举行的美洲国家组织会议上，由美国肯尼迪政府提出的"争取进步联盟"计划正式出台。这个计划的目标是，美国和拉美国家"更紧密地进行合作，以加速拉丁美洲成员国的经济和社会发展，使它们能在适合它们自身需要和愿望的民主社会里，取得最大限度的福利水平，使所有的人都有均等的机会"①。美国政府不仅承诺为实现计划目标提供资金支持，而且要求拉美国家进行以土地改革为中心的社会变革。尽管美国表面上强调要实现民主，但实际上是积极支持军事政变的。

20世纪六七十年代，拉美的所谓"军事威权主义"政府与历史上的军事考迪罗政府有明显的不同。第一，基本上放弃了由考迪罗（首领）个人独裁的形式，由陆、海、空三军（有的还加上警察部队）首脑组成的执政委员会行使权力。第二，起用文人技术官僚担任政府部门职务，因此，有的学者将这类政府称为"官僚—威权主义政府"。第三，这些军人政权都致力于发展

---

① 肖夏娜·B. 坦塞：《拉丁美洲的经济民族主义》，高铦等译，商务印书馆1980年版，第156页。

经济，其中巴西、秘鲁、智利等国的军政府还被称为"发展型"的强政府。第四，这些军政府无一例外地对国内左翼或激进政治势力进行残酷镇压，致使大批进步人士遭到监禁、杀害，或失踪、流亡，各类城乡游击队更被无情弹压。以致在 80 年代这些军政府已经交出权力之后，社会各界调查军人统治期间的失踪者、声讨军政府侵犯人权的运动还久久不能平息；阿根廷"5 月广场的母亲"为寻找失踪儿女而发出的血泪控诉，更使世人为之动容。六七十年代拉美军人政权的上述特点表明，军人们看到，他们所面对的是一场空前激烈的社会冲突，是一场社会危机和发展危机。他们只能通过加快经济发展来缓解这场危机，而要加快发展首先必须稳定国内局势。军政府恰恰可以发挥文人政府所不具备的优势，实行军事独裁，取消宪法保障，解散议会，停止政党活动并取缔某些政党，对反对派和游击队进行武力镇压；与此同时，启用大批文人技术官僚来管理经济和其他专业性较强的部门。

第二个政治周期始于 20 世纪 70 年代后期，即 1978 年左右出现的以军人政权"还政于民"为中心的政治民主化进程。到 90 年代初，拉美各国都形成了由民选的文人政府当政的局面，民主化进程由此进入"巩固阶段"。在这个新的政治周期中，拉丁美洲没有重复民主与独裁交替的历史，但出现了一种新的现象：广大民众由对民主政治的热切期待走向了对政治民主的巨大失望。

尽管 80 年代是拉美国家现代化历史上经济发展最糟糕的 10 年，但是，当时广大民众还沉醉于前所未有的政治民主化的欢乐气氛之中，市场化改革也还处于早期阶段，其负面效果尚未充分表现出来。进入 90 年代以后情况就发生了变化，可以说，拉美国家又进入了新一轮的社会冲突激化期。90 年代以来的 10 多年间，拉美国家先后有 5 位民选总统被中途废黜或被迫交权，实际上，无一例外都是被群众抗议运动赶下台的。①海地总统阿里斯蒂德 2004 年年初在反政府武装兵临城下时交权出走。从 1980 年至 2003 年，长达 24 年中，海地人均 GDP 累积为负增长，民众不造反才是怪事。阿根廷在 20 世纪初是世界 10 大富国之一，到 2002 年，大布宜诺斯艾利斯地区生活在贫困线以下的人口超过 40%。阿根廷 2001 年危机所引发的政治动荡尤其具有戏剧性，在短短 10 多天内更换了 5 位临时总统，充分显示了"锅碗瓢盆的力量"（指民众敲着锅碗瓢盆上街抗议）。许多长期活跃在拉美国家政治舞台上的政党政治威望明显下降，以拉美左翼政党为中心的"圣保罗论坛"和以非政府组织为核心的"世界社会论坛"（设在巴西的阿雷格里港），举起了反对全球化、反对新自由主义改革、要求社会公平与正义的旗帜，影响力不断扩大。国际舆论认为，"世界社会论坛"已成为与瑞士达沃斯的"世界经济论坛"分庭抗礼的国际舞台。种种迹象表明，拉美国家的社会动荡呈现加剧之势，例如，哥伦比亚反政府武装的活动已经延续了半个世纪之久，迄今还没有找到恢复国内和平的有效途径；墨西哥 1994 年爆发的恰帕斯农民反抗运动还在继续；拉美国家凶杀案的发案率达到每 10 万人 25.1 起，为世界之最；拉美的在押犯人超出监狱容纳能力的 38.2%，如此等等。因此，尽管拉美国家经过 70 年代末期以来的政治民主化进程之后，拉美的民主国家从来没有这么多，拉丁美洲的民主也从来没有延续过这么长的时间，但是，当前民众对民主的失望也达到了惊人的地步。

---

①　这 5 位总统分别是：厄瓜多尔总统布卡拉姆（1997 年）、厄瓜多尔总统马瓦德（2000 年）、阿根廷总统德拉鲁阿（2001 年）、玻利维亚总统桑切斯·德洛萨达（2003 年）和海地总统阿里斯蒂德（2004 年）。

联合国最近发表的一份报告指出，根据对 18 个拉美国家的调查，有 56.3% 的被调查者认为：经济发展比民主更重要；有 54.7% 的被调查者认为：如果一个专制政府能解决经济问题，他们将支持专制政府。[①]

五　几点深层原因

从总体上说，拉美国家属于资源丰富、人口密度小、教育普及程度较高、工业化与现代化起步较早的发展中国家。为什么这些国家社会贫富分化的现象长期以来不见缓解呢？从我们对拉美国家现代化进程的初步考察来看，似乎除了上面分析的一些政策层面的原因外，还存在某些值得关注的深层原因。

（一）社会财富的占有过于集中。人们在社会生产过程中参与收入分配的权力大小是与其对生产资料的占有状况直接相关的。拉美国家生产资料被少数人垄断性地占有出现于殖民地时期，是在欧洲殖民者肆意掠夺印第安人财富和殖民地奴隶制度的基础上形成的。18 世纪末至 19 世纪头 25 年间拉丁美洲所经历的独立革命并不是一次社会革命，这场革命虽然使一大批拉美国家赢得了政治独立，但没有改变社会财富的分配状况。殖民地时期以大地产制为代表的财产占有制度被新独立国家的统治阶级（土生白人地主、天主教会和军事首领们）原封不动地继承下来。

从独立以来，特别是从 1870 年前后现代化进程初步启动以来，这种社会财富占有高度集中的状况为什么没有发生太大的变化呢？

---

① 参见 UNDP, *Ideas y aportes：la democracia en América Latina*, New York, 2004.

第一，上层统治阶级对土地、自然资源等主要社会财富的进一步兼并。从独立到19世纪末期，上层统治阶级以土地兼并为中心的财富扩张主要是以两种方式进行的。其一，在19世纪中期以前，许多拉美国家的统治阶级借助国家政权的力量，对殖民地时期处于"边远"地区的印第安人进行征服，"收回"大片土地加以瓜分，如阿根廷对布宜诺斯艾利斯以南的广大地区的征服，智利对南方地区阿劳坎人的征服，等等。又如，19世纪初葡萄牙王室逃亡到巴西后，王公贵族们就掀起了土地兼并的大浪潮。其二，19世纪中期以后的半个世纪内，拉美国家普遍进行了自由改革，这场改革的宗旨之一是建立"自由的"土地与劳动力市场。一方面，大量剥夺天主教会的地产，以削弱教会的政治地位；另一方面，广泛剥夺小农、特别是印第安人村社的土地，迫使他们进入劳动力市场。通过上述途径获得的大量土地主要被权势阶层廉价收购或无偿占有，从而进一步强化了大地产制度，加剧了社会的贫富分化。

第二，在工业化和现代化过程中拒绝进行必要的社会变革。1910年墨西哥大规模农民运动的爆发，第一次把拉美国家的农民土地问题提上了政治议事日程。遗憾的是，1910—1917年的墨西哥资产阶级民主革命被某些政治势力引上了改良主义道路。墨西哥的土地改革从那时起断断续续地进行了100多年，始终未能解决农民土地问题。在其他拉美国家，如玻利维亚、危地马拉、秘鲁、智利、尼加拉瓜等国，虽然从20世纪50年代起也先后发生了规模不同的革命或改革运动，但或因其取得的成果本来就有限，或因其取得的成果被新上台的右翼政府一笔勾销，都未能实现社会变革的目标。对更多的拉美国家而言，即便在古巴革命的强烈冲击之下，统治阶级也没有在社会变革领域迈出任何实质性的步伐。这种现象的主要原因在于，拉美国家的上层统治阶级奉行的是所谓"现代传统主义"。根据学术界的解释，现代传统主义"是一种精英意识形态。其宗旨是既要推动经济增长与现代化，又要避免在社会结构、价值观和权力分配等方面发生变革，或至少要将这类变革减少到最低限度"①。

第三，在现代化过程中忽视了中小私营企业的发展。拉美国家在早期工业化阶段（1870—1930 年）就采取大量引进外资的方针，国内原有的手工业阶层基本上被外来商品的竞争所淘汰。本国私人工商企业主主要来自于少数大地产主和较有实力的外国移民，并始终处于一种弱势地位。随着 20 世纪 30 年代进口替代工业化模式的出现，国家资本迅速崛起，在拉美国家中由国家资本、跨国资本和本国私人资本构成的"三脚架"结构中，本国私人资本始终是一条"软腿"。本国私人资本中并不乏实力雄厚的大企业，但中小企业呈现先天不足状态。一方面，长期囿于国内市场的进口替代工业化客观上限制了中小企业的发展空间；另一方面，国家的政策支持过分偏重于本国私人大企业，对中小私人资本创业规定的"门槛"过高，政策支持力度不够。80 年代以来，急剧的对外开放过程使大批中小企业在激烈的外来竞争中破产倒闭。因此，拉美国家的经济改革是伴随着一个社会财富集中化的过程。此外，拉美国家的农业现代化走的是在大地产制基础上的机械化和技术化道路，这种模式可能对加快农业产业化有利，但严重限制了中、小农业企业的发展。

（二）对现代化进程中城市创造就业的潜力缺乏科学的预计。就业是民生之本。拉美国家从早期工业化阶段起就一直采取鼓励国内移民的政策，导致近 100 年来持续的农村向城市移民浪潮和城市化的失控。实行这一政策的初衷是想缓解农村因土地问

---

① CEPAL, *Desarrollo y cambio social en América Latina*, 1979. p. 7.

题引发的社会冲突，因而鼓励向城市移民被认为是一道"排气阀门"。更重要的原因还在于，人们对于工业化和现代化过程中城市创造就业的潜力缺乏科学预计。直到 20 世纪六七十年代，随着城市就业问题凸显，非正规就业大量涌现，城市社会冲突激化，人们才开始对城市化的速率问题、城市创造就业的实际能力问题等有所反思。拉美国家的历史教训之一就是没有充分发挥农村与农业的就业潜力。面对 80 年代严重的经济衰退，尽管拉美各国都采取降低报酬、维持就业的政策，但城市公开失业率还是大幅上升。进入 90 年代后，不仅市场化改革和经济低迷对就业造成负面影响，而且国际竞争加剧和产业结构调整使就业弹性普遍下降。可以说，拉美国家的就业问题是历史遗留的问题与新形势下出现的问题叠加在一起，解决的难度更大。

（三）国家未能有效地发挥调节社会收入分配的职能。在拉美，80 年代以前国家在调节社会收入分配方面作出了不少努力，例如，普遍建立社会保障制度，不断加大公共教育投入和社会开支，颁布改善劳工待遇的劳动立法，等等。但与此同时，许多相关制度和政策又很不完善，例如，在社会保障制度方面，人们享受养老、医疗等的待遇往往因其所在部门、行业与政府讨价还价能力的大小而出现重大差别，大多数拉美国家都没有建立诸如工伤保险、家庭救助等主要面向体力劳动者和贫困家庭的保障机制；在教育领域，公共教育开支过分地向高等教育倾斜，因而主要是高收入阶层从中受益；经常性的高通货膨胀严重损害了工薪阶层的实际收入；国家的税收政策、信贷政策等则长期有利于高收入阶层，等等。如果说，80 年代拉美各国政府社会开支的普遍缩减主要是由于经济形势所迫，那么，随着市场化改革的展开，削弱国家的社会职能就成为一种有意识的改革目标，导致像阿根廷这样过去有"福利国家"之称的地方社会问题也空前恶化。正如阿根廷一位社会学家所说："在现代社会，没有社会凝聚力也就没有国家（Nación）。社会凝聚力是需要经济成本的，这个成本不能由最弱势的群体来支付。即便为达到最起码的凝聚力水平，国家（Estado）的作用也是不可或缺的。"①

主要参考文献

1. CEPAL, *Anuario Estadístico de América Latina y el Caribe*, 若干年份。

2. CEPAL, *América Latina en el umbral de los años 80*, Santiago de Chile, 1979.

3. Louis Emmerij, *El desarrollo económico y social en los umbrales del siglo XXI*, BID, Washington, D. C. , 1998.

4. CEPAL, *Balance preliminar de las economias de América Latina y el Caribe*, 2000.

5. CEPAL, *Panorama social de América Latina*, 2002 – 2003.

6. Joseph E. Stiglitz, *El rumbo de las reformas. Hacia una nueva agenda para América Latina*, Revista de la CEPAL, No 80, Santiago de Chile, Agosto de 2003.

7. A. 弗里斯费奇等：《拉美的民主问题与民主政治》，载 F. 塞佩达·乌略亚主编《拉丁美洲的民主与发展》（西文版），布宜诺斯艾利斯：拉美出版集团 1985 年版。

8. Felipe Burbano de lara, Carlos de la Torre, *El populismo en el Ecuador*, ILDIS, Quito, 1985.

9. 肖夏娜·B. 坦塞：《拉丁美洲的经济民族主义》，高铦等译，商务印书馆 1980 年版。

10. CEPAL, *Desarrollo y cambio social en América Latina*, 1979.

---

① Susana Torrado, *Ajuste y cohesión social argentina：el modelo para no seguir*, Tareas, Revista del Centro de Estudios Latinoamericanos de Panamá, Mayo – Agosto de 2004, p. 23.

11. Susana Torrado, *Ajuste y cohesion social argentina*: *el modelo para no seguir*, *Tareas*, *Revista del Centro de Estudios Latinoamericanos de Panamá*, *Mayo* – Agosto de 2004.

（原载《拉丁美洲研究》2005 年第 1 期）

智利的经济政策与发展模式

自 20 世纪 90 年代以来，伴随着以"华盛顿共识"为指导的经济改革在拉美地区普遍展开，这个地区的经济呈现出剧烈动荡和增长乏力的局面。然而，智利经济却表现不俗，不仅宏观经济形势基本保持稳定，而且增长势头强劲，1991—2000 年以年均增长 6.6% 的业绩居拉美各国之冠（1990—2003 年为 5.6%），比同期拉美地区的平均增长率（3.3%）高出一倍①，成为智利发展史上经济增长最快的时期。对于智利经济的出色表现，究竟应当如何解释？智利是新自由主义模式成功的样板吗？智利的发展模式究竟有什么特色？本文试图就这两个问题进行一些探讨。

一 对改革进程的回顾

笔者认为，智利的经济成就是智利政府从本国的实际情况出发，实行自主的、有创意的经济政策的结果，或者说，是智利逐步背离新自由主义的结果。为了说明这个问题，有必要对智利的

---

① CEPAL, *Balance preliminar de las economías de América Latina y el Caribe*, 2000.

经济改革进程作一个简要的回顾。智利经济改革是在军队通过 1973 年 "9　11" 政变推翻阿连德领导的 "人民团结" 政府之后启动的，迄今大体经历了三个阶段：1974—1982 年；1983—1989 年；1990 年至今。

智利经济改革的第一阶段具有强烈的意识形态特点，不仅严厉谴责 "人民团结" 政府 "全面破坏了经济"、"企图把智利变成一个马克思主义的极权国家"，而且全盘否定前期由国家主导的、高保护下的进口替代工业化发展模式，主张建立彻底的自由市场经济，推行自由贸易，发挥比较优势。当时采取的主要改革措施包括放松管制，归还前政府征收的私人土地与企业，贸易自由化（平均关税由 1973 年的 94% 降至 1979 年 6 月的 10%，取消非关税限制），开放金融市场和资本账户，反通货膨胀（包括采取货币升值手段），等等。这些改革的指导思想是："一旦确立了市场力量的统治，资源就会（无代价地）重新配置给本国具有比较优势的出口工业，从而既带动出口，也带动整个国民产值的快速增长。"[1] 然而，这个阶段的改革成效并不好，表现为经济剧烈地起伏动荡，其中 1975 和 1982 年分别出现 12.9% 和 14.3% 的负增长，1974—1981 年的平均增长率仅为 3.3%，低于 1960—1970 年的 4.2%。虽然这个阶段出口明显增长，但进口增长更快，形成大量贸易赤字，到 1981 年，出口已呈现下降趋势。到 1982 年，更因举借外债失控而陷入债务危机。

第二阶段改革依然是军政府时期，但在政策上进行了较大的调整。弗伦奇—戴维斯把这种调整称之为 "对新自由主义正统的偏离"（una desviación de la ortodoxia neoliberal）。他指出："为

---

①　Manuel R. Agosin, *Comercio y r = crecimiento en Chile*, Revista de la CEPAL, agosto, 1999. p. 80.

了应对 1982 年的严重衰退，智利被迫调整政策以对付外部的严重限制和促进国内的复苏。于是就出现了从主要是在 70 年代及 80 年代初确立的非常正统的或新自由主义的模式向一个更实用主义的模式的转变，包括从某些初期改革中的局部倒退。"①

　　第二阶段主要的政策调整有以下几个方面：（1）重新提高关税。前期快速的贸易自由化改革引起进口激增和外来商品的激烈竞争。为扭转这种局面，智利政府在 1982 年以后又再度提高关税，由原来 10% 的统一关税逐步提高，1984 年 9 月达到 35% 的最高水平。1985 年 3 月起关税又开始缓慢下调，直到 1991 年年中才稳定在 11% 的水平上。尽管如此，1984—1989 年的平均关税水平仍为 20%，比 1980—1982 年期间高出 1 倍。（2）实行出口退税制度（sistema de reintegro），并对出口生产商进口机器设备减免关税。（3）调整汇率。1983 年，智利重新实行爬行汇率制（paridad reptante），官方汇率根据国内与国际通货膨胀的差别不断调整，不仅纠正了原来的货币升值，而且使货币逐步贬值，1982—1988 年期间货币实际贬值幅度达 130%。此外，80 年代期间，政府还采取了加大反倾销力度，实行主要农产品价格按国际行情浮动，对出口企业提供技术支持，以及减税等措施。上述政策措施至少反映出债务危机发生后，国家对经济生活采取了一种主动干预的积极态度。这些政策调整不仅促使资源配置进一步向可交易产品生产部门转移，推动了出口的增长，而且也带动了替代进口商品的生产，对于缓解 80 年代因债务危机引起的困境起了积极作用。整个 80 年代，拉美地区经济出现"失去的 10 年"，1980—1990 年，地区年平均增长率仅为 1.1%，智利却

---

　　① R. Ffrench-Davis, *El impacto de las exportaciones sobre el crecimiento en Chile*, Revista de la CEPAL, abril, 2002. pp. 144 – 145.

仍然达到 3.0%，比地区平均增长率高出 1.7 倍。①

随着 1990 年文人政府取代军政府上台执政，智利经济改革进入了一个新的阶段。J. 拉莫斯认为："的确，在智利，从 1990 年起，随着民主的到来，（对新自由主义模式的）偏离就更大了。发展战略虽然是建立在新自由主义模式的基础上，但已经作了修改，旨在建立一个致力于同时取得增长与公正的更积极的国家（un Estado mas activo），而不是像新自由主义所说的公正是增长的结果。"② 弗伦奇—戴维斯对智利文人政府经济班子的基本立场作了进一步的解释："新的看法是既赞同对开放过程中的失误有理有据的批评，开放过程造成了 70 年代严重的工业化倒退和大批企业的破产，但同时也考虑到，新自由主义改革在 16 年前就开始了，并已在 1979 年结束。做过了的已是既成事实。翻过那一页，重新开始。"③ 这就是说，文人政府奉行的是对原有的改革再进行改革的方针。或者说，文人政府所继承的主要是改革的基本目标，即由进口替代工业化的内向发展模式转向外向型发展模式，由国家主导型经济转向市场经济，至于基本经济政策，则要由政府根据国内外环境的变化自主地决定和调整。

二　文人政府经济政策举要

1990 年以来，智利前后几届文人政府采取了一系列行之有

①　CEPAL, *Anuario estadístico de América Latina y el Caribe*, 2001, p. 68.

②　Joseph Ramos, *Un balance de las reformas estructurales neoliberales en América Latina*, Revista de la CEPAL, agosto, 1997. p. 18.

③　R. Ffrench-Davis, *El impacto de las exportaciones sobre el crecimiento en Chile*, Revista de la CEPAL, abril, 2002, p. 149, nota 5.

效的经济政策，并表现出明显的政策连续性。在本文有限的篇幅内，不能论及所有这些政策，只能择其主要者加以介绍。

贸易政策。90 年代初，文人政府在保持原有的贸易自由化水平的同时，贸易政策的一个重大变化是先后与拉美、北美、亚洲、欧盟等一系列国家和地区集团签署双边自由贸易协定。智利大概是目前世界上对外缔结双边自由贸易协定最多的国家。这一政策调整主要基于以下两点考虑：第一，尽管智利的贸易开放程度已经很高，但是，在当今世界区域集团化迅猛发展的情况下，一国的单边贸易开放所能获得的收益是有限的。必须利用自身贸易开放的条件，与对方签订双边自由贸易协定，才能通过相互的贸易优惠获取更大的收益。第二，鉴于智利的贸易自由化程度明显高于其他拉美国家，因此，在 90 年代以前，智利的贸易政策就具有一种脱离拉美而面向其他地区的倾向。随着 80 年代末、90 年代初拉美各国贸易自由化步伐的加快和地区经济一体化向"开放的地区主义"方向发展，智利必须重新重视与发展本地区的贸易，而采取与其他拉美国家签订双边自由贸易协定是贯彻这一方针的有效途径。可以说，90 年代以来，智利通过签订双边自由贸易协定的方式明显地扩大了出口市场。

汇率政策。如前所述，智利在 80 年代实行根据国内外通货膨胀率的变动不断进行小幅调整的爬行汇率。进入 90 年代以后，外资、特别是短期私人资本的大量流入，对本国货币形成越来越大的升值压力。针对流入的外资以美元为主的形势，智利政府对汇率政策作出重要调整，放弃了本币单独与美元挂钩，改用盯住多种货币，即"货币篮子"的办法，增加了央行对兑换市场的干预，并对流入的短期资本采取强制存款（encaje）的政策（关于这项政策，下文再作进一步介绍）。上述政策无疑对于稳定汇率和防止货币过度升值发挥了积极作用。这一点对于像智利这样的出口对国民经济具有重大影响的国家尤为重要。尽管在 90 年代中期，主要是 1996—1997 年期间，智利依然未能有效遏制投机资本的过量流入，以及 1995 年至 1997 年 10 月期间货币累积升值 16%，并由此导致亚洲金融危机引起的冲击波和 1999 年改用自由浮动汇率制，但与某些拉美国家长期采用与美元挂钩的固定汇率制所造成的严重后果相比，智利在这方面所遭受的损失要小得多。由于出口市场的扩大和汇率制度比较合理等多种因素的综合作用，智利的出口在 90 年代一直保持强劲增长势头：1990—1994 年为 10.0%，1995—1998 年为 9.5%，1999—2001 年为 7.3%。[①]

强制存款政策。众所周知，外来的短期投机资本对不少发展中国家的金融市场造成了巨大的冲击和严重的后果。智利是最先对这类投机资本采取防范措施的国家之一。1991 年 6 月，智利央行出台了所谓"强制存款"政策，规定投机性的短期资本流入（主要是短期贷款和存款）必须将相当于资本流入量的 30% 存入中央银行一年，不付利息。这一做法实际上就是提高外部融资的成本，是限制投机资本流入数量和调整外来投资结构的调节措施之一。后来，随着资本流入压力的下降，强制存款比例也逐步下调，直至 2001 年最终放弃。学术界迄今对这一政策仍然有争议。支持者认为，从宏观经济政策角度看，这一政策能给货币政策提供更大的活动余地，可以避免因短期资本流入过多引起的周期深化；在使用外部融资较少的情况下，由资本流入形势逆转所造成的损失就比较小。反对者则认为，这一政策往往并不能达到所追求的目标，特别是在限制资本流入量方面，相反，却有可

---

① 参见 R. Ffrench-Davis, *El impacto de las exportaciones sobre el crecimiento en Chile*, Revista de la CEPAL 76, abril, 2002, p. 157, cuadro 4.

能给国内企业融资带来困难并加大融资成本。[①] 不过，笔者认为，智利在特定的环境下采取特定的政策的做法，从决策层面看是有创意的。与短期投机资本在一些国家造成严重的金融动荡相比，智利实行这一政策所取得的成效是积极的。

财政政策。智利文人政府当政以来，对于在金融市场全球化条件下应该采取什么样的财政政策也进行了有益的探索。据有关文献介绍，智利政府通过适度限制公共开支、根据形势变化对增值税税率进行一定幅度内的向上或向下调整、建立稳定化基金（Fondo de estabilización）、保持公共财政相当于 GDP 1% 的结构性盈余等手段，逐步形成了一种稳健的、负责任的财政政策。90 年代以来，智利保持了 27%—28% 左右的投资率，达到其历史最高水平，成为拉动经济增长的关键性因素。与此同时，国家维持了对社会保障体系的资金投入，并偿还了大量外债。"实际上，90 年代期间，国家为社会发展提供了持续的财政支持，包括 1998—2002 年经济减速期间也不例外，中央政府的债务余额由 1989 年占国内生产总值的 43.8% 降至 2002 年的 15.9%"[②]。

支持中小企业政策。智利在支持中小企业发展方面已经形成了比较完整的政策体系和与之配套的体制架构。这个政策体系主要包括以下几个方面：（1）面向中小企业的专门融资渠道，其中包括由国家生产开发公司（CORFO）担任中介的中小企业投资贷款；由国家生产开发公司购买银行债券，银行将发行债券收入专用于向中小企业贷款；国家提供担保补贴的贷款，即向中小企业放贷的金融机构直接向保险公司购买担保，其费用的 75% 由国家

① 参见 Guillermo Le Fort V. y Sergio Lehmann, *El encaje y la entrada neta de capitales: Chile en el decenio de 1990*, Revista de la CEPAL 81, diciembre, 2003, p. 35.

② Alberto Arenas de Mesa y Julio Guzman Cox, *Política fiscal y protección social en Chile*, Revista de la CEPAL 81, diciembre, 2003, p. 126.

支付，等等。（2）提供技术援助。智利于 1993 年建立了面向中小企业的技术援助基金（FAT），专门资助这类企业聘请顾问，以解决诸如市场分析、产品设计、控制污染、建立信息系统等。（3）中小企业研究与开发援助。智利于 1991 年建立了全国技术与生产基金（FONTEC），支持中小企业的研究与开发活动。（4）培训。军政府曾对国家培训体制进行改革，但效果不佳。1995 年，文人政府制定了面向中小企业的培训计划，其中包括对中小企业业主、经理及管理人员的培训和对小农业生产者的培训。1998 年又建立了国家培训基金（FONCAP），为中小企业员工培训提供资助。此外，政府对这类企业的支持还包括某些鼓励出口的政策性优惠，以及鼓励同一地区的同类企业形成某种联合体等。[①]

社会政策。社会政策并不是本文关注的重点，但是，我们需要看到，智利在取得经济较快增长的同时，并没有忽视社会发展。正如有学者指出："由于生产率的增长，工会作用的加强，也由于一度非常滞后的最低工资快速而集中的增加和税收的重要增长（超过 GDP 的 2%），实际工资以每年将近 4.5% 的速度提高，并显著增加了被拖欠的人力资本（卫生、教育和住房）投资，以及最低养老金和家庭拨款。因此，贫困人口已明显地降至总人口的 30% 以下，收入分配有了改善。"[②]

三　关于"国家"（Estado）的定位

综上所述，我们认为，智利 90 年代以来经济形势的明显好

---

①　参见 Cecilia Alarcon y Giovanni Rtumpo, *Políticas para pequeñas y medianas empresas en Chile*, Revista de la CEPAL, agosto, 2001.

②　Joseph Ramos, *Un balance de las reformas estructurales neoliberales en América Latina*, Revista de la CEPAL, agosto, 1997, p. 19.

转似乎有两个重要因素值得考虑。第一个因素是，和其他拉美国家相比，智利经济改革的启动要早 10—15 年，进入 90 年代后智利已经渡过了改革前期的混乱与冲击。在经济改革的前期阶段，由于指导思想的偏差和政策的不当，智利经济经历过剧烈的起伏动荡，人均国内生产总值的平均增长率仅为 1.5% 左右，贫困家庭比例由占 30% 上升到超过 40%。正如有学者指出："在（智利改革的）头 10 年中，自由贸易导向的主要冲击是一种'对内的破坏效应'，其中最突出的是前几十年间逐步形成的国内经济遭到局部性的破坏或肢解，造成了巨大的负面社会效果。"[①] 对其他拉美国家而言，90 年代还正处在改革的前期阶段，正在经历着类似智利前期的"激进式"改革所引起的强烈冲击。这或许是我们观察这些国家 90 年代经济与社会形势的一个重要视角，但这并不等于说这些国家面临的严重经济与社会问题会随着时间的推移而自动化解。这就涉及我们所说的智利经济形势好转的第二个因素：政府在改革指导思想和经济政策上的重大调整。

在论及智利政府改革指导思想和经济政策的调整时，我们应当看到，智利改革在追求建立市场经济，实行自由贸易，发挥比较优势，让私人企业起主导作用等基本目标上是前后一贯的。90 年代以来，智利历届文人政府改革指导思想的调整主要集中于对国家职能的重新定位，并把国家的干预或调控集中于处理好改革与发展的关系。

在智利改革过程中，新自由主义者在国家的作用问题上有两种观点较具代表性。一是在对国家作用的整体看法上，认为"市场是自足的、良性的经济调节机制"，国家只会造成扭曲与

---

① Raúl González, *Tres décadas de un Nuevo orden económico*: Chile, 1973 – 2003, Revista Europea de Estudios Latinoamericanos y del Caribe 77, octubre de 2004, p. 65.

无效率，主张取消政治和国家，因而被批评为"新自由主义的乌托邦"。二是认为国家的收入再分配职能是对企业部门的负面干预，收入再分配过程是经济"停滞之源"。根据国外学者对智利国家改革的研究，可以把智利政府对国家的重新定位归纳为以下几个方面：（1）国家不再是企业创建者、经营者和直接生产投资者，但与此同时，国家为保持国民经济的活力与稳定不断地进行调节，如对危机局面进行干预；通过政府促销、提供补贴、刺激投资、签订贸易协定等支持企业扩张；采取多种办法吸引外资；提供道路、港口、机场等基础设施；对人力资本的形成进行干预，等等。（2）国家不再在投资资源的配置上起决定作用，而是成为"第二线的资源配置者"，主要是通过提供补贴、提供投资政策优惠、放慢关税减让速度等来扶持某些部门的发展。（3）国家在发挥收入再分配职能时坚持一条原则：不在大企业家阶层中造成不信任感。政府的行动主要包括两个方面：一是向特定的社会集团转移资源，包括现金和减免教育、医疗收费，确定最低工资水平，支持中小企业等；二是向贫困地区转移资金和建立特定的地区发展基金。（4）国家通过诸如汇率、利率、财政等方面的政策调整保持宏观经济环境的稳定。（5）国家制定必要的市场运作规范，包括对已经私有化的企业进行必要的干预，特别是在公用事业领域确保用户的权益不受侵害。正如劳尔·冈萨莱斯指出："尽管国家的分量比过去减小了，但上述情况表明，智利经济绝不是一种不要国家的经济。国家保留了它在现代国家应当出现的所有领域的存在，并限制着教条式新自由主义的得逞。"①

---

① Raúl González, *Tres décadas de un Nuevo orden económico*: *Chile*, *1973 – 2003*, Revista Europea de Estudios Latinoamericanos y del Caribe 77, octubre de 2004, p. 69.

四　关于智利的发展模式

　　经过 30 年的改革，智利经济发生了深刻变化，市场经济体制已经建立，企业私有化过程已基本结束，一种新的出口导向发展模式已初步形成。从当前情况来看，智利经济面临的主要问题既不在于其经济体制，也不在于政府的宏观调控能力，而是在于这种新的发展模式的局限性。

　　智利经济改革所追求的基本目标之一是彻底改变以往由国家主导的、高保护下的内向工业化发展模式，建立一种发挥资源比较优势的出口导向发展模式。这一改革目标的确定是基于这样一种判断：原来的发展模式是逃避外部竞争的封闭模式，所形成的工业体系既无效率又无活力，阻碍着劳动生产率和国际竞争力的提高。因此，新发展模式的形成过程实际上是一个产业结构大调整的过程，大体经历了三个阶段。前期的改革主要是通过快速地、大幅度地降低关税和非关税保护（平均关税就降至原有水平的十分之一），使工业部门在激烈的外部竞争中遭到“破坏”或“肢解”。这就是我们在上文中说过的改革的头 10 年中，自由贸易导向造成的对内的破坏效应。从债务危机发生到 80 年代末属于第二阶段，政府采取重点发展出口生产部门的方针，这既是建立新的发展模式的基础，也正好与债务危机发生后解决对外支付问题的紧迫性相吻合。可以说，国内拥有丰富的自然资源、货币的大幅度贬值和国内的低工资政策等因素，成就了这个阶段出口部门的发展。也正是在这个背景下，在 80 年代后半期私有化高潮中国家将大型铜矿企业保留下来。90 年代文人当政后，政府进一步强化了促进出口的方针，推动智利产品出口成为国家外交工作的重心之一，签订了大批双边自由贸易协定；实施特殊部门补贴政策，如林业补贴；专门制定矿业部门外国投资法；扩大出口产品种类，增加出口生产基地；加大基础设施建设力度，等等。出口快速扩张成为拉动经济增长的主要因素。60 年代，外贸占智利国内生产总值的 9% 左右，到 90 年代末，这一比重上升到 30%。

尽管智利的出口导向发展模式已经取得明显的成就，但这一模式目前也面临诸多的局限。（1）出口商品以初级产品为主。智利出口商品结构已由原来单一产品（铜）转向多样化，但这种多样化没有超越初级产品的范畴。2000 年，10 大主要出口商品无一例外都是农、林、渔、矿业产品，占出口总值的 63%。[①] 从出口商品的加工程度来看，以 1998 年为例，未经加工的初级产品占 30.5%，简单加工的初级产品占 55.5%，制成品仅占 14%。虽然近些年来国际市场上相当一部分原料和初级产品价格看好，但这类商品遭遇需求与价格剧烈波动的风险是很大的。（2）出口部门与其他经济部门的整合程度不高，拉动效应有限。以资源开发和简单加工为主的出口产业部门与其他经济部门的联系是薄弱的。大型企业对出口部门的控制更强化了这种弱点，例如，这类大企业与中小企业之间的分包、合作关系是很少的。国内制造业部门基础较差，难以承担为农、林、渔、矿业部门制造生产设备的任务。在市场高度开放、国内商品供应能力有限的情况下，由出口收入增长所形成的追加需求有相当大一部分转变为进口需求。（3）出口部门创造就业的能力相对有限。在智利，出口部门无疑是提供就业的重要部门，90 年代以来，这个部门的总体工资水平也明显高于其他部门。但从出口增长带动就业的

---

① 参见 CEPAL, *Anuario estadístico de América Latina y el Caribe*, 2001, pp. 124 – 125.

情况看，农业和渔业部门效果较好，矿业部门则出现出口增长就业反而减少的趋势。有关统计资料显示，大型企业目前以仅占20%的就业劳动力提供全国95%的出口产值；全国有50%左右的劳动力分布在生产率和收益都很低的个体农业、中小企业或微型企业中。这种状况大概是智利尽管整体经济形势不错，但失业率却居高不下的一个重要原因。最近5年来，智利城市公开失业率一直在9%左右徘徊。

综上所述，关于现行发展模式的可持续性问题已经成为智利政府和经济学界十分关注的问题。是通过进一步使出口商品多样化并提高附加价值来增加出口部门对国民经济的拉动作用，还是再选择某些具有前景的新兴制造业行业作为重点产业，或作出其他战略性选择，都还有待于进一步观察。

主要参考文献

1. 苏振兴、徐文渊主编：《拉丁美洲国家经济发展战略研究》，北京大学出版社1987年版。

2. Fernando Fajnzylber, *La industrialización trunca de América Latina*. Editorial Nueva Imagen, México-Caracas-Buenos Aires, 1983.

3. CRP y ILPES, *Reflexiones sobre el dasarrollo y la responsabilidad del estado*. Santiago de Chile, 1998.

4. John Sheahan, *Modelos de desarrollo en América Latina*. Editorial Alianza, México, 1990.

5. CEPAL, *Panorama de la inserción internacional de América Latina y el Caribe*, 2002 – 2003.

6. CEPAL, *Balance preliminar de las economías de América Latina y el Caribe*, 2004.

（原载《拉丁美洲研究》2005年第5期）

拉美国家能实现《千年宣言》的
减贫目标吗?

　　社会贫富分化严重，贫困人口比例很高，是拉美国家长期存在的现象。联合国千年峰会发表的《千年宣言》提出了"千年发展目标"，其中第一项关于消除极端贫困的目标要求：从 1990 年到 2015 年将极端贫困人口比例减少一半。拉美国家对《千年宣言》的各项目标采取积极落实的态度，对减少贫困尤为重视。拉美各国贫困人口比例高低不同，少数国家实现上述目标难度并不大，但就整个地区而言，果真能把减少贫困确立为一项长期发展目标，则不仅有可能扭转社会严重分化的长期趋势，而且一系列经济与社会政策取向也将发生重大变化，从而使经过改革所建立的新的发展模式更加适应自身经济与社会发展的客观要求。

一　过去15年拉美国家减贫工作的进展

　　具有可比性的统计资料显示，1970 年前后，拉美地区贫困人口占总人口 40% 左右，其中极端贫困人口约占总人口的 19%。80 年代的发展危机导致拉美社会贫困化程度急剧上升，1990 年贫困

人口和极端贫困人口比例均创历史纪录（见表1）。1991—2005 年
15 年间，贫困人口和极端贫困人口比例分别减少 7.7 和 5.7 个百
分点，按在 1990 年基础上减半来计算，等于分别减少 31.8% 和
51%。对于这一进展，可以从三个角度来评价。其一，就千年目
标而言，时间过去五分之三，任务完成二分之一；其二，就历史
趋势而言，只意味着贫困人口比例从历史高峰降至历史平均水平
(40% 左右)；其三，就贫困人口绝对数量而言，1990 年为 2 亿，
其中极端贫困人口 9300 万，2005 年分别为 2.13 亿和 8800 万，即
极端贫困人口减少 500 万，而贫困人口反而增加 1300 万。不过，
从国别情况看，上述 15 年中各国贫困人口与极端贫困人口比例都
有所下降，其中智利分别由 1990 年的 38.6%、12.9% 降为
18.8%、4.7%，成为率先实现"双减半"的拉美国家；巴拿马和
巴西贫困人口比例也都减少 10 个百分点以上。

表1　　　拉丁美洲贫困人口和极端贫困人口占总人口的比例
(1980—2005 年)　　　　　　　　　　　　（%）

年　份	贫困人口			极端贫困人口		
	总计	城市	农村	总计	城市	农村
1980	40.5	29.8	59.9	18.6	10.6	32.7
1990	48.3	41.4	65.4	22.5	15.3	40.4
1997	43.5	36.5	63.0	19.0	12.3	37.6
1999	43.8	37.1	63.7	18.5	11.9	38.3
2000	42.5	35.9	62.5	18.1	11.7	37.8
2001	43.2	37.0	62.3	18.5	12.2	38.0
2002	44.0	38.4	61.8	19.4	13.5	37.9
2003	44.3			19.2		
2004	41.7			17.4		
2005	40.6			16.8		

　　资料来源：联合国拉美经济委员会：*Panorama social de América Latina*，
2004，*2005*.

二　减贫取得进展的主要原因

　　1991—2005 年，拉美国家减贫工作面临的总体环境并不好。一方面，80 年代的经济萧条给社会领域留下空前沉重的历史包袱，加上激进的改革进程引起不同社会群体利益关系的急剧变动，社会矛盾非常尖锐。另一方面，经济持续起伏动荡，增长低迷，失业率居高不下，各国政府在社会政策领域的选择余地极小。智利因为经济保持强劲增长而成为拉美国家中的一个特例。1990—2003 年，智利人均 GDP 累积增长 62%，年均增长 3.8%，比地区平均增长率高出 3 个百分点。因此，尽管智利社会开支占 GDP 的比重（16%）在拉美只属于中等水平，但社会开支的实际增幅比其他国家大。在这个前提下，智利政府还设计、实施了一整套社会政策，如扩大就业、提高最低工资、彻底改革社会保障制度、加大人力资本投资、对低收入阶层实行定向扶持，等等。对绝大多数拉美国家而言，减贫工作的进展主要得益于以下 4 个因素：增加社会开支；降低通货膨胀；侨汇收入增长；2004、2005 年的经济复苏。

　　增加社会开支是拉美各国具有普遍性的政策选择。其直接目的是力求为改革创造一个相对稳定的社会环境。大规模国企私有化所带来的财政收入也为增加社会开支提供了资源。据统计，1990—1991 年，拉美（18 国统计数）社会开支占 GDP 10.1%，1996—1997 年上升到 12.1%，2000—2001 年上升到 13.8%。到 2000 年前后，拉美国家社会开支占 GDP 的比重大体可分为三个层次：巴拿马、乌拉圭、阿根廷、巴西、哥斯达黎加和玻利维亚 6 国在 18%—26% 之间；智利、哥伦比亚、尼加拉瓜、委内瑞拉、洪都拉斯和墨西哥 6 国在 10%—16% 之间；厄瓜多尔、巴拉圭、秘鲁、多米尼加、危地马拉和萨尔瓦多6国在4.2%—8.8%之间。此外，各国的社会开支都采取重点保教育和医疗卫生的方针。

关于增加社会开支在减贫方面所起的作用，可从巴西和巴拿马的案例中得到验证（见表2）。1991—1997年，巴西、巴拿马两国人均GDP增长速度比智利低得多，但两国减贫的幅度并不小，或者说，其减贫幅度并不完全取决于经济增长率。巴西、巴拿马政府转移支付对提高城乡贫困家庭收入起了重要作用。

表2　巴西、智利和巴拿马增长指数与贫困（1991—1997年）

	巴西	智利	巴拿马
总贫困率减少幅度	从41.4%减至29.9%，减幅11%	从33.3%减至17.8%，减幅15%	从36.2%减至24.2%，减幅12%
城市贫困率减少幅度	10%	16%	13%
农村贫困率减少幅度	19%	11%	10%
人均GDP年增长率	1990—1999 0.95%	1990—1998 5.36%	1991—1999 2.40%
转移支付占城市贫困家庭收入比重	1990 11.1% 1996 15.1%	1990 12.4% 1996 12.6%	1991 12.7% 1997 17.5%
转移支付占农村贫困家庭输入比重	1990 8.6% 1996 24.8%	1990 12.8% 1996 15.8%	1991 19.7% 1997 23.0%

资料来源：Mario La Fuente y Pedro Sáinz, Revista de la CEPAL, núm. 75, p. 163.

降低通货膨胀是拉美国家90年代以来坚持实行的政策。1994年以前，拉美地区通货膨胀率保持在3位数，从1995年起持续下降，90年代末期已降至1位数。降低通货膨胀的直接目的是稳定宏观经济，但取得了保护低收入阶层实际购买力的间接效果。

侨汇收入已成为拉美国家减贫的重要因素。越是收入水平低的国家，侨汇所起的作用越大。最新统计数字表明，2004年，拉美（23国统计数）侨汇收入达到450亿美元，与当年进入拉

美的外国直接投资数量不相上下，超过官方发展援助的数额。在
23 国中，侨汇收入在 1—10 亿美元之间的 12 国；11—56 亿美元
之间的 10 国；墨西哥侨汇收入最多，达 166 亿美元。侨汇收入
在上述各国当年 GDP 中所占比重高低不一：不到 1% 的有 5 国；
占 1%—10% 的有 11 国；超过 10% 的有 7 国，其中海地高达
29.1%。2002 年，在拉美 11 个侨汇收入最多（按接收侨汇收入
的家庭所得侨汇数计算）的国家，侨汇收入占家庭总收入的
32.6%。据估计，拉美有 250 万人因侨汇收入增加而脱贫。①

拉美经济从 1998 年起经历连续 5 年的衰退，2003 年开始复
苏，2004、2005 年分别出现 5.5%、4.3% 的较高增长。如前所
述，到 2005 年，拉美极端贫困人口比例比 1990 年减少了 5.7 个
百分点，等于完成极端贫困人口减半目标的 51%。但这个目标
到 2003 年底只完成 29%，另有 22% 是在最近两年内完成的，可
见这两年经济形势好转对减贫所起的重要作用。

三　过去 15 年减贫面临的主要制约因素

1991—2005 年，拉美国家减贫工作面临的制约因素主要有 4
个：经济增长率偏低；就业形势严峻；农村贫困人口比例上升；
收入分配不公继续加剧。

1990—1999 年，拉美人均 GDP 增长率仅为 0.9%，2000—
2003 年更降为 -0.2%，足见其低迷状态。同期地区贫困人口比
例的消长与经济增长率的起伏完全同步，说明经济增长率的高低

---

① CEPAL, *Panorama social de América Latina*, 2005. 文中所说的 11 国包括：玻
利维亚、厄瓜多尔、萨尔瓦多、危地马拉、洪都拉斯、墨西哥、尼加拉瓜、巴拉圭、
秘鲁、多米尼加和乌拉圭。

对减贫有着直接的、明显的影响。拉美学者的一项研究表明，社会的低收入群体受经济低迷的影响最大（见表 3）。以阿根廷为例，1980—1999 年的 20 年间，总收入增长率仅为 0.02%，处于停滞状态，40% 低收入家庭的收入增长率都低于总收入增长率；越是底层的人，其收入增长率离总收入增长率的差距越大。表中 7 国只有乌拉圭是个例外，因为乌拉圭收入分配相对公平。因此，经济长期低迷时，低收入阶层贫困化就很难避免。

表 3　　　拉丁美洲（7 国）家庭人均收入增长与总收入
增长的关系　　　　　　　　　　（%）

国　　家	时　　段	总收入增长率	10% 最贫困者	20% 最贫困者	30% 最贫困者	40% 最贫困者
阿根廷	1980—1999	0.02	- 2.04	- 1.83	- 1.65	- 1.50
巴西	1979—1999	1.27	0.34	0.34	0.45	0.48
哥斯达黎加	1981—1999	0.88	- 0.20	0.10	0.03	0.05
墨西哥	1984—1999	1.04	0.06	- 0.17	- 0.26	- 0.35
巴拿马	1979—1999	1.87	2.97	2.15	1.84	1.69
乌拉圭	1981—1999	0.78	1.29	1.64	1.22	1.19
委内瑞拉	1981—1999	- 2.54	- 6.21	- 4.88	- 4.41	- 4.13

资料来源：Mario La Fuente y Pedro Sáinz, Revista de la CEPAL, No. 75, p. 169.

　　就业是民生之本，也是经济增长与社会发展之间最基本的联系渠道。正如有的学者指出："如果没有足够数量的就业岗位为维持劳动者及其家庭的生活提供最起码的保障，社会政策就会因为要去满足居民的基本需要而变得不堪负担。"[1] 拉美地区经济

——————

　　[1]　Barbara Stallings y Jürgen Weller, El empleo en América Latina, base fundamental de la política social, Revista de la CEPAL, No. 75, p. 192.

自立人口增长率由 80 年代的 2.9% 降为 90 年代的 2.5%，说明劳动力供给在减少，但就业的困难加大。1990 年，拉美（17国）失业率加权平均数为 6.6%，2000 年上升到 7.2%；阿根廷等 10 国 2000 年的失业率达到两位数。就业形势恶化固然与经济低迷有直接关系，但更主要的是受体制改革和产业结构调整等的影响。公共部门因国企私有化和机构精简过程提供就业的能力下降，90 年代的就业增长率仅为 0.7%。私营部门成为提供就业的主体，但不同类型的企业创造就业的活力发生了重大变化。不论是大中型工业企业还是现代农业企业，都着眼于参与国际竞争而向资本与技术密集型转变，提供就业的能力不及小型与微型企业，90 年代，上述两类企业的就业增长率分别为 2.3% 和 3.7%。[①] 实际上，在整个国民经济体系中，服务业成为提供就业的主体，而服务业中又以传统服务业为主，这样就形成所谓就业的"第三产业化"与"非正规化"。1990—1998 年，拉美地区非正规部门对就业增长的贡献率超过 60%。就业"非正规化"通常就意味着"就业质量下降"，如没有劳工合同，不享受社会保障待遇，不受劳工立法监督，等等。

我们还可以通过 90 年代各经济部门就业增长情况对上述趋势作进一步的分析。显然，就业领域的某些趋势早就出现，如农业部门就业减少，服务业部门就业上升，制造业部门就业迅速扩张的阶段基本结束，等等。90 年代的改革进程进一步强化了上述趋势。表 4 的统计数据表明，90 年代农业对就业增长的贡献率是负数，制造业与建筑业的贡献率均在 8% 左右，服务业却集

---

① 国际劳工组织，1999 年。转引自 Barbara Stallings y Jürgen Weller, *El empleo en América Latina, base fundamental de la política social*, Revista de la CEPAL, No. 75, p. 197.

中了全部新增就业岗位的 90% 左右。服务业又可以分为两个部分: 一是商业、餐饮、饭店和社会服务, 提供全部新增就业岗位的 67%; 二是金融、保险、不动产、企业服务, 加上电力、煤气、电讯等, 提供新增就业岗位的 23%。服务业自身也发生了一些变化: (1) 许多拉美国家的电力与电讯服务私有化的确造成了大量失业, 但这个行业同时也经历了一个现代化与扩张过程, 也创造了就业。(2) 贸易开放推动了与进出口贸易相关的服务业发展; 金融自由化则开拓了新的金融服务领域。(3) 在竞争压力下, 企业为了降低成本而广泛实行以往并不发达的劳务分包制, 推动了 "企业服务" 的快速发展。

表4　　　1990—1999 年拉丁美洲各经济部门就业增长率　　　(%)

部　　门	就业增长率	对总就业的贡献率
农业	−0.4	−4.1
制造业	1.2	8.3
建筑业	2.8	8.0
商业、餐饮、饭店	4.0	32.7
电力、煤气、供水、运输、仓储和通讯	4.4	10.7
金融、保险、不动产和企业服务	6.0	12.3
社会服务、社区和私人服务	2.7	34.8
其他	−2.3	−2.7
合计	2.3	100.0

资料来源: Barbara Stallings y Jürgen Weller, Revista de la CEPAL, No. 75, p. 197.

农民贫困化依然是许多拉美国家面临的突出问题。尽管拉美地区城市化率高达 75%, 但贫困人口的城、乡分布很不均衡 (66.2%: 33.8%)。城、乡贫困人口比例更是相差悬殊, 2002

年，农村人口中贫困人口比例高达 61.8%，其中极端贫困人口比例更比城市高两倍，分别为 37.9% 和 13.5%。对于那些城市化率较低（通常其社会经济发展水平也较低）或农村人口数量很大的国家而言，不仅农村减贫的难度极大，而且农村还是新增贫困人口的主要来源。据 1999 年的统计，玻利维亚、厄瓜多尔、海地、洪都拉斯和尼加拉瓜等国，农村人口 75% 以上处于贫困线以下；在巴西、墨西哥和哥伦比亚农村贫困人口分别达到2000 万、1500 万和 650 万，分别占农村人口总数的 56%—65%。[1] 另据联合国粮农组织统计，拉美农村贫困人口的构成大体如下：小农占 60% 以上，无地农民和土著居民占 30% 左右，其他社会阶层 4%。在上述小农中约有三分之一是从事所谓 "生存农业"，不可能靠农业生产实现脱贫。再加上无地农民和土著居民等，估计农村贫困人口中有 50% 左右不可能靠所能获得的农业资源脱贫，而这部分人口的增长率却很高。有关农村居民收入构成的调查也印证了上述看法。1999 年的一项调查表明，13个拉美国家农村居民收入中，非农业收入占 50% 左右，其中海地和哥斯达黎加分别占 68% 和 59%。

90 年代以来，拉美国家在减少农村贫困方面又出现一些新的不利因素。第一，农村低收入群体难以从经济增长中直接受益。这些群体从经济增长中受益的主要途径是到城市或现代农业部门打工。最近 15 年中，一方面，绝大多数拉美国家经济处于低迷状态，城市失业率不断上升，农民进城做工或向城市移民的难度加大；另一方面，虽然不少拉美国家从事出口生产的现代农业表现不俗，但这个部门并未带动就业增长。第二，市场开放推

---

① 　Rubén G. Echeverría, *Opciones para reducir la pobreza rural en América Latina y el Caribe*, Revista de la CEPAL, No. 70, p. 148.

动了农产品进出口贸易的发展，进口自由化加剧了农产品的市场竞争，对小农不利。从事出口生产的现代农业企业通过外资加盟、企业并购等方式扩大生产规模，通过机械化、电脑化、国际化等途径提高竞争力，不仅减少了劳动力就业机会，而且抬高了土地价格。"在自由竞争的挑战面前，那些耕种边缘土地，难以获得受教育机会、技术进步、通讯手段和信息资源的小农，就处于不利地位"①。第三，体制改革的负面影响。例如，由于国家职能的削弱，许多长期以来为农村和农业提供服务的公共机构被撤销，面向小农的贴息贷款被取消，农业和农村基础设施建设陷于停顿，等等。由市场和私人部门来填补这些"空白"还要经过一个较长的过程。第四，拉美农村贫困人口大多数集中于那些荒漠化和水土流失严重、生态环境非常脆弱的地区，如安第斯山区的山梁或高坡地带，墨西哥和中美洲西部的海岸山脉，巴西东北部干旱地区，等等。这些地区农业生产潜力已开发殆尽。

收入分配不公是拉美国家长期存在的问题。过去 15 年间，收入分配不公平程度呈现出进一步上升的趋势，包括少数收入分配不公平程度历来较低的国家形势也发生逆转。根据 18 个拉美国家的统计，2003 年拉美的收入分配格局如下：40% 低收入家庭占总收入的 13.6%；30% 较高收入（即第 5、6、7 个 10%）家庭占 23%；20% 更高收入（即第 8、9 个 10%）家庭占27.3%；10% 最高收入家庭占 36.1%（根据世界银行提供的统计，发达国家中 10% 最高收入家庭约占总收入的 25%）。按人均收入平均水平来比较，巴西差别最大，10% 最高收入者的收入是40% 低收入者的 32.2 倍；乌拉圭差别最小，前者是后者的 9.5

---

① Rubén G. Echeverría, *Opciones para reducir la pobreza rural en América Latina y el Caribe*, Revista de la CEPAL, No. 70, p. 150.

倍；其他国家分别在 14 倍至 25 倍之间。[①] 拉美经济委员会关于
1990—2002 年上述 18 个拉美国家基尼系数变动的研究表明：第
一，在此期间，大部分国家的基尼系数是上升的，其中阿根廷上
升幅度最大，由 0.501 上升到 0.590。第二，有一部分国家基尼
系数有所下降，但下降的幅度都很小。第三，基于上述变动趋
势，到 2002 年，18 国的基尼系数都处在高水平上。具体情况
是：基尼系数在 0.580—1 之间的有巴西（0.639）、阿根廷和洪
都拉斯 3 国；在 0.520—0.5799 之间的有尼加拉瓜、哥伦比亚、
玻利维亚、智利、多米尼加、危地马拉、萨尔瓦多和秘鲁 8 国；
在 0.470—0.5199 之间的有巴拿马、墨西哥、厄瓜多尔、巴拉
圭、委内瑞拉和哥斯达黎加 6 国；在 0—0.4699 之间的仅有乌拉
圭（0.455）1 国。[②] 可见，18 国中基尼系数最低的乌拉圭也达
到了 0.455。值得关注的是，如前所述，智利在过去 15 年中减
贫取得出色成就，贫困人口比例和极端贫困人口比例都在 1990
年的基础上减少一半，但同期智利的基尼系数并没有明显变化，
仅由 1990 年的 0.554 降为 2002 年的 0.550。这就是说，尽管低
收入阶层的收入增加了并实现了较大范围的脱贫，但高收入阶层
在收入分配中所占的比例并未减少，收入分配不公的格局并未发
生变化。巴西也属于过去 15 年减贫成绩显著的国家，其基尼系
数由 1990 年的 0.627 上升到 2002 年的 0.639。

四　未来 10 年实现减贫目标的前景

按《千年宣言》规定的到 2015 年将极端贫困人口比例减少

---

① 参见 CEPAL, *Panorama social de América Latina*, 2004, Anexo Estadístico:
cuadro 23.

② 参见 CEPAL, *Panorama social de América Latina*, 2004.

一半的目标来衡量，拉美国家在过去 15 年完成了 51% 的任务，今后 10 年还有将近 50% 的任务要完成，显然是不容易的。不过，拉美各国人口规模和经济发展水平差异比较大，拉美贫困人口在国家间的分布也很不均衡，不同国家在今后 10 年实现减贫目标的难度也存在明显的差异。表 5 的统计表明，2002年，巴西、墨西哥和哥伦比亚 3 国集中了全地区贫困人口的57% 和极端贫困人口的 51%，其实现减贫目标的难度非常大。对于像玻利维亚、厄瓜多尔和中美洲国家这样的小国而言，虽然极端贫困人口在整个地区占的比例很小，但在本国人口中占的比例却非常高，加之经济发展水平又低，要实现减贫目标同样难度极大。

表 5　　　　2002 年拉丁美洲贫困人口和极端贫困人口
在国家间的分布　　　　　　　　　(%)

国　　家	贫困人口	极端贫困人口
阿根廷	8	9
玻利维亚	2	3
巴西	30	25
哥伦比亚	10	12
厄瓜多尔	3	3
墨西哥	17	14
秘鲁	6	7
委内瑞拉	5	6
中美洲国家	9	12
其他国家	8	10

注：表中贫困人口一项合计为 98%，极端贫困人口一项合计为 101%，原文如此。

资料来源：CEPAL, *Panorama social de América Latina*, 2004, p. 59.

　　我们在上文分析了过去 15 年减贫工作面临的 4 个主要因素。在这 4 个因素中，经济低迷问题在今后 10 年可望出现转机。90 年代以来拉美经济低迷的主要原因，一是绝大多数国家还处在由激烈的、互不协调的改革举措引发的经济震荡期；二是国内的积累与投资水平还没有从 80 年代债务危机的冲击中恢复过来。在改革过程中处于领先地位的智利 30 年来的经历，对于其他拉美国家或许具有某种示范意义。智利在改革的震荡期基本结束时，恰逢军人政府向文人政府的过渡。新上台的文人政府头脑相当冷静，既坚持了军人政府前期改革的基本方向，又着重于从具体国情出发进行政策调整与体制完善，从而为经济增长创造了条件。对其他拉美国家而言，经过前期的改革，对外开放与国内的体制选择已经基本定型，不可能再走回头路。在现有基础上继续深化改革，使各种体制逐步趋于完善，使各方面的政策选择更加理性化，以纠正社会经济生活中的某些失调现象，无疑是最基本的方向选择。最近几年拉美国家所进行的政策调整和新的经济扩张周期的出现，都证明了这种新的趋势。随着经济增长的加快，就业形势可望有所改善。不过，鉴于拉美国家产业结构的调整和产业优势的发挥还需要一个过程，就业状况在近期内还不可能发生太大的变化。受农村贫困问题困扰的虽然只是一部分拉美国家，但这个问题涉及诸多制度层面的限制，在现行发展模式下解决的难度很大。收入分配不公被认为是拉美国家长期存在的突出问题，但迄今为止，各国的决策者都避开或很难从制度层面上去进行改革，只限于从再分配角度采取某些补救措施。其结果就如我们在上文指出的，即便低收入阶层的收入有所提高，甚至在减贫方面也取得可观的成效，但基尼系数依旧，或者还在继续恶化。

基于上述背景，拉美经济委员会于 2004 年对拉美国家实现《千年宣言》减贫目标的前景作过一次预测。其中有几点值得关注。

第一，预测是以假定今后 11 年拉美国家的收入分配格局继续保持目前状况为前提条件。这就是说，对于拉美国家收入分配制度的变化并不寄予希望。不过，拉美经济委员会强调指出，更公平的收入分配可以使经济增长的效果更好地发挥出来。按预测者根据拉美国家的情况所作的测算，基尼系数每下降 1 个百分点，就相当于人均 GDP 多增长 0.2 个百分点左右，例如，基尼系数若降低 5%，即相当于系数值下降 0.025，其效果相当于人均 GDP 多增长 0.8% 左右。

第二，根据 2004—2015 年实现《千年宣言》减贫目标所面临的任务，将拉美国家按贫困人口与极端贫困人口比例的高低分成高、中、低 3 类，测算出每类国家未来 11 年为实现减贫目标必须达到的经济增长速度（见表 6）。测算结果表明，单就将极端贫困人口比例减半而言，高贫困国家要在 11 年中保持 6.7% 的 GDP 增长率和 6.5% 的人均 GDP 增长率几乎是不可能的；如果要将贫困人口减半，从而必须在 11 年中达到 8.8% 的 GDP 增长率，那就更不可想象。中等贫困国家为实现极端贫困人口比例减半而在 11 年中保持 4.5% 的人均 GDP 增长率，其可能性也极小，但不排除其中部分国家在取得较高的人均 GDP 增长速度的同时，社会开支有较大幅度的增加，或收入分配格局也出现较大变化，基尼系数有明显下降，即通过多种因素的综合效应实现减贫目标。对于智利、哥斯达黎加和乌拉圭这 3 个低贫困国家来说，2015 年实现贫困人口和极端贫困人口比例"双减半"的目标都比较容易。

表6　　　拉丁美洲实现《千年宣言》减贫目标所要求的

经济增长率（2004—2015 年）

	实现贫困人口比例减半		实现极端贫困人口比例减半	
	GDP 年增长率（%）	人均 GDP 年增长率（%）	GDP 年增长率（%）	人均 GDP 年增长率（%）
高贫困国家	8.8	4.4	6.7	6.5
中贫困国家	5.8	3.1	4.4	4.5
低贫困国家	1.4	0.4	1.4	0.4
拉丁美洲	5.6	2.9	4.3	4.3

注：高贫困国家包括玻利维亚、危地马拉、洪都拉斯、尼加拉瓜和巴拉圭；中等贫困国家包括阿根廷、巴西、哥伦比亚、厄瓜多尔、萨尔瓦多、墨西哥、巴拿马、秘鲁和委内瑞拉；低贫困国家包括智利、哥斯达黎加和乌拉圭。

资料来源：拉美经济委员会（2004 年），根据各国家庭调查报表制表。

第三，在社会政策选择方面，预测着重强调收入再分配。具体政策是增加社会投资、扩大社会救助计划、增加生产性就业。显然，其中的核心问题是继续增加社会开支。目前，大部分拉美国家的社会开支占 GDP 的比重已在 15% 以上，进一步提高这一比重的空间不是很大。如果经济形势好转，增长速度加快，扩大社会开支的可能性是存在的。不过普遍认为，90 年代以来拉美经济低迷的主要原因之一是公共投资水平过低，因此，在提高公共投资与增加社会开支之间存在某种两难选择。

主要参考文献

1. CEPAL, *Panorama social de América Latina*, 2002 - 2003, 2004, 2005.

2. CEPAL, *Estudios económicos de América Latina y el Caribe*, 2003 - 2004.

3. Barbara Stallings y Jürgen Weller, *El empleo en América Latina, base fun-*

damental de la política social, Revista de la CEPAL, No. 75.

4. Rubén G. Echeverría, *Opciones para reducir la pobreza rural en América Latina y el Caribe*, Revista de la CEPAL, No. 70.

5. MarioLa Fuente y Pedro Sáinz, *Participación de los pobres en los frutos del crecimiento*, Revista de la CEPAL, No. 75.

6. 联合国开发计划署：《2003 年人类发展报告》，中国财政经济出版社 2003 年版。

（原载《拉丁美洲研究》2006 年第 2 期）

巴西工业竞争力分析

巴西是"金砖国家"之一,是拉美最大的经济体,也是中国在拉美最大的经贸合作伙伴。20 世纪 90 年代,巴西经济增长率较低,在国际上似乎不大受人关注。但是,巴西幅员辽阔,人口 1.8 亿,拥有丰富的农牧业资源、矿物资源和水力资源,工业化程度较高,对生物能源的开发利用已取得重要进展。最近几年,随着政府在经济政策上的调整和出口形势的改善,巴西经济增长速度明显加快。[①]新近,巴西政府宣布发现重要的近海石油储藏,初步估计储量为 400 亿桶。因此,国际舆论对巴西的发展前景普遍充满乐观的期待。在当前全球化的世界中,巴西经济具有哪些独特的优势,如何参与国际竞争,是一个值得我们认真研究的问题。本文拟就巴西工业部门的竞争力进行初步分析。

---

① 1991—2000 年,巴西经济年均增长率为 2.6%,2004—2007 年 4 年的增长率分别为 5.7%、3.2%、3.7% 和 5.3%。CEPAL, *Balance preliminar de las economías de América Latina y el Caribe*, 2000, 2007.

一 经济改革对工业部门的影响

20 世纪 90 年代，巴西在经济领域进行了一场深刻的结构改革。改革以前，巴西经历了约半个世纪的进口替代工业化过程，建立了比较完整的工业体系，把工业化推进到了中期发展阶段。经济改革的重点主要集中于 3 个方面：（1）放松管制，或称"非调控化"，如停止对商品和服务的价格监控，取消市场保护，取消对外国投资的限制等。（2）对外部门自由化，如降低关税与非关税限制，开放资本账户等。（3）私有化，重点是对制造业和公益性服务业部门的国有企业实行私有化。经济改革对整个工业部门的影响主要有以下几点：

第一，企业产权大变动。工业企业产权变动是私有化的结果。90 年代，巴西先后将冶金、矿产开发、石油化工、电力、金融服务、电信等产业部门私有化。统计数据表明，1990—1999 年期间，巴西被私有化的企业总共 113 家，交易总值 615 亿美元；并购交易总共 1055 宗，交易总值 678 亿美元；两项合计 1293 亿美元。外国资本在私有化中的参与比重为 76.9%，在企业并购中的参与比重为 71.4%。[①]有评论指出，巴西的私有化是世界上规模最大的私有化之一。

第二，产业结构发生变化。在发挥比较优势、参与国际竞争的思想指导下，拉美地区在 90 年代逐步形成两种类型的"专门化"产业结构模式，一种是墨西哥和中美洲国家以加工、装配（即客户工业）为主的模式；另一种是南美国家以自然资源加工

---

① 里约热内卢联邦大学数据库。转引自 Revista de la CEPAL, No. 82, abril de 2004, p. 97.

业为主的模式。巴西虽然属于后者，但从其工业产值构成的变化看，90 年代自然资源加工产业所占比重上升幅度并不大。1990年，技术密集型产业、自然资源加工产业和劳动密集型产业分别占工业总产值的 29.6%、42.2% 和 28.2%，1999 年则分别为 31.6%、44.9% 和 23.5%。[①]或者说，自然资源加工产业在巴西工业中所占比重的上升主要是 90 年代高新技术产业发展相对滞后而形成的局面，并不是刻意淘汰其他产业的结果。正如有评论指出，在经济改革过程中，巴西既没有在原有工业母体上增加多少新的产业，原有产业被淘汰出局的也很少。

第三，工业增长缓慢，投资偏低。表 1 的数据显示，90 年代巴西工业生产增长缓慢，个别行业还出现负增长。主要原因是工业投资偏低，而造成投资偏低的因素则多种多样。例如，和改

表1　　　　巴西各类工业的生产增长（1991 年 =100）

工业门类	1991 年	1995 年	1998 年	2000 年
工业基本产品	100	109.6	126.8	138.2
农业基本产品	100	97.2	101.2	98.9
传统工业（不含食品、饮料）	100	104.8	101.3	104.3
食品和饮料	100	121.6	128.9	130.5
扩散技术进步的工业	100	120.0	105.6	108.2
耐用品工业	100	147.6	133.9	148.6
制造业	100	113.4	117.4	124.2

资料来源：巴西地理统计局月度工业调查。转引自 Revista de la CEPAL, No. 82, abril, 2004, p. 95.

---

① 参见 Jorge Katz y Giovanni Stumpo, *Regímenes sectoriales*, *productividad y competitividad internacional*, Revista de la CEPAL, No. 75, diciembre de 2001, p. 142, Cuadro 3.

革前相比，国家已不再是工业投资的主体；面对市场的急速开放，国内企业、特别是中小企业对大量进口商品和大批外国投资者的进入所引起的新的竞争形势难以预测，通常都是采取一种自卫性的措施，而不敢贸然扩大投资；跨国资本进入巴西主要是进行企业并购，除汽车等极少数行业外，投资建立新厂的很少；银行利率长期偏高，等等。

第四，世界市场占有率下降。巴西经济改革和对外开放是为了更好地参与世界市场竞争。巴西外贸总额由 1990 年的 500 亿美元上升到 2002 年的 1070 亿美元，增加 1 倍以上。但是，在 90 年代绝大部分时间里，进口增长大大快于出口，其中 1990—1997 年进口增加了两倍，导致连年的贸易逆差，直到 1999 年雷亚尔贬值和采用浮动汇率后形势才发生转变。巴西出口商品的世界市场占有率 1985 年为 1.37%，1998 年降至 1.01%，2001 年进一步降至 0.75%，是同期拉美国家中丢失市场份额最多的国家。[①]其中工业品占世界工业品出口市场的份额变动如下：1981—1985 年 1.29%；1986—1990 年 1.08%；1991—1995 年 0.96%；1996—2000 年 0.91%；2001 年 0.97%。[②]相关研究表明，导致巴西 90 年代所占世界市场份额减少的主要原因有两个。其一，1994 年出台的"雷亚尔计划"使巴西货币升值势头持续到 1999 年，削弱了商品出口竞争力；其二，北美自由贸易协定生效后，巴西向美国市场的部分出口被墨西哥取代，巴西向墨西哥市场的部分出口则被美国所取代。

---

① 1985、1998 年数据见拉美经济委员会《各国竞争力分析》，拉美经济委员会 2000 年版；2001 年数据见 Joao Carlos Ferraz 等，*Revista de la CEPAL*, No. 82, p. 96.

② Jorge Chami Batista y Joao Pedro Wagner de Azevedo, *El TLC y las pérdidas de mercado de Brasil en los Estados Unidos*, *1992 - 2001*, Revista de la CEPAL, No. 78, diciembre de 2002, p. 168.

第五，工业企业纷纷采取措施提高竞争力。从宏观层面看，巴西工业的国际竞争力有所下降，但是，从微观层面看，工业企业在日趋激烈的竞争面前都在采取措施提高自身的竞争力。其基本的努力方向是实现成本合理化，减少劳动力的使用。采取的主要措施包括：改善企业的组织管理，淘汰落后机器设备，引进信息技术，实行产品专门化，采用分包制，增加进口零部件的使用，等等。

二　巴西工业部门竞争力状况

巴西工业部门竞争力的具体变化趋势究竟如何？为了使用数据资料的方便，我们沿用巴西的产业分类方法，将巴西工业分为基本产品产业、耐用品产业、扩散技术进步的产业和传统产业等四大门类，分别介绍其产业竞争力的变化趋势。

1. 基本产品产业

基本产品产业主要包括钢铁、纸浆和造纸、橙汁三个行业，都是巴西出口的主打产品。巴西经济学界认为，提高这类产品的国际竞争力要靠规模经济和高生产效率，因此，必须具有资本密集型的工厂、充足的原料与动力供应、便利的运输与后勤支持等基本条件。

巴西铁矿资源丰富。近 10 多年来，巴西年度钢产量保持在 2500 万吨左右。其出口产品主要是以钢材为主的半加工产品，1999 年占世界的比重 14.1%。国内汽车和民用建筑业的发展拉动了对钢材的需求，1992—2001 年，钢材总消费量增加 89%，其中电镀钢板的消费更增加了 402%。内需旺盛成为拉动投资、特别是钢板生产投资增长的主要原因，据估计，1994—2000 年期间，年均投资额在 14 亿美元左右。钢铁行业提高竞争力的重要举措有：第一，扩大企业规模，主要是通过私有化和并购实现的。1990—2000 年，钢铁行业共有 12 家企业被私有化，交易值57 亿美元；并购案达 20 宗；原有生产单位中资本构成没有发生任何变化的仅占 17%。第二，铁矿石和劳工的低成本优势。据有关专家测算，按每吨冷轧钢计算，巴西的铁矿成本仅为 40 美元，是美、日、德、英、韩、中等几大生产国中最低的（其中中国为 75 美元）；劳动力成本为 57 美元，仅高于中国（26 美元）而远远低于其他主要生产国。[①] 第三，引进先进生产设备，降低能源消耗，优化产品质量，减少用工数量等，例如，1991年生产每吨钢为 11 时/人，2000 年降为 5.4 时/人。

纸浆和造纸是巴西的一个重要产业，2000 年企业总数达 220家，总销售额 75 亿美元。其中短纤维纸浆产量居世界首位，2001 年占世界总供应量的 19.4%，比 1990 年提高了 7 个百分点。纸浆年出口值由 90 年代初的 5.56 亿美元增加到 2000 年的13 亿美元。2000 年，巴西纸张产量 7188 吨，仅占世界产量的2%；纸张生产主要面向国内市场，出口所占世界市场份额一直保持在 2% 左右。在提高竞争力方面，纸浆和造纸行业与钢铁行业既有共同之处，也有不同之点。共同之处是通过企业并购扩大企业规模，2000 年，4 家最大的纸浆企业集中了全部纸浆产量的70%，5 家最大的造纸企业集中了全部纸张产量的 51.4%。不同之点是纸浆和造纸企业更强调"垂直化"经营模式，即企业经营范围尽可能涵盖从原料供应直到产品营销的全过程。其中最主要的是通过扩大森林种植面积来降低原料成本，例如，1990 年，纸浆和造纸行业拥有森林种植面积 6400 万公顷（其中桉树林

4200 万公顷，松树林 2000 万公顷），2000 年桉树林面积已扩大到 1 亿公顷。

　　巴西是世界最大的橙汁生产国和出口国。90 年代期间，世界橙汁消费量的 50% 以及浓缩橙汁的 80%，都产于巴西。橙汁分为浓缩橙汁和消毒橙汁两种，前者主要供出口，后者主要内销。巴西浓缩橙汁出口量 1990 年为 7.85 亿吨，2000 年增加到 12.34 亿吨。由于国际市场价格的波动，橙汁出口收入呈起伏不定状态，最高的 1995 年达到 13 亿美元，2001 年只有 8 亿美元。橙汁行业提高竞争力的主要措施有：第一，扩大企业规模。橙汁行业生产和出口的集中程度更高，2001 年，4 家最大生产厂商的出口占总出口的 90%。第二，设法占领海外的主要消费市场。例如，巴西几家重要橙汁企业已迁移到美国南方地区，对当地的加工企业和种植园进行并购或投资，并与可口可乐公司等重要客户建立了紧密合作关系，为保持和扩大在美国的市场份额创造了有利条件。第三，将企业的垂直化经营从柑橘种植一直延伸到产品的包装与销售。其中一个重要环节是增加对柑橘园的生产与技术投入，提高柑橘单位面积产量和优化品种、质量。例如，巴西对引起柑橘林病害的 Xyllela 病菌的研究取得重大成果，对改善柑橘生产具有重要意义。

　　2. 耐用品产业

　　耐用品产业主要指消费电子产品和汽车两个行业。这两个行业最突出的变化是几乎全面被外资所控制。推动外资大举进军的主要因素是：对外资的开放政策；国内市场潜力巨大；1994 年实施雷亚尔计划后货币持续升值，居民对这类产品的需求上升。有评论指出："到 2002 年前后，这些行业中企业产权的国际化几乎是全方位的。大多数国际知名企业当前都在巴西从事经营。其结果是，巴西成了国际范围内中档家电和汽车的一个重要平台。"①

　　在家电行业中，外资在视听设备方面进行了一些生产投资，而在电冰箱、空调、厨房设备、洗衣机等方面主要是并购当地企业，并在此基础上形成以组装为主、满足巴西市场为主的产销格局。从国内市场情况看，90年代前半期需求比较旺盛，以电视机为例，1990年销售200万台，1996年上升至850万台，但随后就急剧下降，到90年代末已降至400多万台。家电行业各类元器件的进口主要来自韩国和日本，而组装后的成品出口每年不到2亿美元，因此，这个行业长期面临贸易逆差，1997年曾达到15亿美元，2000年仍有11亿美元。巴西在家电行业处于自身生产能力严重缺乏的状况。

　　在汽车行业，跨国公司除了并购巴西原有的企业外，90年代后半期对巴西进行了大量生产投资，兴建了15家工厂。②到90年代末，本国资本在汽车行业的总资本和总销售额中都只占25%。经过上述产权改组和新厂建设，巴西汽车行业生产能力扩大了，产品质量提高了，设备效率也现代化了，具体表现为：在整个行业生产能力扩大的同时，用工总数由1990年的11.7万人减少到2001年的8.5万人；同期，每个工人每年生产的汽车由7.8辆提高到21.3辆。③汽车生产以面向国内市场的中档车为主。90年代，巴西国内汽车销售起伏很大，1990年71.3万辆，1997

---

　　① Joao Carlos Ferraz, David Kupfer y Mariana Iootty, *Competitividad industrial en Brasil 10 años después de la liberalización*, Revista de la CEPAL, No. 82, abril de 2004, p. 106.

　　② 大众3家、通用2家，本田、三菱、雷诺、丰田、戴姆勒·克莱斯勒、梅塞德斯、伊维科、福特、尼桑、标致、雪铁龙各1家。

　　③ 参见 F. Sartí, *Estudo da competitividade de cadeias integradas：automobilística*, Brasilia, Ministerio para el Desarrollo, la Industria y el Comercio Exterior, inédito, 2002. 转引自 Revista de la CEPAL, No. 82, abril de 2004, p. 108.

年增加到 190 万辆，2001 年回落到 160 万辆。目前，汽车行业
有部分生产能力处于闲置状态。各大汽车公司都从其母公司进口
零部件，1989—2001 年，这类进口增加 300%，2001 年进口值
为 43 亿美元，因此，汽车行业每年都有外贸赤字。

　3. 传统产品产业

　　巴西传统产品产业主要包括纺织和制鞋两大行业。纺织行业
又分为纺织、化纤和服装 3 个部分。这个行业在巴西具有某种独
特地位，一是它提供就业的能力最大，2000 年，纺织、服装企
业共 22000 家，提供 150 万个就业岗位；二是在经济上有较大的
分量，2000 年销售额达到 452 亿美元；三是外资很少参与。因
此，在经济开放的条件下，如何确保这个行业能抵御外来产品的
竞争就成为提高其竞争力的重要推动力。

表2　　　　巴西纺织、化纤、服装业的工厂数量、
　　　　　　工作岗位与销售额（2000 年）

	化纤	纺织	服装
工厂数	25	3305	18797
工作岗位（千人）	15	339	1233
产量（1000 吨/年）	640	1750	1287
年销售额（百万美元）	1400	16600	27200

　　资料来源：V. Prochnik, *Estudo da competitividade de cadeias integradas：textil e ves-*
tuario, Brasilia, Ministerio para el Desarrollo, la Industria y el Comercio Exterior, inédito,
2002. 转引自 Revista de la CEPAL, No. 82, p. 111.

　　90 年代以来，巴西纺织、服装行业为提高竞争力所采取的主要
措施有：第一，大规模更新生产设备。其中一项重要举措是，从
1995 年起，由全国经济与社会发展银行提供 20 亿美元贷款的机器设

备专项采购计划，加上当时雷亚尔升值，为纺织企业以较低价格进口设备创造了有利条件。设备更新不仅导致生产流程的改变，而且节约了大量劳动力，1990—2000 年期间，纺织、服装行业就业减少了 47%。第二，一批纺织企业向东北部地区迁移。巴西纺织企业原来高度集中于东南部经济发达地区。政府为推动东北部地区发展，鼓励纺织企业向东北部迁移。企业迁移后不仅可以大幅降低劳工成本，而且可以享受政府提供的出口信贷、免除增值税、利用基础设施的优惠等。第三，形成地区性产业集群。纺织企业特别是服装企业以中小企业居多，不利于发挥规模经济优势。90 年代以来，这类企业逐步形成了若干地方性的产业集群，以某些特定产品为中心，形成从原料供给到产品设计、加工、销售的联合体，以提高自身竞争优势。不过，巴西的纺织、服装产品目前主要是着眼于占领国内市场，出口所占比重还微不足道（见表 3）。

表 3   纺织、服装的世界贸易量和巴西的参与比重（1995—2000 年）

行业 \ 年份	1995	1996	1997	1998	1999	2000
纺织						
世界贸易（百万美元）	111100	113600	119300	112500	113000	126100
巴西出口所占比重（%）	0.90	0.89	0.86	0.79	0.73	0.71
巴西进口所占比重（%）	1.23	0.98	1.01	0.95	0.79	0.88
服装						
世界贸易（百万美元）	124000	128700	141900	149300	150000	165500
巴西出口所占比重（%）	0.24	0.19	0.15	0.12	0.12	0.17
巴西进口所占比重（%）	0.30	0.29	0.32	0.25	0.14	0.11

资料来源：V. Prochnik, *Estudo da competitividade de cadeias integradas：textil e vestuario*, Brasilia, Ministerio para el Desarrollo, la Industria y el Comercio Exterior, inédito, 2002. 转引自 Revista de la CEPAL, No. 82, p. 111.

巴西制鞋业在原材料供应和加工技术方面享有一定的传统优势。其出口部分约占总产量的 30%，主要面向国际低端市场。近年来，随着国际竞争的加剧，一方面，政府加大了对制鞋业的财政、信贷支持；另一方面，企业自身采取了加快设备更新，改进产品设计，发挥产业集群效应等多种措施。1999 年以来汇率制度的灵活化也是推动鞋类出口的一个重要因素。与主要竞争对手相比，巴西制鞋业的劳工成本依然具有竞争优势，例如，1993年，巴西劳动力成本为 1 美元时/人，中国为 0.5 美元时/人，韩国为 2.5 美元时/人，西班牙为 8 美元时/人。[①] 90 年代以来，巴西鞋类出口略有增长（见表4）。

表 4　　　　　　　　　　巴西鞋类出口

年份	出口值 （百万美元）	出口量 （百万双）	平均单价 （美元）
1990	1107	143	7.40
1995	1414	138	10.25
2000	1547	163	9.25
2001	1615	171	9.43

资料来源：A. B. Costa, *Estudo da competitividade de cadeias integradas*：*couro e calzados*, Brasilia, Ministerio para el Desarrollo, la Industria y el Comercio Exterior, inédito, 2002. 转引自 Revista de la CEPAL, No. 82, p. 119.

4. 扩散技术进步的产业

所谓扩散技术进步的产业（sectores difusores del progreso

---

① 参见 Joao Carlos Ferraz, David Kupfer y Mariana Iootty, *Competitividad industrial en Brasil 10 años después de la liberalización*, Revista de la CEPAL, No. 82, abril de 2004, p. 111.

técnico）主要包括机器制造业、电信产业和信息产业。有评论指出："在巴西各工业门类中，扩散技术进步的企业是受经济自由化负面效果冲击最大的。"[①]机器制造业主要受到贸易自由化的冲击，而电信和信息产业主要受到私有化的冲击。

经济改革以前，巴西的机器制造业已达到较高的发展水平，特别在中、低档机器设备方面具有较强的国际竞争力。市场开放以后，面对外国机器设备的大量涌入，国内机器制造业投资和生产能力严重萎缩。为了求得生存，这个行业除了着重发展具有相对优势的中低档设备生产以外，还大量引进新的组织技术，以提高生产效率，压缩劳动力投入，减少产品种类，集中于某些产品的专门化生产。这个行业提供的就业岗位由1990年的331900个降至1999年的160200个。1990—2000年期间，产量明显下降，进口比出口增长要快得多，始终处于贸易逆差地位（见表5）。

表5　　　　1990—2000年巴西机器设备的生产与国际贸易

单位：百万美元

年份	生产	出口	进口	贸易结算	表面消费	出口系数(%)	进口系数(%)
1990	16700	2600	3200	－500	17200	15.9	18.5
1995	14300	3800	6900	－3100	17400	26.6	39.8
2000	11500	3500	6400	－2900	14400	30.5	44.7

资料来源：R. Vermulm y F. Erber, *Estudo da competitividade de cadeias integradas*: *bens de capital mecánicos*, Brasilia, Ministerio para el Desarrollo, la Industria y el Comercio Exterior, inédito, 2002. 转引自 Revista de la CEPAL, No. 82, abril de 2004, p. 115.

---

① 参见 Joao Carlos Ferraz, David Kupfer y Mariana Iootty, *Competitividad industrial en Brasil 10 años después de la liberalización*, Revista de la CEPAL, No. 82, abril de 2004, p. 113.

巴西电信业私有化收入高达 300 亿美元，约占全部私有化收入的四分之一，足见该行业企业产权变动规模之大。不过，电信业私有化有一条硬性规定，外资收购方必须投资扩大生产，加上 90 年代国内需求旺盛，因此，90 年代末期出现一个外企投资电信业的高潮，1998—2000 年就达 200 亿美元，主要是兴建组装厂。2000 年，电信业销售收入比 1995 年高出 124%。由于外资企业大量从美国和欧盟进口元器件，而电信产品仅向其他拉美国家有少量出口，电信业连年出现贸易逆差，2001 年达到 20 亿美元。在电信业 2000 年的 88 亿美元销售收入中，外资企业控制的部分占 91.3%。

信息行业（电脑及配件）的局面与电信业类似，外资企业与本地资本企业并存，以外企为主导。总销售额由 1996 年的 160 亿美元增加到 2000 年的 300 亿美元，外资企业所占市场份额由 48.2% 上升至 65.8%。该行业的企业在 90 年代也采取了外包制、引进新的组织技术等提高竞争力的措施，在节约劳动力投入方面成效显著，例如，1984 年，信息行业就业岗位为 42924 个，1989 年增加到 74155 个，1999 年减少到 38450 个。当前，这个行业面临的主要问题是国内生产能力严重不足，对进口配件依赖程度过高。以 2001 年为例，进口的配件和整机高达 68 亿美元，而出口仅为 18 亿美元，贸易逆差高达 50 亿美元。[①]

三 几点初步看法

拉美学者的一份研究报告指出，自 20 世纪 80 年代中期以

---

① 参见 J. R. D. Porto, *Estudo da competitividade de cadeias integradas*: *informática*, Brasilia, Ministerio para el Desarrollo, la Industria y el Comercio Exterior, 2002, inédito. 转引自 Revista de la CEPAL, No. 82, p. 116.

来，随着经济全球化的加速，国际贸易大幅增长，发展中国家以非自然资源为基础的制成品出口所占的世界市场份额由 1985 年的 17.5% 上升到 30.3%，增加约 13 个百分点。其中，亚洲国家获得了 11 个百分点，拉美国家仅获得不到 2 个百分点。因此，报告得出两点结论：第一，亚洲国家是拉美国家在世界市场上的主要竞争对手；第二，在拉美国家中，墨西哥新增的世界市场份额最大，巴西则丢失世界市场份额最多，也就是说，巴西工业的国际竞争力下降最明显。[①]

笔者认为，单凭世界市场份额减少这一点来评价巴西工业的竞争力显然是不全面的。我们在上文分析中谈到的一些因素也是不能忽视的。第一，经过经济改革之后，巴西是拉美国家中原有工业基础保留得最完整的国家。有学者指出："巴西是唯一保留了重要的工业生产结构的国家，而其他拉美国家都被拖入了'去工业化'的境地。巴西也是唯一拥有重工业的国家，从而可以生产和吸纳先进技术，而在其他所有（拉美）国家重工业基本被拆除了。尽管跨国公司在巴西的存在也十分广泛，在汽车工业等部门更处于主导地位，但是，多数工业企业的产权依然是巴西的。"[②]第二，巴西各类工业企业都采取了更新生产设备，引进先进的组织、管理技术，调整经营模式，优化产品品种、质量，降低劳动成本，改善营销手段等一系列措施，生产效率和竞争能力有了明显提高，经受住了市场开放条件下激烈竞争的考验。第

---

① 　参见 Michael Mortimore y Wilson Peres, *La competiticidad empresarial en América Latina y el Caribe*, Revista de la CEPAL, No. 74, agosto de 2001, pp. 37 – 59. 文中"亚洲国家和地区"主要包括中国、韩国、新加坡、菲律宾、印度尼西亚、马来西亚、泰国，以及中国的香港和台湾地区。

② 　Aníbal Quijano, *El laberinto de América Latina: Hay otra salida?* Tareas, No. 116, Panamá enero-abril de 2004, p. 63.

三，巴西工业系统的产业结构模式是根据其资源大国和国内市场潜力巨大等基本国情确定的。在巴西经济由以往的内向发展模式向外向发展模式转变的过程中，包括工业品在内的整个商品出口增长比较缓慢，似乎并没有展现出外向型经济应有的活力。这种现象 90 年代在许多拉美国家都出现了，这与当时市场开放速度过快，市场竞争激烈，国内企业一时难以适应，投资与生产增长缓慢，本国货币持续升值等多种因素分不开。最近几年形势已经发生变化。2005—2007 年，巴西商品出口的增长速度保持在 17% 左右，年度商品贸易盈余都超过 400 亿美元。[①]除了钢材、纸浆、橙汁等基本产品保持旺盛的出口势头外，巴西农产品和铁矿石等的出口尤为强劲。这就是说，巴西有她自身的独特优势。因此，硬要拿墨西哥以客户工业为主的产业结构模式与巴西作对比，似乎墨西哥模式尽显优势，而巴西模式则尽显劣势，显然具有片面性。

不容讳言，在提高工业竞争力方面，巴西也面临一些有待解决的问题。第一，需要扩大工业生产领域和生产能力。可以说，最近 10 多年来，巴西工业部门的现代化努力主要集中于提高现有工业企业的效率，而很少在建立新的工业门类或新的生产厂家方面进行投资。因此，在巴西的出口商品中，新增的工业制成品不多。"贸易模式基本上依然如故：对进口商品的需求具有高收入弹性，出口仍以低单价商品为主"[②]。增加新的工业产品和扩大工业生产能力，不仅对改善巴西的出口商品结构具有战略性意

---

① 参见 CEPAL, *Balance preliminar de las economías de América Latina*, *y el Caribe*, *2007*, Santiago de Chile, 2007, p. 159, Cuadro A－6.

② Joao Carlos Ferraz, David Kupfer y Mariana Iootty, *Competitividad industrial en Brasil 10 años después de la liberalización*, Revista de la CEPAL, No. 82, abril de 2004, p. 117.

义，而且也是解决就业问题的主要渠道。如我们在上文中所述，几乎所有的工业企业都以减少劳动力作为提高企业效益的重要手段，如果不扩大工业生产领域和生产能力，就业问题可能难以解决。第二，需要重视高新技术产业的发展。巴西在经济改革中出现的一个重要变化是，高新技术产业部门基本上被跨国公司控制。一些研究巴西工业竞争力的外国学者把私有化和外资并购称为"内向国际化"（internacionalización hacia adentro）。这个说法似乎只是强调了外资对汽车、电子、电信、信息等产业的控制迅速提高了这些产业的技术水平与产品质量，而相对忽略了巴西本国在这些部门严重缺乏生产能力与创新能力，并承受着这些产业部门连年贸易逆差的负担。巴西政府 2003 年提出的工业发展规划着重强调发展以信息产业为中心的高新技术产业，反映了要改变上述局面的愿望。第三，研究和开发投入有待进一步增加。90 年代期间，巴西在技术研究与开发方面的投入相对较低，这可能与整个工业投资处于较低水平直接相关。巴西工业投资占 GDP 的比重，70 年代为 4.5%，1988—1993 年降为 2.2%，1995—1997 年回升到 3.2%。一项关于 2000 年工业企业研究与开发投入情况的调查表明，在接受调查的 72000 家工业企业中，只有 19000 家企业有设备更新和创新（包括人员培训及研究与开发）投入，投入总额 220 亿雷亚尔，占其销售收入的 3.8%。其中 15500 家企业主要是投资于购买机器设备，真正有研究与开发投入的企业只占工业企业总数的 10%，投入额占其销售收入的 0.64%。[①]

---

　　① 参见 Joao Carlos Ferraz, David Kupfer y Mariana Iootty, *Competitividad industrial en Brasil 10 años después de la liberalización*, Revista de la CEPAL, No. 82, abril de 2004, p. 98.

主要参考文献

1. Joseph Ramos, *Una estrategia de desarrollo a partir de complejos productivos en torno a los recursos naturales*, Revista de la CEPAL, No. 66.

2. Celso Gorrido y Wilson Peres, *Grandes empresas y grupos industriales latinoamericanos*, Revista de la CEPAL, No. 66.

3. Jorge Katz, *Cambios estructurales y productividad en la industria latinoamericana, 1970 - 1996*, Revista de la CEPAL, No. 71.

4. Renato Baumann, *Brasil en los años noventa: Una conomía en transición*, Revista de la CEPAL, No. 73.

5. Jorge Katz y Giovanni Stumpo, *Regímenes sectoriales, productividad y competitividad internacional*, Revista de la CEPAL, No. 75.

6. Víctor E. Tokman y Daniel Martínez, *Costo laboral y competitividad en el sector manufacturero de América Latina, 1990 - 1999*, Revista de la CEPAL, No. 69.

7. Jorge Chami Batista y Joao Pedro Wagner de Azevedo, *El TLC y las pérdidas de mercado de Brasil en los Estados Unidos, 1992 - 2001*, Revista de la CEPAL, No. 78.

8. Joao Carlos Ferraz, David Kupfer y Mariana Iootty, *Competitividad industrial en Brasil 10 años después de la liberalización*, Revista de la CEPAL, No. 82.

9. Wilson Peres, *El lento retorno de las políticas industriales en América Latina y el Caribe*, Revista de la CEPAL, No. 88.

（原载《拉丁美洲研究》2008 年 5 期）

谨防城市化过程的负面后果

——拉美国家城市化进程的若干启示

在人类发展史上，城市化是伴随着工业化出现的，它既是工业化的必然产物，也为现代工业的发展创造了必要的条件。因此可以说，城市化是人类社会从传统的农业社会向现代工业社会转变的重要标志之一，是一种具有普遍性的经济社会现象。但是，由于各国国情的差异，实现城市化的道路或模式也多种多样。历史的经验表明，能否选择一种适合本国国情的城市化道路，对于能否顺利地实现由传统社会向现代社会的转型，对于能否顺利地实现国家的长远发展目标，都至关重要。我国目前正处于城市化的加速期，关于城市化道路的选择和讨论因而也备受社会各界的关注。本文拟着重探讨拉美国家城市化进程的某些启示，以期能对我国城市化道路的抉择提供一点参照。

拉美国家的城市化进程起步比较早。从 19 世纪 70 年代至 1929 年资本主义大萧条发生的将近 60 年间，拉美国家经历了一个农、矿业产品的出口繁荣期。初级产品出口繁荣带动了现代制造业的早期发展，也推动了早期的城市化。1920 年，拉美地区城市人口已占总人口的 22%。随着 20 世纪 30—40 年代拉美国家由初级产品出口发展模式向进口替代工业化发展模式的转变，工业化进程明显加快，城市化速度也相应提高。到 1950 年，拉美城市人口已占总人口的 41.8%，即在 1920—1950 年的 30 年间，城市化率提高约 20 个百分点。1950—1980 年是拉美地区工业化的高潮期，城市化也明显加速，1980 年，拉美城市化率达到 65%。虽然这 30 年拉美城市化率也只提高了 23 个百分点，但由于这个阶段恰与拉美地区的"人口爆炸"阶段相重合，人口基数迅速增长，因而这个阶段由农村向城市转移的人口数量要比前 30 年大得多。1999 年，拉美地区城市化率达到 75%，比 1980 年提高 10 个百分点，说明这 20 年间拉美城市化已经呈现出减速趋势。

　　根据世界银行提供的数据进行比较，1999 年拉美的城市化率（75%）在世界范围内仅比高收入国家低 2 个百分点，与上中等收入国家持平，而高于其他所有地区。在拉美地区范围内，城市化率高的国家依次为乌拉圭（91%）、阿根廷（90%）、委内瑞拉（87%）、智利（85%）、巴西（81%）、古巴（75%）、墨西哥（74%）、哥伦比亚（73%）、秘鲁（72%）。[1]在这一组国家中，除乌拉圭外，全部是拉美的大国或中等国家，占了地区总人口的绝大部分，从而决定了整个地区的高城市化率。因此，有学者作出下述判断：拉美城市化的"第一次浪潮"——以农村人口向城市转移为特征的浪潮已基本结束，进入了城市化的"第二次浪潮"——以城市人口自身扩张为主的浪潮。[2]

---

　　① 参见世界银行《2001 年世界发展指标》（中文版），中国财政经济出版社 2002 年版，第 162—164 页。

　　② 参见 Joan MacDonald, *Pobreza y ciudad en América Latina y el Caribe*, en Ricardo Jordán y Daniela Simioni（compiladores）, *Gestión urbana para el desarrollo sostenible en América Latina y el Caribe*, CEPAL, Santiago de Chile, Julio de 2003, pp. 93 – 94.

　　拉美国家城市化进程究竟能给我们提供哪些启示呢？下面，我们分别从几个不同的角度来进行分析。

一　坚持走"城镇化"道路,防止"大城市化"

　　中国提出走城镇化道路，这无疑是一条适合中国基本国情的城市化方针。在落实这一方针的过程中，如何处理好大城市、中小城市和小城镇发展之间的关系，是一个值得高度关注的问题。

　　拉美城市化的突出特点之一是"大城市化"或"超大城市化"。这种现象可以从以下三个方面来观察。(1) 1950 年，拉美地区 100 万人口以上的大城市有 7 个，1980 年增加到 48 个。拉美百万人口以上城市的人口占地区总人口的比例，1980 年为 29%，2000 年为 32%，与同期世界其他地区相比都是最高的。(2) 根据联合国 1995 年的统计，在全球最大的 25 个"超大城市"中，拉美（总人口仅 5 亿）有 5 个：圣保罗（人口 1640 万，世界第 2 位）、墨西哥城（1560 万，第 4 位）、布宜诺斯艾利斯（1100 万，第 12 位）、里约热内卢（990 万，第 16 位）、利马（750 万，第 25 位）。[1] (3) 根据世界银行的统计，1980 年，拉美有 10 个国家的首都分别集中了全国城市人口的 39%—66%。[2]这些国家的人口规模差别很大，因而各国的第一大城市的规模也大小不一，但不论对哪个国家而言，全国 40% 以上城市人口集中于一个城市，都反映出城市空间布局上的严重失衡。

　　造成城市空间布局严重失衡的根本原因是经济布局的不合

---

　　① 参见 United Nations, *World Urbanization Prosects: 1994 Revisions*, New York, 1995.

　　② 参见 Gonzalo Martner, *América Latina hacia el año 2000: Opciones y estrategias*, Editorial Nueva Sociedad, Caracas, Venezuela, 1986, pp. 38 – 39.

理。"巴西 80% 以上的工业生产集中于圣保罗—里约热内卢—贝洛奥里藏特。阿根廷三分之二的工业集中于布宜诺斯艾利斯—罗萨里奥。智利一半以上的工业生产集中于圣地亚哥，秘鲁一半以上的工业生产集中于利马—卡亚俄。加拉加斯集中了委内瑞拉 40% 的工业生产。墨西哥城因其工业及其他经济活动的发达而提供全国国内生产总值的将近 50%。经济机会如此高度集中于一个或少数几个城市造成了这些地方人口的爆炸性增长"①。

对于拉美这种大城市化、超大城市化格局所产生的影响，我们需要作具体的分析。一般来说，这些大城市或城市群因为集中了国内的大部分现代产业，成为推动国家发展的核心地区，并对周边地区的发展产生一定的辐射与带动作用。在经济全球化的背景下，这些大城市更承担着吸收外国投资和参与国际竞争的桥头堡作用。对于某些小国而言，国内只有单一的一个大都市的现象也很难认为是不合理的。以乌拉圭为例，国土面积只有 17 万多平方公里，人口只有 300 多万，首都蒙德维的亚虽然集中了全国总人口的 40% 以上，但对其他地区并不会产生太多的不利影响。大国的情况就不同了。巴西的城市化布局过分集中于东南部，就长期面临地区间发展严重失衡问题，甚至采取将首都从里约热内卢迁往内地的巴西利亚这样重大的举措也难以扭转局面。可见，对大国而言，如果少数大城市集中了过多的人口和资源，就会对其他地区、特别是边远地区的发展产生一种排斥效应。通常还可以看到一种情形，由于行政体制（如巴西各州实行联邦制）造成的地域分割，大城市或城市群对周边地区的辐射与带动作用往往也得不到充分发挥。

---

① Gonzalo Martner, *América Latina hacia el año 2000*: *Opciones y estrategias*, Editorial Nueva Sociedad, Caracas, Venezuela, 1986, p. 38.

大城市由于具有产业集中、基础设施充足、就业机会多等优势，不仅对移民的吸引力大，自身扩张的成本也低。这样就往往形成两种趋势：一是大量的外部劳动力向这些城市流动，如中国的农民工大量向长三角、珠三角和京津地区流动。二是这些大城市在不断地建立各类新兴产业的同时，往往不主动地去进行产业结构调整，如淘汰某些产业，或把部分产业转移到生产成本更低的地区去，并对新建的项目进行严格筛选。其结果是，这些大城市的产业规模与人口规模双双迅速膨胀。拉美国家1980—2000年期间的城市化进程就为我们提供了这种大城市规模扩张的例子（见表1）。

表1　　拉丁美洲城市规模及其人口数量的变化（1980—2000年）

城市规模	1980			2000		
	数量	人口（百万）	占城市人口%	数量	人口（百万）	占城市人口%
1000万以上	2	25.7	10.9	4	58.7	15.0
500—1000万	2	18.7	8.0	3	19.7	5.0
100—500万	22	43.8	18.6	43	85.8	21.9
50—100万	27	19.3	8.2	52	39.0	10.0

资料来源：Naciones Unidas, World Urbanization Prospects. The 2001 Revision, Nueva York, 2002.

由于统计资料来源不同，表1中超过千万人口的城市1980年只有圣保罗和墨西哥城，2000年则包括里约热内卢和布宜诺斯艾利斯在内；而2000年3个500—1000万人口的城市是指波哥大、利马和智利圣地亚哥。我们从这组统计数据中可以看到：（1）拉美地区4个（含1980年城市规模为500—1000万的2个）超过千万人口的特大城市1980年的人口总计为4440万，

2000 年达到 5870 万，净增 1430 万。（2）拉美人口超过百万的大城市 1980 年为 26 个，总人口 8820 万，到 2000 年，这组城市数量增加到 50 个，总人口达到 16420 万，20 年间几乎增加 1 倍，从而凸显其大城市化和超大城市化的特点。（3）在这 20 年间，50—100 万人口的中等城市数量也大幅增加，其人口总数由 1930 万增加到 3900 万。但是，这类城市的增加主要是在前期城市化程度比较低的中美洲，以及拉美的两个人口大国——巴西和墨西哥。意大利城市规划专家巴尔博（Marcello Balbo）指出，在上述 20 年间，拉美大城市的经济活动、服务活动、文化活动等的集中程度比人口的集中程度发展得更快。其主要原因是经济开放加速了资源和产业向大都市的集中趋势。[①]也就是说，经济全球化具有推动大城市化和超大城市化的倾向。

从拉美国家城市化的过程来观察，似乎客观上就存在一种大城市化和超大城市化的自发倾向。相反，小城市和小城镇是地方经济发展的产物，凡是经济发展相对滞后、地处偏远的地方，城镇发展也是滞后的，因而小城市和小城镇的发展恰恰需要人们自觉地、有目的地去加以推动。因此，对中国而言，我们在城市化的过程中能否认真贯彻大中小城市和小城镇的协调发展至关重要。中国是一个人口大国，我们在充分肯定少数大城市和超大城市的特殊功能的同时，要努力避免出现大城市化或超大城市化的局面。那种局面带来的后果将是不堪设想的。坚持走城镇化道路就要求我们在加快地方经济发展的基础上，努力推动中小城镇的发展，这应是我国城市化的主要着力点。

---

① 参见 Marcello Balbo, *La nueva gestión urbana*, en Ricardo Jordán y Daniela Simioni（compiladores），*Gestión urbana para el desarrollo sostenible en América Latina y el Caribe*，CEPAL, Santiago de Chile, Julio de 2003, p. 79.

二 坚持正规就业与非正规就业并举,努力扩大城市就业

农村剩余劳动力能否实现向城市的有效转移,关键是能否在城市获得就业机会。因此,努力扩大城市就业是顺利推进城市化进程的核心问题。中国需要转移出来的农村剩余劳动力数量巨大,扩大城市就业问题更加突出,而随着就业弹性出现普遍性下降趋势,增加就业的难度加大,因此,这个问题需要引起各方面的高度关注。下面,我们着重考察一下拉美国家1950年以来在城市化进程中解决就业问题的状况。

1950—1980年,拉美总人口由1.65亿增加到3.59亿,增长了1.2倍;经济自立人口由5500万增加到1.18亿,增长了1.15倍,与总人口增长幅度大体一致。同期,城市人口增加了4倍,说明大量农村人口和劳动力进入了城市。在如何解决城市就业的问题上,当时拉美的主流经济思想有两种观点很值得关注。一是十分强调对进入城市的劳动力进行"生产性吸收"(或曰"提供生产性就业")。这个观点包含着两个重要论据,其一,认为以现代工业为主的城市正规经济部门能够创造大量的就业机会;其二,认为劳动力只有从农业等低生产率部门向现代工业等高生产率部门转移,才能实现向上的社会流动。与此相联系,他们的另一个观点是看不起、甚至排斥非正规就业,如对自主创业规定过高的"门槛"和繁杂的手续,对非正规就业不给予政策支持等。后来的事实表明,他们的上述看法尽管不无道理,但似乎包含着太多的理想主义成分,与拉美国家的实际相去甚远。

相关统计资料显示,1950—1980年期间,拉美城市正规经济部门吸收劳动力的年均增长速度为3.7%,其中速度最高的国家达到7%,最低的只有0.8%。这就是说,即便这30年被称为拉美工

业化的高潮期，但以现代工业为主的城市正规经济部门创造就业的能力却并不理想。根据国外学者的分析，出现这种情况的基本原因有以下三点：（1）拉美国家的工业化长期在进口替代的模式下运行，狭小的国内市场限制了工业规模效益的发挥；（2）现代工业对手工业就业的排斥效应；（3）大量引进资本密集型的技术。"工业扩张虽然创造了就业岗位，但也通过排挤手工业市场而破坏了就业。工业扩张又主要是在引进越来越密集使用资本的技术基础上实现的，其必然结果是后来以极端形式表现出来的一种趋势：城市非正规就业部门的出现"[1]。据国际劳工组织拉美代表处的统计，拉美在城市非正规部门就业的劳动力，1950 年占经济自立人口的 8.7%，1970 年上升到 32.2%。因此，1950—1980 年期间，拉美地区城市公开失业率始终没有超过 4%，是因为有三分之一左右的劳动力进入了非正规经济部门。事实证明，拉美经济学界原来对工业化进程创造就业的潜力的估计是过高的。

　　进入 80 年代以后，拉美地区的经济形势发生了重大变化。随着 1982 年债务危机的爆发，拉美国家不得不进行深刻的结构调整，并导致长达 10 年的经济衰退，其中制造业的衰退尤为严重。1980—1990 年，整个地区制造业产值的年均增长率仅为 0.4%，说明工业部门已经失去作为拉动经济与就业增长的主导部门的作用。90 年代前半期，拉美经济曾一度出现恢复性增长，但从 90 年代中期起又呈现出连续下滑局面，从而形成一个直到 2003 年为止的经济低迷期。在上述背景下，失业率大幅上升，拉美（17 国）失业率的加权平均数 1990 年为 6.6%，2000 年上升到 7.2%，其中阿根廷等 10 国达到两位数。与此同时，随着经济体制改革和对外开放

---

　　[1]　Rosemary Thorp, *Progreso, pobreza y exclusión: Una historia económica de América Latina en el siglo XX*, BID y Unión Europea, Washington, D. C., 1998, p. 184.

的深入，就业形势发生了一系列重要变化，例如，公共创造就业的能力下降，私营部门成为提供就业的主体；大中型企业进一步向资本与技术密集型转变，包括小型、微型企业在内的非正规经济部门成为创造就业的主体；高素质的劳动力就业比较容易，低素质劳动力很难获得就业机会，等等。这些变化进一步加剧了拉美城市就业早就出现的"第三产业化"和"非正规化"趋势。

表2　　拉丁美洲各经济部门就业增长率（1990—1999 年）

部　　门	就业增长率（%）	对总就业的贡献率（%）
农业	-0.4	-4.1
制造业	1.2	8.3
建筑业	2.8	8.0
商业、餐饮、饭店	4.0	32.7
电力、煤气、供水、运输、仓储和通讯	4.4	10.7
金融、保险、不动产和企业服务	6.0	12.3
社会服务、社区和私人服务	2.7	34.8
其他	-2.3	-2.7
合计	2.2	100.0

资料来源：Barbara Stalings y Jurgen Weller, El empleo en America Latina, Revista de la CEPAL, No. 75, p. 197.

表2 的统计数据表明，在90 年代，拉美农业部门的就业是负增长，制造业和建筑业对总就业的贡献率都在8%左右，服务业则集中了全部新增就业岗位的将近90%。服务业又可分为现代服务业与传统服务业两大部分，电力、煤气、仓储、通讯，金融、保险等属于前者，商业、餐饮、社会服务等属于后者。尽管现代服务业部门就业增长要高于传统服务业部门，但对总就业的贡献率只有23%，而传统服务业部门却占 67.5%。也就是说，在 90 年

代，拉美新增加的就业岗位有 70% 左右来自于非正规经济部门。

综上所述，可以看出，最近半个世纪以来，拉美国家城市就业中非正规就业始终占有很高的比例。这种现象可能和拉美国家城市化发展太快，而所走的工业化道路以及近期的产业结构调整模式都存在着某些缺陷，限制了城市现代经济部门充分发挥其创造就业的潜力，因而具有某种特殊性。但是，这种现象毕竟使我们看到，即便我国所走的工业化道路和我国现代经济部门的发展能比拉美国家更好地发挥其创造就业的潜力，我们终究不可能单靠这一个渠道来解决大量农村剩余劳动力向城市转移所带来的就业压力。扩大非正规就业是解决城市化过程中的巨大就业压力的一条重要渠道，我国也不例外。

非正规就业在传统上有两大缺陷，一是不受国家劳动法和其他法律的约束；二是没有社会保障。拉美国家的问题主要还不在于城市非正规就业占的比例过高，而在于政府对非正规就业者在法律上、政策上和社会保障等方面的支持、保护力度不够。其重要后果之一是，大批在城市非正规部门就业的劳动力及其家庭长期处于贫困状态，再加上城市的失业者群体，城市的贫困发生率就一直居高不下。或者说，大批农村人口虽然转移到了城市，但是他们的社会地位和生活状况并未得到改善。对于中国而言，鉴于非正规就业的重要性，我们有必要采取相应措施，促进城市非正规经济和非正规就业的健康发展。第一，把非正规就业纳入国家劳动法和其他相关法律的管理范围，对诸如压低工资待遇、恶意拖欠工资、任意延长工作时间、不提供必要的劳动保护、使用童工，等等，都应予以法律追究，以保护非正规就业职工的合法权益。第二，把非正规就业职工逐步纳入相应的社会保障网络。第三，要努力改变人们看不起非正规就业的传统择业观念。第四，继续加大对自主创业的政策支持力度。第五，加强对非正规经济活动的工商行政管理。

三 防止出现大规模城市贫民窟现象

拉美国家城市化的一个突出特点是,"贫困城市化"
(Urbanización de la pobreza,即城市社会贫困现象日益严重)与
快速的"人口城市化"(Urbanización de la población)相伴而生。
根据联合国拉美经济委员会 2001 年的统计,拉美城市地区的贫
困发生率为 37.1%,农村地区为 63.7%。虽然农村贫困发生率
依然远远高于城市,但由于全地区 75% 以上的人口都已生活在
城市,因而贫困人口也主要集中于城市。1999 年,拉美城市贫
困人口总量达到 1.34 亿,其中 4300 万属于极端贫困人口。

表 3　　　拉丁美洲 (17 国) 城市人口中贫困人口比例　　　(%)

国　　家	总　　量	首要城市	其他城市
乌拉圭	5.6	5.8	5.4
哥斯达黎加	15.7	14.7	16.8
阿根廷	16.3	13.1	20.5
智利	17.0	11.8	19.2
巴拿马	20.8	19.6	25.8
巴西	26.4		
墨西哥	31.3		
多米尼加	31.6		
萨尔瓦多	34.0	26.4	43.2
危地马拉	38.3	30.9	48.0
巴拉圭	41.4	31.9	52.7
玻利维亚	42.3	39.0	56.4
委内瑞拉	44.0	27.8	47.3
哥伦比亚	44.6	38.1	47.1
厄瓜多尔	58.0		
尼加拉瓜	59.3	52.4	64.5
洪都拉斯	65.6	58.4	72.9

资料来源:CEPAL, *Panorama social de America Latina*, 2000 – 2001, Santiago de
Chile, 2001.

　　表 3 的统计数字表明，上述拉美 17 国城市人口中贫困人口所占比例的高低大体可以分为三类：第一类低于 20%，有阿根廷、智利、哥斯达黎加和乌拉圭 4 国；第二类高于 50%，有厄瓜多尔、尼加拉瓜和洪都拉斯 3 国；第三类是其余 10 国，高于 20% 而低于 50%。尽管这些国家"首要城市"的贫困人口比例都比"其他城市"低，但鉴于拉美国家大都市化的特点，首要城市的规模都比较大，因而其贫困人口的绝对数量也是很可观的。此外，由于各国人口规模差别很大，拉美城市贫困人口在各国的分布是很不平衡的，其中巴西、墨西哥、哥伦比亚和委内瑞拉 4 国集中了整个地区城市贫困人口总量的 73%。

　　贫困首先表现为经济上的贫困，即收入水平很低。经济上的贫困又进一步使贫困人口在社会交往、政治活动、文化参与等方面被排斥或边缘化，并使他们在城市的空间分布上形成"隔离"（segregación）状态，主要表现为城市贫民区。拉美国家随着"贫困城市化"现象的激增，大批城市贫民通常都在城乡结合部自行占地，搭建简陋住所。这种所谓城市"非正规住所"会随着时间的推移而越来越多，逐渐形成大片的贫民聚居区。在拉美的一些大城市，大规模的贫民窟现象尤其引人注目。在不同的城市，贫民窟有不同的名称，在利马叫青年村（Pueblos Jovenes），在里约热内卢叫法维拉（Favelas），在圣菲波哥大叫窝棚（Tugurios），在牙买加首都叫壕沟城（Trenchtowns），如此等等。据估计，2001 年，拉美城市贫民窟居民达到 1.27 亿人，约占城市人口的三分之一。贫民窟通常没有正规的道路或街道，给水排水系统、电力供应系统、垃圾处理系统、文化教育系统、医疗卫生系统等都严重匮乏，形成"一个城市，两个世界"。例如，巴西圣保罗城东的贫民区居住着 120 万人，但没有一家诊所，也没有一个医生。贫民窟居民在物质与生存层面难以与所在城市融合，在文化层面上的融合就更难，他们甚至感受到一种难以名状的"社会伤痕"。

有的学者指出："在不断恶化的自然、社会和经济环境中，为求得基本生存条件，公民个人的行为可能会发生变异，可能会对社会公德、传统价值、公共设施产生怀疑和抵触，甚至可能会漠视国家的法律。在拉美国家，由自然、经济环境导致的社会环境的恶化异常明显，特别是在城市贫民窟里，时常出现对社会的不满和威胁社会稳定的思想和活动。由于贫困长期得不到缓解，许多人接受或认可暴力手段，一些城市经常出现暴力活动和各种骚乱事件。社会治安状况差、犯罪行为猖獗，是许多拉美国家普遍存在又长期得不到解决的问题。"①

我们还应当看到，拉美大规模城市贫民窟现象是多种因素共同作用的结果。其中最根本的因素当然是城市的贫民数量太大，他们在经济上没有能力去获得"体面的"住房。在拉美的城市里，人们解决住房大体有三种途径：个人购买地皮建房、直接购买房产和租房。当这三种途径对城市贫民都成为可望而不可即时，他们就自行去占领城市边缘地区的公共或私人闲置土地，搭建简陋住所。因此，城市贫民区的出现也相应带来大量的产权纠纷。第二个因素是移民的社会因素。绝大多数来自农村的移民在城市里都没有亲戚、朋友。通常是先来的移民就成为后来者唯一的社会依托，因此，进入城市的移民就具有以来自同一地域或亲友关系集群而居的自发趋势。第三个因素是文化或种族因素。这个因素在拉美一些有大量印第安人的国家最为明显。印第安人不仅是贫困发生率最高的社会群体，而且

---

① 袁东振：《拉美城市化》，载苏振兴主编《拉美国家现代化进程研究》，社会科学文献出版社 2006 年版，第 525—526 页。

大多数不懂官方语言。他们进入城市这个"非印第安人的舞台",有一种种族身份失落、与自身传统文化隔绝、处境孤立和备受歧视的感觉。因此,他们移居城市后更倾向于采取一种种族聚居的方式,例如,在墨西哥城、利马、圣菲波哥大、拉巴斯、基多等大城市的边缘地区,都逐渐形成了人数达数十万的印第安人聚居区,自然也是贫民区。"在那里,他们建立了自己的互助组织、邻里组织、政治组织、生产组织,等等;他们共同的种族身份得到认同,传统信仰和节日庆典活动得到恢复"①。第四个因素是公共治理因素。城市贫民窟的形成过程几乎完全是与城市化过程的失控同时发生的。可以说,基本原因就在于公共部门对城市贫民窟可能带来的挑战缺乏认识。一旦大规模的城市贫民窟已经形成,其消极后果也一一显现,市政当局即便有进行治理的强烈愿望,也往往会因为面对财政能力不足或其他困难而作罢。联合国《2006—2007 年世界城市状况》报告指出,到 2007 年,全球将有一半以上的人口居住在城市,而其中每三个人里就有一个人住在犯罪活动猖獗、住房面积狭小、服务欠缺的贫民区里;对贫民区的管理已经成为发展中国家面临的最大挑战之一。

有些研究拉美城市化的学者认为,城市贫困化与贫民窟现象与城市化的发展阶段有一定的联系。在城市化的"第一次浪潮"(主要表现为农村向城市移民)期间,城市一般都具有相应的能力与空间来接纳和安置外来移民。到了城市化的"第二次浪潮"(主要表现为城市人口自身的内源增长)期间,城市扩张的能力与空间已经被大大压缩了,具体表现为就业难,房

---

① 苏振兴:《拉美印第安人运动兴起的政治与社会背景》,《拉丁美洲研究》2006 年第 3 期。

地产价格上升，等等。一种更为复杂的局面是，在某些国家或某些城市，上述两次"浪潮"在某个特定阶段"重合"在一起，即城市既要应对新来的农村移民所引起的贫困，又要应对城市自身人口扩张所引起的资源紧张。我们认为，上述看法有一定的道理，但是，从拉美国家的实际情况看，城市大规模贫民窟现象并不是在城市化的"第一次浪潮"基本结束后才出现的，而是在"第一次浪潮"的过程中形成的。上面所说的"两次浪潮重合"可能是一种更为常见的现象。中国的情况也不例外。一方面，我们的城市化率还比较低，但与此同时，我们有一批城市已经面临严重的资源制约。因此，任何一座城市都应该在认真考虑自身所具有的发展潜力的基础上，制定出切实可行的中长期发展规划，适度控制自身的规模，以避免盲目扩张所带来的负面后果。

四　要选择适合国情的农业发展模式

城市化一头连着工业化，另一头连着农业现代化。农业现代化、产业化把农村富余劳动力排挤出来；工业化推动着城市经济发展和城市规模扩张，把农村富余劳动力吸收过来。一头"吐出"，一头"吸进"。"吐出"得过多、过快，城市化就可能"超前"或"失控"；"吐出"得过少、过慢，城市化就可能"滞后"。拉美城市化过程出现"无序化"局面的历史背景是，大量土地和其他农业资源被少数人垄断，大大压缩了中、小农户的发展空间。

拉美地区有 2070 万平方公里土地，人口刚刚超过 5 亿，人均拥有的农业资源比中国丰富得多，气候条件也很优越。丰富的农业资源历来是拉美国家发展过程中突出的比较优势之一。但是，早在欧洲殖民统治时期，大量的土地资源就被少数上层统治阶级占有，形成有名的"大地产制度"。19 世纪中期以后，拉美国家为了推行"初级产品出口发展模式"，在"自由改革"中再次掀起兼并土地的热潮，进一步扩大和巩固了大地产制度。第二次世界大战结束后不久，随着工业化高潮的到来，拉美国家曾就农业现代化的"路径选择"展开广泛的讨论，出现了两种不同的主张。第一种主张认为，农村问题除非通过变革，使以土地为主的农业资源大量地由一些集团转移给另一些集团，否则就无法解决。因此，这种主张被称为"改革选择"（alternativa reformista）。第二种主张认为，农业应当走技术现代化道路，技术变革是提高农业生产率的基本手段，技术变革的好处会逐步扩散到整个农业生产部门。因此，这种主张被称为"技术选择"（alternativa tecnológica）。[1] 鉴于大地产主阶级对政府决策所具有的巨大影响力，战后几十年间土地改革虽然在部分拉美国家断断续续地进行，但成效甚少，技术变革的主张始终在农业现代化过程起主导作用。

　　所谓"农业的技术现代化"道路，就是在保持大地产制的前提下，通过机械化、化学化、绿色革命等途径来推动农业生产的现代化。据统计，在 1948—1976 年期间，拉美农业部门的化肥消费量增加 19 倍，拖拉机使用量增加 7 倍，水浇地面积扩大 1 倍。[2] 不过，这种技术现代化主要集中于大型农业经营单位。与此同时，不断扩大农业边疆也依然是拉美国家提高农业产量的一个重要途径。1950 年，拉美已耕地面积为 5300 万公顷，1980 年

---

① 参见 CEPAL, *Las transformaciones rurales en América Latina：desarrollo social o marginación*, Santiago de Chile, 1979, p. 57.

② 参见 Gerson Gomez y Antonio Péres, *El proceso de modernización de la agricultura latinoamericana*, Revista de la CEPAL, No 8, agosto de 1979, p. 64.

接近 1.2 亿公顷，30 年间扩大了约 1.3 倍。同期，拉美农产品产量的增长有三分之二来自于耕地面积的扩大，只有三分之一来自于单位面积产量的提高。

在"技术现代化"模式下，农业部门的生产关系也发生了重要变化。首先，在市场经济日益扩展的大背景下，各类农业经营单位都不能不向商品经济的方向转变。大型农业经营单位从事出口产品生产、小农户从事内需食品生产的传统分工格局在新形势下进一步强化。日趋激烈的国际竞争，更成为推动大型农业经营单位加快向资本主义经营方式转变的强大动力。其次，随着城市化的加快，在大中城市郊区，陆续出现了由城市商业资本经营的、中等规模的资本主义农场，专门从事城市所需的某些食品生产。最后也是最重要的一个变化是，随着农业机械化、化学化（主要发生在大型农业经营单位）的快速发展，作为昔日大庄园运行的必要条件而存在的债役农、分成农、垦殖农、佃农等，如今都不再需要了，也就是说，这些前资本主义生产关系的表现形式如今都被雇佣劳动所取代了。

上述农业现代化模式带来的一个重要社会后果是，农村中人与土地的矛盾进一步尖锐化了。这种矛盾的加剧是多种因素共同作用的结果。第一，农业的技术现代化过程把大批劳动力从现代型农业经营单位中排挤出来，而且，这些劳动力已很难再在农业部门获得稳定的就业机会。第二，尽管出现了一批专为城市服务的中等农场，但由于土地资源的限制，这类农场的发展空间是有限的。第三，主要从事内需粮食生产的小农户在生产地域上不断受到大型农业经营单位的挤压。"在许多拉美国家，在利用土地潜力方面存在着严重的扭曲现象。例如，一些肥沃的平原和谷地，往往人烟稀少，被用来从事粗放的畜牧业或种植业，土地潜力被浪费；而从事内需生产的农业主要分布在一些人口密集的坡地上，导致了流动性农业的扩张"①。除此以外，小农户有限的耕地已越来越无法承载不断增加的家庭劳动力，只能靠更多地外出打短工来维持生计，即所谓"小农逐渐无产阶级化"。第四，印第安人和黑人的土地问题。拉美地区有印第安人3500—4000万，主要分布在玻利维亚、厄瓜多尔、秘鲁、墨西哥及中美洲国家。由于历史的原因，印第安人都集中在这些国家的特定地区。一方面，随着人口的增加和生态条件的恶化，印第安人在原有地区的生存已面临严重挑战；另一方面，近几十年来，印第安人地区往往成为石油、天然气、水力、森林和其他矿产资源的开发地，生态环境遭到破坏，或因国内武装动乱的侵扰，迫使他们向异地迁徙。拉美的黑人目前约有1.7亿。黑人土地问题比较突出的是巴西、哥伦比亚等国。巴西是拉美黑人最多的国家，约7000万。巴西于1888年最终废除奴隶制，但并未解决黑人的土地问题。整整100年之后，即1988年，巴西才在宪法中规定黑人有获得土地的权利，而这个问题获得解决的前景尚不清楚。这可能正是巴西国内的"无地农民运动"历数十年而不衰的一个主要背景。

鉴于农业现代化的过程伴随着农村人与土地的尖锐矛盾，拉美各国政府几乎都把农村向城市移民视为缓解农村社会冲突的"排气阀门"，于是就出现了大规模的自发移民潮。由于拉美各国在工业化高潮到来之前就已经形成经济布局与城市布局高度集中的特点，这股移民潮就沿着小城市——中等城市——大城市的"三级跳"路径，迅速向大城市集中。其结果是，一方面，在拉美这样一些人口规模本来不很大的国家，形成了"大城市化"、

---

① Gerson Gomes y Antonio Péres, *El proceso de modernización de la agricultura latino-americana*, Revista de la CEPAL, No 8, agosto de 1979, p. 62.

"超大城市化"的格局；另一方面，拉美占主导地位的大型农牧场虽然产业化程度较高，但经营依然粗放，效率比较低，特别是这些大型农牧场将大量的农村无地、少地农民都驱赶到城市，使本来丰富的农业资源没有得到充分利用。

综观发达国家的农业经营模式，基本上都以家庭农场为主，既符合农业生产自身的特点，生产效率也比较高。中国基于人多地少的基本国情，农业珍惜土地资源、精耕细作、单产高的传统不能丢，可选择的农业经营模式可能是适度规模的家庭农场。拉美国家在认识上存在这样一种倾向：农业劳动力占总劳动力的比例越低，农业产值占总产值的比重越小，现代化程度就越高。这种简单模仿发达国家的倾向可能是认识上的一个误区。中国如此大量的农村富余劳动力都要在较短的时间内靠城市化这个单一渠道来解决是不现实的。大力发展农村经济、加强社会主义新农村建设，与适度加快城市化步伐结合起来，恐怕是现阶段我国最可行的选择。

五　要防止"隐性城市化"

我们在上面所描述的拉美特色的城市化进程只是城市化的"无序化"的一种表现形式。城市化的"无序化"还可以表现为"隐性城市化"。所谓"隐性城市化"是指，农村劳动力在非农化过程中未能实现由"乡"到"城"的地域转移，或者虽然实现了地域转移，但其农民身份并未改变。这就涉及我国农民工进城打工的现象。当前我国的城市每年为上亿农民提供工作机会，无疑是对社会的一大贡献。从中国的实际情况看，这种大规模的农民工在全国范围内流动的现象短期内恐怕不会消失。这就涉及两个问题。第一，农民工长期在城市做工，为城市和企业创造财富，但他们除了得到一份工资收入外，享受不了一般市民和企业职工的福利待遇。城市和企业所享受的这种"低廉的劳工成本"并不是真实的成本，诸如农民工的住房、医疗、养老、培训、子女受教育等本属于劳动成本的支出，却要由农民工自己或中央政府、地方政府来承担。现在许多地方政府要把农民工培训好了再送到城市去，可见农村对城市"渴求"到了何种程度。这种情况长此下去，城市和企业自然愿意维持现状，而不愿让农民工成为市民和正式职工，这必然会影响企业自身素质的提高，更会阻碍城市化取得实际进展。如果把这些并无市民身份的农民工也算做城市人口，那么，有关城市化率的统计很可能存在"虚高"现象。第二，取消户籍制度限制对于农村富余劳动力向城市转移是必要的，但还不够。农民移居城市面临的更大困难是城市的"生存风险"，即一家人究竟能不能在城市生存下来。如果对这种风险没有把握，他们也不会轻易脱离农村，不会轻易把承包土地转让出去，而宁愿继续目前这种外出打工的方式。这种情况既影响农业适度规模经营的形成，也同样会影响城市化取得实际进展。

主要参考文献

1. 世界银行：《2001 年世界发展指标》（中文版），中国财政经济出版社 2002 年版。

2. 苏振兴主编：《拉美国家现代化进程研究》，社会科学文献出版社 2006 年版。

3. Ricardo Jordán y Daniela Simioni, *Gestión urbana para el desarrollo sostenible en América Latina y el Caribe*, CEPAL, Santiago de Chile, Julio de 2003.

4. CEPAL, *Las transformaciones rurales en América Latina: desarrollo social o marginación*, Santiago de Chile, 1979.

5. Rosemary Thorp, *Progreso, pobreza y exclusión: Una historia económica*

de América Latina en el siglo XX, BID y Unión Europea, Washington, D. C. , 1998.

6. Gerson Gomes y Antonio Péres, *El proceso de modernización de la agricultura latinoamericana*, Revista de la CEPAL, No 8, agosto de 1979.

7. Gonzalo Martner, *América Latina hacia el año 2000*: *Opciones y estrategias*, Editorial Nueva Sociedad, Caracas, Venezuela, 1986.

（原载《中国社会科学院学术咨询委员会集刊》第 3 辑，
社会科学文献出版社 2007 年版）

拉美城市化进程及其特点

　　拉丁美洲和加勒比地区有 33 个独立国家。当我们从整个地区的角度来讨论拉美城市化进程时，有几点相关的背景需要事先加以说明。第一，拉美各国不仅独立建国的时间先后不一，其经济与社会发展历程也存在较大差异。因此，拉美各国的城市化没有共同的起点，不是同步进行的，而是呈现一个波浪式向前推进的过程。国外学术界通常采用"拉美城市化起步于 20 世纪 40 年代"的提法。这个提法主要基于两方面的考虑：其一，这个时间点与拉美地区进口替代工业化进程及其引起的人口大规模向城市流动的主流趋势大体同步；其二，确定一个公认的时间点有利于开展对地区城市化进程的整体研究。第二，拉美的城市体系创立于 16—17 世纪。当时，西班牙、葡萄牙为强化对美洲殖民地的统治，选择沿海交通要冲、生产中心、印第安人聚居地等构建一个城市体系。①城市是行政、军队、教会等殖民统治机构所在

----

① 沿海交通要冲如巴西的萨尔瓦多（Salvador）、古巴的哈瓦拉（La Habana）、秘鲁的卡亚俄（Callao）、墨西哥的韦拉克鲁兹（Veracruz）等。生产中心如玻利维亚的波托西（Potosí，白银生产中心）等。印第安人密集地如墨西哥城、秘鲁的库斯科（Cuzco）、厄瓜多尔的基多（Quito）等。

地，形成以城市管理乡村的统治体系，因而这些城市并不是当地经济社会发展的自然产物。"城市发展是西班牙和葡萄牙殖民化的组成部分。当时出现的城市体系以控制和管理新的领地为主要目的"①。在长达300年的西、葡殖民统治时期，大批外来移民（主要是欧洲移民）不断进入拉美地区，其中大多数都定居于城市。上述因素造成了拉美的城市人口占比重较高的历史特点。第三，1870—1930年，拉美国家经历了一个以初级产品出口繁荣为特征的经济增长阶段。在此期间，外国投资的不断增加，铁路、港口等交通运输基础设施的兴建，在推动出口繁荣和早期加工工业发展的同时，也带动了早期的城市化。这个阶段，拉美城市化的突出表现是各国"首要城市"（通常是各国的首都）的明显扩张，如布宜诺斯艾利斯、里约热内卢、利马、墨西哥城，等等。例如，1900年，墨西哥城的规模已比国内第二大城市大3倍。

第一部分　拉美城市化进程概述

一　拉美城市化水平及其国际比较

现代城市化是伴随着工业化出现的。20世纪30年代，在国际资本主义危机冲击下，部分拉美国家开始向进口替代工业化的内向发展模式转型。第二次世界大战爆发后，来自欧洲的制成品进口锐减，对拉美国家制造业的发展起了间接推动作用。战争期间，欧洲国家和美国等对拉美战略物资（如粮食、棉花、矿物、

---

① Bryan Roberts, *Ciudades de campesinos. La economía política de la urbanización en el tercer mundo*, Siglo XXI editores, S. A., 1980, México-España-Argentina – Colombia, p. 60.

金属等）的大量采购，使拉美国家积累了可观的黄金、外汇储备。此外，拉美地区远离欧、亚战场，不仅未受战争的直接破坏，而且人口呈现较高的增长态势。因此，20 世纪 30—40 年代，拉美国家的进口替代工业化进展顺利，其中 1945—1954 年期间，地区年均经济增长率达到 5.8%，进口年均增长率达到 7.5%。强劲的工业化有力地推动着城市化的进展。

表 1 的统计数字表明：（1）1925 年，拉美的城市人口已占总人口的 25%，分别比亚洲和非洲高出 1.63 倍和 2.1 倍。这个现象的历史背景我们在上文已交代过了。（2）与北美洲、欧洲和大洋洲等地区相比，1925 年拉美的城市化水平要低得多，即便到 1950 年，依然存在很大差距，这属于比较正常的现象。（3）如果采用国外学术界普遍的观点，以 1940 年作为拉美现代

表 1　　　　　世界各大地区的城市化水平
（1925—2025 年间的相关年份）　　　　（%）

地区＼年份	1925	1950	1975	2000	2025
全世界	20.5	29.7	37.9	47.0	58.0
发达地区	40.1	54.9	70.0	76.0	82.3
欠发达地区	9.3	17.8	26.8	39.9	53.5
非洲	8.0	14.7	25.2	37.9	51.8
拉丁美洲	25.0	41.4	61.2	75.3	82.2
北美洲	53.8	63.9	73.8	77.2	83.3
亚洲	9.5	17.4	24.7	36.7	50.6
欧洲	37.9	52.4	67.3	74.8	81.3
大洋洲	48.5	61.6	71.8	70.2	73.3

资料来源：año 1925：estimado a partir de Hauser y Gardner（1982）；años 1950 a 2025：Naciones Unidas（2000）. 转引自 Alfredo E. Lattes, *Población urbana y urbanización en América Latina*, p.50.

城市化的起点，我们可以看出，到 2000 年，拉美城市化水平达到 75.3%，仅略低于北美洲（77.2%），而高于欧洲（74.8%）和大洋洲（70.2%）。也就是说，拉美在 1940—2000 年短短的 60 年内，其城市化水平就赶上甚至超过了发达地区；在世界 6 大地区中，拉美的城市化速度是最快的。（4）表 1 中 2025 年的数据是预测数据，不足以反映当前的情况。根据联合国经社理事会 2006 年的统计，2005 年拉美城市化率为 77.36%，与上述城市化发展趋势的预测是基本吻合的。

二 拉美城市化进程的第一阶段

拉美自 1940 年以来 70 年的城市化进程，大体可以分为前后两个发展阶段。国外学者对这两个阶段的划分不是十分严格的，有的以 1975 年作为分界点，有的以 1980 年作为分界点；前者可能更关注于人口因素在拉美城市化过程中的作用，后者可能更着重于 80 年代拉美经济衰退和全球化对城市化的影响。鉴于人口因素在拉美城市化进程中的突出作用，本文采用以 1975 年作为分期点。这两个发展阶段的最显著差别就在于，前一个阶段是拉美城市化的加速期，后一个阶段城市化从总体上呈现出明显的减速趋势。

城市化最显著的特征就是大量人口向城市迁移。因此，人们在研究这种大规模人口流动现象时，往往从城市对移民迁入的"拉力"和农村对人口外迁的"推力"来进行分析。对于 1975 年以前拉美城市化进程加速期（1950—1975 年 25 年间，拉美城市化率由 41.4% 提高到 61.2%，增加近 20 个百分点）的出现，我们拟从城市工业化进程、人口自然增长和农村向城市移民三个方面加以解释。

在 20 世纪 30—40 年代，拉美国家的进口替代工业化尚处于试验期。由于多种内外有利因素的汇合，这种工业化模式的初期尝试是比较成功的。战后初期，在民族解放思想高涨的大背景下，拉美出现了以普雷维什为代表的结构主义发展理论，主张走进口替代工业化道路，对整个地区产生了重大影响。有学者认为，这标志着拉美地区由"自发的"工业化阶段进入到"自觉的"工业化阶段，拉美国家陆续被卷入工业化大潮之中。

表 2　　1950—1978 年拉美（19 国）工业产值的演变

国　家	工业产值增长率（年增长率,%）		人均工业产值（美元，1970 年价格）				
	1950—1978	1970—1978	1950	1960	1970	1977	1978a
阿根廷	4.1	2.1	239	298	448	516	474
玻利维亚	4.2	6.8	34	27	40	54	62
巴西	8.5	9.6	59	104	153	246	253
哥伦比亚	6.5	7.0	50	69	89	113	132
哥斯达黎加	8.3	8.6	58	78	137	204	217
智利	3.7	0.3	149	186	256	212	228
厄瓜多尔	7.0	10.6	42	50	67	106	120
萨尔瓦多	6.5	5.8	39	51	80	95	96
危地马拉	6.2	6.5	37	45	71	89	91
海地	3.6	7.4	10	10	10	13	16
洪都拉斯	7.4	5.5	1.7	33	47	53	54
墨西哥	7.0	5.5	93	124	215	236	246
尼加拉瓜	7.7	4.0	27	41	88	101	93
巴拿马	7.7	2.2	41	70	150	142	
巴拉圭	4.8	6.9	50	46	63	83	86
秘鲁	6.4	4.0	58	90	138	158	152
多米尼加	6.9	6.7	36	53	73	93	94
乌拉圭	2.7	3.2	214	252	263	293	347
委内瑞拉	7.9	6.7	82	143	198	251	251
合计 b	6.5	6.1	87	122	178	225	231

注：a 为初步数字；b 为 1970 年美元平价汇率加权平均数。

资料来源：CEPAL, *América Latina en el umbral de los años 80*, Santiago de Chile, 1980, p. 56.

表 2 的统计数据反映了 50—70 年代拉美工业化高潮期的状况。全地区人均工业产值由 1950 年的 87 美元增加到 1978 年的 231 美元，增长 1.66 倍。这个统计也反映出拉美国家工业化进程的不同步性，例如，阿根廷、智利和乌拉圭的工业产值增长率比较低，而人均工业产值却比较高，是因为这些国家工业化起步最早，到 70 年代末，其非耐用消费品生产快速发展的阶段已经过去，正处于产业升级的困难阶段。巴西、墨西哥及安第斯国家正处于工业化加速期；中美洲国家则刚刚进入工业化进程。工业部门的快速发展以及与工业化发展相配套的大量辅助部门与基础设施建设，推动了城市经济的繁荣，产生了大量的就业需求，从而对移民形成巨大的吸引力。

表 3 的统计数据表明：（1）50—70 年代是拉美历史上人口自然增长率最高的时期，年均增长率为 2.6%，居世界各大地区之首。另据统计，1950—1977 年间，拉美总人口由 1.51 亿增加到 3.21 亿，增加 1.13 倍。[①]（2）1950—1975 年间，拉美城市人口的增长率高达 4.2%，城市化的增长率则为 1.6%。这两项数据虽然比同期的非洲（分别为 4.6% 和 2.2%）略低，但如前所述，非洲地区城市人口占总人口比重的起点要比拉美地区低得多，因此，这 25 年拉美城市人口增加的绝对数量要比非洲大得多。有学者估计，在 1925—1975 年的 50 年间，拉美城市人口净增 1.17 亿。[②]（3）1975 年以后，拉美的人口自然增长率明显下降，反映出拉美的"人口爆炸"期趋于结束。

---

① 参见 CEPAL, *América Latina en el umbral de los años 80*, Santiago de Chile, Julio de 1980, p. 6.

② 参见 Alfredo E. Lattes, *Población urbana y urbanización en América Latina*, p. 52 (www. flacso. org. cl).

表3　1925—2025 年间相关阶段世界几大地区总人口、城市
人口和城市化的年均增长率　　　　　（%）

地　　区	阶　　　段			
	1925—1950	1950—1975	1975—2000	2000—2025
全世界				
总人口	1.0	1.9	1.6	1.0
城市人口	2.5	2.9	2.4	1.9
城市化	1.5	1.0	0.9	0.8
发达地区				
总人口	0.5	1.0	0.5	0.1
城市人口	1.8	2.0	0.8	0.1
城市化	1.3	1.0	0.3	0.3
欠发达地区				
总人口	1.3	2.3	1.9	1.2
城市人口	3.9	3.9	3.5	2.4
城市化	2.6	1.6	1.6	1.2
非洲				
总人口	1.5	2.4	2.6	2.0
城市人口	3.9	4.6	4.3	3.3
城市化	2.4	2.2	1.6	1.3
拉丁美洲				
总人口	2.1	2.6	1.9	1.2
城市人口	4.1	4.2	2.7	1.5
城市化	2.0	1.6	0.8	0.4
北美洲				
总人口	1.3	1.4	1.0	0.6
城市人口	2.0	2.0	1.1	0.9
城市化	0.7	0.6	0.2	0.3
亚洲				
总人口	1.1	2.2	1.7	1.0
城市人口	3.5	3.6	3.3	2.3
城市化	2.4	1.4	1.6	1.3
欧洲				
总人口	0.3	0.8	0.3	-0.1
城市人口	1.6	1.8	0.7	0.2
城市化	1.3	1.0	0.4	0.3

续表

地　　区	阶　　段			
	1925—1950	1950—1975	1975—2000	2000—2025
大洋洲				
总人口	1.3	2.1	1.4	1.1
城市人口	2.2	2.7	1.3	1.2
城市化	1.0	0.6	-0.1	0.2

资料来源：año 1925：estimado a partir de Hauser y Gardner（1982）；años 1950—2025：Naciones Unidas（2000）. 转引自 Alfredo E. Lattes, *Población urbana y urbanización en América Latina*, p. 53.

　　在讨论移民问题之前，先要了解一种历史背景的变化。拉美在历史上是一个大量接收外来移民的地区，进入 20 世纪以后，形势逐步发生了变化，拉美已经变为人口大量外迁的地区。因此，在 20 世纪 40 年代以来拉美的城市化进程中，外来移民的因素是可以忽略不计的。拉美地区"人口爆炸"对城市化的推动作用，除了城市自身人口增长之外，主要是通过农村向城市大量移民来实现的。可以说，在拉美城市化的快速发展过程中，农村人口向城市迁移发挥着主要作用。[①]

　　表 4 的统计数据表明，在 1950—1990 年的 40 年间，拉美地区农村向城市的移民对城市人口增长的贡献率始终保持在 40% 以上。这个比率虽然总体上呈现出逐步下降的趋势，但下降的幅度一直比较小。拉美这种持续数十年农村向城市大规模移民的浪潮显然是由各国城市化的不同步性造成的，这从各国的统计数据可以看得很清楚。从这种人口流动现象来看，似乎以 1975 年为界点划分的拉美城市化的前、后两个阶段之间并无明显差异。对

---

　　① 拉美学者在讨论农村向城市移民时采用的是"净移民"（migración neta rural-urbana）概念，即在这类移民的统计中尽可能排除了各类临时性人口流动因素。

表4　　　　1950—2000 年拉丁美洲农村向城市移民对城市
人口增长的贡献率　　　　（%）

国　　家*	1950—1960	1960—1970	1970—1980	1980—1990	1990—2000
乌拉圭	27.8	9.0	−42.2	25.9	24.2
阿根廷	51.0	37.9	31.1	30.2	27.6
委内瑞拉	56.9	39.4	43.2	22.1	13.7
智利	41.3	33.6	30.2	11.8	16.3
巴西	49.7	51.6	49.9	42.8	34.5
古巴	39.2	16.7	43.9	45.7	−5.4
波多黎各	−85.1	52.2	47.6	21.2	36.3
墨西哥	40.9	36.1	32.1	21.6	−7.9
哥伦比亚	50.5	37.6	36.6	33.0	30.8
秘鲁	56.8	50.9	37.6	26.2	14.8
厄瓜多尔	48.2	39.0	46.7	48.3	50.5
多米尼加	50.2	53.3	51.5	41.9	35.3
玻利维亚	8.2	11.1	34.7	48.3	36.2
巴拿马	36.6	36.6	23.0	25.3	20.4
尼加拉瓜	31.5	39.8	17.7	1.0	10.3
牙买加	35.4	19.1	15.8	15.1	12.0
巴拉圭	−62.2	−14.4	37.0	45.7	42.2
洪都拉斯	53.3	48.3	44.1	45.5	51.7
哥斯达黎加	23.3	26.1	35.1	35.8	42.9
萨尔瓦多	10.2	13.0	1.2	−52.2	16.0
危地马拉	28.5	26.1	5.9	−10.9	8.8
海地	62.6	58.5	52.6	61.1	50.1
合计	46.4	45.8	42.3	41.6	38.4

　　*　按各国城市化水平由高到低排序。波多黎各不是独立国家，本文尊重原表
格做法。

　　资料来源：联合国（2000 年）。转引自 Alfredo E. Lattes, *Población urbana y
urbanización en América Latina*, p.72.

这个问题需要略加分析。第一，50、60 年代，农村向城市移民对城市化的贡献率分别为 46.4% 和 45.8%，当 70 年代中期拉美人口高增长期基本结束时，上述贡献率就降为 42.3%，比 50 年代下降了 4.1 个百分点，到 90 年代更降至 38.4%。与此同时，70 年代中期以后，拉美城市化的速度也在同步下降，这就意味着农村向城市移民的绝对数量在不断减少。第二，农村向城市移民是以劳动力流动为中心进行的。在人口自然增长率的高峰期基本结束后，劳动力增长的高峰期还会延续 20 年左右的时间，这就意味着农村向城市移民的高潮也会相应地延长。此外，在表 4 中 1990—2000 年一栏的数据中，墨西哥和古巴两国农村向城市移民对城市人口增长的贡献率是负数，分别为 - 7.9%、- 5.4%。拉美有学者认为，这一现象反映了一种新的趋势——向国外移民上升的趋势，即国内农村向城市的移民数量少于城市人口向国外迁移的数量。

对于拉美地区持续的农村向城市移民的巨大浪潮，仅仅用"人口爆炸"这个因素来解释显然是不够的，还必须从农村地区对人口外流的"推力"角度来加以分析。拉美地区在殖民地时期形成大量土地被少数人垄断的大地产制度。这种制度在拉美国家独立后又进一步扩展和强化。拉美国家的农业现代化走的是所谓"技术变革"道路，即在基本不改变土地占有制度的情况下，主要通过农业机械化、化学化、绿色革命、扩大农业边疆等途径来发展农业生产。在这种模式下，大、中型农业生产单位在转向现代商品农业的同时，将大批农业雇工排挤出去。这些人除了少数变为农村季节工外，大部分人已丧失在农村生存的依托。小农户随着家庭人口与劳动力的增加，原有的土地已无法承载。拉美还有两个大的种族群体。一个是"非洲人后裔"（afrodescendientes），总数约 1.7 亿人，他们中的绝大多数不享有土地资源，只能到城市去寻找生计。另一个是拉美的原住民印第安人，总数约

3500 万人。①印第安人聚居区通常都有专属的"领地",但既面临生态条件恶劣、生产方式落后等诸多问题,也存在土地资源有限而无法供养日益增加的人口等突出矛盾。上述各种因素造成农村人口大量流向城市的综合效应,而拉美国家对于这样的人口自发性流动基本不存在任何的法律、制度与政策约束。

三　拉美城市化进程的第二阶段

在 1975 年以后的第二个发展阶段中,拉美城市化进程呈现出一些与前一阶段不同的新趋势。我们在下面分别加以介绍。

1. 城市人口增长速度放慢

如图 1 所示,1975 年以来,拉美城市和农村人口的增长速度都呈明显下降的趋势。其中,农村人口增长速度由 0.5% 逐步下降,进入 90 年代以后,基本上就在 0.2% 左右徘徊;城市人口增长速度降幅更大,由 1975 年的 3.8% 降至 2010 年的 1.7%。这个变化标志着拉美城市化进程由"加速期"向"巩固期"的重要转变。

图 2 则显示,自 70 年代以来,农村人口总量几乎没有发生变化,城市人口总量则持续增加,城市化水平呈稳步上升态势。拉美人口中心的统计数据表明,2000 年,拉美 20 国(不含加勒比 13 国)的城市人口为 3.8 亿,农村人口为 1.27 亿,其城市化水平由 1990 年的 71% 提高到 2000 年的 75%。②

---

① 关于拉美非洲人后裔和印第安人的人口数量和生存状况等,可参阅 Alvaro Bello y Marta Rangel, *La equidad y la exclusión de los pueblos indígenas y afrodescendientes en América Latina y el Caribe*, Revista de la CEPAL, No. 76, Abril de 2002.

② CEPAL y CELADE, *De la urbanización acelerada a la consolidación de los asentamientos humanos en América Latina y el Caribe: el espacio regional*, Santiago de Chile, Octubre de 2000, p. 5.

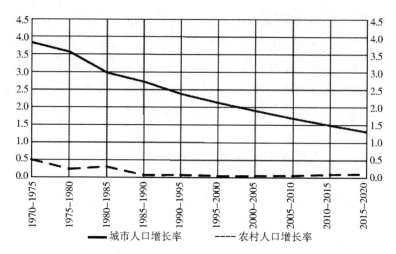

图1 1970—2020 年拉美城乡人口增长率变动

资料来源：CEPAL, División de Población-Centro Latinoamericano y Caribeño de Demografía（CELADE）, *América Latina：proyecciones de población urbana y rural：1970 – 2025*, Boletín demográfico, año 32, N° 63（LC/G. 2052；LC/DEM/G. 183）, Santiago de Chile, enero de 1999.

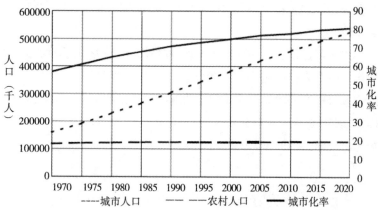

图2 1970—2020 年拉美城乡人口及城市化率曲线

资料来源：CEPAL, *División de Población-Centro Latinoamericano y Caribeño de Demografía*（*CELADE*）, *América Latina：proyecciones de población urbana y rural：1970 – 2025*, Boletín demográfico, año 32, N° 63（LC/G. 2052；LC/DEM/G. 183）, Santiago de Chile, enero de 1999.

2. 大、中城市的不同发展趋势

在拉美，50—100 万人口的城市称为中等城市，100 万人口以上的城市称为大城市。在大城市中还有几个人口规模超过 500 万的"超大城市"（megaciudades）。在城市化的第二阶段中，这三类城市的发展出现了一些新的变化。

首先，大城市在 80 年代经历了短暂的人口低增长期，其人口年均增长率由 70 年代的 3.6% 降为 2.3%。主要原因是债务危机所导致的经济困境，如进口替代工业的崩溃，公共就业的大幅减少，投资匮乏等，使得大城市的生存环境急剧恶化。进入 90 年代以后，随着拉美国家经济改革的推进，特别是市场开放的加速，这类大都市在吸收外国投资和与国际市场接轨方面处于有利地位。经济形势的逐步好转也带动着城市人口增长率的回升。正如有些学者所指出，经济全球化进程给这些大都市的发展重新注入了活力。

其次，"超大城市"在这个阶段的发展与其他城市有所不同。一方面，"超大城市"整合周边地区的趋势在加强，在将周边地区与城镇逐步纳入自身体系的同时，也将部分产业从城市中心向外围转移，推动了卫星城市的发展。这个扩展过程同时带来了城市规划与管理方面的不少挑战。另一方面，这类城市尽管其地域范围扩大了，但其人口增长率却是各类规模城市中最低的，有的"超大城市"人口还出现负增长。例如，墨西哥城在 1992—1997 年 5 年间，人口减少了 15 万。这种情况的出现，不论是出于政府政策的调控，还是部分城市居民主动向更利于自身发展的其他城市迁移，都说明这类"超大城市"的人口规模已经达到某种极限，不宜再盲目扩张了。

再次，在拉美城市化的第二阶段，中等城市的人口增长率虽然比第一阶段有所放慢，但仍是各类城市中最高的。这种情况可能反映了拉美城市化的某种内在规律，即城市化发展的不平衡性。其一，拉美的大国和中等国家整体城市化水平都很高，但国内各省（州）之间的城市化差别很大，一些原来处于后进状态的省（州）相继进入城市化的加速期。其二，拉美地区的小国目前大多处于城市化加快的阶段。不过，从拉美学者的相关研究可以看出，当前，拉美有些中等城市的扩张也面临着与大城市同样的问题，如缺乏相应的产业支撑，缺乏地域经济独特的比较优势，城市基础设施建设跟不上，公共服务供不应求，等等。因此，这类城市的扩张需要警惕重复前期城市化过程出现的失误。

又次，鉴于拉美城市化在第二阶段出现了明显的多元化趋势，在许多国家中原来那种首要城市"一城独大"（一个城市集中了全国城市人口的40%以上）的现象开始得到扭转。图3显示了拉美6个国家首要城市的人口占全部城市人口比例下降的趋势。

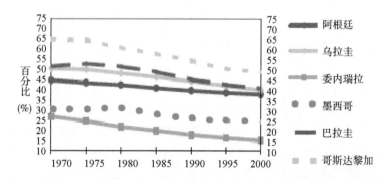

图3　1980—2000年拉美6国首要城市人口占全国城市人口比例的变化

资料来源：CEPAL，*División de Población - Centro Latinoamericano y Caribeño de Demografía*（CELADE），*América Latina*：*proyecciones de población urbana y rural*：*1970 - 2025*，Boletín demográfico，año 32，N° 63（LC/G. 2052；LC/DEM/G. 183），Santiago de Chile，enero de 1999.

3. 国内人口流动的新趋势

最近 20 多年来，拉美国家的人口流动出现了一些新的趋势，主要表现为向资源丰富的内地、人口密度较小的地区、边境地区迁移。这些移民目的地的选择，有的属于政府开发规划的引导，有的则是当地发展机遇对移民的吸引。向奥里诺科河流域和亚马逊河流域移民属于政府引导的典型案例。委内瑞拉政府在 90 年代前半期出台的第 9 个国家计划中重新强调了 70 年代"开发南方计划"中的一些目标，其中包括：在玻利瓦尔州和亚马逊州内地，特别是沿着与巴西、哥伦比亚和圭亚那三国边境地区建立一个移民定居网络；通过移民，将奥里诺科南岸农村地区人口增加 15%；加强上述地区的矿业、石油、农业和林业开发及生产性基础设施建设，等等。巴西政府为强化边境地区安全和加速内地资源开发也实行了多项移民定居计划。"最新数据表明，1990—1995 年期间，亚马逊地区各州（除巴拉州外）的移民都有明显增加。这使得上述各州成为 90 年代国内人口增长最快的地区"[①]。此外，一些国家为了推动内陆地区的资源开发，除了增加在这类地区的公共投资与基础设施建设外，还为移民进入这类地区提供相应的政策性支持。

在拉美地区经济一体化过程中先后形成多个次地区性经济合作组织，如南方共同市场、北美自由贸易协定等。国家间商品与服务交流的迅速增加，使得某些边境地区不仅具备了经济地域化优势和产生大量就业机会，而且这些地区往往实际上成为了自由区，从而对移民产生吸引力。例如，巴拉圭与巴西交界的地区就

---

① CEPAL y CELADE, *De la urbanización acelerada a la consolidación de los asentamientos humanos en América Latina y el Caribe: el espacio regional*, Santiago de Chile, Octubre de 2000, p. 15.

因为边境经贸活动的繁荣而带来人口的快速增长，其中上巴拉那省的人口占全国人口的比重和50年代相比已经提高了1倍以上。墨西哥北部与美国交界的边境地区的发展更加引人注目。这个地区随着客户工业的快速发展和旅游业的繁荣，吸引了来自墨西哥其他国家的数百万移民。

在现阶段拉美国家国内人口流动方面，人口在城市之间流动成为一种主要形式。拉美有学者估计，当前城市间人口流动方式所涉及的移民数量可能要超过任何其他流动方式。例如，1981—1991年，巴西国内总共2690万移民中，61%属于城市之间的流动。

4. 国际移民

这里所讨论的国际移民只涉及拉美人口向国外的迁移，既包括向北美、欧洲的迁移，也包括拉美国家之间的迁移。后一种迁移现象涉及的人口数量不多，通常发生在经济发展水平相差较大的邻国之间，如玻利维亚、巴拉圭向阿根廷、智利的移民，在此就不展开讨论了。20世纪70年代后期以来，拉美向美国和西欧国家的移民呈大幅增加的趋势，其中尤以墨西哥、中美洲和加勒比各国人口外流最为突出。究其原因，一是西方国家客观上存在对海外劳动力的需求；二是由于西方国家与拉美国家之间经济、社会发展水平的差异，移民只要能在西方国家获得就业机会，就能取得较高的收入；三是国内环境的逼迫，如80年代中美洲国家的国内冲突与地区动荡，哥伦比亚反政府游击队和准军事组织所造成的安全环境恶化，等等。

尽管最近30年来，拉美各界对于大量人口外迁的现象颇为关注（其中包括对高层次专业人才的流失的关注），但关于这类移民的数量始终缺乏比较可信的统计数据。这种情况与人口外迁的途径复杂多样，在人口大量流出的同时也不断地有部分回流等现象直接相关，这在客观上给相关统计工作造成了困难。例如，有学者根据对移民流出国的调查得出了一组相关国家的国际移民数据：墨西哥（2000 年）163 万，危地马拉（2002 年）27.6 万，厄瓜多尔（2001 年）37.8 万，多米尼加（2002 年）47.8 万，尼加拉瓜（2005 年）16.9 万，哥伦比亚（2005 年）46.3 万。①但是，这些数据往往与移民接收国的相关统计相比要少得多，有的甚至要相差数十万。另一种统计途径就是拉美各国每年接收海外劳工汇款（remesas）的数量。图 4 显示，按美元时价计算，1980 年，拉美和加勒比地区接收的海外劳工汇款数量不过20多亿美元，此后呈历年上升趋势，到2008年已超过644亿美元。这个数字不仅从总体上反映出拉美海外移民的数量相当

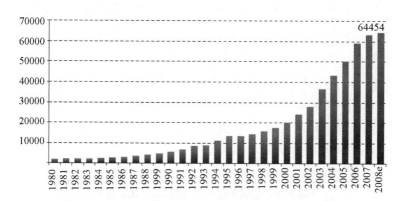

图4　1980—2008 年拉美、加勒比海外劳工汇款增长趋势
（按当年价格计算，百万美元）

注：e 代表估计值。

资料来源：Elaboración propia basada en estimaciones del Banco Mundial a partir del International Monetary Fund's Balance of Payments Statistics Yearbook 2008.

---

① Alicia Mirta Maguid, *La emigración internacional a través de los censos en países de origin*, CEPAL, Santiago de Chile, Noviembre de 2008, p. 32.

大，而且对于像中美洲和加勒比这些小国而言，海外劳工汇款已成为对国民经济和相当大部分家庭具有举足轻重影响的因素，例如，中美洲6国每年海外劳工汇款平均占GDP的比重超过9%。拉美国家国内移民的分散化趋势，以及向海外移民的大幅增加，是使得拉美在城市化第二阶段中大城市人口增长压力减小的两个重要因素。

四　拉美国家城市化水平的差异

由于经济发展程度的差异和城市化进程的不同步性，拉美各国城市化所达到的水平也是参差不齐的。表5提供的是2000年的统计数据，2000年以后的属于预测数据。我们从中可以看出：(1) 表中22国的顺序就是按照2000年所达到的城市化水平高低来排列的。(2) 从1950—2000年50年的城市化进程来观察，其一，1950年时，城市化水平达到50%的只有乌拉圭、阿根廷和智利3国，2000年达到这一水平的已有18国。其二，同期，巴西和多米尼加是城市化水平提高最快的国家，分别由原来的第11位和倒数第3位上升到第5位和第12位。其三，海地和危地马拉一直是拉美地区城市化水平最低的国家，萨尔瓦多则从1950年的第10位倒退到第20位。

表5　　　　　拉美国家的城市化水平（1950—2030年）　　　　　（%）

国　家*	城市化水平								
	1950	1960	1970	1980	1990	2000	2010	2020	2030
乌拉圭	78.0	80.1	82.1	85.2	88.7	91.2	93.0	94.1	94.7
阿根廷	65.3	73.6	78.4	82.9	86.5	89.9	92.0	93.1	93.9
委内瑞拉	46.8	61.2	71.6	79.4	84.0	86.9	89.1	90.7	91.8
智利	58.4	67.8	75.2	81.2	83.3	85.7	87.8	89.5	90.7
巴西	36.0	44.9	55.8	66.2	74.7	81.3	85.2	87.3	88.9

续表

国　家*	城市化水平								
	1950	1960	1970	1980	1990	2000	2010	2020	2030
古巴	49.4	54.9	60.2	68.1	73.6	75.3	77.3	79.7	82.3
波多黎各	40.6	44.5	58.3	66.9	71.3	75.2	78.5	81.3	83.6
墨西哥	42.7	50.8	59.0	66.3	72.5	74.4	76.7	79.3	81.9
哥伦比亚	37.1	48.2	57.2	63.9	69.5	73.9	77.6	80.5	83.0
秘鲁	35.5	46.3	57.4	64.6	68.9	72.8	76.3	79.3	81.9
厄瓜多尔	28.3	34.4	39.5	47.0	55.1	65.3	73.1	77.8	80.6
多米尼加	23.8	30.2	40.3	50.5	58.3	65.1	70.5	74.5	77.7
玻利维亚	37.8	39.3	40.7	45.5	55.6	62.5	67.8	72.1	75.7
巴拿马	35.8	41.3	47.7	50.5	53.7	56.2	59.6	64.0	68.6
尼加拉瓜	34.9	39.6	47.0	50.3	53.1	56.1	60.3	65.1	69.5
牙买加	26.7	33.8	41.5	46.8	51.5	56.1	61.0	65.9	70.3
巴拉圭	34.5	35.6	37.1	41.7	48.7	56.0	62.3	67.3	71.5
洪都拉斯	17.6	22.8	28.9	34.9	41.8	52.7	61.2	66.7	71.0
哥斯达黎加	33.5	36.6	39.7	43.1	45.8	47.8	51.2	56.0	61.4
萨尔瓦多	36.5	38.4	39.4	41.6	43.9	46.6	51.0	56.6	62.0
危地马拉	29.5	32.5	35.5	37.4	38.1	39.7	43.5	49.4	55.4
海地	12.2	15.6	19.8	23.7	29.5	35.7	42.3	48.8	54.9
合计	41.4	49.3	57.5	65.0	71.1	75.4	78.6	81.1	83.3

　　*　按2000年城市化水平由高到低排列。波多黎各不是独立国家，本文尊重原表格做法。

　　资料来源：Naciones Unidas（2000）。转引自 Alfredo E. Lattes, *Población urbana y urbanización en América Latina*, p. 56.

　　拉美国家城市化水平的差异既与各国经济发展水平的高低有关，也和人口分布有一定的关系。当前，拉美总人口的80%以上和城市人口总数的85%以上集中在阿根廷、巴西、智利、哥伦比亚、厄瓜多尔、墨西哥、秘鲁和委内瑞拉等8个国家，而这些国家恰恰都在该地区城市化水平最高的国家之列。这种情况反映出人口因素在拉美城市化进程中所起的作用比较突出。表6将拉美按地理位置划分为6个次地区，读者可以进一步看出，南锥体、巴西、安第斯、墨西哥、加勒比、中美洲恰好形成一个城市化水平由高到低的梯次排列。

表6　　　　　　　　拉丁美洲各地理区域的城市化水平　　　　　　　（%）

次地区/国家	2000 年的城市化水平
中美洲	**47.8**
尼加拉瓜	56.1
巴拿马	56.2
哥斯达黎加	47.8
萨尔瓦多	46.6
洪都拉斯	52.7
危地马拉	39.7
加勒比	61.8
古巴	75.3
波多黎各	75.2
多米尼加	65.1
牙买加	56.1
海地	35.7
墨西哥	74.4
安第斯	74.6
委内瑞拉	86.9
哥伦比亚	73.9
秘鲁	72.8
玻利维亚	62.5
厄瓜多尔	65.3

续表

次地区/国家	2000 年的城市化水平
巴西	81.3
南锥体	85.9
乌拉圭	91.2
阿根廷	89.9
智利	85.7
巴拉圭	56.0

资料来源：Naciones Unidas (2000)。转引自 Alfredo E. Lattes, Población urbana y urbanización en América Latina, p. 58.

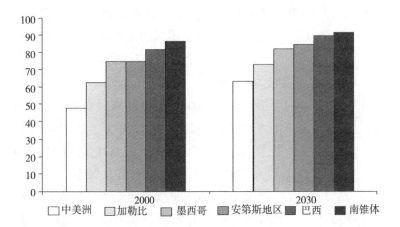

图 5　2000 年和 2030 年拉美各次地区城市化水平比较

资料来源：Naciones Unidas (2000)。转引自 Alfredo E. Lattes, Población urbana y urbanización en América Latina, p. 59.

第二部分　拉美城市化进程的主要特点

如前所述，在亚洲、非洲和拉丁美洲这三大发展中地区，拉美的城市化进程不仅率先起步，而且目前就城市人口占总人口的比例看，已经接近北美而略高于欧洲与大洋洲，从而使亚洲和非洲地区望尘莫及。那么，拉美的城市化进程究竟呈现出哪些重要特点，能给人们提供怎样的启示呢？在上一节对拉美城市化进程进行客观介绍的基础上，现在我们着重来探讨一下这个历史性进程的主要特点，并对其进行必要的分析与评价。

一 "大城市化" 与 "超大城市化"

拉美地区总面积约 2070 万平方千米，2000 年人口总数 5.25 亿（2010 年为 5.89 亿）[①]，在世界各大地区中属于人口密度比较低的。但是，从拉美城市体系的结构看，大城市化与超大城市化的特点却非常突出。表 7 的统计数据显示：（1）人口在 100 万及其以上的大城市（ciudades grandes），1950 年时仅有 7 个，2000 年达到 49 个，其中 1980 年以后增加了 24 个。（2）这 49 个城市的人口数量 1950 年仅 2840 万，2000 年达到 1.65 亿，占当年拉美总人口的 31.4% 和城市人口总数的 42.2%。（3）人口在 500 万及其以上的超大城市（megaciudades），1950 年仅有 1 个，2000 年增加到 7 个。其人口数量达到 7830 万，占城市人口总数的 20%。我们在第一部分曾指出，拉美的超大城市在 1980 年以后人口增长已大大减缓，个别超大城市甚至出现人口负增长现象，但与此同时，又有 3 个大城市进入超大城市的行列。

---

① CEPAL, *Anuario estadístico de América Latina y el Caribe*, 2009, Santiago de Chile, p. 23.

表 7　　　　　　　　　　拉丁美洲人口集中于大城市的状况

	人口 100 万及其以上的城市					
	1950	1960	1970	1980	1990	2000
城市数量	7	12	18	25	38	49
人口（百万）	16.8	32.9	56.5	87.4	122.8	164.9
占总人口（%）	10.1	15.1	19.8	24.2	27.9	31.8
占城市人口（%）	24.1	30.6	34.6	37.3	39.3	42.2
	2000 年人口达到 100 万及其以上的 49 个城市					
	1950	1960	1970	1980	1990	2000
城市数量	49	49	49	49	49	49
人口（百万）	28.4	47.1	73.0	104.2	130.7	165.0
占总人口（%）	17.0	21.6	25.6	28.8	29.7	31.4
占城市人口（%）	41.1	43.8	4.7*	44.4	41.8	42.2
	人口达到 500 万及其以上的城市					
	1950	1960	1970	1980	1990	2000
城市数量	1	4	4	4	6	7
人口（百万）	5.0	12.2*	32.6	45.1	61.9	78.3
占总人口（%）	3.0	5.6	11.4	12.5	14.0	15.1
占城市人口（%）	7.3	11.3	19.9	19.2	19.8	20.0
年均增长率（%）	5.1	4.4	3.6	2.3	2.3	

　　注：表中带 * 号的两个数据原文如此，笔者加上 * 号是提示这两个数据明显有误。

　　资料来源：Cálculos propios sobre la base de Naciones Unidas, *Crecimiento, estructura y distribución de la población. Informe conciso* (ST/ ESA/SER. A/181), Nueva York, 2000. Publicación de las Naciones Unidas, número de venta：S. 99. XIII. 15. 本文转引自 CEPAL, *De la urbanización acelerada a la consolidación de los asentamientos humanos en América Latina y el Caribe：el espacio regional.* 附录：表 A—5，第 90 页。

　　拉美这种"大城市化"特点的另一个重要表现是，各国的第一大城市（或称"首要城市"）所占的城市人口比例都很高。表 8 的统计数据表明，各国的首要城市人口占全国城市人口的比

表 8　　　　拉丁美洲各国首要城市*人口占城市人口的
　　　　　比例 (1950—2000 年部分年份)　　　(%)

国　　家**	1950	1960	1970	1980	1990	2000
乌拉圭	65.3	56.8	50.7	48.8	45.3	40.6
阿根廷	45.0	44.6	44.8	42.6	39.7	37.7
委内瑞拉	28.3	27.6	26.8	21.5	17.5	15.0
智利	37.5	39.4	39.7	41.0	41.9	42.5
巴西	14.8	15.0	15.0	15.5	13.6	12.8
古巴	39.7	36.9	34.0	28.9	26.9	26.7
波多黎各	44.2	52.1	52.1	50.7	48.7	47.5
墨西哥	24.4	28.9	30.4	31.0	25.1	24.7
哥伦比亚	14.5	16.0	18.4	20.0	20.5	20.1
秘鲁	35.9	36.7	38.7	39.3	39.2	39.9
厄瓜多尔	26.4	29.4	29.7	28.8	26.4	27.8
多米尼加	39.2	45.6	47.1	49.6	58.6	65.1
玻利维亚	25.9	28.1	30.1	29.9	28.6	28.4
巴拿马	55.5	60.9	63.4	62.3	65.8	73.0
尼加拉瓜	27.8	32.6	37.9	35.8	35.0	33.7
牙买加						
巴拉圭	43.4	47.2	51.9	51.7	45.2	41.0
洪都拉斯	30.5	29.7	29.8	32.8	34.9	27.8
哥斯达黎加	63.3	62.6	63.8	61.0	55.6	51.8
萨尔瓦多	22.8	25.0	36.9	39.5	46.2	48.1
危地马拉	48.9	41.4	35.4	29.4	50.3	71.8
海地	36.3	43.3	51.6	54.2	55.6	60.3
地区合计	**28.7**	**28.5**	**28.1**	**27.3**	**25.0**	**24.6**

　　*　只选取 1995 年时达到 75 万人口的城市，牙买加的最大城市金斯敦没有达到这个标准。

　　**　国家按 2000 年达到的城市化水平由高到低排序。

　　资料来源：Naciones Unidas (2000)。转引自 Alfredo E. Lattes, *Población urbana y urbanización en América Latina*, p. 68.

例大体呈现出随城市化整体水平的提高而逐步下降的趋势；由于各国城市化进展有先后之分，首要城市人口占城市总人口的比例变化趋势也有所差异。但是，一个最基本的事实是，无论从表中的哪一个年份来看，都有 8—10 个国家首要城市的人口占城市总人口的 40% 左右或更高，有的甚至高达 70%。"（拉美的）都会中心不仅规模巨大，而且在许多情况下要比国内的其他城市大得多。秘鲁的利马要比第二大城市阿雷基帕大 10 倍；阿根廷的布宜诺斯艾利斯也比科尔多瓦大 10 倍。……在拉美 20 个共和国中，只有玻利维亚、巴西、哥伦比亚、厄瓜多尔和洪都拉斯不存在一个人口 3 倍于第二大城市的都会中心。而在这 5 国中，巴西、厄瓜多尔和洪都拉斯也很难算是例外，因为它们各有两个主要城市，其人口规模为本国第三位的城市所望尘莫及"①。任何一个国家的城市人口如果过分地集中于一个城市，都势必要加剧国内地区间发展的失衡，同时也给这类城市本身的治理造成诸多难题。

　　拉美这种"大城市化"和"一城独大"的局面是如何形成的呢？一个最主要的原因就是产业布局在地域上过于集中。"主要城市通常都是首都，那里不仅集中了政府各个部门，也是工业和第三产业的集中地。巴西 80% 以上的工业生产集中于圣保罗—里约热内卢—贝洛奥里藏特都市群。布宜诺斯艾利斯和罗萨里奥聚集了阿根廷三分之二的工业。智利工业的一多半位于圣地亚哥。秘鲁 50% 以上的工业集中于利马—卡亚俄。加拉加斯拥有委内瑞拉 40% 的工业生产。墨西哥 50% 的国民产值由墨西哥城提供"②。这段描述充分反映了一些拉美国家产业布局的集中状况。这种状况是从 19 世纪后半期起逐步形成的。此外，从工业化发展的一般规律来看，中心城市通常都处在现代工业发展的先行地位，因而也

---

　　①　Alan Gilbert, *La ciudad latinoamericana*, Siglo veintiuno editores, México, D. F., 1997, pp. 53 – 54.

　　②　Gonzalo Martner, *América Latina hacia el 2000: Opciones y estrategias*, Editorial Nueva Sociedad, Caracas, 1986, p. 38.

成为国内移民的首选之地。拉美国家的情况还表明，20 世纪 80 年代以来，随着经济全球化的加速，大城市又成为对外开放、吸引外资和与国际接轨的优先地域，并由此促成大城市新一轮的扩张。因此，一国的城市化往往呈现出大城市、中等城市、小城镇梯次发展的过程。拉美城市化的这种特点表明，像中国这样地域辽阔的人口大国，我们在注重发挥大城市（包括少数超大城市）的产业聚集效应、金融与商贸中心、创新中心等优势的同时，更要注意形成一个大、中、小城市合理布局的城市体系。中、小城市是地域经济发展的产物，需要相应的产业支撑。这就需要中央和地方政府制定长远的、符合各地区特点的发展规划和配套支持政策，经过长期坚持不懈的努力才有可能实现。

二　城市化与经济发展水平之间的不协调性

研究拉美城市化的中外学者几乎普遍认为，拉美的城市化具有"超前"的特点。何谓城市化"超前"？城市化是工业化的产物。衡量城市化发展水平是否与经济发展水平相适应，大体有两种方法。一是用城市化率（城市人口占总人口百分比）与工业化率（工业产值占 GDP 的百分比）之间的比率来衡量；二是用城市创造就业的能力来衡量。

在采用城市化/工业化比率来衡量时，学者们就提出了诸如"同步"城市化（Synchrourbanization）、"超前"城市化（Overurbanization）、"滞后"城市化（Underurbanization）等概念。例如，有研究表明，英国 1841—1931 年间城市化与工业化的比率为 0.985，法国 1866—1946 年间为 0.970，瑞典 1870—1940 年间为 0.967。[①]这些例子

[①]　参见袁东振关于拉美城市化的论述，载苏振兴主编《拉美国家现代化进程研究》，社会科学文献出版社 2006 年版，第 476 页注 1。

被认为是同步城市化的典型。但是，由于世界各国的情况差别很大，关于"超前"或"滞后"城市化并不存在一个公认的划分标准。例如，有学者根据世界银行《2001 年世界发展指标》提供的数据进行比较，世界平均城市化与工业化的比率为 1.48，远远高出当年发达国家的这一比率。[①]不过，根据拉美经济委员会提供的数据，2001年，拉美的工业产值（包括制造业、采矿业、建筑业，以及电力、煤气、供水等）占 GDP 的 29%（按市场不变价格计算）。那么，拉美的城市化（2000 年为 75.3%）与工业化的比率则高达 2.60。从这个意义上判断拉美的城市化具有"超前性"或许并不为过。

　　需要说明的是，拉美国家的工业化进程本身具有很大的曲折性。1980 年以前的几十年，拉美的工业化发展处于一种持续上升的状态，而进入 80 年代以后，则经历了一个"去工业化"（desindustrialización）的过程。这个过程中有三个标志性的转折。其一，80 年代，拉美国家在债务危机的冲击下，不得不集中发展初级产品生产和出口，力争创造更多的外贸盈余来缓解对外支付危机，制造业被迫作出牺牲，即"去工业化"的第一步。其二，90 年代初，拉美国家的经济改革以加速市场开放为先导，大批制造业企业在外来商品的激烈竞争中破产倒闭。其三，随着经济改革的深入，拉美国家为适应外向发展模式的要求，纷纷对产业结构进行重大调整，南美洲国家选择了以农矿业资源及其加工为主的产业结构模式，墨西哥和中美洲国家则选择了以客户工业为主的产业结构模式，原有的制造业进一步被削弱。这个"去工业化"过程所导致的一个明显结果是，工业产值、特别是制造业产值在国内生产总值中所占比例下降。很显然，拉美国家

---

　　① 参见李京文、吉昱华《中国城市化水平之国际比较》，载《新华文摘》2004 年第16 期。

制造业或工业产值由持续上升到下降的这种转折，与西方发达国家工业化基本完成后转向重点发展第三产业的情况是不同的，拉美国家离实现工业化还有相当大的距离。表 9 的统计数据表明，到 1980 年为止，绝大多数拉美国家制造业产值占 GDP 的比重是持续上升的，进入 80 年代以后，就呈现出普遍下降的趋势。到 2000 年，大多数国家的这一比例下降的幅度就更大了，例如，阿根廷 16.1%，巴西 19.8%，智利 17.4%，哥伦比亚 13.7%，墨西哥 21.2%，秘鲁 14.6%，委内瑞拉 15.1%，等等。[1]另据拉美经济委员会的统计，2001 年，拉美地区三大产业部门的产值结构是：农业占 4.6%，工业占 29%，服务业占 66.4%。[2]

表 9　　　　　拉丁美洲制造业产值占 GDP 比重的变化　　　　　（%）

国家	1950	1960	1970	1980	1990
阿根廷	21.4	24.2	27.5	25.0	21.6
巴西	23.2	28.6	32.2	33.1	27.9
智利	20.6	22.1	24.5	21.4	21.7
哥伦比亚	17.2	20.5	22.1	23.3	22.1
墨西哥	17.3	17.5	21.2	22.1	22.8
秘鲁	15.7	19.9	21.4	20.2	18.4
委内瑞拉	10.2	12.7	17.5	18.8	20.3
中美洲*	11.3	12.9	15.5	16.5	16.2
拉丁美洲	18.4	21.3	24.0	25.4	23.4

*　包括中美洲共同市场 5 个成员国。

资料来源　拉美经济委员会编：《拉美、加勒比统计年鉴（1991 年）》。1950、1960、1970 年按 1970 年市场不变价格计算；1980、1990 年按 1980 年市场不变价格计算。

---

[1]　CEPAL, *Anuario estadístico de América Latina y el Caribe*, 2001. 按 1995 年美元价格计算。

[2]　CEPAL, *Anuario estadístico de América Latina y el Caribe*, 2009.

　　关于城市化与经济发展之间的协调性问题，我们更倾向于用城市创造就业的能力来衡量。城市化是由工业化推动的。以城市为载体的现代工业的发展带动了城市经济的扩张，并创造出大量新的就业机会，从而引起劳动力由农村转向城市就业的移民浪潮。如果这种劳动力转移的数量和速度超越了城市创造就业的能力，势必使城市发展背上沉重的负担，给城市治理带来诸多难以克服的困难。拉美城市化的实际进程表明，农村人口过多、过快地向城市转移，不仅城市现代工业部门无法满足其就业需求，整个的城市经济也无法提供充足的就业岗位。即便是在 50—70 年代拉美工业化的高潮期，进入城市的移民有相当大一部分是靠各种形式的非正规就业勉强维持在城市的生存。英国学者罗斯玛丽·索普指出："1945—1970 年期间，（拉美的）人口、特别是城市人口出现了强劲增长。工业扩张虽然创造了就业岗位，但也通过排挤手工业市场而破坏了就业。工业扩张又主要是在引进越来越密集使用资本的技术基础上实现的。其必然的结果是后来以极端形式表现出来的另一种趋势：城市非正规就业部门的出现。"[1]表 10 的统计数据显示，1950—1970 年期间，拉美国家城市非正规部门在经济自立人口中所占的比重平均增加了 32.2 个百分点，其中部分国家更增加了 70 个百分点以上。拉美、加勒比就业规划处（PREALC）的统计还表明，1970 年，非正规就业占拉美城市就业的三分之一；各国的城市公开失业率分别占其经济自立人口的 3%—13% 不等。进入 80 年代以后，随着整体经济形势的恶化和"去工业化"浪潮的扩展，拉美国家不仅城市公开失业率持续上升，就业"非正规化"现象更达到了前所未

---

　　① Rosemary Thorp, *Progreso, pobreza y exclusión: Una historia económica de América Latina en el siglo XX*, BID y Unión Europea, Washington, D. C. , 1998. p. 184.

表 10　　　拉美城市非正规部门在经济自立人口中所占
比重: 1950 年与 1970 年的比较　　　　　　(%)

国家/地区	1950	1970	百分比变化
阿根廷	9.5	9.5	0
玻利维亚	10.5	14.5	+38.1
巴西	6.9	9.3	+34.8
智利	13.8	11.5	-16.7
哥伦比亚	8.5	11.5	+35.3
哥斯达黎加	6.3	7.5	+15.9
厄瓜多尔	7.7	13.7	+77.9
萨尔瓦多	7.5	9.2	+22.7
危地马拉	11.0	12.9	+17.3
洪都拉斯	4.5	9.8	+117.8
墨西哥	9.7	14.5	+49.5
尼加拉瓜	6.5	12.6	+93.8
巴拿马	6.3	10.4	+65.1
秘鲁	9.8	17.0	+73.5
多米尼加	4.9	11.5	+106.1
乌拉圭	9.0	11.1	+23.3
委内瑞拉	11.4	16.0	+40.4
拉丁美洲	8.7	11.5	+32.2

资料来源: PREALC (拉美、加勒比就业规划处), 1982 年。转引自 Rosemary Thorp, *Progreso*, *pobreza y exclusión*: *Una historia económica de América Latina en el siglo XX*, BID y Unión Europea, Washington, D. C. , 1998, p. 185.

有的规模。表 11 的数据显示, 90 年代, 拉美农业部门的就业为负增长, 制造业和建筑业对总就业的贡献率都在 8% 左右, 服务业则集中了全部新增就业岗位的将近 90%。服务业中的电力、煤气、仓储、通讯、金融、保险等基本属于现代服务业，但对总就业的贡献率只有 23%，而传统服务业的贡献率高达 67.5%，基本印证了学术界关于 60% 左右的新增就业来自非正规经济部门的判断。

表 11　　　　　1990—1999 年拉美各经济部门就业增长率　　　　　（%）

部　　门	就业增长率	对总就业的贡献率
农业	- 0.4	- 4.1
制造业	1.2	8.3
建筑业	2.8	8.0
商业、餐饮、饭店	4.0	32.7
电力、煤气、供水、运输、仓储和通讯	4.4	10.7
金融、保险、不动产和企业服务	6.0	12.3
社会服务、社区和私人服务	2.7	34.8
其他	- 2.3	- 2.7
合计	2.3	100.0

资料来源：B. Stallings y Jurgen Weller, *Elempleo en América Latina*, Revista de la CEPAL, No. 75, p. 197.

综上所述，我们大体可以得出几点基本看法。第一，拉美的城市化过多地受人口增长因素的推动。城市人口的过快增长超出了城市经济发展的承受能力，突出表现为城市长期面临巨大的就业压力，这必然导致严重的"就业非正规化"现象。这种现象在 80 年代以前拉美工业化的"顺利"阶段就已经充分表现出来。第二，面对这种局面，拉美各国政府却在很长一段时间内片面强调对劳动力的"生产性吸收"，既不积极鼓励各种自谋生计的自主创业，也没有把非正规就业的劳动力纳入国家劳工政策的管理范围和社会保障体系，从而使大批劳动者的基本权益不能得到有效保障。第三，拉美城市化进程表明，单靠现代工业的发展并不足以解决农村剩余劳动力的转移就业问题。在工业化、城市化的过程中，非正规就业是解决城市就业问题的一个重要补充渠道，应当对城市非正规就业采取积极鼓励和扶持的政策。

三 城市化过程缺乏政府规划与政策引导

拉美的城市化过程呈现出明显的自发性与无序性，缺乏政府规划与政策引导。这种在城市化过程中政府"缺位"的现象，可能有两方面的原因。一方面，在世界各大发展中地区，拉美的城市化处于先行地位，没有成熟的经验可供参照。另一方面，拉美国家对于城市化所引起的一系列经济社会变化及其影响很可能缺乏应有的估计。我们可以结合相关的历史背景来作进一步的分析。第一，20 世纪 40 年代至 70 年代中期，拉美经历了一个"人口爆炸"期。人口的过快增长无疑是加速城市人口扩张的重要原因，但促成农村人口大规模向城市转移的更深层原因是农村的大地产制度。政府在采纳所谓农业"技术现代化"模式的同时，不得不面临大量无地、少地农民无法继续在农村生存的现实。因此，各国政府把农村人口大量向城市迁移视为减少农村社会冲突的"排气阀门"，根本没有考虑要采取某种节制措施。第二，如前所述，拉美国家产业的地理布局不合理是造成少数大城市畸形发展的重要原因。我们同时注意到，拉美国家在战后头30 多年所经历的工业化浪潮，恰恰是在进口替代工业化模式下实现的。这种模式的重要特点之一是强调国家对工业化的主导作用，国家是工业部门和基础设施建设的投资主体。也就是说，如果政府当时具有经济合理布局的长远规划，要适度改变产业过度集中于一地的状况是完全可能的。在拉美各国，追求短期经济增长速度的思想一直占着主导地位，但有些国家并非没有关注地区发展失衡的问题。例如，巴西曾经制定过多个地区发展规划，甚至采取了将首都迁往内地这样重大的措施。不过，历史的经验表明，一个大国要改变地区发展失衡问题，不仅需要有可行的战略规划及其配套政策，而且需要历届政府持续加以执行，因而需要相应的立法。第三，大片的贫民窟是拉美各大城市都存在的一道景观。大片贫民窟的出现是城市人口超载的必然产物，也是"贫困城市化"的集中体现。贫民窟所带来的各种社会问题可能远远超出各国政府的预料。问题还在于，在市内贫民窟难以改造的同时，郊区的贫民窟又陆续出现。随着市区土地价格的上升和生活环境的恶化，高收入阶层逐渐在郊区的优越地带建大型住宅，并配备高档服务设施，形成富人区。有学者将这种形式的城市扩张形容为"油污式"（mancha de aceite）扩张，从而形成所谓"岛链型城市"（ciudades-archipiélago），在郊区留下一片片劣等地带。这些地带又逐步变成新的贫民区。① 我们认为，上述例子已经足以说明，政府对城市化过程的规划和政策引导是一个值得高度重视的问题。

四　城市治理面临严峻挑战

拉美城市人口特别是大城市人口的过快与无序扩张，带来了一系列难以解决的社会问题，诸如就业问题、收入分配问题、贫困问题、贫民窟问题，等等。对于这些问题，笔者在此只限于从城市治理的角度简要地分析一下这些问题的总体状况。

关于城市就业问题，我们主要从两个方面来分析。其一，城

① David Candia Baeza, *Tugurios, migración y objetivos de desarrollo del milenio*, CELADE y CEPAL, Santiago de Chile, Mayo de 2007, p. 19.

市公开失业率上升。1950—1980 年期间，拉美国家城市公开失业率（地区平均数）基本保持在 4% 左右，进入 80 年代以后，随着经济形势的恶化，城市失业率呈逐步上升态势，2000—2004 年，城市公开失业率保持在两位数（略高于 10%）的水平。值得注意的是，2003—2008 年，拉美虽然经历了新一轮的经济扩张（年均增长率超过 5%），但城市公开失业率依然保持在 8% 左右的水平上①，说明这一轮经济增长对就业的拉动效应已经不如以前那样明显了。其二，就业不足现象加剧。如前所述，最近 20 多年来，拉美国家城市新增就业主要靠非正规经济部门提供，反映出非正规就业在城市就业中所占的比重更高了，同时也意味着就业不足的情况更严重了。表 12 关于城市就业结构的数据表

表 12　　　　城市就业结构：2008 年各经济活动部门在城市
总就业中占的百分比　　　　　　　　　（%）

国　　　家	农业	矿业	制造业	电力煤气供水	建筑业	商业	运输	金融服务	其他服务	未分类
阿根廷	0.8	0.4	14.1	0.4	8.8	23.7	7.7	8.7	35.1	0.3
玻利维亚	5.2	1.9	15.7	0.3	9.5	26.4	9.1	5.7	16.0	
巴西	6.3	0.4	16.0	0.5	8.3	20.0	5.7	9.2	33.5	0.2
智利	6.5	1.8	14.2	0.5	9.8	21.1	8.2	8.0	28.8	1.1
哥伦比亚	5.9	0.6	16.1	0.6	5.5	29.2	8.5	7.6	25.9	
哥斯达黎加	3.4	0.1	13.1	1.6	7.0	26.7	8.3	12.3	27.3	0.4
厄瓜多尔	7.8	0.5	13.7	0.6	7.3	32.9	7.2	6.9	23.2	
萨尔瓦多	5.2	0.1	18.7	0.6	6.4	34.2	5.2	6.3	23.3	
危地马拉	10.8	0.2	19.9	0.3	7.9	29.4	4.1	5.5	22.0	

---

① CEPAL, *Balance preliminar de las economías de América Latina y el Caribe*, 2009, Santiago de Chile, p. 132, Cuadro A-16.

续表

国　　家	农业	矿业	制造业	电力煤气供水	建筑业	商业	运输	金融服务	其他服务	未分类
洪都拉斯	7.0	0.2	19.7	0.7	8.8	28.9	6.0	6.3	22.4	0.1
墨西哥	1.5	0.3	17.6	0.6	8.5	21.4	4.9	2.0	43.0	0.1
尼加拉瓜	8.4	0.6	19.5	0.7	6.1	31.2	5.2	4.6	23.6	
巴拿马	2.0	0.1	8.9	0.6	11.1	28.4	8.8	9.8	30.4	
巴拉圭	3.7	0.3	14.0	0.6	7.8	30.9	5.8	6.8	29.9	
秘鲁	8.3	1.1	13.8	0.4	5.4	31.6	9.6	6.4	23.4	
多米尼加	4.9	0.3	14.1	0.9	7.1	30.2	7.5	7.9	26.9	
乌拉圭	6.3	0.2	13.9	0.9	7.5	22.4	6.1	8.7	34.0	
委内瑞拉	8.5	0.9	11.9	0.5	9.7	23.7	8.8	5.2	30.6	0.2

资料来源：CEPAL, *Anuario estadístico de América Latina y el Caribe*, 2009. p. 43.

明，拉美国家制造业就业所占比重都不到20%，而大部分国家"商业"和"其他服务业"所提供的就业合计都超过50%，有些国家更高达60%以上。这两个部门正是非正规就业最集中的部门。当前的这种城市就业结构状况表明，除非拉美国家采取重振工业化或加大基础设施建设的方针，否则很难使就业形势有根本性好转。

关于拉美国家城市的收入分配问题，我们从图6的数据可以得到一个总体的概念。图6中13国的城市收入分配状况呈现出很大的一致性，70%的低收入者约占总收入的三分之一，30%的高收入者约占三分之二。乌拉圭作为差距最小的例子，二者也只是分别为37.4%和62.6%。巴西则是二者差距最大的例子，分别占25.5%和74.5%。

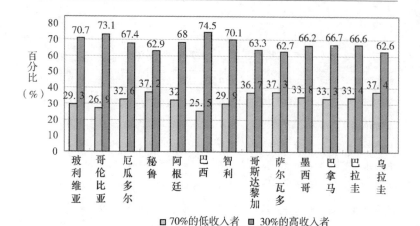

图6　拉丁美洲城市居民收入分配状况
（按2005年或最接近的年份做十等分法）

资料来源：Elaboración propia sobre la base de CEPALSTAT. 转引自 Ricardo Jordán, Rodrigo Martínez, *Pobreza y precariedad urbana en América Latina y el Caribe*：*Situación actual y financiamiento de políticas y programas*, CEPAL, 2009, p. 36.

关于城市贫困问题，图7的数据显示，2007年，拉美城市生活在贫困线以下的人口总数为1.324亿，占城市人口总数的29.8%，其中赤贫人口3600万，占城市总人口的8.1%。这个全地区的统计掩盖了国家间的差别。根据拉美经济委员会2001年提供的一项关于拉美（17国）城市人口中贫困人口所占比重的统计，这一比重不到10%的仅有乌拉圭一国；在10%—29%之间的有哥斯达黎加、阿根廷、智利、巴拿马和巴西5国；在30%—39%的有墨西哥、多米尼加、萨尔瓦多和危地马拉4国；在40%—49%的有巴拉圭、玻利维亚、委内瑞拉和哥伦比亚4国；高于50%的有厄瓜多尔（58%）、尼加拉瓜（59.3%）和洪都拉斯（65.6%）。①

---

① CEPAL, *Panorama social de América Latina*, 2000 - 2001.

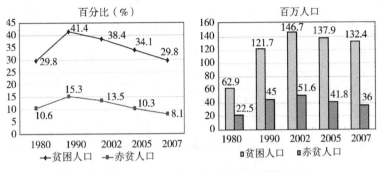

图7 1980—2007年拉丁美洲城市贫困状况

资料来源：Panorama Social de América Latina 2006，CEPAL（2007），转引自 Ricardo Jordán，Rodrigo Martínez，*Pobreza y precariedad urbana en América Latina y el Caribe：Situación actual y financiamiento de políticas y programas*，CEPAL，2009，p. 33.

拉美城市中贫富分化、"一个城市，两个世界"的状况，历来是学者们重点描述的对象。"财富与贫穷、'现代'与'土气'之间的对比是极其强烈的。商业中心、办公区和银行区的现代高楼和豪华设施，与那些没铺路面的泥土街道和污水横流的非法居民区并存着。在不发达世界的城市中心街道上，穿着时髦的人们被乞丐和流动商贩包围着；来自附近某个贫民区的孩子们为有钱人擦皮鞋，看车子，他们挣的那点小钱却是家庭预算的一个重要组成部分"[1]。根据联合国人居环境委员会2003年的统计，2001年，拉美城市贫民窟的人口总数为1.28亿。[2]统计资料显示，拉美城市贫民窟居民占城市人口的比例1990年为35.4%，2001年

① Bryan Roberts，*Ciudades de campesinos：La economía política de la urbanización en el tercer mundo*，Siglo veintiuno editores，México，D. F.，1980，p. 13.

② Ricardo Jordán y Rodrigo Martínez，*Pobreza y precariedad urbana en América Latina y el Caribe*，Situación actual y financiamiento de políticas y programas，CEPAL，enero de 2009，p. 30.

降为31.9%, 这是拉美国家落实联合国千年发展目标所取得的进展之一; 但与此同时, 诸如海地、尼加拉瓜、秘鲁、伯利兹、危地马拉和玻利维亚等国, 贫民窟的居民仍占城市人口的50%以上。[①]对大多数拉美国家而言, 城市贫民窟的人口规模在很大程度上反映了解决城市住房问题的难度。

结束语

拉丁美洲作为一个发展中地区, 在大约60年左右的时间里, 其城市化水平就超越了欧洲和大洋洲, 而接近于美国和加拿大。尽管在工业化启动之前拉美就存在城市人口比例偏高的历史背景, 但人们依然不能不惊叹于拉美城市化的速度之快。本文第一部分通过对20世纪40年代以来拉美城市化两大阶段的论述, 大体回答了这个进程出现超常发展的基本原因。文章的第二部分着重总结了拉美城市化进程的4点基本经验教训。中国正处在城市化发展的一个关键时期。笔者期待, 拉丁美洲的这些经验教训能为我国探索一条符合国情的城市化道路提供一点借鉴。

主要参考文献

1. Bryan Roberts, *Ciudades de campesinos. La economía política de la urbanización en el tercer mundo*, Siglo XXI editores, S. A. , 1980, México-España-Argentina-Colombia.

2. Alfredo E. Lattes, *Población urbana y urbanización en América Latina* (www. flacso. org. cl).

3. CEPAL, *América Latina en el umbral de los años 80*, Santiago de Chile,

---

① David Candia Baeza, *Tugurios,, migración y objetivos de desarrollo del milenio*, CELADE y División de Población de la CEPAL, Santiago de Chile, mayo de 2007, p. 15.

Julio de 1980.

4. Alvaro Bello y Marta Rangel, *La equidad y la exclusion de los pueblos indígenas y afrodescendientes en América Latina y el Caribe*, Revista de la CEPAL, No. 76, Abril de 2002.

5. CEPAL y CELADE, *América Latina: proyecciones de población urbana y rural: 1970 - 2005*, Boletín demográfico, No. 76, Julio de 2005.

6. CEPAL y CELADE, *De la urbanización acelerada a la consolidación de los asentamientos humanos en América Latina y el Caribe: el espacio regional*, Santiago de Chile, Octubre de 2000.

7. Alicia Mirta Maguid, *La emigración internacional a través de los censos en países de origin*, CEPAL, Santiago de Chile, Noviembre de 2008.

8. Alan Gilbert, *La ciudad latinoamericana*, Siglo veintiuno editores, México, D. F. , 1997.

9. Gonzalo Martner, *América Latina hacia el 2000: Opciones y estrategias*, Editorial Nueva Sociedad, Caracas, 1986.

10. Rosemary Thorp, *Progreso, pobreza y exclusion: Una historia económica de América Latina en el siglo XX*, BID y Unión Europea, Washington, D. C. , 1998.

11. David Candia Baeza, *Tugurios, migración y objetivos de desarrollo del milenio*, CELADE y CEPAL, Santiago de Chile, Mayo de 2007.

12. Ricardo Jordán y Rodrigo Martínez, *Pobreza y precariedad urbana en América Latina y el Caribe: Situación actual y financiamiento de políticas y programas*, CEPAL, Enero de 2009.

（原载郑秉文主编《拉丁美洲城市化：经验与教训》，

当代世界出版社 2011 年版）

关于拉美国家现代化研究
若干问题的探讨

　　当前，我国的社会主义现代化建设在顺利完成了邓小平同志设计的第一和第二步战略目标之后，正在向更加宏伟的第三步战略目标推进。一方面，我们在 21 世纪的头 20 年正遇上一个改革发展的重要战略机遇期；另一方面，我们在这个发展阶段也面临着许多新的矛盾和困难。在这种情况下，继续努力去探索一条适合我国国情的现代化发展道路就显得更加重要。在这一探索过程中，加强对其他发展中国家现代化进程的研究，从中吸取有益的经验与教训，无疑是重要的一环。邓小平同志在党的十二大开幕词中指出："我们的现代化建设，必须从中国的实际出发。无论是革命还是建设，都要注意学习和借鉴外国经验。但是，照抄照搬别国经验、别国模式，从来不能得到成功。"[①] 注意学习、借鉴外国的经验，但不照抄、照搬别国的模式，这就是我们应当采取的科学态度。

_____

　　① 《邓小平文选》（一九七五———一九八二年），人民出版社 1983 年版，第 371 页。

拉丁美洲的大部分国家于 19 世纪初期就取得政治独立，并在 19 世纪中期以后陆续进入现代化的发展阶段，属于发展中国家中现代化的"先行者"。相关统计资料显示，拉美地区的一些主要国家在 20 世纪 70 年代中期前后就实现了人均 GDP 1000 美元，到 1999 年，整个拉美地区（5.08 亿人口）的人均 GDP 达到 3800 美元。从拉美自身前后来比较，其发展似乎是很可观的。但是，若与其他发展中国家作某种横向比较，却又是另一番情景。据有的学者研究，墨西哥和巴西分别于 1974、1975 年达到人均 GDP 1000 美元，与韩国、马来西亚（均在 1977 年）达到人均 GDP 1000 美元大体同步。但 20 年之后，墨西哥、巴西的人均 GDP 水平已远远落后于韩国和马来西亚。阿根廷是拉美率先达到人均 GDP 1000 美元的国家，经过 20 年之后，按等值美元计算，实际人均 GDP 反而下降了。[①] 因此，从一定意义上说，拉美国家既是现代化的"先行者"，又是现代化的"落伍者"。近年来，在国际范围内流行着诸如"拉美化"、"拉美病"、"拉美陷阱"等说法，其中心意思是说拉美国家的现代化（或发展）进程遭遇了挫折，落入了某种陷阱。本文的目的并不是直接参与有关"拉美化"的讨论，而是根据我们对拉美国家现代化进程的初步研究，就其中的一些重要现象或问题提出自己的看法。这或许对于我们加深对拉美国家现代化进程的整体了解不无裨益。

一 关于拉美国家现代化的起始时间

拉美国家的现代化究竟起始于何时，国内外学术界大体有三

---

① 参见郭克莎《人均 GDP 1000 美元后的长期发展进程——东亚和拉美国家的经验及其启示》，《新华文摘》2005 年第 9 期。

种不同的看法。一是起始于 20 世纪 30 年代；二是起始于第一次世界大战；三是起始于 19 世纪 70 年代。第一种观点以联合国拉美经济委员会（即拉美结构学派）为代表，主要是强调，20 世纪 30 年代工业化才作为部分拉美国家的一种"国家意识"或国家发展战略提上议事日程。当时出现这种变化的主要原因是，在国内方面，部分国家前期的经济发展为启动工业化奠定了必要的物质技术基础，创造了一定规模的国内市场需求，并引起了初步的社会转型，其中特别是新兴工业资产阶级和产业工人队伍的出现；在国际方面，30 年代的世界资本主义大萧条沉重打击了拉美国家推行了数十年的初级产品出口发展模式，靠出口初级产品换取国外制成品的办法难以为继，第二次世界大战的爆发更加深了外来制成品供应与国际运输的困难。上述内外环境促使一些拉美国家开始由本国生产某些制成品来取代进口商品，从而"自发地"开始了"进口替代工业化"道路的探索，并在 30—40 年代取得了初步的成功。应当说，拉美结构学派从当时内外环境的巨大变化，特别是把部分国家新当权的工业资产阶级开始将工业化提升为国家发展战略作为现代化启动的标志，是有其科学依据的。因此，这派观点战后几十年间影响很大，我国拉美研究界也都采用这种说法。

认为拉美国家现代化起始于第一次世界大战的既有一些西方国家学者，也包括拉美的依附论学派。这派观点缺乏充分的历史依据，影响也比较小。某些激进的依附论者认为，两次世界大战期间，西方帝国主义放松了对拉丁美洲的统治，使拉美国家获得了自主发展的机遇。这种观点显然受所谓与西方发达国家"脱钩"的思想影响，并不符合实际。就拉美国家与西方国家的关系而言，第一次世界大战所带来的主要变化是美国开始取代英国成为拉美的主要资金与商品供应国。

　　拉美国家的现代化起始于 1870 年的观点以 20 世纪 80 年代出版的多卷本《剑桥拉丁美洲史》为代表。这部权威性著作的作者们所依据的基本事实是，在 1930 年以前，部分拉美国家的现代制造业已经获得了很大的发展。"从生产和组织上富有革新精神的趋向来看，证明有些领域现代工业的起源可以追溯到 19 世纪 80 年代。最明显的是智利和巴西。本国制造业性质上的变化，在阿根廷和墨西哥也可以看到：在某些特殊部门正日益增多地参与当地本国制成品消费的供应。在第一次世界大战以前，秘鲁和哥伦比亚也扩大了制造业生产活动"。因此，"不能再把 1930 年说成是拉丁美洲现代制造业的起点了……拉丁美洲的现代制造业应从出口导向经济增长时期算起"①。统计资料显示，1928 年前后，拉丁美洲有 6 个国家现代制造业产值占 GDP 的比重超过 10%，其中乌拉圭达到 15.6%，阿根廷达到 19.5%，这两国的人均制造业产值分别为 93 和 112 美元。②此外，相关国家的经济普查数据也反映了 1930 年以前现代工业的发展规模。例如，1935 年，阿根廷已拥有工业企业 40613 家，平均每家企业用工 12.9 人，拥有动力 50.2 马力。③巴西 1920 年拥有工业企业 13336 家，工人总数 27.6 万人。④墨西哥 1906 年工业企业就超过 6000 家，智利 1926 年有大、中型工业企业 3000 家。

---

　　①　科林·M. 刘易斯：《1930 年以前的拉丁美洲工业》，载［英］莱斯利·贝瑟尔主编《剑桥拉丁美洲史》中文版第 4 卷，凃光楠等译，社会科学文献出版社 1991 年版，第 318—320 页。

　　②　参见［英］维克托·布尔默—托马斯《独立以来拉丁美洲的经济发展》，张凡等译，中国经济出版社 2000 年版，第 227 页。

　　③　参见 Ricardo M. Ortiz, *Historia económica de la Argentina*. Editorial Plus Ultra, 4ª edición, Buenos Aires, 1974, pp. 553 – 554 y p. 576.

　　④　参见 Caio prado Junior, *Historia económica del Brasil*. Editorial Futuro, Buenos Aires, 1960, pp. 296 – 298.

鉴于自 19 世纪 70 年代以来部分拉美国家现代制造业的快速发展,《剑桥拉丁美洲史》将拉美国家现代化的起点定在 1870 年是符合历史事实的。不过,我们并不赞成把 1870—1930 年这个阶段笼统地称为拉美国家的"工业化"过程,而是倾向于用"早期工业发展"或"早期工业化"阶段的提法。我们采用这个提法所要强调的问题主要是:(1) 1870—1930 年期间,拉美各国实行的是初级产品出口发展模式,即所谓"出口导向经济增长时期"。当时现代制造业的发展是农、矿业初级产品出口繁荣带来的一种结果,如初级产品加工工业和部分满足国内市场需求的制造业的发展。(2) 当时拉美国家当权的自由派地主阶级大都没有提出国家工业化的战略方针及其相关政策,甚至也缺乏利用大宗出口收入来建立现代工业的自觉意识。(3) 当时拉美各国所进行的"自由改革"都是服务于实施初级产品出口模式,即便某些改革措施客观上也有利于工业发展,那也只是一种间接的效用。(4) 尽管第一次世界大战爆发后,国际市场已经呈现出对初级产品出口不利的长期趋势,但没有任何一个拉美国家因此而提高工业发展的战略地位,依旧执行扩大初级产品生产和出口的方针,终于受到 1929 年大萧条的沉重打击。

二　发展模式转换的"钟摆现象"

拉美国家的现代化进程经历了三个发展阶段:初级产品出口发展模式(1870—1930 年)阶段;进口替代工业化发展模式(1930—1982 年)阶段;外向发展模式(1982 年以来)阶段。我们把这种"外向——内向——外向"的变化称为模式转换的"钟摆现象"。这种每隔 50—60 年才出现一次的模式转换显然既不取决于某个人或某些人的意愿,也没有什么规律可言。如果转换得比较成功，甚至也不会引起人们的关注。但问题在于，拉美国家这种钟摆式的发展模式转换每一次都造成生产力的巨大破坏。1870 年开始实施的初级产品出口发展模式在前期取得了很大的成就，到第一次世界大战爆发后，这一模式已明显地与国际环境的变化不相适应。但是，当时在拉美国家当权的大农牧业主集团恰恰就是这种发展模式的主要受益者，他们不但没有及时地对这种发展模式进行调整，反而继续扩大初级产品的生产和出口能力。"这样，1929 年大萧条前夕，拉丁美洲各国继续遵循一种发展模式。这种发展模式使它们在世界初级产品市场的不利条件下极易受到伤害"①。这种伤害表现为 1929—1933 年拉美发展史上经历的第一次严重的经济危机。英国经济史家罗斯玛丽 索普认为，第一次世界大战后，拉美国家在调整发展模式方面出现了一次"大延误"。基本原因就在于社会的主要利益集团受自身利益的驱使，在国际环境已经变得不利的情况下，还继续把原来的发展模式推向某种极端，最终只能在一场严重危机的冲击下被迫转换发展模式，实行 180 度的急转弯。

同样，拉美国家实行的进口替代工业化发展模式在 20 世纪 30—40 年代是比较顺利的。到 50 年代初，一些率先实行这种发展模式而国内市场又相对狭小的国家，如阿根廷、智利和乌拉圭，就开始出现工业发展停滞不前的局面。即便是巴西和墨西哥这两个拉美地区的大国，到 1973 年国际石油危机发生后，其内向工业化模式也陷入困境。与此相反，亚洲"四小龙"在战后初期也是实行进口替代模式，但它们早在 60 年代就转入外向发

---

① ［英］维克托·布尔默—托马斯：《拉丁美洲经济（1929—1939 年）》，载［英］莱斯利·贝瑟尔主编《剑桥拉丁美洲史》中文版第 6 卷（上），高晋元等译，当代世界出版社 2000 年版，第 73 页。

展模式，并取得了明显的成就。拉美国家却在 1973 年之后又走上"负债增长"之路，继续在进口替代模式下挣扎，直到 1982 年以债务危机为表现形式的严重结构性发展危机的爆发，延续了 50 年之久的进口替代工业化模式才走向终结，又一次被迫地实行 180 度的急转弯，并造成工业生产能力的巨大破坏。拉美发展模式转换的第二次"大延误"有多种原因，其中很重要的一点就是在这种发展模式下受益的社会集团要保护其既得利益，再次将一种发展模式推向了某种极端，导致了一场空前严重的危机。

三　工业化进程的大反复

从 1982 年债务危机爆发、进口替代工业化模式终结以来的 20 多年，拉美国家的工业化进程经历了一次大反复。其主要表现是：（1）在经济持续衰退中制造业首当其冲。1980—1990 年，拉美地区经济年均增长率仅为 1.1%，其中制造业年均增长率为 0.1%，是衰退最严重的部门；1991—2003 年，拉美地区经济年均增长率为 2.6%，制造业继续在低水平上徘徊，工业部门失去了作为拉动整个国民经济增长的主导部门的地位。（2）工业化程度倒退。拉美地区制造业产值占 GDP 的比重由 1980 年的 24.1% 降至 2000 年的 18.9%。（3）工业部门创造就业的能力严重下降。90 年代期间，拉美新增就业岗位的 60% 靠非正规经济部门提供。（4）制造业结构的变化。在经济改革过程中，拉美国家按照发挥比较优势、参与国际市场竞争的方针，对制造业结构进行了大幅调整。墨西哥、中美洲及部分加勒比国家采取重点发展客户工业的"生产专门化"模式；南美洲国家采取重点发展资源加工产业的模式。这个结构调整过程使原来的一些制造业部门被大大削弱或被拆除。有的学者认为："巴西是唯一保留了大量工业生产结构的国家，而其他所有国家都被拖入了一种'去工业化'（des-industrialización）境地。巴西也是唯一保留了重工业的国家，从而可以生产和吸收先进技术，在其他所有国家重工业都被拆除了。"[①] 此外，拉美国家绝大部分被保留下来的工业企业已经私有化了。

为什么会出现上述这些变化？80 年代初债务危机发生后，西方债权国和债权银行逼迫拉美国家按期偿还债务。为了克服对外支付危机，拉美国家不得不集中有限的资源发展初级产品的生产和出口，牺牲制造业，以争取外贸盈余。90 年代，随着新自由主义主导的经济改革全面铺开，先是拉美各国快速地拆除关税与非关税保护，开放市场，使长期在高保护下成长起来的大批工业企业在"雪崩式"的外来商品竞争中纷纷破产。然后，各国又按照"发挥比较优势"的原则调整产业结构，从而形成以客户工业或资源加工业为主的专门化模式，这在很大程度上意味着向进口替代工业化以前的初级产品出口模式回归。

不论是以客户工业为主还是以资源加工产业为主的"生产专门化"，从理论上说似乎都有道理，因为这两者都被认为是发挥自身优势，积极参与国际市场竞争，符合经济全球化的大趋势。但这两种专门化模式在实际运作中都出现了问题。墨西哥地理上与美国相邻，又有北美自由贸易协定的制度安排，因而成为发展客户工业的典型，并从中获得了不少益处。当前面临的问题是，第一，墨西哥出口对美国市场的依存度过高（接近90%），墨西哥经济摆脱不了美国经济荣衰变动的影响；第二，客户工业的发展集中于墨西哥北部的部分地区，这个产业发挥不了拉动和

① Aníbal Quijano, *El laberinto de América Latina：Hay otra salida?* en Tareas，N° 116，Panamá，enero – abril 2004，p. 63.

整合国民经济的作用，近年来，墨西哥南、北两大地区发展的差距明显加剧。智利是发展资源加工业的典型。90年代，由于农、林、渔、矿产品出口繁荣，智利经济年均增长率达到 6.6%，在拉美地区可谓"一枝独秀"。但智利这种专门化模式的问题也已开始显现。第一，农、林、渔、矿业产品的生产和加工与其他产业之间缺乏联动效应；第二，这个产业主要被一些私人大企业控制，这些企业仅以占20%的就业比重提供全国95%的出口产值；第三，由于国内生产和供应能力有限，出口收入增长带来的需求增长中有很大一部分又转变为进口需求。综上所述，拉美国家目前所采取的生产专门化模式能不能推动国民经济较快地、可持续地增长，还很值得关注。

四　农业现代化的路径选择

拉美国家的传统农业是在殖民地时期形成的、以大地产为基础的商品农业和以印第安人为主的生存农业并存的二元农业经济。大庄园制、种植园奴隶制、分成制、印第安人村社制等各种前资本主义生产关系在农业中占主导地位。在现代化进程的第一阶段（1870—1930年），拉美国家为适应处于工业化高潮期的欧洲国家对食品和原料的巨大需求，普遍实施初级产品出口发展模式。各国当权的地产主阶级纷纷实行"自由改革"，如建立土地交易市场；大规模兴建铁路等基础设施；引进外国资本；建立海关、邮电、银行等。在土地问题上，拉美各国采取了没收天主教会地产，印第安人社区土地私有化，取消印第安人保留地，废除永久租佃制和长子继承权，拍卖公共土地，实行土地勘界等多种措施，使国内权势阶层和外国公司获取了大量土地资源，从而进一步强化了大地产制度。大批丧失土地的印第安人和其他下层劳动者被各国政府以多种形式强制进入劳动市场。因此，尽管这个阶段初级产品出口繁荣有力地带动了拉美国家早期的工业化与现代化，但与此同时，传统的地产主阶级实力进一步壮大，农村社会阶级矛盾不断尖锐化。在1910年爆发的墨西哥资产阶级民主革命中，农民为获得土地而举行大规模的武装反抗就成为社会冲突的一个焦点。

当拉美进入现代化的第二个阶段后，一方面，新兴资产阶级自身的力量相对弱小，不能不在政治上对传统的地产主阶级采取某种妥协态度；另一方面，进口替代工业化的发展模式离不开农业部门的支持。在农业现代化路径的选择上，拉美国家早就存在两种不同的主张，并在50年代初期出现两种观点之间的公开辩论。"第一种主张认为，分配问题是中心问题，农村问题如果不通过改革将资源大量地从一些集团转移给另一些集团，是不可能解决的。改革就必然要损害一部分人的利益，因而也面临政治上的困难。第二种主张力图尽量不损害任何人的利益，走一条技术变革的道路，并认为技术变革的好处将会逐渐地扩散开来"①。就实现农业的现代化而言，本来社会变革与技术变革两者是不可或缺的。在拉美地区的这场辩论中，二者竟然成了两种根本对立的选择，并且最终是主张通过技术变革实现农业现代化的观点占了上风。因此，在拉美地区，自1915年墨西哥颁布第一部土改法以来，土地改革虽然断断续续进行了数十年，但实际成效非常有限。除古巴进行了彻底的土地改革以外，墨西哥、智利、秘鲁和尼加拉瓜征收的土地只占农业用地的50%左右；哥伦比亚、巴拿马、萨尔瓦多和多米尼加征收的土地只占全部用地的六分之一至四分之一；厄瓜多尔、哥斯达黎加等国征收的土地就更少；

---

① CEPAL, *Las transformaciones rurales en América Latina: Desarrollo social o marginación?* Santiago de Chile, 1979. p. 57.

委内瑞拉土地改革所涉及的土地不仅面积有限，而且其中大部分是有待开垦的荒地。根本就没有实行过土改的拉美国家也不在少数。在进行过局部土改的国家，或因政府的后续支持不够，或因农户经营管理不善，实际效果往往不太理想。在某些国家，右翼政府上台后宣布原来的土改无效，将已征收的土地又归还原主。正如英国学者罗斯玛丽·索普所说："尽管（土地改革）这个课题在60年代的政治问题中具有突出地位，但土地改革在现代化和增长方面所起的作用是微小的和间接的。令人啼笑皆非的是，拉丁美洲的许多土地改革没有像预期的那样把土地重新分给农民后导致大庄园制度的消灭，相反，它导致了大庄园的现代化并改造成资本主义的农场。"[1]

拉美农业现代化所选择的"技术变革"道路，主要就是在保持大地产制度的前提下，通过农业机械化、化学化、绿色革命等来改变传统农业的经营形式，通过所谓"资本主义局部渗入"方式来改变农业部门的生产关系。由于土地资源丰富，不断地扩大农业边疆也是推动农业发展的重要途径，拉美地区已耕地面积由1950年的5000多万公顷扩大到1980年的12000万公顷。在这种农业现代化模式下，中小农户因土地资源被高度垄断而失去发展空间；大批农村劳动力被快速地从现代农业部门排挤出来；传统的农业二元经济演变为现代大型农业经营单位与个体小农并存，并在二者之间形成出口农业与内需粮食生产的产业分工；由于现代农业经营单位普遍规模过大，生产效率没有得到相应提高，拉美出口农产品的国际竞争力并不强，而依赖小农生产内需粮食的局面造成粮食供应能力提高缓慢，其结果是，农业部门由

---

① Rosemary Thorp, *Progreso, pobreza y exclusión: Una historia económica de América Latina en el siglo XX*, BID y Unión Europea, Wachington, D. C. , 1998, p. 167.

过去能提供大量外贸盈余转为外贸逆差，从而丧失了为进口替代工业化提供外汇支持的能力。

五 城市化进程与工业化进程不协调

拉美地区的城市化率 1920 年为 22%，1950 年为 41.6%，1980 年为 65.5%，1999 年为 75%。根据世界银行的统计，1999 年，拉美城市化率与工业化率的比率为 2.50，在世界各个地区中是最高的。拉美城市化的另一个特点是，许多国家 50% 或更多的人口集中于一个城市。例如，1980 年，海地、玻利维亚、尼加拉瓜、多米尼加、巴拿马、智利、乌拉圭、阿根廷等国首都的人口占总人口的比率均在 44%—66% 之间。拉美城市化的加速期出现在 1930—1980 年，大体与这个地区工业化的高潮期同步。不过，拉美城市化过程的加速除了城市地区工业化的"拉力"外，农村地区的"推力"和人口爆炸的"压力"也是不可忽视的因素。如前所述，拉美国家农业现代化的特殊模式加速地将大批农村劳动力从农业部门排挤出来，一方面使农业生产潜力得不到充分利用，另一方面造成由农村向城市自发的移民潮。拉美各国政府不但对城市提供就业的能力缺乏科学的预计，而且把这种自发的移民潮视为缓解农村地区社会矛盾的一种有效渠道，因此，对这种劳动力的无序转移没有采取调节措施。1950—1980 年，拉美总人口增加 1 倍，劳动力总量由 5468 万增加到 1.18 亿，增加 1.16 倍，同期，城市人口增加 4 倍。墨西哥城人口由 1950 年的 300 万增加到 1980 年的 1500 万，同期，圣保罗人口由 250 万增加到 1350 万，里约热内卢由 290 万增加到 1070 万，利马由 110 万增加到 470 万。

大批农村劳动力自发地流向城市以后，城市却解决不了他们的就业问题。加上各国政府规定的"创业门坎"过高,更加剧了就业难题。早在 60 年代,拉美城市就业就出现所谓"第三产业化"和"非正规化"的现象,即大量无法就业的劳动力只能从事各类自谋生计的传统服务业。根据拉美 14 个国家的统计,1950 年靠"非正规部门"生存的劳动力占劳动力总数的 13.6%,1980 年这一比例增加到 20%,即由 700 多万人增加到 2300 多万人。城市的社会贫困现象迅速增加。1980 年,拉美城市中生活在贫困线以下的人口为 6290 万,比农村贫困人口 (7300 万) 少 1000 万左右,到 1990 年,城市贫困人口 (1.354 亿) 是农村贫困人口 (7390 万) 的 1.8 倍。早在 70 年代初,拉美城市的贫民窟现象就非常引人注目,其中几个重要城市住在贫民窟的居民所占比例如下:利马 40%;加拉加斯 42%;墨西哥城 46%;布宜诺斯艾利斯 50%;圣菲波哥大 60%。[①]

六 社会变迁与社会分化

拉美国家的传统社会是在殖民地时期形成的,其社会结构是一种等级森严的金字塔结构。处于金字塔顶端的是来自伊比利亚半岛 (西班牙和葡萄牙) 的"半岛人",他们作为殖民统治者虽然人数不多,但集政治、经济、宗教、军事权力于一身。其次是土生白人,即出生于拉美殖民地的白种人,其人数在拉美独立战争前夕已占当地白种人的 98% 以上,经济上很富有,但政治与社会地位远不及"半岛人"。再往下是以梅斯蒂索人为主的各种混血种人。金字塔的底层是印第安人和黑人奴隶及其后代。拉美

---

① 参见 Gonzalo Martner (coordinador), *América Latina hacia el* 2000, *opciones y estrategias*, Editorial Nueva Sociedad, Caracas, 1986, p. 40.

国家独立后，土生白人地产主取代"半岛人"成为社会的统治者，并将以土地资源为主的社会财富进一步集中到他们手里，其他社会阶层的地位并未发生变化，包括奴隶制被废除之后黑人奴隶的社会经济地位也没有得到明显的改善。

拉美国家从 19 世纪 70 年代以来历时 130 多年的现代化进程自然伴随着一个社会变迁的过程。在现代化的第一阶段（1870—1930 年），拉美国家经历了初级产品出口的大繁荣和早期工业化、城市化的发展。这个阶段社会分层化尽管比较缓慢，但在拉美各国都不同程度地发生了。到 1930 年前后，"在最大的城市里高度集中了土地或商业精英、牧师、自由职业者、外国侨民，以及为他们服务并建筑了大城市基础设施的各阶级——各种各样的家庭仆人和劳工"[①]。上层社会除了土地精英和商业精英外，还有现代工业资产阶级。在劳工阶级中，普通劳工、街头小贩、家庭仆人等占大多数，但诸如纺织、食品加工等行业的工业无产阶级已经出现。当时的城市中产阶级是一个复杂的群体，既有小工商企业主，居住在城市的中等农场主，以及律师、医生、教员等自由职业者，也包括某些商业机构的职员和政府部门的专业人员。可以说，到 1930 年为止的这些变化还只是社会分层化的初级阶段。

1930—1980 年是拉美工业化的高潮期。这个阶段拉美工业化的特点不仅表现为部分国家工业部门的扩展（如钢铁、化工等基础工业的兴起和家用电器、汽车等耐用消费品生产的发展）、技术水平的提高和企业规模的扩大，也表现为原来相对落

---

① 奥·德奥利韦拉、布·罗伯茨：《拉丁美洲的城市扩展和城市社会结构（1930—1990）》，载［英］莱斯利·贝瑟尔主编《剑桥拉丁美洲史》中文版第 6 卷（上），高晋元等译，当代世界出版社 2000 年版，第 265 页。

后的国家（如中美洲国家）逐渐被卷入工业化的潮流中来。新的工业化浪潮加速了以大、中城市为中心的城市化进程，带动了许多相关产业的发展，增加了城市的就业机会，并伴随着农村向城市的大规模移民和城乡人口分布的重大变化。在这个过程中，农村的就业分层趋向于简单化，农场主和农业工人逐渐成为主体，小农往往兼有独立劳动者和临时工的双重身份。城市就业分层则趋向于多样化。城市发生的变化主要有以下几点。（1）大、中型企业作为提供就业的主体地位逐步确立。例如，在 1960—1980 年期间，受雇于大、中型企业的工人占就业工人的比例，墨西哥由 51.9% 增加到 60.4%，智利由 52.7% 增加到 63.2%。（2）国家提供就业的作用日益突出，这与当时国家主导型的经济体制分不开。阿根廷（1980 年）公共就业占城市正规就业的 33.8%，巴西（1982 年）占 29.3%，哥伦比亚（1982 年）占 21.2%，秘鲁（1981 年）占 49.1%。（3）服务业迅速发展。这种情况一方面是工业化带动了金融、商贸、行政等现代服务业的发展，另一方面是社会对诸如小商业和个体服务等传统服务业以及文教卫生、社区服务等的需求增加，其中许多流入城市的劳动力找不到工作是一个重要因素。因此，在城市中产阶级中，原来的小企业主、独立手工业者等的重要性明显下降，受雇于公共部门和工商企业的经理、专业技术人员、独立从业的律师、医生等成为中产阶级的主体。

值得注意的是，从 20 世纪 80 年代以来的 20 多年中，由于债务危机引起的经济衰退和经济改革的冲击，拉美国家普遍出现了中产阶级缩小的现象，即各国都有比例大小不一的一部分中产阶级收入水平和生活水平明显下降，滑落到社会下层。

拉美国家的社会贫富分化问题早就引起国际社会的关注。20 世纪 80 年代以前，拉美地区经济处于持续增长状态。1950—1980

年，地区国内生产总值增加了 3 倍，人均国内生产总值增加了 1
倍多，但是，"从社会角度来观察这个发展进程就发现一个普遍的
特点（尽管国家之间存在某些差别）：资产占有高度集中，收入分
配有利于社会的中、上层"[1]。70 年代国际上出现的"有增长而没
有发展"的观点就是针对拉美国家讲的。根据联合国拉美经济委
员会的统计，在 70 年代初，拉美实现人均 GDP 1000 美元的国家
还极少，当时阿根廷等拉美 10 个主要国家的基尼系数已分别在
0.44—0.66 之间，其中 20% 最低收入家庭占总收入的比重，最低
的只有 1.6%，最高的也只有 4.4%；而 10% 最高收入家庭所占比
重，最高的达 58.7%，最低的也占 35.2%。因此，拉美地区被称
为"世界上收入分配最不公平的地区"。当时，拉美地区生活在贫
困线以下的家庭约占家庭总数的 40%。从那时以来的 30 多年间，
大多数拉美国家经历了由人均 GDP 1000 美元（70 年代中期）到
3000 美元的过渡，但社会的贫富分化状况却未见缩小，2003 年拉
美地区生活在贫困线以下的人口达到 2.266 亿，占总人口的
44.4%。[2] 拉美国家经过 130 多年的现代化进程之后出现这样一种
社会局面，是值得引起人们的警觉的。

七　政治现代化的曲折经历

政治体制的变革与发展是现代化进程的重要组成部分。拉美
国家的经历似乎表明，在现代化进程中，政治体制的变革与发展
所面临的核心问题是如何处理政治稳定化与民主化之间的关系，

---

①　CEPAL, *América Latina en el umbral de los años 80*, Santiago de Chile, 1979,
p. 90.

②　参见 CEPAL, *Panorama social de América Latina*, 2002 – 2003, p. 7.

这或许与拉美国家的现代化属于外源现代化直接相关。拉美国家在 19 世纪初期刚刚独立建国时，一些受过西方教育的政治精英确实想通过政治西化的道路，如引进西方的代议制民主制度，以法国和美国宪法为蓝本制定本国的宪法，等等，以期建立起强大的民主共和国。但是，这种移植过来的民主制度却在拉美遭遇到"水土不服"的尴尬，不但没有带来"大治"，反而引起"大乱"，各国都陷入长达数十年的政治动乱之中。19 世纪中期以后，拉美国家陆续涌现出一批独裁政权，既有像阿根廷、智利等国由传统的土地贵族和出口商联合建立的寡头政权，也有像墨西哥的波菲里奥·迪亚斯那样的考迪罗个人独裁政权。这些政权对内起着维护稳定与秩序的作用，对外充当外国投资者利益的保护人，从而为实施初级产品出口发展模式创造了基本条件，迎来了 1870—1930 年拉美的第一次现代化浪潮。可见，在建国后头 100 年左右（19 世纪初到 20 世纪初）的历史中，拉美国家的政治体制经历了它的第一个发展周期，一个由"乱"到"治"、由"民主"到"独裁"的周期。

拉美国家经历的第二个政治周期大致以 1910 年墨西哥革命爆发为起点至 70 年代末期结束，总共 60 年左右，与拉美第二次现代化浪潮（1930—1982 年）大体同步。墨西哥革命是一场资产阶级民主革命，反映出墨西哥经过第一阶段的现代化发展，阶级结构发生了重要变化，城市资产阶级和产业工人的力量明显壮大，并发动了争取民主的斗争，推翻了统治墨西哥长达 34 年的波菲里奥·迪亚斯独裁政权，建立了拉美第一个资产阶级民众主义政权。在其他拉美国家虽然没有发生类似墨西哥的革命，但资本主义大萧条的冲击在一些国家引发了政治危机，导致了政权的更迭。在这个背景下，30—40 年代，在拉美涌现出以墨西哥的卡德纳斯政权、巴西的瓦加斯政权和阿根廷的庇隆政权为代表的资产阶级民众主义政权。这些政权的基本特点可以概括为民众主义、民族主义、工业主义和国家干预主义。所谓民众主义（populismo）是学术界对这类政权的民众动员方式和政权组织方式的一种概括。这类政权往往都是在卡利斯玛（carismático）式的领袖人物（如瓦加斯、卡德纳斯、庇隆等）领导下，举起争取民主与社会正义的旗帜，把城市的中产阶级和广大工农民众广泛地动员起来，并通过工会、农会和其他行业组织（即所谓"职团主义"，corporativismo）形式，将这些阶层吸纳到政党和政权结构中来。这些政权无一例外地高举民族主义的旗帜，强调国家的独立、主权和自主发展。例如，庇隆主义就以"政治主权"、"经济独立"、"社会正义"作为三大旗帜。墨西哥于 1917 年制定了第一部革命民族主义的宪法；卡德纳斯政府于 1938 年将 17 家英、美资本控制的石油公司收归国有。这些政权都把实现工业化提升为国家战略。"在 30、40 和 50 年代，工业化在拉丁美洲超越了部门的范畴，并在某种程度上成为一项发展战略的重心。更有甚者，工业化成为许多社会运动的旗帜。虽然各国的具体情况有所不同，这些社会运动（如阿吉雷·塞尔达，卡德纳斯，德拉托雷，庇隆，瓦加斯）都反映了民众的现代化向往"[①]。这些政权也无一例外地强化了国家对国民经济的干预作用。实际上，民众主义政权的出现反映出拉美国家实力相对弱小的资产阶级需要借助民众的力量来强化其政权的社会基础，以便能够主导本国工业化与现代化进程。

基于拉美国家社会经济发展的不平衡性，民众主义政治制度只出现在一部分国家，其他国家在进入 30 年代以后基本上形成

---

① Fernando Fanjnzylber, *La industrialización trunca de América Latina*, Editorial Nueva Imagen, México-Caracas-Buenos Aires, 1983, p. 149.

一种民选的文人政权与军人独裁政权轮番交替的局面，其中尼加拉瓜、海地、巴拉圭等国更出现由某个家族或个人长达数十年的专制独裁统治。从50年代末期起，随着古巴革命的胜利，拉美地区出现一股强烈的革命与变革潮流，对各国右翼保守势力形成巨大的冲击。作为对这股变革潮流的防范和反击，60年代初，厄瓜多尔（1963年）、巴西（1964年）、玻利维亚（1964年）等国相继发生军人政变，从此，军事政变之风几乎席卷整个拉美大陆。到1976年阿根廷军队推翻第三届庇隆政府为止，拉美依然由民选的文人政府当权的国家已经寥寥无几。这一批新出现的军人政府在政治上无一例外都是独裁专制的，如解散议会，取缔政党，禁止罢工，等等，有些国家的军政府在镇压左翼力量方面的残酷程度更是前所未有的。但是，这批军政府有一个不同以往的特点，即普遍强调发展经济。它们在通过强力统治实现国内稳定的同时，启用部分文人专家治理经济，强调积累，限制收入分配，主动利用外资，发展外贸。巴西在军政府时期出现了1968—1973年的"经济奇迹"。智利、阿根廷和乌拉圭的军政府于70年代启动了由新自由主义主导的经济改革。20世纪初期民众主义在拉美的出现似乎为政治民主化开辟了新的道路，然而，民众主义影响的范围相对有限，持续的时间也不长，到60年代又被军事独裁统治在谋求稳定的名义下所取代。

拉美国家第三个政治周期始于70年代末期出现的"政治民主化"浪潮。这次民主化浪潮固然受到葡萄牙、西班牙等国恢复民主和美国卡特政府推行人权外交等外部因素的影响，但主要的原因还在于拉美国家内部。其一，拉美国家的军政权对左翼力量的残酷镇压不仅在国内引起了强烈的社会反抗，而且在国际上造成了严重侵犯人权的恶劣形象。其二，1973年国际石油危机发生后，拉美国家的经济形势急转直下，各国政府采取大量举借外债的办法虽然暂时维持了较高的经济增长率，但一场严重的债务危机正在日益迫近。军队交出政权，返回兵营，成为挽救军队自身和避免一场政治与经济双重危机的出路。从 1978 年巴拿马的托里霍斯将军主动将部分权力交还给文人政府开始，各国军政府通过多种形式向民选的文人政府交权的过程延续了 10 多年。到 1990 年智利军政府交权为止，拉丁美洲已经成了"一片民主的大陆"，民主化进程进入了巩固与完善的阶段。不过，广大民众对民主政治的热切期望很快就被失望所取代。先是 80 年代的债务危机引起严重的经济衰退，失业大量增加，社会贫困化程度空前加剧。进入 90 年代以后，由新自由主义主导的市场化改革给社会带来了更大的冲击，宏观经济剧烈波动，银行与金融危机频繁发生，大批企业倒闭或被私有化，失业率创历史新高，社会贫困化程度有增无减。随着民众不满和反抗的增加，许多国家的政局日益动荡。自 1997 年以来，拉美已有 4 个国家的 7 位总统在民众抗议浪潮中被迫下台；阿根廷在 2001 年底爆发经济危机时，两周内更换了 5 位临时总统。联合国开发计划署 2004 年的一份报告指出：根据对 18 个拉美国家的调查，有 56.3% 的民众认为，经济发展比民主更重要；有 54.7% 的民众认为，如果一个专制政府能够解决经济问题，他们将支持专制政府。[①] 可以说，在拉丁美洲，"民主"与"市场"之间形成了尖锐的矛盾。

八 本土现代化理论的局限

我们将拉美国家学术界创造的现代化理论称之为"本土现

---

① UNDP, *Ideas y Aportes*: *La Democracia en América Latina*: *Hacia una democracia de ciudadanos y ciudadanas*, Nueva York, abeil de 2004.

代化理论"，以区别于西方国家的"主流现代化理论"。首先应当充分肯定，分别于 20 世纪 50 年代和 60 年代在拉美地区产生的拉美结构主义和依附论，是从发展中国家的立场出发去探索现代化道路的两种理论成果，反映出拉美国家的学术界（其中也包括一些非拉美的学者）积极的理论创新精神。关于这两种理论的主要观点及其对拉美国家现代化发展所产生的积极影响，我国学术界已经作过比较广泛的介绍和研究。这里，我们想着重分析一下这两种理论的局限性。

第一，关于拉美结构主义的局限性。拉美结构主义又称拉美经委会思想（el pensamiento cepalino），因为它是以劳尔·普雷维什为代表的拉美学者在联合国拉美经济委员会创立的。这派理论从落后国家的生产结构出发来分析不发达状态。最基本的观点是：世界经济体系是由"中心"和"外围"两部分构成的，二者之间在生产结构上存在巨大差异。外围生产结构的两大特点是"异质性"（heterogeneidad，即高生产率的初级产品出口部门与低生产率的生存农业并存）和"专门化"（especialización，即专门为中心提供初级产品，生产部门缺乏横向多样化与纵向整合）。与此相对应，中心的生产结构具有"均质性"（homogeneidad）和"多样化"（diversificación）的特点。拉美结构主义的其他许多观点都是由上述基本观点派生产出来的，例如，工业化是外围国家改变落后的生产结构的途径；外围初级产品与中心工业品的交换过程中存在贸易比价恶化的长期趋势，等等。拉美结构主义在 50—60 年代一度成为拉美地区的主流经济思想。从实践过程来观察，我们认为，拉美结构主义表现出以下几方面的局限性。

（1）将"进口替代工业化"论证为外围国家工业化的唯一模式。在拉美结构主义关于外围国家工业化的论述中，工业化进程从来都是与"内向发展"相提并论的，意思是说，外围国家的工业化只能有进口替代一种模式，从来没有设想过第二、第三种可能的模式，如出口导向工业化模式，或保护与开放相结合（有选择的保护）的模式等。毫无疑问，进口替代是符合发展中国家现代工业从无到有、逐步扩展和升级的一般规律的。但是，拉美国家结构主义似乎混淆了进口替代的不同表现形式。例如，一种形式是把进口替代作为工业化的整体模式长期推行，工业产品长期面向国内市场，同时长期实行全方位的保护政策。另一种形式是在工业化初期实行全方位的保护，到了一定阶段就对某些工业部门降低或取消保护，促使其参与国际市场竞争。拉美走的就是前一条道路，结果是工业部门形成一种"小而全"的产业结构，产品严重缺乏国际竞争力，工业化进程日益受到国内市场规模和初级产品部门出口创汇能力的制约。尽管 60 年代中期以后，巴西、墨西哥等国在促进工业品出口方面也取得一定成效，但始终未能摆脱进口替代模式。对此，普雷维什也承认，人们在实践中终于开始去探索"把出口的选择与替代的选择结合起来"。不过，普雷维什始终没有承认在这个问题上的理论偏差，他把拉美国家进口替代模式"50 年一贯制"的现象归咎于"通常在连续实行替代政策方面存在巨大的惯性"，只是笼统地承认"外围对于把所有力量集中在替代进口上、而对制成品出口没有给予足够重视负有重任"[1]。

（2）单纯强调生产力发展，忽视社会变革。拉美结构主义从问世直到 70 年代，始终是从单纯的生产力发展角度来论述发展问题的。结构主义学派认为，发展中国家生产结构的落后表现

---

[1]　［阿根廷］劳尔·普雷维什：《外围资本主义：危机与改造》中文版，苏振兴、袁兴昌译，商务印书馆 1990 年版，第 177 页。

为高生产率部门与低生产率部门并存，而生产率水平的差异是由技术的不均衡扩散造成的。因此，发展中国家应该推进工业化，通过引进中心国家的先进技术，加速现代工业与现代农业的发展，使生产结构由"异质"状态向"均质"状态演变。罗德里格斯批评说："拉美经济委员会的理论阐述（主要指关于外围工业化进程中产品与服务的生产结构改造方式）中，既没有考虑、也没有分析处于工业化进程和与之伴随的结构改造的基础地位的社会关系。"① 直到 70 年代中后期，面对拉美"有增长而无发展"和社会冲突激化的局面，普雷维什才惊奇地发现："从社会观点来看发展已偏离方向，体系的大部分有生力量没有被用来谋取集体的福利。""这里呈现出的矛盾是非常严重的：一极是繁荣以至富足，另一极则是持续的贫困。这是一个排斥性的体系。"② 这时，普雷维什才提出了"体制变革论"，强调"剩余的社会化"。遗憾的是，这时智利等国的新自由主义"试验"已经开始，拉美结构主义已在很大程度上被边缘化，普雷维什的"体制变革论"没有产生什么实际影响。当然，拉美国家忽视社会变革的主要原因是社会的传统势力过于强大，但作为战后年代一度处于主流经济思想地位的拉美结构主义也负有一定的责任。

（3）对"中心"与"外围"关系的分析存在某些偏颇。普雷维什有一个比较有影响的观点，即中心国家的资本主义具有"向心性"。他用这个观点来论述外围国家的工业化进程时，提出了两个论点。其一，他认为，中心国家是不愿意让外围国家发展工业的。中心国家"倾向于把工业化集中在自己的疆域之内，

---

① Octavio Rodríguez, *La teoría del subdesarrollo de la CEPAL*, 5ª edición, Siglo Veintiuno editores, 1986, p. 273.

② ［阿根廷］劳尔·普雷维什：《外围资本主义：危机与改造》中文版，苏振兴、袁兴昌译，商务印书馆 1990 年版，第 9 页。

而不让它扩散到世界其他地区。"① 他还认定，在外围国家发展的早期，中心国家没有任何鼓励在外围国家进行工业投资的刺激，这显然是不符合事实的。其二，他认为，在外围国家进入工业化进程之后，中心国家就利用旧的国际分工模式来制止外围国家的工业化，主要是不给外围国家的工业品提供出口市场。这个论点同样值得商榷。例如，战后在同样面临西方国家贸易保护主义的环境下，一些亚洲国家和地区在出口工业品方面成绩卓著，拉美国家则相形见绌，问题在于拉美国家自身在调整工业化模式上出现历史性"延误"。在处理"开放"与"自主"的关系上，拉美结构主义似乎也一直纠缠不清。他们一方面强调需要中心国家的资金来弥补外围国家的资本积累不足；另一方面，又强调跨国公司对收入的榨取加剧了这种不足，有损于外围国家发展的自主性，强调对外开放使得中心国家的统治集团与外围国家的统治集团"勾结在一起"。

　　第二，关于依附论的局限性。依附论既对拉美结构主义持批评态度，又承袭了拉美结构主义的一些基本概念和观点，并将其进一步推向激进化。例如，依附论在沿用中心—外围概念分析国际经济关系的同时，把这个概念加以引申，用来分析外围国家内部的阶级关系；把拉美结构主义的"中心霸权"论发展为"新帝国主义"论；由拉美结构主义主张通过进口替代工业化实现发展，到提出外围国家在依附状态下只能有"不发达的发展"；由拉美结构主义的"外围改造"论推进到必须通过革命走向社会主义，并与中心国家"脱钩"，等等。不过，依附论学派包含着激进派与温和派等不同的派别。我们在这里引述的主要是激进

---

　　① ［阿根廷］劳尔·普雷维什：《外围资本主义：危机与改造》中文版，苏振兴、袁兴昌译，商务印书馆1990年版，第170页。

派的观点。

（1）用静止的、绝对化的观点看待"依附"现象。依附论最基本的论点是发展中国家对发达国家（或外围国家对中心国家）的依附。多斯桑托斯认为："依附是这样一种状况，即一些国家的经济受制于它所依附的另一国经济的发展和扩张。""依附状态导致依附国处于落后和受统治国剥削这样一种局面。"①毫无疑问，依附论的学者们在揭露新老殖民主义剥削，揭露不公正、不合理的国际政治和经济秩序方面，是有其积极贡献的。但是，对于发展中国家究竟应当如何去摆脱依附现象，他们并没有探索出一条切实可行的道路。他们反复强调，不摆脱依附状态就不能实现发展。或者说，在依附状态下的发展只能是"不发达的发展"。何谓"摆脱依附状态"呢？依附论者的答案似乎只有两个：要么是通过革命建立社会主义制度，要么是与西方国家"脱钩"。显然，这两种答案都是脱离实际的。其一，世界上如此众多的发展中国家不可能都选择社会主义道路，即便是社会主义国家也不可能关起门来发展。其二，发展中国家在为改变不合理的国际政治、经济秩序进行斗争的同时，不可能对西方国家的资金、技术、市场、管理经验等都拒绝加以利用。其三，发展中国家对西方发达国家的依附现象是历史上形成的，只能在发展的过程中逐步加以克服。

（2）把中心—外围概念拿来分析外围国家内部的阶级关系，得出外围国家的"民族资本主义"不可能获得发展的错误结论。拉美结构主义就提出过中心国家的统治集团与外围国家的统治集团"相互勾结"的观点。这种现象无疑是存在的。依附论者把

---

① ［巴西］特奥托尼奥 多斯桑托斯：《帝国主义与依附》，杨衍永等译，社会科学文献出版社 1992 年版，第 310 页。

这个论点进一步加以扩展，认为中心国家对外围国家的统治之所以能够实现，不仅是因为存在着中心—外围的经济结构，还因为外围国家的"统治精英"与中心国家统治集团利益的一致性，外围国家"统治精英"承担了在外围国家实现中心国家利益的使命。或者说，外围国家当权的阶级充当了中心国家在外围国家的"桥头堡"或"买办精英"，甚至连外围国家的中产阶级也是西方文化和西方生活方式的追求者。因此，依附论者认为，所谓"资产阶级民族主义的"、"民族资本主义的"、或者"国家资本主义的"方案，都是不能成功的。

（3）忽视发展中国家的内部变革。发展中国家在发展过程中出现部门之间、城乡之间、地区之间的发展失衡，出现社会各阶层之间利益多元化和分配失调，是一种不可避免的现象。为了防止这类现象演变成发展的障碍，甚至造成社会的严重分化与动荡，发展过程必须与相关的制度、体制、思想观念等的不断变革与更新相伴随，与不断的政策调整相伴随。这种变革与调整的要求无疑是对各国政府驾驭发展全局的能力的重大考验。依附论学派在片面强调发展的外部障碍方面似乎比拉美结构主义学派走得更远。他们不是把上述问题视为发展过程中必然会产生的现象，是前进中必然要遇到的问题，而是笼统地把这类问题都称之为依附性发展的必然结果。因此，他们很少去研究如何有效地克服发展过程中的内部障碍，而是把这些问题的出现归咎于发展的不成功或失败。

结束语

目前，国内学术界对拉美国家现代化进程的整体研究还不够深入。笔者在本文中对一些相关问题的论述也只是一种初步的探讨，希望有更多的学者参与研究和讨论。作为本文的结束语，我想就两个问题谈一点看法。第一，关于在现代化研究中如何运用指标体系的问题。运用某种指标体系对一个国家的现代化进展加以衡量是一种被广泛采用的方法。不过，我们在研究拉美国家现代化进程时发现，如果过分依赖于指标体系去判断问题，很可能会使研究工作陷入某种误区。例如，整个拉美地区 1999 年的经济（GDP）结构为：农业占 8%，工业占32%，服务业占 60%。其中部分国家服务业占 GDP 的比重比地区平均值更高。如果据此就判断多数拉美国家已经实现了工业化，进入了以服务业扩张为主的发展阶段，那显然是不符合实际的。又如，拉美地区人均 GDP 已超过 3800 美元，其中阿根廷已超过 7000 美元，但是，这个平均数掩盖了巨大的社会不平等；拉美的城市化率已接近于发达国家，但快速的城市化带来的严重后果更不容忽视，如此等等。第二，关于现代化道路的探索问题。我们认为，西方国家的现代化理论总结了不少关于现代化进程的一般规律，这些规律对于我们认识和理解现代化进程是有益的。但是，西方国家的现代化是在不同的文化、历史、国情等背景下进行的，从这些进程中总结出来的经验，即便是客观、严谨的，也不可能为当代的广大发展中国家提供一条现成的现代化道路。因此，包括中国在内的后发国家认真去探索一条适合自身的现代化道路就具有决定性的意义。如前所述，拉美国家的理论界曾经进行了艰苦的探索，并形成了两种理论体系，但这两种理论体系都存在着明显的局限性与不成熟性。这种情况或许正是拉美国家现代化进程如此曲折艰难的深层原因之一。20 世纪 70 年代中期以来，西方新自由主义对拉美国家发展进程所造成的巨大冲击则从另一个侧面说明，照搬照抄外来模式是不能成功的。当前，部分拉美国家已经提出要探索一种新的发展模式，反映出拉美国家对新自由主义模式的否定。拉美国家的历史经验证明，当代发展中国家的现代化必须坚持"走自己的道路"；对这条道路的探索也不可能一蹴而就，而应当在实践中不断深化，应当贯穿于现代化的全过程。

主要参考文献

1. ［英］莱斯利·贝瑟尔主编：《剑桥拉丁美洲史》中文版第 4 卷，涂光楠等译，社会科学文献出版社 1991 年版。

2. ［英］莱斯利·贝瑟尔主编：《剑桥拉丁美洲史》中文版第 6 卷（上），高晋元等译，当代世界出版社 2000 年版。

3. ［阿根廷］劳尔·普雷维什：《外围资本主义：危机与改造》中文版，苏振兴、袁兴昌译，商务印书馆 1990 年版。

4. CEPAL, *25 años en la agricultura de América Latina：Rasgos principales, 1950 – 1975*, Santiago de Chile, 1978.

5. CEPAL, *América Latina en el umbral de los años 80*, Santiago de Chile, 1979.

6. Fernando Fajnzylber, *La industrialización trunca de América Latina*, Editorial Nueva Imagen, México-Caracas-Buenos Aires, 1983.

7. Octavio Rodríguez , *La teoría del subdesarrollo de la CEPAL*, 5ª edición, Siglo veintiuno editores, México, 1986.

8. Rosemary Thorp, *Progreso, pobreza y exclusión：Una historia económica de América Latina en el siglo XX*, BID y Unión Europea, Washington D. C. , 1998.

9. ［巴西］特奥托尼奥 多斯桑托斯：《帝国主义与依附》，杨衍永等译，社会科学文献出版社 1992 年版。

10. 苏振兴主编：《拉丁美洲的经济发展》，经济管理出版社 2000 年版。

（原载《中国社会科学院学术咨询委员会集刊》第 2 辑，社会科学文献出版社 2006 年版）

未竟的工业化

——对拉美国家工业化进程的考察

按照学术界广泛接受的解释，现代化是指人类社会从工业革命以来所经历的一场急剧变革。这一变革以工业化为推动力，导致传统的农业社会向现代工业社会的大转变过程。因此，可以说，工业化是现代化的核心；高度发达的现代工业社会是现代化的主要标志。研究一个国家的现代化进展首先必须着重考察其工业化的进展。

拉美国家的工业化肇始于19世纪70年代。据世界银行统计，1999年，拉美和加勒比地区三大产业部门的产值结构为：农业8%，工业30%（其中制造业21%），服务业62%。拉美服务业占GDP的比重已超过世界范围内上中等收入国家60%的平均水平，其中阿根廷的服务业占GDP的67%，比日本（62%）还高出5个百分点。[①] 这些统计数据是否说明拉美国家已经是高度工业化的社会，或者说，这些国家已经实现了工业化？答案是否定

[①] 参见世界银行《2001年世界发展指标》（中文版），中国财政经济出版社2002年版。

的。拉美国家之间经济与社会发展的水平存在着很大的差异，即便是其中发展程度最高的国家离实现工业化的目标也还相当遥远。拉美国家的工业化进程尽管起步较早，但经历了诸多的曲折、停滞和反复。这些经历对于其他发展中国家具有重要的启示意义。

一 拉美国家的早期工业发展

1870—1930 年是拉美国家的早期工业发展（或"早期工业化"）阶段。拉美大多数国家于 19 世纪初期实现民族独立之后，曾普遍陷入长期的动乱。19 世纪中期以后，国内相对稳定的政治局面初步形成，正处于工业化高潮期的西欧、北美对食品和工业原料形成了巨大的市场需求，这两大因素为拉美国家经济的快速发展提供了重要的历史机遇。拉美国家当权的地产主阶级通过

表 1　　拉美国家 1928 年左右制造业净产值（按 1970 年美元计）

国　　家	年份	总产值(百万美元)	人均产值(美元)	占 GDP%
阿根廷	1928	1279	112	19.5
巴西	1928	660	20	12.5
智利	1929	180	65	12.6
哥伦比亚	1928	65	9	5.7
哥斯达黎加	1928	10	20	9.0
洪都拉斯	1928	10	11	4.9
墨西哥	1928	469	29	11.8
尼加拉瓜	1928	7	1	5.0
秘鲁	1933	107	18	7.7
乌拉圭	1930	160	93	15.6
委内瑞拉	1928	64	21	10.7

资料来源：［英］维克托·布尔默—托马斯：《独立以来拉丁美洲的经济发展》，张凡等译，中国经济出版社 2000 年版，第 227 页。

自由改革①建立起初级产品出口发展模式，大力开发丰富的农、矿业资源并向外输出，迎来了长达数十年的初级产品出口繁荣期。现代制造业就是在初级产品出口繁荣的带动下出现的。一方面，初级产品出口繁荣促成了资源加工产业的兴起；另一方面，出口收入的迅速增长拉动了需求，推动了以满足内需为主的制造业的发展。

上述统计资料说明，1928 年前后，阿根廷等 6 国的制造业产值已占国内生产总值的 10%—20% 左右，哥斯达黎加等 5 国已占 5%—9% 左右。当时的制造业主要包括两大类，一类是初级产品加工业，如矿产资源开采和提炼、肉类加工、制糖等，另一类是满足国内市场需求的制造业，如食品、饮料、纺织、制鞋、金属制品、建筑材料等。20 世纪初期，阿根廷等少数国家在钢铁、化工、造纸、机器制造、汽车装配等方面也有了初步发展。因此，科林·M. 刘易斯认为："从生产和组织上富有革新精神的趋向来看，证明有些领域现代工业的起源可以追溯到 19 世纪 80 年代。最明显的是智利和巴西。本国制造业性质上的变化，在阿根廷和墨西哥也可以看到：在某些特殊部门正日益增多地参与当地本国制成品消费的供应。在第一次世界大战以前，秘鲁和哥伦比亚也扩大了制造业生产活动。"因此，"不能再把 1930 年说成是拉丁美洲现代制造业的起点了……拉丁美洲的现代制造业应从出口导向经济增长时期算起"②。

---

① "自由改革"是拉美国家 19 世纪中期以后推行的多项改革措施的总称，包括土地兼并，教会改革，吸引外国资本和移民，兴修铁路，加强国家经济管理职能，建立劳工市场，等等。

② 科林·M. 刘易斯：《1930 年以前的拉丁美洲工业》，载 [英] 莱斯利·贝瑟尔主编《剑桥拉丁美洲史》中文版第 4 卷，社会科学文献出版社 1991 年版，第 318—320 页。

　　笔者认为，对于拉美国家 1930 年以前现代制造业的发展应当给予足够的重视。对部分拉美国家而言，正是这种早期现代制造业的发展为 30 年代进口替代工业化模式的启动奠定了必要的物质技术基础，同时也促成了工业资产阶级和产业工人队伍的出现，推动了社会的初步转型。以当时现代制造业发展最快的阿根廷为例，1935 年的工业普查数据表明，全国有工业企业 40613 家，工业资本 43.13 亿比索，工人总数 52.6 万人，每家企业平均拥有动力 50.2 马力，工业产值 35 亿比索。[①] 巴西 1920 年有工业企业 13336 家，工人 27.56 万人；墨西哥 1906 年工业企业已超过 6000 家；智利 1926 年有大、中型工业企业 3000 家。

　　但是，如果把这个阶段拉美现代制造业的发展笼统地称为"工业化"，很可能过高地估计了拉美国家的工业化意识，从而对当时的发展过程作出并不符合历史实际的判断。我们倾向于把这个阶段拉美现代制造业的发展称为"早期工业化"或"早期工业发展"，即它只是拉美工业化的前期或准备阶段。第一，这个阶段现代制造业的发展只是初级产品出口发展模式的副产物。第二，当时拉美国家当权的地产主阶级是传统势力的主要代表，他们在初级产品出口发展模式下获得了权利与利益的巨大扩张，使拉美国家土地占有的集中程度远远超过了殖民地时期。第三，在当时，拉美国家的政府真正具有某种自觉的工业化意识的只是凤毛麟角。对多数国家而言，工业化并没有成为国家发展的战略目标，更谈不上系统的工业化政策。因此，科林·M. 刘易斯进一步指出："如果从工业增长来考虑这次讨论的大部分内容，能否说 1930 年前是工业化的发展过程呢？对智利来说，如果没有

---

　　① 参见 Ricardo M. Ortiz, *Historia económica de la Argentina*, Editorial Plus Ultra, 4a edición, Buenos Aires, 1974, pp. 575 – 576.

争论的话，可以满怀信心地认为，由于 19 世纪后期提出了注重实效的促进工业计划，并在 20 世纪 20 和 30 年代通过自觉的需求管理，的确出现了工业化。对巴西的情况更为慎重。巴西的现代工业进程可以从 19 世纪 80 年代算起……虽然没有几个作者把这些进展说成是工业化，然而大多数人还是认为，所说的工业深化和多种经营阶段是通向工业化的重要时期。在别的国家，就其现代化情况来说，使用'工业化'这个词就不太合适。"①

拉美国家领导层的上述历史局限性在第一次世界大战后表现得更为明显。随着第一次世界大战的爆发，国际环境发生了一系列重大变化，国际市场初级产品的供求形势变得于拉美国家不利。但是，拉美国家的领导层没有及时对这些变化作出回应，继续把初级产品出口发展模式推向某种极端。"在大萧条前夕，连拉美那些最大的经济体也高度依赖出口，出口占其国民产值的比例很高。公共部门对外贸税的依赖也很高，如智利在 20 年代公共收入 50% 以上来自外贸税。出口几乎全部局限于基本产品，并且在大多数国家，出口收入的 2/3 左右来自 2—3 种产品"②。与此同时，拉美国家的工业生产在经历第一次世界大战期间较强劲的增长之后，战后年代又普遍下降。例如，智利工业生产在 1913—1918 年实际年增长率达 9%，而 1918—1929 年降为 2%。英国经济学家罗斯玛丽·索普指出："在这个时期，即便是拉美那些最大的经济体也缺乏系统的促进工业的政策，这种情况与拉美地区的发展水平是相吻合的。道理很简单，还不具备出现这类

①　科林·M. 刘易斯：《1930 年以前的拉丁美洲工业》，载［英］莱斯利·贝瑟尔主编《剑桥拉丁美洲史》中文版第 4 卷，社会科学文献出版社 1991 年版，第 319 页。

②　Rosemary Thorp, *Progreso, pobreza y exclusion : Una historia económica de América Latina en el siglo XX*, BID y Unión Europea, 1998, p. 118.

政策的条件。"① 可以说，拉美国家在第一次世界大战期间及战后初期错过了一次调整发展模式的历史机遇，并在1929年资本主义大萧条的冲击下陷入一场空前严重的危机。

二　进口替代工业化模式的确立

1929年资本主义大萧条的发生是促使拉美国家转换发展模式的关键性因素。大萧条对拉美的冲击主要表现为：（1）出口商品价格下跌。1928—1933年，拉美大部分出口商品价格下降幅度都超过50%。（2）出口需求萎缩。美、英两国分别于1930和1931年采取保护主义措施；英联邦于1932年实行"帝国优惠制"；法国、德国和日本也对各自势力范围以外的地区实行贸易歧视政策。（3）外部贷款中断，利率不断上升，各国都面临偿还债务的巨大压力。（4）国际上有限的生产投资主要流向了美国。这些因素集中表现为拉美1929—1933年严重的经济危机。拉美国家对这场危机作出了两种不同的反应。其一，在现代制造业基础很差的国家，随着货币经济的萎缩，生产要素回复到前资本主义部门，即自给自足的农业以及手工业部门。其二，现代制造业基础较好的国家则扩大内需制成品生产，全部或部分地替代以前从国外进口的商品。这后一种反应就属于进口替代工业化。其原理很简单，当进口在国内生产总值中的比重下降时，这一进程就增加了供应国内市场的工业产值在国内生产总值中的比重。表2反映了阿根廷等5国在1929—1947年进口系数（进口占国内生产总值的百分比）和工业化系数（工业产值占国内生产总

---

① Rosemary Thorp, *Progreso, pobreza y exclusion：Una historia económica de América Latina en el siglo XX*, BID y Unión Europea, 1998, p. 117.

值的百分比）的变化，说明了这个阶段进口替代工业化的进展，其中阿根廷和智利的工业化程度都提高了将近 10 个百分点。

表 2　　　　部分拉美国家进口系数和工业化系数的演变　　　　（％）

	年份	阿根廷	墨西哥	巴西	智利	哥伦比亚
进口系数	1929	17.8	14.2	11.3	31.2	18.0
	1937	13.0	8.5	6.9	13.8	12.9
	1947	11.7	10.6	8.7	12.6	13.8
工业化系数	1929	22.8	14.2	11.7	7.9	6.2
	1937	25.6	16.7	13.1	11.3	7.5
	1947	31.1	19.8	17.3	17.3	11.5

　　资料来源　［巴西］塞尔索·富尔塔多：《拉丁美洲经济的发展：从西班牙征服到古巴革命》，徐世澄等译，上海译文出版社 1981 年版，第 95—96 页。

　　拉美国家进口替代工业化模式的出现伴随着一个重要的政治变化，即一批"发展型"的强政府登上政治舞台，其中比较典型的是巴西的瓦加斯政府（1930—1945、1950—1954 年），墨西哥的卡德纳斯政府（1934—1940 年）和阿根廷的庇隆政府（1945—1955 年）。这些政府的出现从根本上反映了国家权力由传统的地产主（农牧业寡头）向新兴资产阶级的过渡。富尔塔多在评论"瓦加斯革命"时指出："1930 年的革命，人民暴动的因素多于军事叛乱因素。在东北部和最南部外围集团的压力下，咖啡寡头被逐出了政权。由于城市中产阶级在其中影响较小，因而在寡头被驱逐后不能像激进公民联盟统治下的阿根廷那样形成正式的民主政权，而是产生了一个开明的专制制度。"[1] 从这些政府的政权组织形式和纲领、政策来看，它们似乎有以下几个共同特点。

————————

　　① ［巴西］塞尔索·富尔塔多：《拉丁美洲经济的发展：从西班牙征服到古巴革命》，徐世澄等译，上海译文出版社 1981 年版，第 101 页。

第一，民众主义。在拉丁美洲，民众主义（populismo）从来就是一个非常含混的概念。根据我们的理解，当人们把这些政府称之为民众主义政权时，所强调的是这些政权所采用的"民众动员"的"政治行为方式"。这些政权通常都是在卡利斯玛（carismático）式的领袖人物领导下把基层民众广泛地动员起来。在社会经济领域，它们举起"社会正义"的旗帜，颁布进步性的劳工法规，建立社会保障体系，实行土地改革（卡德纳斯政府），等等。在政治领域，广泛地建立工会、农会等民众组织，并通过所谓"职团主义"（corporativismo）将这些民众组织纳入执政党和政权体系。这种"政治行为方式"的理论依据是所谓"民众意志"（voluntad del pueblo），政权的"合法性来源于民众意志"，即所谓"人民主权论"。可以说，在拉丁美洲，民众主义作为一种政治现象反映了实力相对弱小的资产阶级希望借助于民众的力量来加强自身在国家工业化、现代化进程中的主导地位。

第二，民族主义。20 世纪 30—40 年代是拉美民族主义思潮兴起的年代。这既是独立 100 多年来人们的民族国家认同感不断增强的结果，也是自第一次世界大战以来连续的外部冲击暴露了拉美国家经济的依赖性与脆弱性，激发起人们要求自主发展的强烈愿望。巴西经济学家小普拉多在论述巴西 30 年代的发展道路时指出：巴西经济必须"在新的基础上重建，使之不再是国际贸易与国际市场一个单纯的供应商，而要变成一种真正的国民经济，即一个有组织的生产与资源配置体系，以满足其居民的需要"。但是，"巴西的政治演变大大阻碍了经济演变。……1930年突如其来的危机终于推动了大规模的经济改革"[1]。这段话客

---

① Caio Prado Junior, *Historia económica del Brasil*, Editorial Futuro, Buenos Aires, 1960, pp. 336 – 337.

观上反映了包括巴西在内的拉美主要国家当时普遍具有建立完整的国民经济体系的强烈愿望。因此，30—40 年代在拉美出现的这批"发展型"政府都不约而同地举起了民族主义这面具有巨大号召力的旗帜，突出强调国家对国土资源无可争辩的所有权和开发权，提出了"政治主权"、"经济独立"的口号，积极探索自主的工业化道路，等等。

第三，工业主义。这些"发展型"政府无一例外地都把工业化作为国家发展的战略方针，表现出与传统的农牧业寡头集团完全不同的发展观。它们纷纷制定国家工业发展规划，采取各种推动工业发展的政策措施，要求农业服务于工业，要求乡村从属于城市。正如智利学者法齐贝尔所说："在 30、40 和 50 年代，拉丁美洲工业化的潮流超越了部门的范畴，在某种程度上成为一种发展战略方案的重心。更有甚者，工业化成为多种社会运动的旗帜，虽然各国具体情况有所差异，这些社会运动（如阿吉雷塞尔达，卡德纳斯，德拉托雷，庇隆，瓦加斯等）反映了民众的现代化向往。"[1]

第四，国家干预主义。强化国家对经济的干预职能是这批"发展型"政府的共同特点，如由国家制定中、长期发展规划，建立相应的国家经济贸易管理机构，国家作为投资主体的出现并建立一批国有的骨干工业企业，政府进行需求管理，实行高保护政策，等等。由国家主导整个国民经济和实施高保护政策被认为是进口替代工业化模式的两大支柱。

进口替代工业化模式在拉美的出现，首先得益于 30 年代资本主义大萧条引发的危机与部分拉美国家启动自主工业化

① Fernando Fajnzylber, *La industrialización trunca de América Latina*, Editorial Nueva Imagen, México-Caracas-Buenos Aires, 1983, p. 149.

的条件基本具备这两个因素的结合。第二次世界大战爆发后外部制成品供应的困难进一步增加了这种模式的推动力。50年代初期，拉美结构主义学派对前期进口替代工业化实践所进行的理论概括更加扩大了这种发展模式在整个拉美地区的影响力。

三　对拉美进口替代工业化进程的评估

1. 拉美国家工业化的进展

拉美的进口替代工业化模式从 20 世纪 30 年代开始形成，一直延续到 1982 年结束，跨越半个世纪。不能由此引起一种误解，认为进口替代工业化是拉美各国唯一的工业化模式。事实上，拉美国家的发展是不平衡的，其工业化模式也具有多样性。根据罗斯玛丽 索普所作的分类，拉美国家的工业化模式大体有 4 种。第一种是典型的进口替代模式，如阿根廷、巴西、墨西哥、智利、哥伦比亚和乌拉圭等国。第二种是继续以初级产品出口为主导，同时采取进口替代的工业发展政策，如委内瑞拉、厄瓜多尔、秘鲁、玻利维亚、巴拉圭和中美洲国家。这类国家通常是具有某种资源优势，但前期工业基础较差。第三种是中央计划经济，只有古巴 1 国。第四种是所谓"请进型"外向工业化，即发挥本地劳动力成本低廉的优势，发展来料加工工业，主要是加勒比岛国。实际上，第二类国家也可纳入进口替代工业化的范畴。

1950—1980 年是拉美工业化的高潮期，拉美地区经济保持了 30 年的持续增长。根据拉美经济委员会对 19 个拉美主要国家的统计，在 1950—1977 年期间，19 国的工业化率由 29.4% 提高到 36.7%，提高了 7.3 个百分点；其中制造业产值占 GDP 的比

重由 18.8% 提高到 25.2%，提高了 6.4 个百分点。① 在上述 19
国中，就工业化的发展趋势而言大体可以分为三类，一类是工业
化程度提高的幅度比较大，其中多数是原来起点比较低的国家，
如部分中美洲国家、秘鲁、厄瓜多尔、多米尼加、海地等；第二
类是工业化程度有所提高，但幅度不很大，主要是前期工业化程
度已经相当高的国家；第三类是工业化程度下降的国家，如玻利
维亚、洪都拉斯、巴拿马和委内瑞拉，其原因不尽相同，玻利
亚和洪都拉斯可能主要是国内的政治与政策因素，巴拿马经济着
重于以运河为中心的服务业发展，委内瑞拉则过分偏重于石
油业。

　　从制造业的产业结构来考察，拉美国家的工业化依然处在较
低的层次上。拉美通常将制造业分为三个组成部分：非耐用消费
品（包括食品、饮料、烟草、纺织、服装、家具、印刷与出版、
皮革及其制品等），中间产品（包括纸与纸制品、橡胶制品、化
学品、石油与煤炭副产品、非金属矿产品、基础金属工业等），
资本货与耐用消费品（如金属产品、电机、非电机、运输器材
等）。根据 1971 年的统计资料，拉美国家的制造业结构为：非耐
用消费品占 50.8%（19 国平均数，下同），中间产品占 30%，
资本货与耐用消费品占 19.2%。这个地区平均数掩盖了国家间
的差别，例如，非耐用消费品在制造业中占的比重，只有阿根
廷、巴西两国占 30% 左右，其余各国都在 48%—80% 左右，玻
利维亚高达 89.3%；中间产品生产的发展相对比较平衡，多数
国家这个行业占的比重都接近或略微超过地区平均数（30%），
但玻利维亚、巴拉圭和中美洲国家这个行业只占制造业的 7%—

---

① 参见 CEPAL, *América Latina en el umbral de los años 80*, Santiago de Chile,
1979, pp. 15 – 16.

18%；资本货和耐用消费品生产的发展是最不平衡的，只有阿根廷和巴西这个行业占制造业的比重超过 30%，其余国家仅在 3.5%—14% 之间。① 这个统计资料说明，绝大多数拉美国家的工业还处在重点发展日用工业品和部分中间产品的阶段，高技术产业和装备制造业的发展还相当落后，或者说，它们的工业化还是处在一种数量扩张的阶段。

2. 进口替代工业化进程的两大制约因素

拉美国家的经历表明，进口替代工业化受到国内市场规模和外贸失衡这两大因素的制约。在进口替代工业化模式下，工业生产的发展是以满足国内需求为目的。尽管实行这种发展模式的国家都对本国工业采取高保护政策，但是，第一，贸易壁垒并不能阻止外国资本进来投资建厂并占领国内市场；第二，国内市场规模终究有一定的限度。拉美国家因国内市场狭小导致工业化进程相对停滞的现象最早于 50 年代出现在阿根廷、智利和乌拉圭。这几个国家都是拉美现代制造业发展最早、国内市场相对狭小的国家。从 50 年代起，它们的工业就长期处于低速增长状态，1950—1978 年，上述 3 国的工业年均增长率分别为 4.1%、3.7% 和 2.7%，远远低于全地区 6.5% 的平均增长率。即便是拉美国内市场规模最大的国家，如巴西和墨西哥，到 1973 年，其工业化进程也已失去活力。所谓 1950—1980 年 "拉美工业化的高潮期" 是由下述两个因素促成的：1973 年以前，虽然部分国家工业化失去活力，但一批后起的国家进入工业化高潮，形成一种此伏彼起的浪潮；1973 年以后，拉美国家通过 "负债增长" 继续保持了较高的工业发展速度，但这种办法加深了拉美的结构性发展危机。值得注意的是，韩国和中国台湾地区在战

---

① 参见 CEPAL, *la industrialización latinoamericana en los años setenta*, Santiago de Chile, 1974, p. 19.

后初期也实行进口替代工业化模式，韩国进口替代阶段是1953—1960年，中国台湾地区是1950—1959年，分别只有8年和10年，然后就转入出口导向工业化阶段。进口替代工业化模式在拉美却延续了半个世纪。可以说，拉美国家的工业化走的是一条高投入、低产出、低效益的道路，结果，其发展水平在60—70年代被一些亚洲国家和地区所超越。

外贸失衡对进口替代工业化形成制约的主要原因就在于，工业产品以满足国内需求为目的，加上在高保护政策下产品也缺乏国际竞争力，而工业部门的发展每前进一步都会提出诸如机器设备、专利技术、原材料等越来越大的进口需求。满足这种需求的外汇来源主要靠出口初级产品，从而形成工业化进程对初级产品出口越来越大的依赖。相关统计资料表明，1955年，拉美工业部门的外贸赤字为48.19亿美元，到1975年，这一赤字增加到283.87亿美元；在1965年以前，上述赤字主要是由农业部门的外贸盈余来冲销的。然而，农业部门的外贸盈余在逐年减少，工业部门的外贸逆差在逐年上升，这两大部门的逆向运动终于在1973年达到一个转折点，前者的外贸盈余已不够抵消后者的外贸赤字，到1975年，这一差额已接近100亿美元。[①] 这个情况在很大程度上说明了拉美国家为什么在1973年之后纷纷在国际资本市场上大举借债，走上"负债增长"之路，并在80年代初陷入一场空前严重的债务危机。

四　拉美工业化进程的大反复

1982年拉美债务危机的爆发标志着延续了50多年的进口替

[①]　参见 Fernando Fajnzylber, *La industrialización trunca de América Latina*, Editorial Nueva Imagen, México-Caracas-Buenos Aires, 1983, p. 208.

代工业化进程走向终结，拉美的工业化进入了一个新的发展阶段。我们暂且把这个新阶段的工业化模式称之为"外向工业化"模式。这种新模式于70年代中期在智利进行前期"试验"，并随着80—90年代由新自由主义改革的扩展而被推广到整个拉美地区。在智利"试验"阶段，改革者提出了三条基本原则：（1）建立完全的自由市场经济；（2）发展的中心动力要由国内市场转向国际市场；（3）发挥自身的比较优势。这些原则实际上就是认为，国家干预和高保护政策是造成进口替代工业化模式下工业部门效益低下的根本原因；拉美国家必须发挥自身的资源与劳动力优势，重点发展那些能在国际市场上有销路的产品。智利经济学家法齐贝尔指出：在新自由主义的上述主张中，"工业部门的主导作用，以及作为社会进步和社会经济改造的催化剂的作用，都被取消了。工业部门不过是产业基础的一个组成部分而已。在产业基础中，'优先性'问题不复存在了，'产业结构的内部整合'、技术进步、'自主性'考虑也消失了"[1]。

1982年以来的20多年间，拉美国家工业部门的变化大体经历了两个阶段。80年代的变化可以称之为"制造业的大衰退"，具体表现为拉美19国1980—1990年制造业的年均增长率仅为0.1%[2]。这就是说，从整体上讲，拉美地区的制造业在80年代几乎没有增长，或者说，这场债务危机使拉美长期的工业化进程出现一次大断裂。根本原因就在于，拉美国家为了偿还债务（主要是利息），不得不将有限的投资能力集中于增加可供出口的初级产品生产和出口，并最大限度地压缩进口，以争取外贸盈

---

[1]　Fernando Fajnzylber, *La industrialización trunca de América Latina*, Editorial Nueva Imagen, México-Caracas-Buenos Aires, 1983, p. 243.

[2]　参见 CEPAL, *Anuario estadístico de América Latina y el Caribe*, 2001, Santiago de Chile, 2002, p. 91.

余。因此，制造业就成了重点牺牲的对象。

90 年代，拉美国家的制造业部门受到市场开放和产业结构调整的双重冲击。所谓"市场开放的冲击"是基于这样两个因素：一是拉美国家的工业是在长期高保护下发展起来的，国际竞争力严重不足；二是拉美国家在改革过程中都采取大幅度拆除关税与非关税保护、快速开放市场的办法。市场大开放引起外部工业品"雪崩式"地涌入，大批本地制造企业在这场突如其来的激烈竞争中纷纷倒闭。所谓"产业结构调整的冲击"指的是，按照新自由主义的指导原则，拉美国家发展的中心动力要由国内市场转向国际市场，积极参与国际竞争，因此，工业部门的产业结构调整必须发挥自身的比较优势，而拉美国家的比较优势就是自然资源与劳动力资源。于是，在经济改革过程中，在大批国有企业被私有化的同时，工业部门的产业结构也发生了重大变化，并在拉美地区逐步形成两种"生产专门化模式"：一种是墨西哥及部分中美洲和加勒比国家以客户工业为主的模式，另一种是南美洲国家以资源加工产业为主的模式。

拉美地区经过 80 年代制造业大衰退和 90 年代制造业大调整之后出现的一个突出现象就是工业化程度下降，或者称之为"工业化倒退"（desindustrialización）。相关统计资料显示，1980 年，拉美制造业产值占 GDP 的比重为 24.3%，2000 年降为 18.9%（见表3），降低了 5.4 个百分点。如果从国别情况来看，则存在着两种相反的趋势，一部分国家制造业产值占 GDP 的比重下降，另一部分国家这一比重继续有所提高，只不过提高的幅度都不大。前一类国家以南美洲国家为主，例如，阿根廷制造业产值占 GDP 的比重由 1980 年的 30.3% 降至 2000 年的 16.1%，同期，巴西由 27.2% 降至 19.8%，智利由 19.3% 降至 17.4%，哥伦比亚由 21.5% 降至 13.7%，秘鲁由 29.3% 降至 14.6%，乌拉圭由 28.6% 降至 17.9%。制造业产值占 GDP 的比重有所提高的国家包括墨西哥、哥斯达黎加、萨尔瓦多、洪都拉斯、多米尼加、厄瓜多尔等，可见这类国家大多数是以客户工业作为主导产业的国家。

表 3　　　拉美国家制造业产值占国内生产总值比重的变化　　　（％）

国　家	1980	1990	1995	1997	1998	1999	2000
	（1990 年美元价格）		（1995 年美元价格）				
阿根廷	30.3	26.8	17.2	17.6	17.3	16.5	16.1
玻利维亚	18.4	17.0	16.7	16.3	15.8	16.1	16.1
巴西	27.2	22.8	21.2	21.1	20.3	19.6	19.8
智利	19.3	18.5	19.3	18.5	17.6	17.5	17.4
哥伦比亚	21.5	19.9	14.6	13.7	13.7	12.8	13.7
哥斯达黎加	19.5	19.4	19.9	20.3	20.9	24.1	13.0
古巴			37.9	39.5	40.2	40.4	39.9
厄瓜多尔	20.0	15.6	23.1	23.7	23.8	23.0	23.2
萨尔瓦多	22.9	21.7	21.3	22.1	22.7	22.8	23.4
危地马拉	13.9	12.5	11.7	11.4	11.2	11.1	11.0
海地	18.2	15.8	7.6	7.2	7.5	7.4	7.4
洪都拉斯	15.4	16.3	17.3	17.8	17.8	18.5	18.5
墨西哥	18.6	19.0	19.1	20.6	21.1	21.2	21.2
尼加拉瓜	20.2	16.9	16.3	15.6	15.3	14.8	14.4
巴拿马	10.1	9.5	8.8	8.6	8.5	7.6	7.0
巴拉圭	18.8	17.3	15.6	14.8	15.0	15.0	15.3
秘鲁	29.3	27.3	15.1	14.8	14.3	14.1	14.6
多米尼加	13.9	13.5	18.3	17.5	17.2	17.0	17.2
乌拉圭	28.6	25.9	19.7	19.6	19.2	18.1	17.9
委内瑞拉	15.9	20.5	17.1	16.3	15.5	15.4	15.1
合　计	24.3	21.8	19.3	19.5	19.2	18.9	18.9

资料来源：CEPAL, *Anuario estadístico de América latina y el Caribe, 2001*, pp. 92 - 93.

这里有一个问题值得探讨，是否以客户工业为主的"专门化"模式比以资源加工产业为主的"专门化"模式具有优越性？拉美国家工业的产业结构模式是一个长期存在争论的问题。有一种意见认为，大多数拉美国家都属于中小国家，不必追求完整的工业体系，应当采用"北欧模式"，即重点发展某些产业，并把这些产业做强、做大，保持其动态竞争优势。然而，在长期的进口替代工业化模式下，拉美国家工业的产业结构都朝着"小而全"的方向发展，既形不成自身的优势，也缺乏国际竞争力。在经济改革过程中，人们强调要发挥比较优势，积极参与国际竞争，正是针对前期工业化的弱点提出来的，未尝没有道理。但是，这次改革似乎又走了某种极端，例如，像巴西和墨西哥这样超过1亿人口的大国，并且已经是"新兴工业国"的国家，是否也需要抛弃原有的产业结构模式来搞"生产专门化"呢？实际上，拉美的改革存在着"一刀切"的倾向。又如，从制造业的大衰退和产业结构的大变动来看，说明决策者对于改革与发展的关系、调整产业结构与保护原有生产能力的关系都处理得不够好。一些国家制造业产值占 GDP 比重的大幅下降在很大程度上都是生产能力遭到严重破坏的结果。

至于拉美地区在改革过程中初步形成的以客户工业为主或以资源加工业为主的两种"生产专门化"模式，现在要评论二者的优劣似乎为时过早。墨西哥及部分中美洲、加勒比国家地理上靠近美国市场，与美国之间有双边自由贸易协定形成的特殊贸易制度安排，它们采取重点发展客户工业的模式似乎也在情理之中。90 年代中期以来，这些国家对美国的出口也大幅增长。不过，对于像中美洲和加勒比地区的小国来说，这种模式或许从长远来看也是可行的选择，而对于墨西哥这样的大国来说，这种模式的局限性已经开始显露出来。其一，墨西哥的出口对美国市场的依存度过高（接近90％），因此，墨西哥经济就无法摆脱美国经济波动的影响。其二，客户工业不仅与国内其他经济部门的关联度很低，而且在地域分布上也只局限于墨西哥北部的部分地区，近些年来南部地区的发展明显地缺乏具有活力的产业部门的带动，南、北方发展的差距日益扩大。

智利被认为是以资源加工业为主的"专门化"模式成功的样板。整个90年代，在农、林、渔、矿业等资源加工产品出口繁荣的推动下，智利经济保持了6.6％的年均增长率，在拉美地区可谓"一枝独秀"。但是，这种模式的局限性也已开始显露。其一，资源加工产业与其他经济部门的关联度同样很低。其二，整个资源加工和出口产业被少数私人大型企业所控制，这些企业生产全国出口商品总值的95％，而提供的就业仅占全国就业总量的20％，说明这个部门增加就业的潜力也相对有限。其三，由于国内其他商品的生产和供应能力较差，出口收入增长所带动的内需增长主要是转化为进口增长，很少能带动国内的生产增长。因此，这种模式的长期可持续性问题也已引起关注。

结束语

回顾拉美国家100多年来的工业化进程，似乎是两种矛盾的现象同时存在。一方面，这些国家为找到一条合适的工业化道路在不断地进行探索，包括20世纪70年代中期以来在经济全球化背景下所进行的新的探索；另一方面，工业化进程本身的曲折和反复也不断出现。根据我们的观察和分析，造成上述现象的根本原因是战略决策上的失误，主要表现为发展模式由"外向"到"内向"，再由"内向"到"外向"的来回摆动。我们并不否认发展模式随着内外环境的变化而转换的必要性，拉美国家的问题在于，所采取的模式转换方式对发展进程的冲击太大。有两种相互关联的现象很值得注意。第一，在拉美地区出现过两次发展模式转换的历史性"延误"。19世纪70年代启动的初级产品出口模式在前期是成功的，到第一次世界大战前后这种模式的可持续性已经面临风险，但没有及时调整，直至大萧条发生而陷入危机。20世纪30年代启动的进口替代工业化模式在前期也是成功的，到50年代这种模式的危机开始显露，经过60年代部分亚洲国家和地区成功地由内向发展转为外向发展，以及1973年国际石油危机的冲击，拉美国家始终没有从进口替代模式中走出来，直至1982年陷入严重的结构性发展危机。拉美国家似乎总是把每种发展模式推向某种极端，直到陷入危机才被迫放弃。第二，在选择新的发展模式的同时全盘否定原来的模式。例如，在选择进口替代工业化模式后就出现了初级产品"出口悲观论"，严重忽视农业部门的发展，以致农业危机反过来又抑制工业的发展。在选择外向发展模式时全盘否定进口替代工业化模式，几乎所有的拉美国家都得向发挥资源比较优势的道路回归。当前，拉美国家的经济改革正处在十字路口，各国的决策者能否认真总结前期改革的经验教训，对发展模式进行适度的调整，以重振工业化，可能是促使拉美经济走上持续增长之路的关键因素之一。

主要参考文献

1. ［英］莱斯利·贝瑟尔主编：《剑桥拉丁美洲史》中文版第4卷，社会科学文献出版社1991年版。

2. ［英］莱斯利·贝瑟尔主编：《剑桥拉丁美洲史》中文版第6卷（上），当代世界出版社2000年版。

3. ［英］维克托·布尔默—托马斯：《独立以来拉丁美洲的经济发展》，张凡等译，中国经济出版社2000年版。

4. ［巴西］塞尔索 富尔塔多：《拉丁美洲经济的发展：从西班牙征服到古巴革命》，徐世澄等译，上海译文出版社 1981 年版。

5. Fernando Fajnzylber, *La industrialización trunca de América Latina*, Editorial Nueva Imagen, México-Caracas-Buenos Aires, 1983.

6. Oscar Muñuz Gomá, *Chile y su indutrialización*, CIEPLAN, Santiago de Chile, 1986.

7. CEPAL, *Industrialización en Centroamerica 1960 – 1980*, Santiago de Chile, 1983.

8. CEPAL, *América Latina en el umbral de los años 80*, Santiago de Chile, 1979.

9. Ricardo M. Ortiz, *Historia económica de la Argentina*, Editorial Plus Ultra, 4aedición, Buenos Aires, 1974.

10. Caio Prado Junior, *Historia económica del Brasil*, Editorial Futuro, Buenos Aires, 1960.

11. Carmen Cariola Sutter y Osvaldo Sunkel, *Un siglo de historia económica de Chile, 1830 – 1930*, Ediciones Cutura Hispánica, Madrid, 1982.

12. CEPAL, *Anuario estadístico de América Latina y el Caribe, 2001*, Santiago de Chile, 2002.

（原载《江汉大学学报》，2006 年第 1 期）

拉美国家探索现代化道路的若干启示

最近几年，我们本着"借鉴外国经验"的宗旨，对拉丁美洲国家 100 多年来的现代化进程作了研究。下面，我简要介绍一下在研究中得出的一些基本看法，希望能对我国的现代化道路探索过程有所启示。

一　发展模式的"断裂式"转换

拉丁美洲的部分国家于 19 世纪初期取得民族独立，并于1870 年前后开始步入现代化的发展进程。这个进程前后经历了三个发展阶段，即初级产品出口模式阶段（1870—1930 年）、进口替代工业化模式阶段（1930—1982 年）和外向发展模式阶段（1982 年以来）。这三种模式的交替可以概括为"外向——内向——外向"的"断裂式"转换，形成一种"钟摆现象"。在当时历史条件下，每种发展模式的选择都有其合理性。早期以农矿业初级产品出口为中心的模式带来了数十年的出口繁荣，推动了资源加工产业、日用品制造业的发展和工业资产阶级的出现；进口替代工业化在 20 世纪 30—40 年代也取得了明显成就。但是，这两种发展模式分别在拉美延续了 60 年和 50 年，造成的后果也相当严重。

英国学者罗斯玛丽指出，拉美国家在转换发展模式上出现了"历史性延误"。第一次世界大战前后，初级产品出口模式的危机已经显露，但没有适时调整，直至遭到资本主义大萧条的沉重打击才被迫转换。第二次世界大战后，这种"历史性延误"再度发生。20 世纪 50 年代，进口替代工业化模式在部分拉美国家已呈现出"活力衰竭"现象。亚洲"四小龙"在 60 年代由进口替代转向出口导向模式，短短 20 年内其发展水平就超过拉美国家。拉美国家却在原来的模式下继续徘徊，直到 1982 年债务危机爆发才被迫终止。可见，拉美国家总是把一种发展模式推到某种极端，最后不得不在危机中进行"断裂式"转换。这种转换方式往往具有新模式对旧模式全盘否定和政策大转向的特点，对生产力造成破坏。拉美国家的历史经验表明，任何一种发展模式或经济增长方式都不可能一成不变，当某种特定的经济增长方式不能持续时，必须适时调整、转换。拉美国家不能适时转换发展模式的原因很多，受既得利益集团的牵制是其中一个重要因素。

二　工业化进程的"大反复"

在长期进口替代模式下，拉美国家工业发展走的是非耐用消费品——耐用消费品——中间产品——资本货逐级替代的路径，具有投入高、效益低、国际竞争力差、依赖进口技术、产业结构"小而全"等特点，并逐步形成"结构性发展危机"。1982 年债务危机的发生实质上是一场结构性发展危机的大爆发，迫使拉美国家转入外向发展模式。在这个转变过程中，先是在国际债权人俱乐部的压力下，拉美国家将有限的资源集中于生产可出口的初级产品，以获取外贸盈余来偿还债务，制造业成为重点牺牲对象。1980—1990 年，拉美地区制造业年均增长率仅为 0.1%，工业化进程出现一次"大断裂"。在随后的结构改革中，一方面，由于市场开放过快，大批制造业企业破产倒闭（80 年代智利倒闭企业 8000 家，阿根廷倒闭企业 12000 家），工业化程度普遍倒退（拉美制造业产值 1980 年占 GDP 24.3%，2000 年降为18.9%）；另一方面，工业化的指导思想又向"资源比较优势"论回归。工业化进程的"大反复"严重影响了拉美国家产业竞争力和技术创新能力的提高。

三　农业现代化的路径选择不当

拉美国家人均农业资源拥有量比中国多得多，但是，早在欧洲殖民统治时期就形成了大地产制度，资源被少数人垄断。19世纪后半期的"自由改革"进一步强化了资源垄断程度。在农业现代化的路径选择上，拉美国家曾经出现过两种主张，一是主张通过社会变革实现农业资源的转移和分散；二是主张农业走机械化、化学化、绿色革命等的"技术变革"道路，反对社会变革。最终是后一种主张得势。背景就在于拉美国家传统势力过于强大。在战后年代里，拉美的"精英意识形态"依然是所谓"现代传统主义"，即拉美社会的精英阶层虽然也追求现代化，但实际上是片面追求经济增长与财富扩张，因为他们要求保持传统，反对在社会结构、价值观念和权力分配等领域进行变革。"现代传统主义"有助于我们理解在拉美国家现代化过程中出现的许多"反现代化"现象。拉美农业现代化的基本模式是在保持传统大地产制的前提下进行技术变革并向资本主义经营方式转变。在这种模式下，农业的规模经营和产业化程度比较高，但是，中小农户的发展空间被大大压缩，农村中"人无地种"的冲突不但没有缓解，而且大批农业劳动力被农业技术现代化过程加速排挤出来。

于是，大量农村劳动力自发地向城市迁移，并逐步集中到少数大、中城市，加剧了区域发展失衡。各国政府既把这种移民潮视为缓解农村社会冲突的"排气阀门"，又深信工业化与城市扩张能为这些移民提供就业机会，没有采取任何调节措施。因此，拉美的城市化进展很快，目前地区平均城市化率已超过75%。实际上，城市现代经济部门根本不可能满足农村移民的就业需求。城市就业普遍出现"第三产业化"与"非正规化"，公开与隐蔽失业现象迅速增加，"人口城市化"与"贫困城市化"几乎同步出现，贫民窟的规模越来越大，等等。拉美国家巨大的农业生产潜力并未得到充分利用，而快速的城市化却带来诸多难以解决的经济与社会问题。看来，发展中国家单靠工业化和城市化来解决农村富余劳动力的转移是不现实的。

四　贫富分化成为一种社会痼疾

拉美国家存在贫富分化现象并不新奇。值得关注的是，拉美地区贫困人口占总人口的比例从1970年前后到现在30多年一直保持在40%左右，其中1990年达到过48.3%。学术界对这种"刚性很强"的社会现象的解释各式各样。有些学者强调拉美国家的历史与制度因素，即拉美传统社会具有财富占有高度集中、社会等级森严、种族歧视严重等特点。为什么这些因素经过100多年的工业化与现代化依旧改变不了？这恐怕就要从现代化过程是否伴随必要的制度与体制变革的角度去思考。例如，拉美的印第安人有3500万，黑人就更多，仅巴西就有7000万。这两个群体是拉美贫困群体的重要组成部分。如何使他们享受平等的权利和给他们提供发展机会，迄今仍是相关拉美国家面临的重大课题。

美洲开发银行（1999 年）根据"库兹涅茨倒 U 型曲线"提出过一种说法：发展中国家的初期发展与收入分配之间呈现出负相关，在达到某种阶段之后，发展与平等之间就会转为正相关；但直到这个阶段到来时为止，即便在最好的情况下，结果也可能是令人失望的。这个观点反映出人们依然相信发展中国家的贫困问题和收入分配不平等会随着经济增长自然而然地获得解决，实际上掩盖着一种"重经济增长，轻社会公平"的指导思想。拉美地区曾把人均 GDP 600 美元设定为由上述"负相关"转为"正相关"的"拐点"。实际情况是，现在拉美人均 GDP 已接近 4000 美元，这个"拐点"依然没有出现。拉美最近 30 多年的发展还表明，当经济处于扩张周期时，贫困发生率会随着就业和收入的增加而有所下降，一旦经济衰退，形势又会逆转，甚至进一步恶化。这种情况说明，不在发展的指导思想和相关政策上作出大的调整，恐怕很难改变某种既成的利益分配格局。

五　政治民主化不能靠外部移植

拉美国家政治现代化进程相当曲折，大体经历了三个大的周期。第一个周期从独立之初到 20 世纪初期大约 100 年左右。独立之初，拉美各国都致力于将西欧、北美的资产阶级民主共和体制移植过来，但这种体制却在拉美遭遇"水土不服"的尴尬，未能使拉美国家获得起码的政治稳定。19 世纪中期以后，拉美国家逐步建立起考迪罗专制独裁政权，才迎来相对稳定的政治局面。第二个周期从 1910 年墨西哥资产阶级革命到 70 年代末。在此期间，拉美的资产阶级民主体制有所前进，但其突出特点是民主与军事独裁频繁交替，政党体制脆弱，每当社会与政治危机激化，往往只能由组织程度更高的军队出来控制局面。第三个周期始于 70 年代末期兴起的"政治民主化"运动，军人"还政于民"，恢复代议制民主。但是，许多国家民主体制的运行依旧步履艰难。例如，自 1997 年以来，拉美先后有 7 位民选总统在群众运动冲击下被迫中途退位；阿根廷 2001 年底发生经济危机时，两星期内更换了 5 位临时总统，如此等等。其根本原因就在于，新自由主义改革把政治民主化引向了所谓"市场民主"的错误方向。联合国开发计划署（2004 年）的一份《研究报告》指出："对拉丁美洲来说，十分紧迫的事情是要恢复强有力的、高效的和有威望的国家概念；需要有一个有监督能力、调节能力和控制能力的国家，需要有一个民主的、尊重和保障所有人权利的国家。"这段话包括三层含义。第一，强调恢复"国家"概念是对"市场原教旨主义"的否定。第二，强调国家必须加强相关能力建设，而这种能力建设必须通过不断深化政治体制变革去实现，使国家能适应社会发展的要求。第三，国家加强能力建设的目的是为了尊重和保障所有人的权利，既不是走向专制，也不是侈谈所谓"政治民主化"。

六　不能过分追求"指标"

我们在研究拉美国家现代化的过程中，曾设想用某种现代化"指标体系"来进行评估和比较，但最终还是放弃了。主要原因就在于，拉美的许多"指标"看起来很令人鼓舞，但其背后所掩盖的问题也很令人深思。例如，1999 年拉美地区的经济结构为：农业 8%，工业 32%，服务业 60%，其中一些国家服务业占的比重比发达国家还高。拉美的城市化率已超过 75%。但是，这些指标并不能反映拉美现代化的真实水平。拉美的人均 GDP 已接近 4000 美元，但同时又是"世界上收入分配最不公平的地区"。实践证明，过分追求某些指标会对现代化的实践过程产生误导。

七　坚持走理论创新之路

我们从拉美国家现代化进程的研究中发现，就西方现代化理论而言，无论是前期的经典现代化理论，还是近期的新自由主义，都不能为拉美国家提供正确的指导。我们并不否认，西方现代化理论体系中包含着反映某些现代化一般规律的内容。但我们也要看到，西方现代化理论是以西方国家的经验为基础的，并不适应今天发展中国家现代化所面临的独特国情与内外环境；更有甚者，西方现代化理论往往为了达到使发展中国家"西化"的政治目的而不顾科学性，成为一种被高度意识形态化的、强加于人的理论。

应当承认，拉美国家的理论界在现代化理论创新方面是作出了巨大努力和有益贡献的，先后提出了拉美结构主义理论与依附理论。但是，这些"本土"理论也未能给拉美国家指引出一条现代化的成功之路。究其主要原因，一是这些"本土"理论在其理论体系上都存在明显的局限性与不成熟性；二是西方现代化理论与"本土"理论之间始终存在着激烈的争夺阵地的斗争，这也是拉美国家在理论思潮方面往往容易出现重大反复的一个重要原因。

（原载《学习与研究》2007 年第 6 期）

拉美国家经济社会危机频发
并非发展的一般规律

    拉美国家在人均 GDP 1000 美元到 3000 美元过渡期（20 世纪 60 年代中期到世纪末）的一个突出现象是频繁发生危机。波及整个地区的危机前后经历了三次：第一次是 60 年代初至 70 年代中期的社会—政治危机；第二次是 80 年代初爆发的债务危机，也称"结构性发展危机"；第三次是 90 年代中期起连续的金融危机。这种"危机频发"现象是拉美地区的独特现象，还是发展中国家在这个发展阶段的普遍规律？我们认为，拉美国家在这个阶段遇到的各种难题与挑战（如社会阶层之间的利益分化，经济增长方式与发展模式的调整，金融体系的脆弱，多种外部因素的冲击等）显然具有普遍性，因而很值得我们认真研究和对待。但是，这些难题与挑战并不必然会演变成危机，因而不能把拉美这种"危机频发"现象简单地概括为某种普遍规律。

    由于各种统计数据来源不同和采用的美元汇率不同，拉美国家究竟何时达到人均 GDP 1000 美元，没有统一的说法。国内学者在 2004 年提出的一项研究报告认为，拉美一些主要国家实现人均 GDP 1000 美元的时间有先有后，大体在 20 世纪 60 年代至

70 年代中期。另据拉美经济委员会统计，1999 年拉美地区人均 GDP 达到 3800 美元（按 1995 年美元汇率换算，显然被高估）。因此，我们把拉美国家人均 GDP 1000—3000 美元的过渡期大体定在 20 世纪 60 年代中期至世纪末的 35 年左右。下面，我们依次分析上述三次危机的前因后果。

拉美国家的进口替代工业化始于 20 世纪 30 年代。到 50 年代后期，普遍出现社会矛盾激化的趋势。1959 年古巴革命胜利无疑对拉美地区的社会冲突起了一种催化作用。进入 60 年代后，一场社会—政治危机全面爆发：工人罢工，农民夺地，市民抗议；左翼政党在部分国家大选中获胜；学术界提出激进的"依附理论"，批判主流经济学——拉美结构主义；特别是城、乡游击队的武装活动此起彼伏，持续 10 多年，深深震撼了整个拉美大陆。

1950—1980 年，拉美地区经济保持了长达 30 年的持续较高增长，是其发展史上经济增长最好的时期。这场危机因何而起？关键因素是社会分化。拉美国家从来就是一种社会财富占有极度不公、等级森严的社会，在工业化、现代化过程中继续采取忽视社会公平的政策，成为"世界上收入分配最不公平的地区"。1970 年前后，拉美 10 个主要国家的基尼系数，除阿根廷为 0.44 外，其余 9 国都在 0.48—0.66 之间；同期，在上述 10 国中，处于贫困线以下的家庭占家庭总数的 40%，处于极端贫困的占 19%。[①]连当时拉美最知名的主流经济学家劳尔·普雷维什也承认，"从社会观点来看发展已偏离方向"，"一极是繁荣以至富

---

① CEPAL, *América Latina en el umbral de los años* 80, Santiago de Chile, Noviembre de 1979, p. 72. 此处所说的拉美 10 国包括：阿根廷、巴西、哥伦比亚、哥斯达黎加、智利、洪都拉斯、墨西哥、巴拿马、秘鲁和委内瑞拉。

足，另一极则是持续的贫困"①。70 年代国际上关于"有增长而无发展"的说法首先是针对拉美地区提出来的。

拉美国家的统治阶级和美国政府虽然把这场危机归咎于古巴"输出革命"和"国际共产主义渗透"，但内心也明白危机的根源所在。肯尼迪政府决定在拉美推行"争取进步联盟"计划，1961—1970 年，美国通过多种渠道向拉美提供的资金支持超过 127 亿美元；在《埃斯特角宪章》中，美国还敦促拉美国家实行土地改革，改善收入分配，改善教育、医疗、住房等。拉美国家则从 1963 年（厄瓜多尔）、1964 年（巴西）开始掀起一股席卷整个地区的右翼军事政变浪潮。这批军人政权在残酷镇压激进势力、实行独裁统治的同时，都注重推动经济增长，其中巴西还出现"经济奇迹"。但是，拉美地区 20 世纪 60 年代在保持较高经济增长率的同时，社会发展却成效不大。可以说，这场危机主要是通过军人独裁与军事镇压到 70 年代中期才基本缓和下来。

一个值得关注的问题是，在 20 世纪 60 年代前半期，即这场危机在拉美普遍爆发的时候，即便根据最乐观的统计，达到人均 GDP 1000 美元的拉美国家不过 1—2 个，而多数统计资料则表明一个也没有。现在有一种观点认为，在达到人均 GDP 1000 美元后社会就进入矛盾高发期，甚至爆发社会危机，是普遍规律。这种说法显然缺乏科学依据。至少对大多数拉美国家而言，上述危机不是发生在人均 GDP 达到 1000 美元之后，而是在此之前。经济社会的转型过程会引起利益格局的多元化和社会阶层之间利益关系的失衡，因而应及时采取措施加以调整，以防社会冲突激化。但是，各国具体情况不同，社会矛盾激化绝不会都以人均

① ［阿根廷］劳尔·普雷维什：《外围资本主义：危机与改造》中文版，苏振兴、袁兴昌译，商务印书馆 1990 年版，第 9 页。

GDP 达到 1000 美元这个"量化"指标为指示器；社会冲突也不会因为人均 GDP 达到 3000 美元就自动化解。

第二场危机是 1982 年爆发的债务危机。这场危机的根源至少要追溯到 20 世纪 60 年代。拉美国家的进口替代工业化到 50 年代后期已受到国内市场狭小的严重制约，这些国家不是转入外向发展来摆脱困境，而是力图通过地区经济一体化来扩大市场，并实行产业升级，发展汽车等耐用消费品生产。其结果是，地区一体化成效不大，进口替代模式的结构性矛盾，如市场制约，工业投入高、效益差，产品缺乏竞争力，外贸失衡，对外部资金和技术严重依赖等，进一步加深。此外，尽管拉美国家能源资源比较丰富，但多数国家一直靠进口廉价石油满足国内需求，其中巴西 85％的原油依赖进口。1973 年第一次国际石油危机爆发，使这些国家的外贸赤字急剧上升。到 1975 年，拉美国家工业部门外贸赤字达到 284 亿美元，初级产品出口盈余已远远不能弥补工业部门的贸易赤字。①实际上，原来的发展模式已难以为继，一场结构性发展危机已经出现。然而，拉美国家依然没有进行结构调整，而是普遍走上"负债增长"之路，不仅再次错过了调整时机，而且酿成了后来的债务危机。因此，举借外债失控是这场危机的直接导火线，但从根本上讲，这场危机是拉美国家没有及时转变经济增长方式和发展模式造成的。进口替代工业化模式在拉美延续了 50 年，一个重要原因是，在内向发展模式下形成了一批能影响政府决策的利益集团，例如，工业企业家在高保护的围墙内可以坐收其利，无须面对外来竞

①　参见联合国贸易与发展会议《国际贸易与发展统计手册》；拉美经济委员会《拉美和加勒比统计年鉴》若干期。转引自苏振兴主编《拉美国家现代化进程研究》，社会科学文献出版社 2006 年版，第 633 页。

争。亚洲"四小龙"60 年代就放弃"进口替代"模式，转向出口导向模式，短短 20 年其发展水平就超过拉美国家。可见，拉美国家在转变经济增长方式和发展模式上的"历史性延误"的教训非常深刻！

拉美 80 年代债务危机造成的后果已是众所周知。1980—1990 年，拉美地区 GDP 年均增长率仅为 1.2%，其中阿根廷等 7 国是负增长；地区人均 GDP 年均增长率为 - 0.9%，因而被称为"失去的 10 年"。10 年内，拉美净流出资金 2000 多亿美元，地区外债余额却由 1980 年的 2415 亿上升到 1990 年的 4390 亿美元。[1] 1990 年，拉美贫困人口占总人口比例达到 48.3%，创历史最高纪录。[2]

第三场危机是 90 年代以来的金融危机，以 1994 年的墨西哥危机、1999 年的巴西危机、2001 年的阿根廷危机为代表，同时也包括其他拉美国家的银行危机，只不过这些银行危机波及面较小。90 年代初，随着债务危机的缓解和经济改革的全面展开，外资重新流入，拉美地区经济出现比较强劲的恢复性增长。但是，1994 年墨西哥金融危机的发生及其产生的冲击波，使拉美经济随即出现第一轮下滑；随后，巴西金融危机、阿根廷金融危机又导致地区经济的第二轮和第三轮滑坡。其结果是，1990—2002 年，拉美地区经济年均增长率仅为 2.4%，又形成 10 多年的经济低迷。在此背景下，社会矛盾再度激化，并在一些国家（如阿根廷、玻利维亚、厄瓜多尔、海地等）引发政治危机。

---

[1] CEPAL, *Anuario Estadístico de América Latina y el Caribe*, 1995, Santiago de Chile, Diciembre de 2000, pp. 71 – 72.

[2] CEPAL, *Panorama social de América Latina*, 2004, 2005, Santiago de Chile, 2005.

　　国内外学术界对拉美地区 90 年代以来金融危机频繁发生的现象已经进行了大量研究。人们在强调国际金融风险加大这个客观因素的同时，更为关注的是拉美国家的内部原因，诸如金融自由化步子过急，金融监管体系很不健全；债务负担过重；经常账户与公共财政"双高赤字"；利用固定汇率制作为稳定器，如巴西的"雷亚尔计划"、阿根廷的货币局制度等，导致货币大幅升值；对短期投机资本不加限制，等等。可以说，拉美金融危机的主要原因在于拉美国家在改革过程中的决策失误和风险意识薄弱。

　　对于拉美国家的上述经历，我们需要从两个层次上去认识和理解。第一，拉美国家在这将近 40 年发展过程中遇到的种种矛盾和挑战具有某种普遍意义，也就是说，我们在当前的发展阶段中同样难以避免这类矛盾和挑战，因而需要保持清醒的头脑，对这类矛盾和挑战的出现能及时把握，准确判断。第二，拉美国家在上述阶段"危机频发"的现象基本上是一种具有拉美特色的现象，从根本上讲是拉美国家发展观的局限和决策不当造成的。因此，我们必须坚持走理论创新之路，必须以高度的自觉性贯彻中央提出的科学发展观，全面落实"十一五"规划。

主要参考文献

1. CEPAL, *Anuario Estadístico de América Latina y el Caribe*, 2001, Santiago de Chile, Marzo de 2002.

2. CEAPL, *América Latina en el umbral de los años 80*, Santiago de Chile, Noviembre de 1979.

3. ［阿根廷］劳尔·普雷维什：《外围资本主义：危机与改造》中文版，苏振兴、袁兴昌译，商务印书馆 1990 年版。

4. 联合国贸易和发展会议：《国际贸易与发展统计手册》，转引自苏振兴主编《拉美国家现代化进程研究》，社会科学文献出版社 2006 年版。

5. CEPAL, *Anuario Estadístico de América Latina y el Caribe*, 1995.

6. CEPAL, *Panorama social de América Latina*, 2004, 2005, Santiago de Chile, 2005.

（原载《世界社会主义研究动态》2006 年第 20 期）

拉丁美洲: 新自由主义"退潮", 本土发展理论复兴

20世纪80—90年代, 新自由主义一度成为拉美地区的主流经济思想, 并主导了拉美国家的经济改革。最近几年, 这种局面正在发生改变: 新自由主义出现"退潮", 拉美本土发展理论呈现复兴态势。

一 新自由主义"退潮"

新自由主义在拉美地区"退潮"主要表现在以下几个方面:

第一, 新自由主义在拉美地区的影响力明显下降。主要原因是新自由主义主导的经济改革并不成功。例如, 经济改革前的1961—1981年, 拉美地区 GDP 年均增长率 5.59%, 人均 GDP 年均增长率 1.96%; 而 1981—2001 年, 二者的速度分别降为 2.15% 和 0.34%, 即改革后的经济增长速度仅及改革前的 38%。持续的经济低迷导致社会形势恶化和社会冲突加剧, 进而引发民众社会抗议运动的兴起和许多国家政局的动荡。一批积极推行新自由主义的政府和政党失去民众支持; 理论界对新自由主义的批

评声浪日益高涨。

第二，左派政府上台削弱了新自由主义的实践阵地。自1999 年查韦斯在委内瑞拉当政以来，一批左派政府陆续登上拉美政坛。目前被公认为左派当政的拉美国家有 8 个。这些政府之所以被称为左派政府，恰恰是相对于 90 年代那些积极推行新自由主义的政府而言的，并不是根据某种传统的经典左派标准来定性的。这些政府无一例外都是在民众抗议运动的支持下举起变革的旗帜而赢得了执政地位。其中，"激进型"的左派政府公开宣布与新自由主义决裂。例如，查韦斯政府收回石油、天然气资源的勘探与开发权，扩大国有经济；发展合作制经济；支持工人参加企业管理；推进多项改善民生的计划，并提出要建立"21 世纪社会主义"。"温和型"左派政府虽然没有打出与新自由主义"决裂"的旗帜，但都不同程度地与前任政府的新自由主义政策拉开距离，如强调经济的自主性；注重发挥国家宏观调控作用；改进社会政策，关注民生，等等。其中巴西、智利、阿根廷等国的左派政府能在第一任期结束后继续获得连任，主要原因都是在经济与社会政策的调整方面取得了初步成效，从而获得民众的继续支持。

拉美有些左派人士迄今认为，拉美这些"温和型"左派政府依然是推行新自由主义。笔者认为，这个观点是值得商榷的。其一，要求拉美所有的左派政府都同查韦斯政府一样公开宣布"与新自由主义决裂"，是不现实的。拉美国家摆脱新自由主义的方式并不存在某种唯一的选择。其二，对大多数拉美国家而言，在不全盘否定前期改革的基础上，通过政策调整逐步纠正前期改革中的偏差与失误，逐步"背离"新自由主义，是一条更为现实和可行的道路。看不到这种积极的变化，不是一种科学的态度。

　　第三，拉美新结构主义思想的复兴。20 世纪 50—70 年代，拉美结构主义曾是拉美地区的主流发展理论。由于缺乏与时俱进的理论创新精神，拉美结构主义于 70 年代后期逐渐被新自由主义所排斥。在这个被"边缘化"的过程中，拉美结构主义学派的经济学家们不得不进行新的理论探索。一方面，对结构主义理论进行反思与扬弃；另一方面，在批评新自由主义的同时，也注重采纳新自由主义的某些合理成分，如建立市场经济体制，减少国家干预，实行对外开放，适度的私有化，等等。90 年代初，随着《生产改造与公正相结合》（联合国拉美经济委员会集体创作）等代表性著作的出版，经过初步改造的拉美结构主义被称为"拉美新结构主义"。

　　但是，90 年代正值新自由主义在拉美大行其道，拉美新结构主义学派的学者们只能在其被"边缘化"的位置上深入观察新自由主义改革所带来的种种问题，并在经济全球化的大视野下继续进行理论探索。在此过程中，当时担任联合国拉美经济委员会执行秘书的哥伦比亚经济学家奥坎波（J. Antonio Ocampo）先后发表了两篇有代表性的文章：《超越华盛顿共识——来自拉美经济委员会的观点》（1998 年）、《再论发展议程》（2001 年）。这两篇文章系统总结了拉美新结构主义学派关于发展理论的基本主张，以及对新自由主义的批评。其中，《再论发展议程》一文所阐述的基本观点尤其体现出新结构主义学派关于发展观探索的新进展。在新自由主义在拉美日渐式微的背景下，拉美新结构主义思想正试图对拉美各国政府的发展决策施加影响。

二　拉美新结构主义关于发展问题的新观点

　　我们着重将奥坎波在《再论发展议程》一文中提出的若干

观点简述如下：

（1）文章认为，在新自由主义主导下，贸易和外国直接投资明显增长，但高经济增长的承诺却日渐成为泡影。人们对改革的结果日益不满；收入分配恶化遍及占世界人口57%的国家。近年在关于发展议程的讨论中出现了许多新的观点，如强调制度发展、强调社会保护网络、强调民众的社会归属感，等等。

（2）为探讨新的发展议程，作者首先提出两个基本问题：一是要实现"市场与公共利益之间的新的平衡"；认为"旨在提供公共产品的活动"是对市场的完善和补充，而不是反市场的。二是"公共政策"应包含为实现共同利益目标而采取的所有有组织的活动，而不是单指国家的行动；坚持这一观点是既要纠正"政府的失误"，也要纠正"市场的失误"。可见拉美新结构主义对正确处理政府与市场关系的高度关注。

（3）全球化应当更加均衡并切实尊重多样性。文章认为，迄今为止，全球化进程的方式主要是由政治决策来确定的，其最令人担心的特点是它的不完整性和失衡性，从而继续繁衍着世界经济旧有的不对称性，并增加新的不对称性。在当前的发展日程上，自由贸易、知识产权、保护投资和金融自由化占着主导地位，而其他许多重要问题却被边缘化，以至于在快速的市场全球化的同时，却缺少一个真正意义上的国际性社会议程。在强大的市场力量之下，民族国家被削弱，导致发展中国家单方面的自由化，以及政府调控能力的弱化。发展中国家应继续维护国家自主权，特别是确定经济与社会发展战略的自主权。诸如制度发展、社会凝聚、人力资本和技术能力的积累，等等，本质上都是各国的内源性进程。支持这些内源性进程，尊重多样性，确定发挥多样性的准则，是以发展为导向的世界民主秩序的关键性要素。

（4）拓宽有关宏观经济稳定性和反周期政策作用的视野。

在处理宏观经济稳定性问题上有两大教训。一是单一地关注通货膨胀的稳定化政策，其负面冲击可能和以往忽视通胀成本的做法一样大；二是私营部门失衡的代价与公共部门失衡一样高昂。金融自由化是在缺乏调控和审慎监管的情况下进行的。繁荣与衰退的周期变化是与金融市场的运转联系在一起的。私人部门的开支扩张和大量结算赤字在金融兴盛期间累积起来，一旦特殊条件消失就引发危机。上述两大教训是紧密相连的，因为金融繁荣与衰退的周期变化是发展中国家经济周期变化的主要根源。因此，宏观经济政策的主要功能是用适当的反周期政策来控制周期变化。

（5）强调"生产发展战略"的作用。文章认为，那种认为只要财政平衡和低通胀就能推动经济增长的思想已经失败。因此，单靠宏观经济政策是不够的，还必须发挥"生产发展战略"的作用。新结构主义学派一直强调"生产改造"，也就是强调产业结构调整。他们认为，经济增长是与生产设备和技术装备、与产品和要素市场的形成以及这些市场如何与外部世界发生关系等紧密联系在一起的。生产发展战略所涉及的主要问题：一是发挥领导作用的生产部门和企业；二是"互补性"或"产业链"，即产业的前向与后向联系；三是"创新"，包括制度创新、技术创新，产品创新，等等。

（6）关注社会进步和改善民生。文章认为，社会进步可理解为三个基本要素的共同产物。这三个要素是：旨在增加社会公平和保障社会包容的长期社会政策；能创造适度规模就业机会的经济增长速度；不断缩小不同生产部门间的结构性差异，从而不断缩小不同部门与不同类型企业之间的生产率水平差异。社会公平和社会包容应理解为民众能广泛地获取资源，获得基本的保护和政治参与。公平地获得经济、社会、文化与政治资源是机会公平的关键。社会政策应贯穿三个基本原则：普遍性、互助性和有效性。为实现社会公平，社会政策应对收入分配的结构因素——教育、就业、财富分配、人口赡养、种族和性别等——施加影响。

（7）重视发展观的新进展。文章认为，90年代以来最积极的变化之一是，普遍承认"发展有更为广泛的目标"，如"人类发展观"、"以自由看待发展"等，并已成为"全球价值观"。人的权利的两个层面，即公民权利、政治权利和经济权利、社会权利、文化权利，应当被视为当今制定发展政策的伦理框架。

综上所述，可以看出，今天拉美新结构主义学派的发展理念已经发生了深刻的变化。他们的这些观念更新，既是对拉美新自由主义改革失误的总结与反思，也体现了对已发生深刻变化的内外环境的认知与思考。拉美经济委员会现任执行秘书马奇内亚（阿根廷前经济部长）最近指出：自90年代初以来，拉美经济委员会一直在致力于创立一种与全球化世界相适应的新的发展范式。这个范式所追求的是，在生产现代化的前提下，形成经济增长与社会公平之间的"正向协同"（sinergias positivas），强调提高竞争力，关注宏观经济平衡，强化参与和包容的政治民主。可以预期，在拉美国家纷纷调整经济与社会政策的大趋势下，拉美新结构主义在本地区的影响力将会日益扩大。

（原载《红旗文稿》2008年第6期）

拉美经济形势：近期回顾与前景预测

　　拉丁美洲经济自 20 世纪 80 年代起经历了 20 年左右的衰退与低迷。这种持续低迷的状态于 2002 年基本结束。2003—2008 年，拉美经济出现了一波长达 6 年的强劲增长；2008—2009 年，拉美又成功地抵御了国际金融与经济危机的冲击；2010—2011 年，拉美经济继续保持了强劲增长态势，成为当前全球经济中仅次于亚洲的第二大亮点。有鉴于此，国际舆论一改往日的悲观论调，对拉美经济形势赞声一片，甚至出现所谓"拉美 10 年"、"拉美世纪"之说。拉美经济何以能在 21 世纪之初摆脱长期的低迷状态？最近 9 年来，拉美经济的运行呈现出怎样的特点？拉美国家的发展理念与政策发生了哪些变化？拉美经济的前景究竟如何？本文试图就上述问题作一些分析和判断，与学界同仁进行探讨。

一　对拉美国家结构改革的成效评估

　　拉美经济之所以在 20 世纪 80 年代陷入严重衰退，其根源在于两场危机的"叠加"。众所周知，造成拉美"失去的 10

年"的直接原因是债务危机。拉美的债务危机形成于 70 年代。为什么拉美国家在 70 年代纷纷大量举借外债？除了 1973 年国际油价暴涨为国际资本市场带来大量"石油美元"这个客观环境之外，更值得我们关注的是拉美国家借债的主观原因。这个主观原因是，拉美国家所实行的进口替代工业化发展模式延续的时间过长，引起了一系列结构性失衡。[①]这些结构性失衡集中表现为发展融资的困境。究其实质，就是拉美国家长期实行的"内向增长方式"已经面临深刻危机，根本的解决之道应是放弃原有的增长方式，逐步向"外向增长方式"转型。遗憾的是，拉美国家却选择了"负债增长"之路，结果又陷入严重的债务危机，形成增长方式危机与债务危机并发的"双重危机"局面，或者说，债务危机使原有的经济增长方式危机进一步深化。

由此不难理解，拉美国家在 80—90 年代所进行的大规模结构改革的根本目标，就是要转换发展模式，转变经济增长方式。从这个角度来评估，我们可能对这场改革的成效与代价有一种更加客观的认识。因此，笔者把拉美国家结构改革的成效归纳为以下 4 个方面。

第一，实现了由国家主导型经济体制向市场经济的转变。

在进口替代工业化模式下，拉美国家的经济体制是一种国家主导型体制，突出表现为国家的投资主体地位、国有企业的主导

---

① 笔者曾总结了 6 个方面的结构性失衡：（1）非耐用消费品生产面临国内市场饱和的限制，导致工业与整体经济增速下降。（2）贸易失衡。农业与矿业部门已经不能为工业发展提供外汇支持。（3）工业与城市发展面临食品危机。（4）产业升级面临资金、技术与市场的制约。（5）创造就业难度加大。（6）能源危机显现。参见苏振兴、张勇《拉美国家经济增长及增长方式的转变》，载张蕴岭主编《中国面临的新国际环境》，社会科学文献出版社 2011 年版，第 240—245 页。

苏振兴集

地位、国家对经济的广泛干预，等等。在结构改革过程中，新自由主义者曾对这种经济体制全盘加以否定，把市场经济体制也推到"市场原教旨主义"的极端，造成一些不良后果。尽管如此，我们应当看到，拉美国家向市场经济体制的转轨，以及为确立这种新体制所进行的大量相关制度建设，是这场改革所取得的一项重大成果。

第二，实现了由内向发展模式向外向发展模式的转变。

如果从 20 世纪 30 年代算起，"进口替代工业化"这种内向增长方式在拉美延续了 50 年之久。这种增长方式"活力衰退"的现象早在 60 年代初就在乌拉圭、智利等国显现出来，直至 70 年代初在拉美地区出现"增长方式危机"。结构改革通过破除过去的高关税保护体系等措施实现市场开放，实现了向外向增长模式的转变，适应了经济全球化的大趋势，克服了制约拉美经济增长的一个带根本性的问题。

第三，企业经过重组，生产效率和竞争力有所提高。

国企私有化是拉美国家结构改革中的一项重大举措。统计数据表明，1990—1999 年，拉美地区私有化总收入达 1770 亿美元，占同期发展中国家私有化收入的 56%。[1]其中，巴西出售的国有企业为 107 家，总资产超过 900 亿美元（见表 1）。私有化过程自然要导致企业产权的变更，但与此同时，这些企业重组后普遍增加了投资，更新了技术设备，实现了产品更新换代，改善了管理模式与经营方式。从巴西的例子也可看出，国企私有化也减轻了国家部分债务负担。

---

[1]　Gregorio Vidal, *Privatizaciones en América Latina: flujos internacionales de capital, regionización y desarticulación productiva, Consecuencias financieras de la globalización*, Universidad Nacional Autónoma de México, Instituto de Investigaciones Económicas, México, 2005. pp. 73 – 99.

表 1　　　　　巴西 1991—2000 年的私有化计划　　　单位：百万美元

部门	企业数（个）	售出资产	转移债务	总计
冶金	8	5562	2625	8187
石油化工	27	2698	1003	3701
电力	3	3907	1670	5577
铁路	6	1697		1697
矿业	2	3305	3559	6864
电信	21	26978	2125	29103
其他	14	2583	344	2927
联邦企业	81	46730	11326	58056
各州企业	26	26866	6750	33616
合计	107	73596a	18076	91672a

注：a 包含出售企业中的国有少数股份。

资料来源：Pinheiro y Giambiagi（1998），国家经济与社会开发银行。转引自 Renato Bauman，*Brasil en los años noventa：una economía en transición*，Revista de la CEPAL，No. 73，abril de 2001，p. 157.

第四，降低了通货膨胀。

在 80 年代应对债务危机的过程中，拉美地区一度出现恶性通货膨胀，到 1990 年，地区通货膨胀率曾达到 4 位数：1185.2%。因此，在 90 年代的结构改革过程中，拉美国家不得不同时采取强有力的措施来抑制通货膨胀，从而更增加了改革的难度。经过多年持续的努力，1999 年，拉美地区通货膨胀率首次降至 1 位数（9.7%），基本恢复了宏观经济稳定。

拉美的这场结构改革在取得上述成效的同时也付出了较高的代价。就经济增长而论，1991—2001 年期间，拉美地区的年均经济增长率仅相当于改革前 1961—1981 年的 55%；[①]就工业化程

---

　① 世界银行数据。转引自 Revista de la CEPAL，No. 80，agosto de 2003，p. 16.

度而言，由于 80、90 年代出现持续的"去工业化"现象，拉美制造业产值占 GDP 的比重（地区平均值）由 1980 年的 27.8%降至 2002 年的 16%左右；[①]拉美地区的贫困发生率，1980 年为 40.5%，1990 年创 48.4%的最高纪录，2002 年依然处在 43.9%的高位。[②]

二 2003—2011 年的经济形势

（一）2003—2008 年的经济扩张

2003—2008 年，拉美地区经历了一波为期 6 年的经济扩张，GDP 年均增长 4.8%，人均 GDP 年均增长 3.4%，其中人均 GDP 增长率达到此前 40 年不曾有过的高水平。[③]

人们会问：拉美地区经济为什么会在这个时候走出长达 20 年左右的衰退与低迷，出现比较强劲的增长势头？笔者认为，拉美经济形势的好转得益于三大有利因素在一个特定时间点上的汇合。第一个因素是，拉美国家大规模的结构改革在 21 世纪初告一段落，基本实现了转变经济体制、转变经济增长方式和稳定宏观经济的目标。这个问题我们已在上文中论述过了。第二个因素是，随着 21 世纪初一批左翼政府在拉美国家上台执政，曾经主导拉美经济改革的新自由主义逐渐"退潮"，大部分拉美国家政

① CEPAL, *América Latina y el Caribe*: *Series Históricas de Estadísticas Económicas 1950 - 2008.*

② CEPAL, *Panorama social de América Latina 2011*, Santiago de Chile, noviembre de 2011, p. 5.

③ Osvaldo Kacef y Rafael López-Monti, *América Latina*, *del auge a la crisis*: *desafíos de política macroeconómica*, Revista de la CEPAL, No. 100, p. 42.

府的经济政策明显地转向稳健与务实，对支撑和保持这一轮经济扩张发挥了重要作用。关于这个问题，我们将在本文第三部分进行讨论。第三个因素是，国际环境比较有利。我们先来分析一下国际环境。

有利的国际环境主要体现在以下三个方面。第一，世界经济处于加速扩张期。统计数据表明，20世纪90年代，在全球125个新兴经济体中，只有38%的经济体人均 GDP 增长率超过3%，而在2003—2008年，有57%的经济体人均 GDP 增长率超过3%；在全球26个发达经济体中，90年代人均 GDP 增长率超过3%的占三分之一，2003—2008年略有减少，占四分之一。第二，以中国、印度等为代表的新兴经济体对原料和初级产品的需求快速增长。第三，国际市场上流动性充裕。这些有利的国际因素对拉美经济增长的助推作用表现为：（1）拉动了拉美的制成品出口（主要面向发达国家），其中包括墨西哥和中美洲国家客户工业的出口。（2）促成了拉美原料与初级产品的出口繁荣（主要面向中国、印度等新兴大国），其中特别是这类产品的贸易比价出现大幅度改善（地区平均为19%，见图2）。（3）中美洲和加勒比国家虽然不能从原料与初级产品出口繁荣中受益，但这些国家获得的海外劳工汇款大幅增加。2003—2008年，拉美接收海外劳工汇款年均占 GDP 的1.7%，年度总额超过500亿美元。其中中美洲的危地马拉、洪都拉斯、萨尔瓦多、尼加拉瓜4国接受海外劳工汇款平均占其 GDP 的14%；墨西哥则占其 GDP 的2.4%，与同期吸收的外国直接投资一样多（见图2）。（4）拉美国家接收的外来投资增加，融资成本下降。

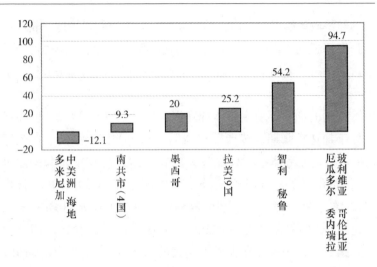

图1 平均贸易比价的改善程度（2003—2008 年与 90 年代相比）

资料来源：Osvaldo Kacef y Rafael López-Monti, *América Latina*, *del auge a la crisis*: *desafíos de política macroeconómica*, Revista de la CEPAL No. 100, Abril de 2010, p. 44.

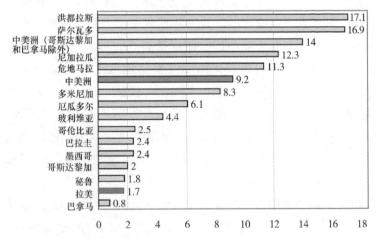

图2 2003—2008 年年均接收海外劳工汇款（占 GDP%）

资料来源：Osvaldo Kacef y Rafael López-Monti, *América Latina*, *del auge a la crisis*: *desafíos de política macroeconómica*, Revista de la CEPAL No. 100, Abril de 2010, p. 44.

基于上述因素，拉美地区在 2003—2008 年期间，经常账户连续 5 年（除 2008 年外）保持顺差；可支配国民总收入年均增长率达到 5.7%，超过了 GDP 的增长率（4.8%）；在国内消费不断上升的同时，国民储蓄率大幅增加，年均增长率相当于 GDP 的 22%；多数国家的外汇储备增加，2008 年底，全地区外汇储备总额达 5100 亿美元；短期外债与国际储备之比由 2002 年的 49.3% 降至 2008 年的 25.4%；地区就业率自 2003 年开始回升，就业人数每年增长 3.3%，地区失业率由 2002 年的 11% 降至 2008 年的 7.4%；地区贫困率与赤贫率分别比 2001 年下降 10.4 和 6.4 个百分点。[①]

（二）应对国际金融危机的冲击

由美国次贷危机引发的国际金融危机自 2008 年第三季度起开始对拉美实体经济形成冲击效应，具体表现在以下 4 个方面：第一，拉美商品出口出现下滑趋势。其中，2009 年全年出口量同比下降 9.6%，出口值同比下降 23.4%，南美国家受打击最大。第二，海外劳工汇款减少。2009 年，拉美接收海外劳工汇款同比减少 10% 以上，受影响最大的是中美洲国家。与此同时，加勒比国家的旅游业陷入萧条。第三，国内私人银行贷款大幅收缩。第四，由于上述因素的综合作用，企业界和消费者都对前景持悲观态度。2009 年上半年，在私人消费、公共消费、商品与服务出口、商品与服务进口、固定资本形成等 5 个大项中，仅公共消费一项为正数（3.2），其余均为负数。2009 年，外国直接投资比上年减少约 40%。结果，2009 年，拉美地区经济出现 1.9% 的负增长。

---

① 本段所引数据来自 Osvaldo Kacef y Rafael López-Monti, *América Latina*, *del auge a la crisis*: *desafíos de política macroeconómica*, Revista de la CEPAL, No. 100, Abril de 2010, pp. 47 –49.

国际舆论普遍认为，拉美国家面对这次国际金融危机冲击所采取的应对措施是成功的。其主要标志是，拉美经济虽然在2009年出现负增长，但当年下半年绝大多数拉美国家的经济已呈现出复苏态势。拉美地区之所以能很快渡过这场国际危机的冲击，主要得益于三个方面的原因或背景：一是拉美国家的金融体系比较稳固，没有因为国际金融危机的冲击而导致金融混乱；二是2003—2008年的经济繁荣使拉美国家的财政状况大幅改善，并积累了可观的外汇储备；三是拉美国家决策的自主性增强，普遍实行了"反周期"政策。

关于各国所采取的具体政策，这是一个涉及面很广的问题，国家间的差异也很大，不可能在此作全面介绍。从地区层面来观察，我们可以将拉美各国采取的反周期政策归纳为以下5个方面（如表2所示）。

表2　　　　　　　　　拉美地区采取的反周期政策概览

反周期政策	主要内容
1. 货币与金融政策	如降低存款准备金率、放宽再贴现交易、国库向央行注资以增加其贷款能力、调低利率，等等
2. 财政政策	对受危机冲击严重的部门或企业实行减免税收或推迟纳税；降低车辆等部分商品的购置税；调低个人所得税；增加基础设施投资；削减公共开支，等等
3. 汇率与外贸政策	增加外币流动性，如巴西与美联储达成300亿美元货币互换协议，与中国达成100亿美元的"资金换石油"协议；对部分商品进口提高关税或实行许可证制度；为商品出口提供融资支持，等等
4. 部门政策	如扩大住宅建设规模，设立专项资金以支持中小企业、农牧业，以及某些重点工业部门，等等
5. 劳工与社会政策	如扩大失业保险范围、调整最低工资标准、实施社会救助计划，等等

资料来源：本文作者根据拉美经济委员会等机构提供的相关信息加以汇总编制。

（三）2010—2011 年的经济增长

2010 年，拉美经济增长率达到 5.9%，人均 GDP 增长率为 4.8%，为 10 年来的最高增长率。这就意味着拉美地区自 2009 年下半年开始的经济复苏已得到巩固。2011 年，拉美经济增长率为 4.3%，人均 GDP 增长率为 3.2%，增速比上年有所下降。

对最近两年拉美经济形势的变化需要作进一步的分析。2010 年，拉美经济之所以出现高增长，主要是两方面因素的综合效用。其一，这是在上年经济出现衰退之后的恢复性增长，拉美各国所实行的反周期政策在继续发挥作用；其二，尽管欧美国家的经济复苏依然乏力，但国际经济的整体复苏比预期的要快，国际环境比较有利。从内部因素来看，正如联合国拉美经济委员会指出："劳工市场指数的改善、信贷的增长、经济前景的普遍性好转，拉动了私人消费的增长，再加上机器与设备投资的大幅增加，共同构成了需求上升的主要助推器之一。"①从外部因素看，2010 年，拉美的初级产品出口量与出口价格都有明显增长；中美洲和加勒比国家则从海外劳工汇款的回升与旅游业的恢复中受益。

我们强调 2010 年拉美经济增长带有恢复性质，其中有两个因素值得特别关注，即对经济衰退期间出现的闲置生产能力的利用和公共政策的刺激效应这两个因素的作用都是有限度的，都不可能延续到 2011 年。因此，2011 年经济增速的放慢已在预料之中。此外，从 2010 年下半年起，拉美国家开始面临一种新的挑战。由于美联储实行"量化宽松"政策等原因，全球流动性高

---

① CEPAL, *Balance preliminar de las economías de América Latina y el Caribe*, 2010, Santiago de Chile, diciembre de 2010, p. 7.

度充裕，大量短期资本纷纷流向新兴国家的资产市场，拉美国家更是首当其冲，使这些国家的货币面临巨大的升值压力。南美的资源输出国面临此种压力就更大。据拉美有关机构分析，对某些拉美国家而言，光靠对短期资本流入采取限制措施或增加外汇储备等手段，都不足以解决问题，还必须在财政与金融领域采取反周期战略，作为缓解汇市压力的辅助手段，以减小对内部需求的压力和阻止信贷的过度增加。巴西就是这方面的典型例子。2011年，巴西由于担心经济过热，主动采取措施压缩国内需求，使经济增速由 2010 年的 7.7% 大幅回落到 2011 年的 2.9%，成为影响整个拉美地区经济增速回落的一个重要因素。此外，2011 年欧洲债务危机的深化对拉美地区也产生了一定的负面影响。

三 拉美国家的政策调整

21 世纪初期，随着一批左翼政府陆续上台执政，拉美国家的发展理念与政策发生了明显的变化，90 年代在拉美流行的、以"华盛顿共识"为代表的新自由主义呈逐渐"退潮"之势，大多数拉美国家对经济与社会政策都进行了较大幅度的调整。这个调整过程的基本特点是：（1）决策自主性，逐渐摆脱某些"洋教条"的束缚；（2）决策理性化，集中体现在关于国家与市场关系的处理；（3）决策务实性，强调政策的形成要从本身具体情况出发。因此，国外学术界大都把拉美这一波政策调整的指导思想归结为"务实主义"。可以说，经济决策层指导思想的这种变化不仅是最近 10 年拉美经济保持良好增长势头的一个积极因素，而且对于推动该地区经济继续健康、稳定发展也具有深远意义。笔者认为，拉美国家决策层上述指导思想的变化主要是从 20 世纪 80—90 年代经历的巨大挫折中吸取经验教训的结果。不过，国外也有学者强调，务实主义在拉美兴起与中国模式的影响不无关系。西班牙经济学家桑蒂索认为，尽管中国模式很难在别的地方复制，但"反驳中国的经验是不可能的。……在拉丁美洲，中国经验促使以智利人为代表的一批人也力图创造一种新事物：以务实主义经济政策为依据的、而不是以实验室的试验或直接来自经济学教科书的别国模式为依据的经济发展"①。有关拉美国家政策调整的具体案例在上文中已经有所论及，如应对国际金融危机冲击过程中所采取的反周期政策等。下面，我们再补充一些案例。

（一）严格的财政政策

如前所述，2003 年以来的绝大多数年份，拉美国家的财政收入处于良好态势。对于经历了多年财政困境的拉美国家而言，面对这种情况，是立即实行扩张性的财政政策，一味追求更高的经济增长，还是实行严格的财政政策，力求巩固财政平衡和追求可持续的增长，无疑是一种考验。绝大多数拉美国家选择了后者。正如拉美经济委员会所指出："在最近这些年中，拉美国家中央政府的财政账户在减少赤字和增加初级盈余方面都取得了重要的进步。" 2002—2008 年，年度总收入的增长相当于 GDP 的 3.4%，支出的扩张相当于 GDP 的 1.6%，初级财政盈余年均增长 1.8%。根据 19 个国家的统计，2008 年财政盈余国有 14 个（2002 年只有 7 个），财政赤字国仅有危地马拉、海地和洪都拉斯 3 国。同期，拉美国家公共债务与 GDP 的比例大幅下降，由 2002 年的 58.4% 降至 2008 年 28%，从而降低了金融风险。②

---

　　① Javier Santiso, *La emergencia de China y su impacto en América Latina*, Política Exterior, Vol. 19, No. 107, 2005, p. 108.

　　② Osvaldo Kacef y Rafael López-Monti, *América Latina, del auge a la crisis*: *desafíos de política macroeconómica*, Revista de la CEPAL, No. 100, abril de 2010, p. 50.

（二）精心操作货币与汇率政策

自 2003 年以来，拉美国家在货币政策与汇率政策的操作方面始终面临一种比较尖锐的矛盾。一方面，由于经济持续扩张，基本产品、特别是能源与食品价格上涨，通胀压力很大。另一方面，大量资本的流入，出口收入的快速增加，导致本币升值压力不断加大，南美国家作为大宗初级产品输出国情况尤其严重。因此，各国央行普遍积极干预汇市，但这一举措在使国际储备快速增加的同时，也造成货币供应量的扩张，直接影响"通货膨胀目标制"的实施。于是，各国政府又采取提高银行利率等"吸纳政策"（políticas de absorción）来控制需求。正如有学者指出，尽管很难找到两全其美的办法来解决上述矛盾，但拉美国家通过多方努力，局势基本得到控制。以通货膨胀为例，根据 19 个国家的统计，2003—2006 年，通胀率高于 6% 的只有 9 国，2008 年高于 6% 的有 16 国，虽然呈上升态势，但仍在可控范围之内。[1]在调节货币汇率方面，面临压力最大的是巴西，但随着欧洲债务危机的深化和欧洲资本的撤离，近期这种压力明显减小。

（三）产业政策的回归

在进口替代工业化阶段，拉美国家都有比较明确的产业政策（política industrial），确定国家在某个特定阶段要重点发展哪些产业，以引导公共与私人投资的方向，同时，国家还要在财政、金融、税收等方面给予重点产业以必要的支持。80 年代债务危机发生后，迫于巨大的偿债压力，拉美国家不得不集中力量扩大

---

[1]　Osvaldo Kacef y Rafael López-Monti, *América Latina, del auge a la crisis: desafíos de política macroeconómica*, Revista de la CEPAL, No. 100, abril de 2010, pp. 52 – 54.

初级产品的生产和出口，同时大力压缩机器设备与工业原材料的进口，以获取外贸盈余来偿还债务。这种所谓"应急性"调整的后果之一是，制造业遭受沉重打击，出现"去工业化"（desindustrialización）现象。产业政策也基本丧失其应有的地位。在90年代的结构改革过程中，拉美国家更出现了一股否定产业政策作用的思潮，"最好的产业政策就是没有产业政策"的观点曾一度很流行。在这种氛围下，人们把工业化模式由"进口替代"向"出口导向"的转型简单归结为"发挥比较优势"，并据此来进行产业结构调整。因此，豪尔赫·卡茨曾把拉美国家的出口导向工业化模式概括为两种类型："一方面，最近20年来，在南锥体国家，尤其是在阿根廷、智利、巴西和乌拉圭，生产用途广泛的工业初级产品的自然资源加工产业（如铁和钢、石油工业产品、有色金属、鱼粉、植物油、纸浆和纸等）扮演了较为重要的角色。另一方面，在墨西哥和中美洲小国，生产专门化模式已决定性地转向了'客户'工业（如电子计算机、视听设备、电视机和服装等）。"[①]显然，上述两种模式都是片面强调资源优势，前者突出自然资源优势，后者主要发挥劳动力资源优势。应当说，进入21世纪以来，无论是拉美的自然资源加工产业还是"客户工业"，都因为适应了外部市场的需求扩张而得到了发展，但拉美国家也警觉到这两种专门化模式都有其局限性，它们或导致工业部门过度地走向自然资源加工专门化，或导致产业结构的过度单一化，从而形成对外部市场的过度依赖。正是在这个背景下，拉美国家开始重新强调产业政策的作用。例如，2002年，墨西哥政府推出"提高竞争力的经济政策"，确定了国

---

①　Jorge Katz, *Cambios estructurales y Productividad en la Industria Latinoamericana*, *1970 - 1996*, Revista de la CEPAL, No. 71, agosto de 2000, p. 66.

家要重点发展的 12 个优先产业。[①] 2003 年 11 月，巴西政府颁布"产业、技术与外贸政策指南"，将半导体、软件、制药和资本货物确定为四大战略性产业，并成立"巴西产业发展署"，作为落实产业政策的协调机构。有学者指出，巴西上述"政策指南"的发布与实施"本身就是一种积极的事态发展，反映出巴西至少部分地克服了长期抵制产业政策的偏向……显示出产业政策在政治与经济政策日程中重新占有一席之地"[②]。除了像墨西哥和巴西这样对国家重点产业或战略性产业部门作出明确规定之外，随着国际竞争的加剧，当前大多数拉美国家也都重新确认了国家对重点产业部门采取扶持政策的必要性，普遍采取了财政、金融、税收等多方面的激励措施。

（四）重视社会政策

拉美地区的贫困发生率 1990 年曾达到 48.4% 的历史纪录，2011 年已降为 30.4%，降低了 18 个百分点。尽管这个比例依然很高，但在拉美已属历史最低点。这个成绩主要得益于最近 10 年左右可观的经济增长及其就业与收入的相应增长，同时也与拉美国家发展理念与政策的调整密切相关。21 世纪初期以来，拉美国家大力宣传"社会凝聚"理念，强调包容性增长，对以往那种重经济增长、轻社会发展的偏向有了一定程度的扭转，对于制定和实施有效的社会政策投入了更多的力量。以社会开支为例，"在比以往更严格的财政纪律下，各国政府为增加公共开

---

① 12 个优先产业包括：纤维、纺织与服装，皮革与制鞋，电子与高技术产业，软件，汽车，客户工业，化学工业，航空工业，农业，旅游业，商业，建筑业。

② Wilson Suzigan y Joao Furtado, *Política Industrial y desarrollo*, Revista de la CE-PAL, No. 89, Agosto de 2006, p. 83.

支、特别增加用于社会功能方面的开支作出了巨大的努力"①。
统计数据显示，1990—1991 年，拉美地区社会开支占 GDP 的比
例为 12.2%，2006—2007 年上升到 17.4%，增加了 5.2 个百分
点；按 2000 年的美元价格计算，2006—2007 年，拉美人均社会
开支达到 820 美元（国家间差别很大，最高的超过人均 1000 美
元，最低的人均不足 200 美元）。再以近年来在拉美盛行的"有
条件转移支付计划"为例，目前执行这项计划的拉美国家达到
17 个，计划覆盖 2200 万个家庭和 1.01 亿人口，约占拉美总人
口的 17%；资金投入约占地区 GDP 的 0.25%。巴西和墨西哥是
这项计划实施得最好的国家，资金投入分别占其 GDP 的 0.41%
和 0.43%，覆盖面分别占本国贫困人口的 83% 和 71%。此项计
划因其社会效果显著而受到联合国的重视与推介。

四 前景预测

尽管国际舆论对拉美经济的前景普遍持乐观看法，但联合国
拉美经济委员会最近发表的报告预测，2012 年拉美经济增长率
为 3.7%，继续呈减速态势。据笔者分析，这两者并不矛盾。乐
观预期主要是对拉美经济中、长期前景的估计，或者说，从中、
长期来看，拉美经济增长依然面临诸多有利因素。减速判断主要
是指短期波动，其主要依据是当前世界经济增长缓慢，特别是欧
洲债务危机深化所带来的不确定性，以及拉美国家在成功地克服
了 2008—2009 年的国际金融危机冲击之后，不急于采取扩张政
策，而是希望以稳健的步伐为下一波经济增长创造必要的政策

① CEPAL, *Panorama social de América Latina*, 2009, Santiago de Chile, noviembre de 2009, p. 24.

空间。

我们在分析拉美地区的经济前景时，需要注意的一个问题是，拉美几个次地区之间的发展是不平衡的。自 2008 年受国际金融危机冲击以来，经济迅速复苏并继续保持较为强劲增长的主要是南美洲国家和墨西哥，而加勒比次地区（加勒比英语、荷兰语国家）的经济形势并不令人乐观。2010 年，整个拉美地区的经济增长达到 5.9%，而加勒比次地区仅为 0.2%；2011 年，前者增长率为 4.3%，后者仅为 0.7%。这就意味着加勒比次地区自 2009 年以来，人均 GDP 已连续 3 年处于负增长或零增长状态。加勒比国家都是岛国、小国，资源匮乏、产业单一是普遍性的特点，经济主要靠旅游、金融等服务业。近年来旅游业的不景气，国际能源、食品价格的上涨，都对这些国家造成不利影响。当前，加勒比国家面临的另一个问题是负债率普遍较高，2010年，整个拉美地区外债占国内生产总值的比重为 19.3%，而加勒比次地区的这一比重达到 34.8%，其中巴巴多斯更高达109.1%。①可以预期，未来几年，加勒比次地区的经济增长将会处在较低的水平上。不过，加勒比国家的经济规模都很小，其起伏波动对整个拉美地区的影响无足轻重。中美洲的情况也与南美洲有所不同，既无自然资源优势，粮食缺口也比较大，近年来自然灾害也比较频繁。国际能源、食品价格持续处于高位对中美洲国家很不利。中美洲国家的商品出口和海外劳工汇款都与美国、欧元区的经济形势密切相关。不过，从最近两年中美洲国家经济复苏的态势来看（2011 年，中美洲 6 国的平均增长率达到4.1%），其未来前景依然是比较乐观的。

---

① CEPAL, *Anuario estadístico de América Latina y el Caribe*, 2011, p. 120, cuadro 2.2.4.6.

从整体上观察，促成最近 9 年拉美经济出现较高增长的基本因素，诸如经济体制因素，谨慎的宏观经济政策，初级产品出口的快速增长和贸易比价的大幅改善，等等，并未发生大的变化。此外，我们的研究还表明，尽管拉美的经济开放度较高，但其经济增长的主要拉动因素是内需，近期来表现为以重振制造业为主的产业发展路径，具有带动就业与国内消费的较大潜力。从当前拉美地区三大产业的产值结构看，以 2010 年为例，农业部门占GDP 的 5% 左右，工业部门占 29%（其中制造业仅占 15% 左右），服务业则占 65% 以上。①这样一种产业结构容易引起某种误解，似乎拉美国家已经进入了后工业化阶段。其实，拉美国家的工业化还远远没有完成，工业部门特别是制造业部门所占的产值比重很低，这是 20 世纪 80—90 年代的"去工业化"现象造成的，服务业虽然占产值比重很高，但其中传统服务业占了主导地位。因此，拉美国家"重振制造业"的发展路径选择是符合实际的。正如我们在上文论及产业政策时所谈到的，当前的趋势是，拉美国家在继续发展自然资源加工产业或客户工业的同时，有选择地发展一些新兴产业和重点扶持一批传统产业，努力提高工业部门的国际竞争力，逐步改变过度依赖初级产品出口的局面。②除了工业部门的发展潜力之外，拉美国家的基础设施建设也存在巨大的投资需求与就业机会。

当前，拉美经济增长面临的主要问题之一是投资率偏低，基本停留在占 GDP 20% 左右的水平上。自 2003 年经济形势好转以

---

① CEPAL, *Anuario estadístico de América Latina y el Caribe*, 2010, cuadro 2.1.1.7.

② 2010 年，安第斯共同体 5 国初级产品出口平均占总出口的 85.1%；玻利维亚和智利平均占 70.4%；南方共同市场 4 国平均占 65.3%。参见 CEPAL, *Anuario estadístico de América Latina y el Caribe*, 2010, cuadro 2.2.2.1.

来，拉美吸收外国直接投资的数量呈不断增长之势，即便在 2008—2009 年受国际金融危机冲击期间，这一态势也没有改变。当前，提高投资率的关键是如何进一步增加国内储蓄。既然拉美国家在 2003—2008 年期间国内储蓄达到了占 GDP 22% 的水平，那么，再度恢复甚至超越这个水平的可能性是存在的。

从外部环境看，美国经济 2011 年的表现虽然不尽如人意，但据拉美经济委员会近期发表的报告分析，中美洲和加勒比国家 2011 年的经济增速之所以比上年有所提高，主要是得益于美国经济复苏所拉动的出口增长和劳工汇款回升。[①]这就说明，美国经济复苏虽然缓慢，但对拉美的负面影响已不是很突出了。当前，主要的外部影响可能来自于欧元区。鉴于欧盟是拉美的第二大贸易伙伴和重要投资来源，欧元区危机的深化对拉美的出口量、出口商品价格、外国直接投资、海外劳工汇款和旅游业都将产生不利影响。

笔者认为，根据多方面因素的综合分析，拉美地区经济在 21 世纪第二个 10 年继续保持年均 4% 以上的增长率是有可能的。我们同时要注意一个现象：2003—2008 年，拉美经济年均增长 4.8%，并未超过 20 世纪 60、70 年代的增长率，但人均 GDP 增长率却达到 3.4%，要比 60、70 年代高出很多。其中的主要原因是，60、70 年代拉美地区正处于"人口爆炸"期，而目前拉美人口自然增长率仅为 1.1%，而且还在继续下降。因此，在 21 世纪第二个 10 年里，拉美人均 GDP 的增长率继续保持超过 3% 的水平也是完全可能的。如果这种前景能够出现，那么，在这个 10 年之内，拉美将会有一批国家进入世界高收入国家的行列，

---

① 参见 CEPAL, *Balance preliminar de las economías de América Latina y el Caribe, 2011*, Santiago de Chile, diciembre de 2011.

从而脱离所谓"中等收入陷阱"。如果从这个意义上来谈论所谓"拉美10年"，笔者认为是可以预期的；如果所谓"拉美10年"指的2003年以来的经济增长，那已经是既成事实。至于所谓"拉美世纪"，笔者认为，现在讨论这个前景或许还为时过早。最先谈论"拉美世纪"的英国《金融时报》只不过提出了一个空泛的概念，并未拿出有说服力的论据。

结束语

本文系统介绍了最近9年间拉美地区经济摆脱长期低迷状态、出现比较强劲的增长态势的过程，并从拉美国家结构改革的积极成效、有利的国际环境、谨慎的宏观经济政策等三个层面，对拉美经济形势变化的背景和原因进行了分析。笔者认为，从目前情况看，鉴于推动拉美经济增长的自身有利因素并未发生明显的变化，只要国际环境不出现大的逆转，预计在21世纪第二个10年中，拉美经济有可能继续保持前期的增长态势。

主要参考文献

1. 苏振兴、张勇：《拉美国家经济增长及增长方式的转变》，载张蕴岭主编《中国面临的新国际环境》，社会科学文献出版社2011年版。

2. Gregorio Vidal, *Privatizaciones en América Latina*: *flujos internacionales de capital*, *regionización y desarticulación productiva*, *Consecuencias financieras de la globalización*, Universidad Nacional Autónoma de México, Instituto de Investigaciones Económicas, México, 2005.

3. CEPAL, *América Latina y el Caribe*: *Series Históricas de Estadísticas Económicas 1950 – 2008*.

4. CEPAL, *Panorama social de América Latina 2011*, Santiago de Chile, noviembre de 2011.

5. Osvaldo Kacef y Rafael López-Monti, *América Latina, del auge a la crisis: desafíos de política macroeconómica*, Revista de la CEPAL, No. 100.

6. CEPAL, *Balance preliminar de las economías de América Latina y el Caribe, 2010*, Santiago de Chile, diciembre de 2010.

7. Javier Santiso, *La emergencia de China y su impacto en América Latina*, Política Exterior, Vol. 19, No. 107, 2005.

8. Jorge Katz, *Cambios estructurales y productividad en la industria latinoamericana, 1970 – 1996*, Revista de la CEPAL, No. 71, agosto de 2000.

9. Wilson Suzigan y Joao Furtado, *Política industrial y desarrollo*, Revista de la CEPAL, No. 89, agosto de 2006.

10. CEPAL, *Anuario estadístico de América Latina y el Caribe, 2010*, Santiago de Chle, 2010.

(原载《两岸合作开发拉丁美洲研讨会论文集》
台湾致理技术学院, 2012 年)

拉美政治、历史研究

拉美印第安人运动兴起的
政治与社会背景

　　印第安人是美洲大陆的原住民，曾经创造了灿烂的美洲古代文明。15世纪"新大陆"被"发现"彻底改变了印第安人的历史命运。正如恩格斯所说："西班牙人的征服打断了他们的任何进一步的独立发展。"①几百年来，印第安人争取生存与民族平等权利的斗争虽然留下了无数可歌可泣的事件，但是，他们被边缘化和被歧视的状况始终没有明显的改变。值得注意的是，进入20世纪90年代之后，在拉丁美洲范围内，印第安人争取社会经济权益和政治、文化平等权利的斗争出现蓬勃发展的新局面，即所谓"土著人的崛起"。这场运动被拉美学术界称为"土著人社会运动"，遍及几乎所有有印第安人的拉美国家。"直到不久前，土著人问题不过小事一件，只有人类学家、民俗学家或对考古学与历史学感兴趣的人才会关注它。相反，从将近20年前、特别是从90年代起，土著人问题已经成了社会事务的中心，成了公

---

　　①　恩格斯：《家庭、私有制和国家的起源》，载《马克思恩格斯全集》第21卷，人民出版社1965年版，第35页。

共政策和治国理政的人们关注的目标"①。本文拟着重分析这场印第安人运动兴起的原因和背景，它的基本诉求和行为方式，以及拉美相关国家政府和社会的反应。

一　人口规模与分布状况

当前，拉美印第安人人口数量估计在 3500 万至 4000 万左右，约占拉美、加勒比地区总人口的 8%，其分布状况如表 1。

普遍承认，关于印第安人人口的统计数字是不准确的。原因不仅在于印第安人人口普查存在许多客观困难，而且还在于各国普查所采用的方法各式各样，有的是根据人们讲何种语言来确定其印第安人身份，有的是根据人们自报种族身份来确定，等等。也由于这类原因，一些国家出现普查数字与估计数字之间的巨大差异，如玻利维亚普查的印第安人数量占总人口的 59%，而估计数则占总人口的 81.2%；墨西哥印第安人的估计数字比普查数字多出将近 500 万。从表 1 的统计数字看，印第安人占本国人口比重最高的国家是玻利维亚、危地马拉、秘鲁和厄瓜多尔。从整个地区印第安人的分布看，绝大部分的印第安人集中在 5 个国家：秘鲁（27%）、墨西哥（26%）、危地马拉（15%）、玻利维亚（12%）、厄瓜多尔（8%）。拉美现有的 3000 多万印第安人又分为约 400 个不同的种族集团，各自都有自己的语言、社会组织、宇宙观、经济体制，以及与其生活环境相适应的生产模式。例如，在巴西和委内瑞拉的平原或丛林地区，有数十万印第安人

---

① José Bengoa, *Relaciones y arreglos políticos y jurídicos entre los Estados y los pueblos indígenas en América Latina en la última decada*, CEPAL, Santiago de Chile, Agosto de 2003, p. 9.

仍以渔猎、采撷为生；在秘鲁、玻利维亚和厄瓜多尔，则存在着规模相当可观的安第斯高原印第安人农业社会；智利的近百万印第安人中约有 80% 左右已经移居到城市；在利马、拉巴斯、墨西哥城等大都市，形成了规模很大的印第安人聚居区。

表 1 　　　　　　　　拉丁美洲印第安人数量
（20 世纪 90 年代部分国家普查数与估计数）

国家	普查或估计	年份	人口数量	占本国人口比重（%）
玻利维亚	普查	1992	3058208a	59.0
	估计	1992	5600000	81.2
巴西	估计	1992	1500000	1.0
哥伦比亚	普查	1993	744048	2.2
智利	普查	1992	998385b	10.3
厄瓜多尔	估计	1992	3800000	35.3
危地马拉	普查	1994	3476684	42.8
	估计	1992	4600000	49.9
洪都拉斯	普查	1988	48789	1.3
墨西哥	普查	1990	5282347c	7.4
	估计	1992	10900000	12.6
尼加拉瓜	普查	1995	67010	1.8
巴拿马	普查	1990	194269	8.3
巴拉圭	普查	1992	29482	0.7
秘鲁	估计	1992	9000000	40.2
委内瑞拉	普查	1992	314772d	0.9

注　a：6 岁及其以上人口；b：7 岁及其以上人口；c：5 岁及其以上人口；d：土著人口普查。

资料来源：根据 Peyser 和 Chakiel（1999 年）文章以及拉美经委会与拉美人口中心《2000 年普查若干概念问题》（圣地亚哥，第 361 页）编制。转引自 Martín Hopenhayn y Alvaro Bello, *Discriminación étnica-racial y Xenophobia en América Latina y el Caribe*, CEPAL, Mayo de 2001.

二 重要事件与基本特点

20世纪90年代"土著人的崛起"以一系列重大事件吸引了世人的目光。1991年，厄瓜多尔土著民族联合会（CONAIE）组织的全国大罢工标志着印第安人在该国政治舞台上的崛起。在厄瓜多尔的3位总统——布卡拉姆、马瓦德和古铁雷斯分别于1997年、2000年和2005年被迫下台的事件中，印第安人社会抗议运动都扮演了重要角色。在玻利维亚，印第安人于1990年发动"为争取领地与尊严"向拉巴斯的大进军，深深震撼了这个"高原之国"。此后，印第安人保卫水与生存的运动、高原地区艾马拉族印第安人公社运动、恰帕雷古柯种植农运动等相继兴起。墨西哥的萨帕塔民族解放军于1994年1月1日在南部恰帕斯州发动武装反抗，这一事件不仅因发生在与墨西哥加入北美自由贸易区的同一天而备受国际社会关注，而且对危地马拉和平协定的签订起了重要的推动作用。① 2001年，萨帕塔民族解放军又组织了向墨西哥城的大进军。一些印第安人领导人在拉美国家政治舞台上开始崭露头角。委内瑞拉总统查韦斯和秘鲁总统托莱多都具有印第安人血统。托莱多总统2001年在首都利马举行就职典礼后，还特地到印卡帝国的都城、位于库斯科的马丘比丘举行了一场印第安人传统仪式，以强调自己是印第安人的后裔。在玻利维亚，印第安人出身的维克托·乌戈·卡德纳斯于1993年当选共和国副总统；2005年，埃沃·莫拉莱斯又成为该国历史上

---

① 危地马拉于80年代发生国内武装冲突，印第安人是反政府武装的重要组成部分。90年代中期，政府与反政府武装签署和平协定，承认印第安人享有广泛的基本权利。舆论普遍认为，墨西哥恰帕斯印第安人武装反抗的发生对危地马拉政府产生了巨大压力，是促成危地马拉和平协定承认印第安人权利的重要因素。

第一位印第安人总统。印第安人女政治家尼尼亚·帕卡里于 1999 年出任厄瓜多尔国会第二副议长。在拉美国家议会中，"看到那些身着传统服装、讲着本民族语言的议员们出现，是不足为奇的事"。

此外，当前拉美地区的印第安人社会运动具有许多不同于以往土著人运动的新的特点。

（一）为印第安人提出了全面的权利要求

综观各国印第安人组织提出的基本诉求可以发现，印第安人首先是要求作为一个民族得到国家宪法及其他法律的承认，并在此基础上获得他们应有的政治权利、公民权利与社会权利。政治权利包括民族自治权、领地权、选举权等；公民权利包括承认印第安人组织的代表权，以及承认印第安人的生活方式、语言和文化等的合法地位；社会权利包括享有教育、医疗、养老等权利。因此，有评论认为，所谓"土著人的崛起"，是指印第安人已经作为一个全新的社会主角出现并对国家的根本制度提出了挑战，要求国家的根本大法明确承认"多民族与多元文化"的国家，并实行民族平等与民族自治的政策。

（二）关于土地要求的新含义

要求保障其生存所需要的土地是数百年来印第安人运动始终不变的主题之一，今天依然如此。但是，他们现在更明确地提出了"领地"（territorio）要求。"领地"一词在这里是指印第安人自祖辈以来长期聚居的地区。今天，印第安人要求保护其领地具有两层新的含义：一是他们将自己的领地视为一个民族的物质、文化与政治存在的象征；二是他们要求保护其领地的资源和环境不受现代各类开发活动的破坏。把保护生态环境作为印第安人社会运动的一个主题，既反映了印第安人求生存、求发展的合理要求，也符合当代的国际潮流，因而赢得了广泛的国际同情与支持，并促使各国政府与各类资源开发企业更加理性地制定核弹头实施资源开发计划。①

（三）由传统的"土著主义"（indigenismo）向"印第安主义"（indianismo）转变

根据拉美学术界的解释，土著主义是一种由非土著人主导的、家长式的意识形态，而印第安主义属于"后土著主义意识形态"，是由印第安人自己构建并付诸实施的。其中心思想是："我们因是印第安人而被人奴役，我们作为印第安人要自己解放自己。"可以说，意识形态上的这种变化反映了印第安人新的觉醒和主要依靠自身力量谋求解放的信心。这种情况也表现为 90 年代以来拉美印第安人运动在组织与动员方面的新变化，其一，涌现出一批新型的印第安人运动领导人，这些领导者不仅本身就是印第安人，而且一般都年轻、有文化，善于把印第安人的诉求与有利的国际因素结合起来，如利用联合国关于保障人权、实现民族平等、保护文化多样性、保护生态环境等主张，以及"千年发展目标"，等等。其二，强调本国不同地区、不同印第安人族系的普遍动员与团结，改变以往印第安人运动的分散状态，并建立具有广泛代表性的印第安人组织。② 其三，建立地区性联系渠道。这是"一种各

---

① 据拉美报刊报道，在阿根廷、玻利维亚、巴西、智利、哥伦比亚、厄瓜多尔、巴拉圭、秘鲁和委内瑞拉等国，都出现因跨国公司或本国企业在印第安人聚居区实施石油、天然气、其他矿产、木材及水力资源开发计划而与印第安人发生冲突的事件。

② 关于拉美国家主要的印第安人组织，可参见徐世澄《方兴未艾的拉丁美洲印第安人运动》，载《拉丁美洲和加勒比发展报告（2005 年）》，社会科学文献出版社 2006 年版。

国土著人运动及其领导人之间流畅的沟通与交流体系"，达到了统一口径、交流行动方式和建立泛美区域联盟的目的。

（四）采取新的斗争方式

90 年代以来，尽管出现过墨西哥恰帕斯州萨帕塔民族解放军的武装反抗，但是，拉美印第安人社会运动主要是采取非暴力斗争的方式，如罢工、抗议集会、设置路障、和平"进军"、利用现代传媒手段开展宣传，等等。如上文所述，在现行体制内通过选举途径实现参政，显然也是印第安人运动的一个重要选择。

三　原因与背景

印第安人社会运动的兴起有其深刻的社会经济、政治与历史原因。我们先概略地介绍一下印第安人的生存情况。

拉美印第安人较多的国家大都是社会经济发展水平较低的国家，全社会的贫困发生率本来就比较高，而印第安人的贫困发生率又普遍比非印第安人高得多。例如，玻利维亚的印第安人贫困发生率为 64.3%，非印第安人则为 48.1%；危地马拉分别为 86.6% 和 53.9%；秘鲁分别为 79.0% 和 49.7%。[①]在洪都拉斯，生活在贫困线以下的印第安人达 630 万。在厄瓜多尔，生活在农村的印第安人 80% 处于贫困状态。规模越来越大的移民、迁徙现象是当前印第安人生存状况的一大特点。尽管在殖民地时期就发生过印第安人被强制迁徙的事件，但毕竟数百年来，他们早已形成了特定的聚居地域。当前这种移民现象始于

---

①　Martín Hopenhayn y Alvaro Bello, *Discriminación étnica-racial y Xenophobia en América Latina y el Caribe*, CEPAL, Santiago de Chile, Mayo de 2001, p. 15.

20 世纪中期，其基本原因有以下三点。第一，土地及其他生产资源减少，生态环境恶化，人口扩张，造成生存危机。这几乎是所有印第安人聚居地区的普遍性问题。第二，国内的动乱或战争使他们的生产活动遭到破坏，生命安全得不到保障。许多拉美国家一度兴起的农村游击队大都以印第安人较多的偏远山区为活动基地。其中 80—90 年代萨尔瓦多和尼加拉瓜的内战，90 年代中期墨西哥恰帕斯的农民运动，哥伦比亚迄今尚未结束的武装冲突等，都在不同程度上造成了印第安人被迫进行异地迁徙。第三，在国家现代化、城市化的过程中，印第安人也日益受到现代都市生活的吸引。从长远看，印第安人向城市迁移或许是改变生存状况的一种途径，是他们力求跟上社会前进步伐的一种必然选择，但这个过程可能要经历某种"阵痛"。他们进入城市这个"非印第安人的舞台"，有一种种族身份失落、与自身文化传统隔绝、处境孤立和备受歧视的感觉。随着时间的推移，在诸如墨西哥城、利马、圣非波哥大、拉巴斯、基多等主要城市的边缘区，逐渐形成了规模越来越大的印第安人社区。在那里，他们建立了自己的互助组织、邻里组织、政治组织、生产组织等，他们共同的种族身份得到认同，传统信仰与传统节日得到恢复。印第安人的这种移民倾向进一步加大了主要城市的人口压力。虽然这种变化减少了他们的孤独感，但并未因此而改变其边缘化的地位。他们要在经济上获得稳定的来源，在文化上融入城市环境，还需要经历一个较长的过程。印第安人进入城市劳动力市场面临结构性的困难，如受教育程度低，没有接受过任何专业训练，有些人甚至在语言上一时还难以与外界沟通。因此，一般来说，男人们通常是在建筑、服务、制造业等部门从事不需要专业技术的体力劳动；妇女只能从事家政服务或做小商贩等。这种情况就决定了印第安人就业主要是在非正规部门，具有工作不稳定、报酬低、不能享受社会保障待遇等特点。许多调查资料显示，移居城市的印第安人家庭采取一种"城乡结合"、"做工与经商兼顾"的方式维持生存。例如，智利的印第安人以马普切人为主，80%左右已移居城市，多数是既在城市做工，也到农业生产单位做季节工，还从事小规模的农产品长途贩运。印第安人进入劳动市场的结构性障碍主要来源于他们在教育领域长期受到排斥，主要表现为成人文盲率最高，平均受教育年限少，接受中、高等教育的机会更少。以厄瓜多尔为例，印第安人受过初等教育的仅占53%，受过中等教育的只占15%，受过高等教育的仅有1%。巴拿马1990年的普查表明，城、乡文盲率分别为3.3%和15%，而印第安人文盲率达到44.3%。墨西哥1990年的普查表明，凡印第安人占人口30%以上的地区，6—14岁的儿童中26%未上学，15岁以上的人口中会读写的只占59%，有37%的人从未进过学校门。在洪都拉斯，印第安人文盲率高达87%。"教育排斥"现象的产生，除了印第安人生活贫困和他们聚居地教育发展滞后之外，还有更深层的原因。拉美国家的教育体系一直强调民族文化的"同一化"（homogeneidad），而在教育实践中也始终未能解决好双语教学问题。正如有的学者指出：教育问题在于教育体系难以应对多元化和双语的挑战。对印第安人的教育一直是一种将他们纳入"民族文化"的手段，这看来已经失败了。现在需要寻找新的办法，使印第安人既能掌握现代化的秘诀，即那些参与竞争、行使现代公民权利与机会均等所要求的技巧，又使他们不失去自己的种族身份、语言和文化。[①]

---

① Martín Hopenhayn y Alvaro Bello, *Discriminación étnica-racial y Xenophobia en América Latina y el Caribe*, CEPAL, Santiago de Chile, Mayo de 2001, p. 19.

印第安人在医疗卫生方面极度缺乏保护。泛美卫生组织、国际劳工组织、拉美经济委员会等机构的调查报告都认为：拉美各国的少数民族都以不同程度和形式被排斥在医疗卫生保护体系之外。例如，在玻利维亚，印第安人聚居的省份传染病患病率比全国平均高5—8倍；急性腹泻是5岁以下印第安儿童的第一杀手。委内瑞拉丛林地区印第安人面临的三大杀手依次为黄热病、营养不良和乙型肝炎，某些地区乙型肝炎感染率高达58%—84%。因此，查韦斯政府推行的群众性医疗救助和医生培训计划深得民心。在巴拿马，印第安人集中的博卡斯—德尔托罗省，腹泻引起的儿童死亡率为全国平均数的5.5倍；在圣布拉斯地区，霍乱发病率是全国平均数的80倍，肺炎发病率比全国平均数高6倍。尽管各国的情况表现形式不同，但基本原因却大体相同：一是印第安人生活极端贫困，营养不良，卫生条件恶劣；二是缺乏必要的公共预防和医疗服务；三是印第安人主要使用他们的传统医药，而传统医药历来不受官方重视。

阿尔瓦罗·贝略和马尔塔·兰赫尔指出："所有这些苦难的原因都源于一种历史背景。首先是殖民主义的统治与排斥政策，而后是19世纪和20世纪民族国家阶段的同化企图，以及运行至今的社会与经济结构。"种族主义和对印第安人权利的剥夺是欧洲宗主国在拉美、加勒比地区历时300年的殖民统治时期推行的一项基本政策。拉美国家独立之后，不仅种族歧视的思想被承袭下来，演变成"国家内部的种族主义"，而且殖民地时期形成的等级森严的社会也延续下来。一直以来，拉美各国政府不愿意承认多民族与多元文化的现实，强调民族和文化的同一性。上述两位作者进一步指出："在许多国家，人们继续把黑人和印第安人视为劣等或次等生灵，因而把他们排斥在教育体系之外，并把最差的活计留给他们干。这种现象的直接结果便是大量的印第安人和黑人陷入贫困。"①有的学者把印第安人问题的实质归纳为两个基本问题:社会公正与公民权利。"印第安人数个世纪以来所受到的不完整的公民待遇,显然和他们在收入分配、就业、教育、医疗等领域所处的不利地位紧密联系在一起"。因此,解决之道就在于"既要纠正社会不公,又要切实赋予印第安人政治参与权"②。

此外,不少研究印第安人问题的学者认为,拉美印第安人社会运动的兴起,与 20 世纪 80 年代拉美国家经济的严重衰退和 90 年代的经济低迷有着直接的关系。

我们同时也注意到,拉美印第安人社会运动的兴起和发展显然受到某些国际因素的推动。

一是"发现新大陆"500 周年纪念活动。1992 年适逢哥伦布"发现新大陆"500 周年,世界许多地方都在筹备相关纪念活动,某些欧洲国家尤为积极。拉美各国的印第安人也积极行动起来,举行了多次地区性会议。他们明确拒绝使用"发现"一词,主张把 500 年前的这一事件称为文明的"汇合",并痛陈 500 年来美洲印第安人所遭受的不公正待遇,强烈要求国际社会认真关注"土著人问题"。不管人们是否真正认同,国际上关于这次纪念活动的指导文件还是采用了"文明汇合"的提法,各种纪念会也都发表尊重土著民族的声明。1992 年在马德里举行的伊比利亚美洲国家首脑会议决定创立"拉丁美洲和加勒比土著民族发展基金",支持针对土著民族的发展计划,并将基金办事处设

① Alvaro Bello y Marta Rangel, *La equidad y la exclusion de los pueblos indígenas y afrodescendientes en América Latina y el Caribe*, Revista de la CEPAL, No. 76, Abril de 2002, pp. 40 –41.

② Rodrigo Valenzuela Fernández, *Inequidad, Ciudadanía y Pueblos indígenas en Chile*, CEPAL, Santiago de Chile, Noviembre de 2003, p. 5.

在玻利维亚的拉巴斯。美洲开发银行也决定为这类发展计划提供人力与资金支持。拉美天主教会发表了"必须尊重土著民族权利"的声明；美洲国家组织也公开表示要关注土著人的权利。可以说，通过"500周年"纪念活动，在拉美以及整个国际范围内，逐步形成了一种关心土著民族生存权利的有利氛围。

二是"地球峰会"与"千年首脑会议"。这两次全球峰会分别涉及两个重大主题：保护生态环境和制定"千年发展目标"。这两大主题都与拉美印第安人社会运动有直接的关系。1992年6月，联合国环境与发展会议在里约热内卢召开，会议认为，土著民族因其所具有的生态常识和传统实践，在环境保护与发展方面发挥着至关重要的作用，并强调各国在致力于实现生态合理的、可持续的发展中，应当承认、鼓励和强化土著民族的作用。会议通过的行动计划中还列入了专门论述土著民族作用的一章。拉美印第安人运动敏锐地抓住了这个有利机遇，积极参与了与此次会议并行的非政府组织论坛，并发表了一篇关于环境与发展的声明。国际社会对土著民族保护生态环境的积极作用和他们维护自身生存环境的正当性的肯定，对拉美印第安人社会运动起到了重要的推动作用。2000年举行的"千年首脑会议"通过《联合国千年宣言》，提出了"千年发展目标"。可以说，"千年发展目标"所包含的各项目标无一不与改善印第安人的生存状况利害攸关，把印第安人争取社会公正的目标进一步具体化了。拉美各国政府对落实"千年发展目标"的承诺，至少给印第安人运动以某种鼓舞和希望。

四　进展与局限

面对印第安人社会运动提出的各种权利要求，拉美国家基本上采取了积极回应的态度。其中，针对印第安人（也包括黑人）问题修改宪法是各国普遍采取的措施。哥伦比亚于 1991 年颁布的新宪法明确规定："国家承认并保护种族与文化的多样性"；土著人领地可以由他们自己根据其习俗组成的机构进行治理；土著人可以直接选举自己的国会议员，等等。阿根廷 1994 年的宪法修改文本承认了印第安人的原住民地位，即在国家形成之前印第安民族及其文化就已存在。玻利维亚 1994 年宪法规定：玻利维亚是"一个自由、独立、主权、多种族与多元文化的统一共和国"。巴西 1988 年宪法第 231 条详尽列举了印第安人的各项权利。厄瓜多尔 1998 年宪法规定，厄瓜多尔是一个"法治、主权、统一、独立、民主、多元文化与多种族"的国家。危地马拉 1985 年宪法规定，危地马拉是一个包括由玛雅人后裔的各土著族群在内的多个种族组成的国家。墨西哥（1992 年）、巴拉圭（1992 年）、秘鲁（1993 年）、巴拿马（1994 年）、尼加拉瓜（1995 年）等国的宪法也都作了上述类似规定。对于印第安人的领地、土地及其自然资源要求，拉美国家分别采取了一些立法或实际措施。例如，玻利维亚宪法承认土著民族有权使用和持续利用其土地上的自然资源。巴西宪法规定，对土著居民土地上的水力资源的利用、矿产资源的勘探与开采，必须在听取当地居民意见并确保他们能根据法律规定参与受益的情况下，由国会批准后付诸实施。厄瓜多尔宪法规定，土著居民对其土地上的可更新自然资源有权使用、收益、管理与保护；对其土地上的不可更新资源的勘探、开发计划必须事先听取他们的意见，他们有权分享开发带来的利益；此类开发计划如果对当地社会环境造成影响，必须予以补偿。尼加拉瓜宪法承认，大西洋岸地区的土著热公社有权享有和使用当地的水和森林资源并分享其带来的利益。智利政府在解决土著人土地问题方面采取了比较具体的措施，于 1993

年设立了一项土地基金，由国家购买私人土地，再无偿交与印第安人公社，预计总量为 15 万公顷。在文化教育领域，部分拉美国家也采取了一些措施，如推行关于人权的宣传与教育计划，关于消除种族歧视的宣传计划，关于实施跨文化与双语教学计划，等等。

　　尽管取得了上述进展，但是，正如一些学者所指出："我们从积极的方面来理解这类宪法上的承认，这类承认终究体现了拉丁美洲社会中新的土著人角色的出现。在多数情况下，宪法被迫改变了那种严格单一性的、不容许多样性存在的论据。然而，人们对此必须态度谨慎，因为在多数情况下，宪法承认还没有变为具体规定、相应政策，以及土著居民生活条件的最终改善。"①显然，这个具体落实过程无疑将是漫长的。资源问题也是复杂的。资源的所有权一般都属于国家，而资源开发通常由中标的企业进行。一方面是国家或企业能否认真考虑当地印第安人的利益；另一方面是印第安人的相关要求是否合理，以及他们是否具有捍卫其合法权益的能力。因此，实际情况是，尽管在各国宪法中有所规定，但印第安人地区因资源开发引起的冲突却不断发生。土地问题也同样棘手。印第安人土地问题既有土地数量不足、土地退化问题，也包括他们的土地被人侵占或产权纠纷问题，等等。拉美各国迄今并未找到解决这个问题的有效途径。至于从整体上提高印第安民族的素质，增强他们自我发展的能力，则更是任重而道远。

---

　　① José Bengoa, *Relaciones y arreglos politicos y jurídicos entre los Estados y los pueblos indígenas en América Latina, en la última décda*, CEPAL, Santiago de Chile, Agosto de 2003, p. 26.

五　结束语

拉美印第安人争取平等的民族权利与社会公正待遇的斗争已经延续了数百年。印第安人社会运动的崛起反映了印第安人新的觉醒，尽管当前国内外环境都发生了有利的变化，但是，印第安人问题既与主流社会中长期存在的对印第安人的种族偏见联系在一起，也与造成拉美国家普遍性社会分化的制度与政策因素联系在一起。这些因素都不是短期内可以克服的。拉美国家对印第安人问题所表现出的比以往更加强烈的政治愿望表明，人们已经把这个问题作为实现国家发展目标的重要组成部分来加以理解，正在从积极的方面逐步采取措施来加以解决。

主要参考文献

1. Alvaro Bello y Marta Rangel, *La equidad y la exclusion de los pueblos indígenas y afrodescendientes en América Latina y el Caribe*, Revista de la CEPAL, No. 76, Abril de 2002.

2. Martín Hopenhayn y Alvaro Bello, *Discriminación étnico-racial y Xenophobia en América Latina y el Caribe*, CEPAL, Santiago de Chile, Mayo de 2001.

3. José Bengoa, *Relaciones y arreglos politicos y jurídicos entre los Estados y los pueblos indígenas en América Latina en la última décda*, CEPAL, Santiago de Chile, Agosto de 2003.

4. Rodrigo Valenzuela Fernández, *Inequidad, ciudadanía y pueblos indígenas en Chile*, CEPAL, Santiago de Chile, Noviembie de 2004.

5. Rodrigo Borges Martines, *Desigualdades raciales y politicos de inclusión racial: Resumen de la experiencia brasileña reciente*, CEPAL, Santiago de Chile, Marzo de 2004.

6. Richard N. Adams, *Etnicidad e igualdad en Guademala 2002*, CEPAL,

Santiago de Chile, Mayo de 2005.

　　7. Rodrigo Martínez (coordinador), *Hambre y desigualdad en los países andinos. La desnutrición y la vulnerabilidad alimentaria en Bolivia, Colombia, Eguador, y Perú*, CEPAL, Santiago de Chile, Diciembre de 2005.

（原载《拉丁美洲研究》2006 年第 3 期）

拉美左派崛起与左派政府的变革

进入 21 世纪以来的短短几年间，一批左派政府的崛起导致了拉美政治版图的大改组，并标志着一股新的变革潮流的出现。这些左派政党究竟属于何种性质；它们为何能在拉美政治舞台上崛起；它们领导的政府究竟实行了哪些变革，其前景如何。本文试图围绕这些问题进行一些分析和探讨。

一 左派崛起与左派政府的性质

当前被国际舆论公认为左派当政的拉美国家有委内瑞拉、智利、巴西、阿根廷、乌拉圭、玻利维亚、厄瓜多尔和尼加拉瓜等 8 国。其中前 7 个国家都在南美洲，因此，国际上有一种说法："3.65 亿南美人中大约有 3 亿生活在左翼政府控制之下。"[①] 据统计，上述 8 国的领土面积占拉美总面积的 71.8%，人口占拉美

---

① 《纽约时报》2005 年 12 月 24 日，转引自［印］艾加兹·艾哈迈德《玻利维亚有可能实行社会主义吗?》，《国外理论动态》2006 年第 4 期。

总人口的 53.8%。①

查韦斯当选委内瑞拉总统是拉美左派开始崛起的标志。查韦斯原是一位陆军中校，因反对政府当局血腥镇压 1989 年 2 月的加拉加斯市民暴动而投身政治活动。在 1992 年 2 月发动政变失败后，他转而进行民众动员和组织工作，创建"第五共和国运动"，1998 年大选中以进行"玻利瓦尔革命"相号召，成功当选总统。

智利社会党领导人拉戈斯于 2000 年当选总统；2006 年 1 月，该党领导人巴切莱特又在大选中获胜。智利社会党成立于 1933 年，早期宣称信奉马克思主义，主张建立无产阶级专政；1964 年修改党纲时主张进行议会斗争；70 年代初，阿连德领导的"人民团结"政府提出智利要"向社会主义过渡"；阿连德政府被推翻后，党内又出现所谓"社会主义更新进程"（proceso de renovación socialista），主张在资产阶级民主体制内进行变革。② 1990 年军人"还政于民"后，社会党与基督教民主党等组成执政联盟，前两届政府均由基民党人出任总统，拉戈斯是执政联盟的第三任总统。

巴西劳工党领导人卢拉于 2002 年当选总统，2006 年又获连任。劳工党成立于 1980 年，主张自然资源国有化、实行土地改革、保护民族企业等。在前三次竞选中，卢拉曾提出金融体系由国家控制，停止偿还外债，不与中、右派政党结盟等主张，并抨击私有化是凌辱国家主权。2002 年第四次竞选时，他表示赞成

---

① 江时学：《社会主义在拉美复兴?》，转引自《环球时报》2007 年 3 月 19 日第 11 版。

② 关于智利社会党的"社会主义更新进程"，可参阅 Ignacio Walker, *Socialismo y Demovracia: Chile y Europa en Perspectiva Comparada*, CIEPLAN-HACHETTE, Santiago de Chile, 1990.

政府偿还债务的承诺，认为私有化产生了积极效果，并主动与自由党结盟，邀请巴西最大的纺织集团董事长作为竞选搭档。卢拉还"向金融资本保证：他将在经济、特别是财政领域实行正统政策"①。

阿根廷基什内尔总统出身于正义党。正义党是20世纪40年代由庇隆将军创建的民族主义政党。90年代，该党领导人梅内姆执政期间全面推行新自由主义，把国家引向了危机的边缘。2001年底，在激进党人德拉鲁阿当政时，经济危机终于爆发，并引起严重的政局动荡与社会骚乱。激进党以及正义党的右翼都因这场危机而声望大跌。在阿根廷特定的政治环境下，基什内尔作为正义党的左翼在2003年大选中获胜。

在乌拉圭2004年11月大选中获胜的巴斯克斯是由竞选联盟——"进步联盟—广泛阵线—新多数派"推出的候选人。作为联盟主导力量的"广泛阵线"包含从传统政党——红党分裂出来的持不同政见者、共产党、左派解放阵线、社会党、基督教民主党、革命工人党（托派），等等。广泛阵线一直以参加全国和地方选举为基本目标，组织上不断分化组合。在仅有300多万人口的乌拉圭，2004年出现的上述竞选联盟集合了除红党和白党两个传统政党之外的数十个政党和社会运动，成分非常复杂。

莫拉莱斯2005年12月以超过50%的高票在玻利维亚大选中获胜，成为该国历史上第一位印第安人总统。莫拉莱斯作为古柯种植者工会主席崛起于政坛。他领导的"争取社会主义运动"主张石油、天然气国有化，要求印第安人享有平等权利。

尼加拉瓜桑地诺民族解放阵线曾于20世纪70年代通过武装

---

① Wiefredo Lozano, "La Izquierda Latinoamericana en el Poder", *Nueva Sociedad*, No. 197, Caracas, Venezuela, Mayo-Junio 2005, p. 136.

斗争推翻索摩查独裁政权，但在 1990 年大选中丧失执政地位。其主要领导人丹尼尔·奥尔特加曾三次竞选总统失败，2006 年第四次竞选成功。他既提出了一些积极的社会政策主张，也强调要巩固国内民主，尊重私有财产，支持与美国签订的自由贸易协定，并表示他已经放弃年轻时的马克思主义理想。

2006 年在厄瓜多尔大选中获胜的科雷亚，是由左翼"社会主义党—广泛阵线"等组成的"主权祖国联盟运动"的领导人，并得到国内强大的印第安人运动的支持。他提出了扩大民主参与，革除弊政，发展生产力，改善民生，限制外债支付等政策主张。

这些新上台的政党中，凡是原来就具有左派背景的政党，既不是保持原有政治立场，更不是进一步激进化，而是转向"温和化"。"以前激进、后来得以重新改造的左派的最好的例子可以在智利、乌拉圭，以及在较轻的程度上在巴西找到"①。为什么国际舆论把这些政府都划为"左派政府"呢？笔者认为，前提主要有两条：其一，这里所说的"左派"只限于在资产阶级阵营内部区分"左翼"与"右翼"；其二，当前拉美的左派政府是相对于 90 年代积极推行新自由主义的政府而言的。也就是说，是根据当前拉美的现实来提出区分"左"与"右"的标准，而不是根据某种经典的左派标准来解释当前的现实。例如，多米尼加学者罗萨诺认为："区分左与右的标准是对公平所持的态度。主张捍卫公平的就是左派。持这种立场的人认为，不公平主要是一种社会现象，而不是自然现象。从而就要提出一种纲领，其中心是在社会领域为机会公平而奋斗，反对各种形式的社会与经济

---

① ［墨西哥］豪尔赫·卡斯塔涅达：《拉丁美洲向左转》，《国外理论动态》2006 年第 12 期。

排斥，进而在政治领域维护一种不局限于选举竞争的民主秩序，坚持确立公民社会与法制国家。右派主要用市场配置资源，左派则主要靠社会配置资源；对右派而言，政治分界的唯一标准是自由民主，基本上就是选举型民主。左派则认为，民主应当更为广泛，应包含确保公民的社会权利，保护少数，以及公民社会作为法定角色参与政治。"①

　　按照这个标准，罗萨诺将拉美左派分为三类：第一类是"原教旨主义左派"，即那些坚持革命立场的左派，如萨尔瓦多的"法拉本多·马蒂民族解放阵线"等。第二类是"民众主义左派"，如委内瑞拉的查韦斯、玻利维亚的莫拉莱斯等。第三类是"改良主义左派"，如智利社会党、巴西劳工党、阿根廷基什内尔政府、乌拉圭巴斯克斯政府等。② 委内瑞拉的博埃斯内尔则把拉美左派政府分成三类：第一类是"革命左派"，即指由共产党领导的古巴政府。第二类是"民主左派"，如上述巴西、阿根廷、智利、乌拉圭等国的左派政府。第三类是"民众主义左派"，主要指查韦斯政府。③ 笔者认为，不论他们给拉美新近上台的左派冠以什么样的名称，把这些左派都定性为资产阶级阵营中的左翼，其中又可以分为"激进"与"温和"两种类型，是符合实际的。正如有的学者所说："我们面对的是一种渐进主义的、实用主义的、没有严格意识形态定位的左派。"④

　　① Wilfredo Lozano, "La Izquierda Latinoamericana en el Poder", *Nueva Sociedad*, No. 197, Caracas, Venezuela, Mayo-Junio 2005, p. 130.

　　② Wilfredo Lozano, "La Izquierda Latinoamericana en el Poder", *Nueva Sociedad*, No. 197, Caracas, Venezuela, Mayo-junio 2005, pp. 133 – 135.

　　③ Demetrio Boersner, "Gobiernos de Izquierda en América Latina, Tendencies y Experiencias", *Nueva Sociedad*, No. 197, Caracas, Velezuela, Mayo-Junio, 2005, pp. 112 – 113.

　　④ Carlos M. Vilas, "La izquierda latinoamericana y el surgimiento de regimenes nacional-populares", *Nueva Sociedad*, No. 197. Caracas, Venezuela, 2005, p. 90.

二 拉美左派崛起的背景

拉美国家资产阶级右翼与左翼交替执政的局面历史上并不鲜见，但左派崛起在短短几年内就形成一股地区性政治潮流却没有先例。因此，我们既要关注左派在各自国家崛起的具体背景，更要从地区的角度去分析左派崛起的共同背景。20 世纪 80 年代末90 年代初，东欧剧变，苏联解体，世界社会主义运动转入低潮。在拉美地区，古巴进入"和平时期的特殊阶段"；中美洲冲突以有利于美国的方式结束；新自由主义大行其道；老布什总统1990 年发表"美洲倡议"，公开扬言要消灭社会主义的古巴，将西半球完全纳入西方民主与自由经济的轨道；拉美一些具有民族主义色彩的政党纷纷向右转。为何短短 10 年之后左派就纷纷上台执政，导致拉美地区政治版图的大改组？笔者认为，最主要的原因有以下三点。

（一）新自由主义改革的不成功

20 世纪 80 和 90 年代，拉美国家进行了一场新自由主义主导的经济改革。人们往往把 80 年代拉美"失去的 10 年"都归咎于债务危机。实际上，西方国家当时要求拉美国家进行所谓"应急性调整"，迫使这些国家集中有限的资源从事初级产品生产和出口，以换取外贸顺差来还债，使 80 年代拉美地区制造业年均增长率降为 0.1%，造成工业化的一次大倒退。90 年代经济改革全面铺开后，虽然拉美经济一度呈现恢复性增长，但随后即发生墨西哥（1994 年）、巴西（1999 年）、阿根廷（2001 年）等国连续性的金融危机。1991—2002 年，拉美经济年均增长率仅为 2.4%，只相当于 1950—1980 年期间年均增长率的 45%。

长达 20 多年的经济衰退与低迷对社会造成了巨大冲击。1990年，拉美贫困人口占总人口比例创 48.3% 的历史纪录，2005 年仍高达 40.6%，与 1980 年持平。在经济改革过程中，失业率不断上升，社会财富进一步集中化，经济受国际金融资本控制的程度大幅提高，国家调控和解决经济、社会问题的能力下降，政治民主化被导向所谓"市场民主"的错误方向。因此，民众的社会抗议运动不断高涨，印第安人运动蓬勃兴起，"世界社会论坛"的规模一年比一年扩大，自 1997 年以来，拉美先后有 7 位民选总统被迫中途退位。

卡洛斯·维拉斯归纳了新自由主义改革陷入困境的三个原因：第一，改革造成了纯负面的社会冲击，引起了社会不满；第二，"市场民主"将民主变为单向度的选举竞争，严重限制了人们的经济和社会参与；第三，民众各种权益要求从社会底层爆发，却得不到政府政策的回应。① 可以说，新自由主义改革的不成功是引起拉美地区局势变化的基本原因。民众社会抗议运动的兴起，要求变革呼声的高涨，是左派崛起的主要政治与社会基础。

（二）一批传统政党的衰落

20 世纪 90 年代以来拉美出现的一个重要政治现象是，许多在政治舞台上活跃多年的传统政党走向衰落。早在 90 年代初"藤森现象"出现时，人们就注意到秘鲁传统政党的衰落。这种现象后来在委内瑞拉、哥伦比亚、墨西哥、乌拉圭、阿根廷、厄瓜多尔、尼加拉瓜等许多国家都出现了。传统政党的衰落引起政

---

① Carlos M. Vilas, "La izquierda latinoamericana y el surgimiento de regimenes na-cional-populares", *Nueva Sociedad*, No. 197. Caracas, Venezuela, 2005, pp. 90 – 91.

治力量的重新分化与组合，而新自由主义改革引发的危机进一步加速了这个分化组合过程，为左派力量的崛起提供了有利的机遇。传统政党衰落的原因多种多样，或者是抛弃党的传统路线，紧跟新自由主义，并在国内引发危机；或者是因循守旧，适应不了国内外形势的变化，在治国理政方面少有作为；或者是严重的腐败，如此等等。

（三）资产阶级民主体制的恢复

20 世纪 50—70 年代，拉美国家政坛上也存在左、右轮替的现象，但是，在当时的历史背景下，左派政党当政一旦被认为对传统势力或美国的利益构成了威胁，就会立即由右翼军人政变将其推翻。现在情况不同了，经过自 70 年代末期以来的政治民主化运动，拉美早已是"一片民主的大陆"。不仅拉美各国民众及各派政党十分珍惜来之不易的政治民主局面，美国政府也把在世界范围内推广西方民主作为其国际战略。尽管美国并不乐见拉美国家的左派上台，但却找不到有效办法加以阻止。在政府更替能正常地通过大选来实现的前提下，左派在选票箱里赢得执政地位的道路就是畅通的。因此，我们就可以看到拉美左派在大选中采取的一种共同策略：把许许多多的小政党和社会运动争取过来，结成多达十几个或几十个政党或运动组成的、色彩斑斓的竞选联盟，甚至与右翼势力结盟。这种策略在争取选票上大多是成功的，但给施政过程中带来的问题也不可忽视。

三 左派政府变革的基本方向

拉美的左派政府都是举起变革的旗帜登上执政舞台的。它们进行变革的基本方向如何，不能单凭其竞选纲领来判断，主要应看其在施政过程中所实行的政策。在本文所论及的 8 个左派当政的国家中，尼加拉瓜的奥尔特加政府和厄瓜多尔的科雷亚政府刚上台不久，确定其变革的基本方向似乎还为时尚早；其余 6 国政府都有了较长的执政经历，已经提供了分析其变革方向的政策依据。这 6 个左派政府的政策取向大体可以分为"温和"与"激进"两个类型，智利、巴西、乌拉圭和阿根廷属于前一类，委内瑞拉和玻利维亚属于后一类。

（一）"温和"型左派政府的变革

在"温和"型左派政府中，智利政府比较有代表性。智利社会党与基督教民主党、争取民主党和社会民主激进党组成的"争取民主联盟"在 1990 年 3 月大选中获胜，并连续执政至今。前两届政府由基民党人出任总统，2000 年以来社会党人拉戈斯和巴切莱特先后出任总统。从拉戈斯任总统起，人们才把智利政府称为左派政府。社会党与其他 3 党组成"争取民主联盟"的政治基础是"后独裁过渡协议"（acuerdo de transición postdictatorial），即基于恢复和捍卫资产阶级代议制民主体制的共识而达成的政治妥协，"巩固民主的必要性是维持联盟的轴心"[1]。因此，不论由联盟中哪个党的政治家出任总统，政府的政策都必须反映执政联盟的共同立场。

在政治上，执政联盟的基本目标就是重建民主体制，如三权分立，多党竞争，定期选举，恢复法治，等等。执政联盟关于经济改革的基本方针也是前后一贯的，大体可以概括为：不全盘否定军政府的新自由主义改革，继续实行资本主义市场经济，继续

---

① Wilfredo Lozano, "La Izquierda Latinoamericana en el Poder", *Nueva Sociad*, No. 197, Caracas, Venezuela, Mayo-Junio, 2005, p. 139.

对外开放，但要对国家的职能重新定位，强调通过公共政策手段进行调整，促进经济增长，纠正社会领域的严重失衡。正如国外学者的评论所说："在智利，从 1990 年起，随着民主的到来，（对新自由主义模式的）偏离就更大了。发展战略虽然是建立在新自由主义模式的基础上，但已经作了修改，旨在建立一个致力于同时取得增长与公正的更积极的国家（un estado más activo），而不是像新自由主义所说的公正是增长的结果。"① 智利的执政联盟一直奉行对外关系多元化方针，重点发展对外经贸合作，是继墨西哥之后第二个与美国签订双边自由贸易协定的拉美国家。现任巴切莱特政府的内外政策充分体现了"争取民主联盟"政策的连续性。其"2006—2010 年执政纲领"包含三大要点：保持经济政策稳定，加快经济增长；构建全面的社会保护体系，提高民众的生活质量；扩大民众对公共事务与政府决策的参与。

巴西、阿根廷、乌拉圭左派政府的改革与智利一样同属于"温和"型的改革，政治上维护和完善资产阶级代议制民主体制，经济领域则在前期改革的基础上进行若干政策调整，只不过因各自国情的不同而在施政的侧重点上有所差异。

巴西卢拉政府在 2006 年结束的第一届 4 年任期中，在政治领域并未采取任何重大变革举措。卢拉政府的经济政策可以概括为连续性与创新性相结合。连续性主要表现为没有否定前政府的改革，同时继续实行控制高通货膨胀的方针。创新性主要表现为：第一，紧缩的财政政策与积极促进出口的政策同时并举，通过争取公共财政盈余和贸易顺差加快偿还债务。第二，新建 30 多家国有企业，扩大了国家在石油、天然气、电力、金融、交通

---

① Joseph Ramos, "Un Balance de las Reformas Estructurales en América Latina", *Revista de la CEPAL*, Santiago de Chile, Agosto de 1997, p. 18.

等领域的控制力。在社会领域，卢拉政府采取了减少失业、"零饥饿计划"和养老金改革等措施。在外交上，卢拉在上台之初对美国态度比较强硬，但后来就逐渐缓和下来。预计卢拉在第二任期中内外政策走向"激进化"的可能性不大。

阿根廷 2001 年底刚经历了一次严重危机，基什内尔政府在经济领域主要是采取一些调整措施来促进经济稳定与恢复增长。唯一重大的举措是与国际货币基金组织和国际债权人达成一项"债务转换协议"，将约 630 亿美元的旧债券兑换成 353 亿美元的新债券，减少债务负担 276.8 亿美元。相比较而言，基什内尔政府在社会改革方面采取了一些重要措施，如较大幅度地提高了养老金标准和最低工资标准；提高了雇主解雇工人的"门槛"和补偿标准；恢复了由行业工会与企业进行劳工合同谈判的制度；通过扩大公共工程建设增加就业；通过实施社会救助计划改善了部分贫困人口的生活状况，等等。

乌拉圭巴斯克斯政府采取的主要措施有：（1）就政府的施政纲领与在野党达成"谅解备忘录"，承诺将捍卫资产阶级民主政治体制、稳定经济、保护外资利益。（2）宣布从 2006 年起提前偿还欠国际货币基金组织的债务。（3）实行"社会紧急救助计划"，保证低收入家庭获得相当于国家最低平均工资的收入补贴。（4）保持与美国的正常关系。

综上所述，拉美这些"温和型"左派政府的变革是一种现行体制内的变革。这些政府并未提出任何改变现行政治与经济制度的目标，它们所实行的变革主要集中于经济与社会政策方面的调整。毫无疑问，这些政策调整是对前期新自由主义改革造成的经济脆弱性加大、社会冲突加剧等作出的反应，是具有积极意义的。这些政府有没有决心逐步摒弃新自由主义，有没有可能探索出一种适合本国国情的新的发展模式，则还有待于今后的实践来证明。

（二）"激进型"左派政府的变革

委内瑞拉查韦斯政府和玻利维亚莫拉莱斯政府属于"激进型"左派政府。两国变革的共同特点是：第一，在政治上都提出要实行"参与制民主"（democracia participativa）。第二，在经济上都主张摒弃新自由主义模式。第三，查韦斯于 2005 年初提出由"玻利瓦尔革命"转向"21 世纪社会主义"（el socialismo del siglo XXI）；莫拉莱斯也在谈论建设"社群社会主义"（el socialismo comunitario）。第四，两国与古巴关系密切，对美国的态度都比较强硬，并由委、古、玻三国共同组建了美洲玻利瓦尔替代计划（ALBA），以抵制美国主导的美洲自由贸易区（ALCA）。

查韦斯当政已经 8 年多，在国内采取了一系列变革措施。在政治领域，1999 年召开制宪大会，通过新宪法——玻利瓦尔宪法，改国名为"委内瑞拉玻利瓦尔共和国"，改国会两院制为一院制，称"全国代表大会"，并由国会以"授权法"的形式赋予政府推行改革的权力；加强对军队的领导，更新武器装备，强化军事训练，扩大预备役部队规模，动员军队直接参与民事工程建设和为群众服务，密切军民联系；通过制定社区委员会法，加强社区的组织、管理，广泛动员民众直接参与政治；宣布要建立"委内瑞拉统一社会主义党"（Partido Socialista Unido de Venezuela）；强调加强革命舆论宣传和掌握舆论阵地，等等。在经济领域，扩大国家管理和国家所有制，一是由政府投资兴建一批国有企业，二是收购外资企业的全部或大部分股权，以石油、电力、通讯等领域为重点；建立了 10 多万个合作社，由政府提供贷款、收购产品、提供培训等；逐步推行工人参与企业管理的制度；收回部分被非法占用或长期闲置的土地，分配给农民，以促进农业生产，等等。在社会领域，实行一系列社会救助的"使命"计划，诸如扫除文盲、保证义务教育、居民食品供应、群众性医疗保障，等等。"所有'使命'计划的最终目标是使长期以来身处社会边缘的百万群众加入到国家的生活中来"，"这是查韦斯政府取得的最大的成功"①。

莫拉莱斯当政才一年多，实行的主要改革措施有：（1）油气资源国有化。通过谈判，政府已与在本国经营石油天然气的全部 12 家跨国公司达成协议，获得了在油气资源领域的多数控股权。（2）成立了制宪大会，开始制定新宪法。（3）颁布了新土改法。国家依法有权征收庄园主的部分闲置土地，并承诺将 200 万公顷国有土地分配给农民。第一批土改受益者已领到土地证。（4）颁布了国家 5 年发展计划，强调改变新自由主义发展模式，加强国家调控功能，推动生产发展，加强基础设施建设，扶持弱势群体，减少贫困。（5）在外交上努力扩大国际交往，重视与古巴、委内瑞拉等本地区国家的合作，对美国的霸权主义有所批评。②

与"温和型"左派政府的变革相比，查韦斯政府和莫拉莱斯政府的变革显然要激进得多，但笔者认为，迄今为止，这两国政府的变革也没有超出体制内变革的范畴。这个评价自然涉及如何看待查韦斯和莫拉莱斯提出的"社会主义"前景。先来谈谈玻利维亚的"社群社会主义"（socialismo comunitario）。"社群"（comunidad）一词在玻利维亚有其特定含义，源于"印第安公社"（comunidad indígena）。这是印第安人一种古老的生产与生

---

① ［委内瑞拉］罗西奥·马内罗·冈萨雷斯：《委内瑞拉玻利瓦尔的政治进程》，《拉丁美洲研究》2006 年第 2 期。

② 参见徐世澄《玻利维亚总统莫拉莱斯的执政理念和政策措施》，载江时学主编《2006—2007 年拉丁美洲和加勒比发展报告》，社会科学文献出版社 2007 年版。

存方式，称之为"艾柳"（Ayllu），即若干数量的印第安人聚居在一地，共同拥有一片土地，共同耕种，共享其收获物，是一种所谓"共有制"形式。按莫拉莱斯的解释，社群社会主义是"一种建立在团结、互惠、社群与共识基础上的经济模式"和"社会主义"。不过，莫拉莱斯只是在接受新闻界采访时谈到这个话题，他并未宣布玻利维亚已进入社会主义革命阶段。

国外的报道一般都认为，查韦斯总统是在 2005 年初的一次讲话中提出委内瑞拉要由"玻利瓦尔革命"转向"21 世纪社会主义"。这一方面说明，查韦斯本人承认他所领导的这场革命是分阶段的，前期是"玻利瓦尔革命"阶段。因此，我们也不能把查韦斯 1999 年出任总统以来所进行的各项变革都列入社会主义革命和建设的范畴。另一方面，人们能不能把查韦斯总统的上述讲话就作为他所领导的这场革命发生阶段性转折和革命性质发生变化的标志，恐怕还是值得探讨的。至于委内瑞拉是否已经具备建设 21 世纪社会主义的基本条件，是当前一个备受关注的问题。例如，查韦斯总统及其政府领导层迄今尚未对 21 世纪社会主义作出系统的理论阐述，也没有提出任何整体的规划；查韦斯政府是通过选举上台执政的，那么，对于原来的国家机器要不要进行改造，以及政府在有限的任期内能不能实现这种改造；正在筹建中的委内瑞拉统一社会主义党能否将原来 20 多个政党组成的选举阵线改造成为一支能领导 21 世纪社会主义建设的核心力量，等等。

毫无疑问，"21 世纪社会主义"这个命题的提出具有重要的意义，有助于推动人们对于社会主义运动在 21 世纪的发展去进行新的理论与实践的探索，反映出社会主义作为人类追求的伟大理想和美好未来所具有的生命力。自然，人们也期待着查韦斯在委内瑞拉领导的 21 世纪社会主义进程能够创造出新的经验。

四　结束语

当前拉美国家的左派政府都是通过选举取得执政地位的，即所谓"体制内的崛起"。迄今为止，这些政府所实行的变革也都没有超出"体制内变革"的范畴。综观整个 20 世纪拉美国家的发展进程，资产阶级左翼与右翼轮流当政，变革与反变革的斗争不断交替，是一种常见的现象。21 世纪初期这种左派政府在拉美"集体亮相"的局面，的确有给人耳目一新之感。这种新局面的出现与最近 30 年来拉美地区"政治民主化"变革、新自由主义经济改革等引起的深刻社会变动是分不开的。新自由主义改革导致了国家宏观调控能力的过度削弱和社会冲突的普遍加剧，民主变革使政府通过选举程序进行更替成为一种常态。广大民众反对新自由主义、要求改变现状的呼声高涨和社会运动的广泛兴起，是左派政府崛起最基本的政治与社会基础。"温和型"左派政府的变革虽然局限于对新自由主义经济社会政策的局部性修正与调整，但毕竟对新自由主义的泛滥起了一种遏制作用，反映出在发展道路的选择上一种更加理性、更多地关注国家利益与社会公平的趋势。"激进型"左派政府的变革则在政治、经济和社会领域提出了更高的目标。其中委内瑞拉政府提出了走向"21 世纪社会主义"的发展方向，在拉丁美洲自智利阿连德政府之后时隔 30 多年再次将社会主义作为一种制度选择提上政治日程，从而引起世界的广泛关注。我们同时也要清醒地看到，对委内瑞拉而言，"21 世纪社会主义"还只是一种关于未来发展的"目标"或"方案"，通往"21 世纪社会主义"的道路还充满曲折与艰难。

主要参考文献

1. 熊复主编：《世界政党辞典》，红旗出版社 1986 年版。

2. ［墨西哥］豪尔赫·卡斯塔涅达：《拉丁美洲向左转》，《国外理论动态》2006 年第 12 期。

3. Ignacio Walker, *Socialismo y Democracia*：*Chile y Europa en Perspectiva Comparada*, CIEPLAN-HACHETE, Santiago de Chile, 1990.

4. Wilfredo Lozano, "La Izquierda Latinoamericanan en el Poder", *Nueva Sociedad*, No. 197. Caracas, Venezuela, Mayo-Junio, 2005.

5. Demetrio Boersner, "Gobiernos de Izquierda en América Latina, Tendencias y Experiencias", *Nueva Socieda*, No. 197. Caracas, Venezuela, Mayo-Junio, 2005.

6. Carlos M. Vilas, "La izquierda latinoamericana y el surgimiento de regímenes nacional-populares", *Nueva Sociedad*, No. 197. Caracas, Venezuela, 2005.

7. Joseph Ramos, "Un Balance de las Reformas Estructurales en América Latina", *Revista de la CEPAL*, Santiago de Chile, Agosto de 1997.

（原载《拉丁美洲研究》2007 年第 6 期）

拉美政坛"左倾化"现象评析

2006 年是许多拉美国家的"大选年"。在举行大选的拉美国家中，左派获胜的占多数；即便是右派获胜的国家，左派在国会和地方选举中也取得了明显的进展。因此，拉美政坛的"左倾化"现象进一步强化。本文就与这一现象相关的几个问题作一些评析。

一 关于对拉美国家左派的界定

尽管国内有学者很早就提出了对拉美的左派如何加以界定的问题，但似乎还没有专门探讨这个问题的文章。而且，学术界现在关于拉美左派的讨论存在着一些模糊的、似是而非的层面。

第一，我们现在讨论的拉美左派在政坛的崛起大概都是以查韦斯 1998 年当选委内瑞拉总统开始算起的。但是，从那时以来，在拉美国家上台执政的左派政党究竟有没有一个与古巴共产党一样的无产阶级政党？如果有，是哪一个？是根据哪些条件来界定的？如果没有，就不应把这些政党与古巴共产党混为一谈。实际上，拉美国家近年来新上台的左派只是资产阶级阵容中的左翼。

第二，我们是根据某个党的历史背景来界定它是左派，还是根据别的什么原则。例如，新当选秘鲁总统的阿兰·加西亚所属的政党，从历史上看恐怕不能说是右翼政党。类似的例子还有巴拿马、哥斯达黎加、多米尼加等国，但我们好像没有把他们划入左派政府之列。更典型的例子是阿根廷正义党，梅内姆和基什内尔都来自这个党，为什么基什内尔是左派，梅内姆就是右派？拉戈斯和巴切莱特都来自智利社会党，也都被称为左派，而今天的智利社会党与阿连德时期的社会党相比，已经发生了很大的变化。也就是说，今天如果单纯从政党的历史背景来界定左派恐怕比较困难。

第三，既然单纯从政党的历史背景很难界定"左"与"右"，或许比较可行的办法是根据某个政府所执行的内外政策来加以界定，如对美国的霸权主义和单边主义以及对新自由主义等的态度是追随还是抵制？显然，在当今的国际与国内背景之下，我们恐怕主要应依据某个政府或某个政党的政治行为或政策取向来判定它究竟是不是属于资产阶级的左翼。

第四，从我们对外政策的角度来说，我们的研究工作似乎不能只停留于一般地谈论左派，而需要对拉美的左派政府进行更深一层的分类研究。原因很简单，即便从政治行为和政策取向上被判定为左派的政府或政党，它们所提出的政治目标或政策的激进程度也是不一样的。如果不加区别，我们就很难执行有针对性的、恰如其分的政策。

二　拉美左派崛起的原因

20 世纪 80 年代末 90 年代初，东欧剧变、苏联解体，世界社会主义运动转入低潮。在拉美地区，古巴进入"和平时期的特殊阶段";中美洲冲突以有利于美国的方式结束；桑地诺解放阵线在 1990 年大选中失败；新自由主义在拉美地区大行其道；老布什总统 1990 年发表"美洲倡议"，大有消灭社会主义的古巴，将西半球完全纳入西方民主与自由经济轨道的气势；一些具有民族主义色彩的政党纷纷向右转。人们大概不曾想到，短短 10 年之后，左派就纷纷上台执政，拉美地区的政治版图就出现如此大规模的重组。笔者认为，拉美左派的崛起主要有以下三方面的原因。

第一，新自由主义经济改革的不成功。1980—1990 年，拉美地区经济年均增长率仅为 1.2%，被称为"失去的 10 年"；1991—2000 年也只有 3.2%，不及 1950—1980 年增长率的 60%；如果把统计时间延伸到 2002 年，则 1991—2002 年的增长率只有 2.4%，只相当于 1950—1980 年增长率的 45%。长达 20 多年的经济衰退与低迷对社会造成了巨大的冲击。1990 年，拉美贫困人口占总人口的比例创 48.3% 的历史纪录，截至 2005 年，仍高达 40.6%，与 1980 年持平。在经济改革过程中，失业率不断上升，社会财富进一步集中化，国家调控和解决经济、社会问题的能力下降，金融危机一再发生。因此，拉美民众的社会抗议运动蓬勃发展，印第安人运动再度兴起，"世界社会论坛"的规模一年比一年扩大，1997 年以来，先后有 7 位拉美的民选总统被迫中途退位。左派力量正是在这个基础上崛起的，可以说，它们较好地利用了广大民众要求改变现状的强烈要求。

第二，一批传统政党在政治舞台上的衰落。20 世纪 90 年代以来，拉美出现的一个重要政治现象是许多在政治舞台上活跃多年的传统政党走向衰落。早在所谓"藤森现象"出现时，人们就开始注意到秘鲁传统政党的衰落。这种现象后来在委内瑞拉、哥伦比亚、墨西哥、乌拉圭、阿根廷、厄瓜多尔等许多国家都出现了。这些传统政党的衰落无疑为左派政党的崛起提供了有利的机遇。至于这些传统政党衰落的原因，可能各国情况不尽相同。但是，从总体上说，基本原因不外两个：一是在治国理政方面少有作为；二是腐败。

第三，资产阶级民主体制的恢复。20 世纪 50—70 年代，拉美国家的政坛同样存在左、右轮替的现象。但是，在当时的历史背景下，左翼政党当政一旦被认为对传统势力或美国的利益构成了威胁，就会立即由右翼军人政变将其推翻。今天的情况不同了，经过自 70 年代末期以来的政治民主化运动，拉美早就是"一片民主的大陆"。不仅拉美各国的民众和各派政党十分珍惜来之不易的政治民主局面，美国政府也把在世界范围内推广西方民主作为其国际战略。尽管美国并不乐见拉美国家的左派上台，但却找不到有效的办法来加以阻止。在拉美国家政府更替能正常地通过大选来实现的前提下，左派通过大选赢得执政地位的道路就是畅通的；在执政期间被军人推翻的可能性也是很小的。近年来，拉美国家广大民众要求改变现状的呼声非常强烈，参加选举的积极性也很高。左派政党纷纷举起变革的旗帜，适应了多数选民的希望。

三 拉美左派崛起的积极意义

第一，对美国的霸权主义会产生一定的牵制作用。某些国际舆论把拉美左派的崛起形容是"美国的噩梦"，可能有点言过其实。但是，拉美的左派区别于右派的一个重要标志恰恰就在于他们对美国的霸权主义与强权政治采取反对或抵制态度，从而对美国在拉美的霸权行径形成某种牵制。拉美左派的崛起还表明，美国所主张的"政治民主化"与"经济自由化"，不仅未能使拉美国家真正走出 80 年代以来所面临的发展危机，更不能成为拯救世界的良方，"历史"并没有"终结"。

第二，对世界社会主义运动的复兴会产生一定的鼓舞作用。左派能在拉丁美洲这个美国的"后院"崛起，最重要的因素是得益于 90 年代以来拉美国家群众运动的兴起。这个阶段拉美群众运动的旗帜是反对美国主导的全球化，反对新自由主义，要求社会公正，等等。"世界社会论坛"提出"另一个世界是可能的"口号，在很大程度上体现了群众运动的要求和向往。冷战结束后，世界社会主义运动的复兴或许还要经历许多的艰难与曲折，还要经历一个长期积蓄力量的过程。从这个角度看，我们有理由把拉美国家广大基层民众的觉醒与抗争看做是这个积蓄力量过程的组成部分。

第三，对古巴的权力交接过程会产生一股助力。古巴的权力交接正在进行之中。美国多年来把所谓"后卡斯特罗时代"的到来视为颠覆古巴社会主义政权的有利时机。对当前的古巴而言，一个有利的地区环境无疑是抗击美国高压政策的重要条件。拉美地区一批左派政府的出现，恰恰为古巴营造了一个前所未有的有利的地区环境。

四　拉美左派政府面临的挑战

拉美左派政府面临的主要挑战是如何治国。具体地说，是如何充实政治民主的内涵，实现经济的可持续增长，逐步改变社会不公正现象。如果这些政府不能在治国理政方面做出成绩，那么，从选票箱里取得的执政地位还会在选票箱里丢失。在当今经济全球化的大背景下，治国理政的政策选择难度增加了。对于左派政府而言，其中一个重要问题是如何看待民族主义。民族主义是一把双刃剑，丢弃民族主义不行，民族主义过了头也不行。20世纪90年代拉美某些政府的失败恰恰是丢弃了民族主义的旗帜；而一味地反美、反全球化、反跨国公司，也是走不通的。智利文人政府自1990年执政以来所实行的政策是相对比较成功的。具体地说，对前期的新自由主义主导的改革不是全盘否定，而是认为经济体制改革和对外开放都必须坚持；与此同时，从本国的国情出发，在一系列内外政策、特别是经济与社会政策方面，进行调整和创新。智利政府的上述做法对其他拉美国家有一定的借鉴意义。

另一个问题是，拉美这些处于执政地位的左派政党不能总是热衷于突出主要领导人的作用，热衷于在国际上抛头露面，热衷于街头政治，热衷于直接诉诸群众运动，热衷于搞竞选联盟，等等，而是应当下大力气组织和建设一个强有力的政党。如果没有一个强有力的政党，将难以保障其执政地位的稳固，或者是一旦下野了，就很难东山再起。

（原载《中国社会科学院院报》2007年1月23日）

土生白人与拉美独立运动

在西班牙和葡萄牙美洲殖民地，土生白人是指在当地出生的西班牙人和葡萄牙人，称克里奥尔人（criollo, crioulo），在巴西也称马宗博人（mazombo）。本文所要讨论的是土生白人的上层，或者如国外史学家们惯用的"土生白人统治阶级"（la clase dominante criolla）。在拉美国家历史上，土生白人上层是一个重要而独特的阶级，既是殖民地社会统治阶级的组成部分，又是拉美独立运动的"领导阶级"，更是独立后拉美各共和国的统治阶级。这种角色转换的一个关键问题就在于：这个阶级究竟是如何转变为独立运动的"领导阶级"的？在独立运动中究竟发挥了怎样的"领导"作用？笔者认为，认真探讨一下这个问题，对于了解200年前拉美独立运动的某些重要特点及其对当代拉美社会发展进程的影响是很有益处的。

一　土生白人统治阶级"独立"意识的产生

土生白人是早期殖民者以及来自宗主国移民的后裔，是经过长时间的人口繁衍而逐步形成的一个颇具影响力的社会群体，并在群体内部出现明显的阶层分化。秘鲁学者马里亚特吉曾说过："在西班牙殖民地登陆的，不像在新英格兰海岸那样是大批开拓者。到西班牙美洲来的几乎只有总督、朝臣、冒险家、教士、神学家和士兵"①。意思是说，与当年北美的英国殖民地不同，从西班牙来到美洲殖民地的这些人主要不是来进行殖民开拓和创造财富的，而是热衷于聚敛财富和追逐权位。土生白人的"上层大多是殖民地显贵的后代，同宗主国统治阶级有千丝万缕的联系，在美洲拥有地产，是殖民地社会地主、种植园主阶级的核心"②。1750 年以前的一段时间内，土生白人上层在西属美洲殖民地的影响力曾达到一个高峰期，例如，他们中有越来越多的人进入了殖民政权体系的官僚队伍；他们获得了越来越大的经济自主地位；他们在税收方面可与殖民当局讨价还价；他们组成各种利益集团对殖民地政治施加影响，等等。此外，土生白人与宗主国生人具有同一血统，也使得他们在美洲殖民地以种族歧视为基础的等级社会中享有特殊的社会地位。因此，罗荣渠曾明确指出："按种族、社会出身和社会经济地位的不同，殖民地社会形成许多不同利益的社会集团。但最基本的阶级结构是两大对抗的阶级，即白人殖民者、剥削阶级，这是殖民地社会财富的占有者；有色人种、被剥削阶级，这是殖民地社会财富的生产者。"③

　　18 世纪期间，由于多种因素的综合作用，西属美洲殖民地的人口增长明显加快，主要表现为印第安人、黑人和混血种人数量的增长。根据约翰·林奇提供的人口统计数据，1800 年前后，西属美洲殖民地的总人口达到 1350 万，其中印第安人、黑人和

① ［秘鲁］何塞·卡洛斯·马里亚特吉：《关于秘鲁国情的七篇论文》，白凤森译，汤柏生校，商务印书馆 1987 年版，第 4 页。

② 罗荣渠：《美洲史论》，商务印书馆 2009 年版，第 201 页。

③ 同上。

梅斯蒂索人占 80% 以上，白种人 270 万（仅占总人口的 20%），其中半岛人（peninsulares，出生于宗主国的殖民统治者）更是绝对的少数。这样一种人口结构的政治含义就在于，第一，在一个存在严重种族歧视与种族压迫的环境里，有色人种在数量上的绝对优势，特别是地域分布上的集中，很容易产生与白人统治者之间的冲突与对立；第二，土生白人虽然和半岛人之间有利害冲突，对宗主国也心怀不满，但他们更因为处在有色人种的包围之中而感到某种恐惧，深感离不开宗主国的保护。因此，越是有色人种集中的地区，那里土生白人的政治态度就越保守。"这些（人口）数据有助于说明，为何墨西哥和秘鲁的土生白人是本能的保守派，他们的预设立场就是支持帝国政权，他们不愿放弃一个强有力政府的保护而听任土著民众的摆布"①。葡属巴西的土生白人不仅经济地位往往比西属美洲土生白人更为显赫，还因为面对频繁的奴隶造反惶恐不安而更加有求于宗主国的保护，因而在政治上也更加保守。

西属美洲土生白人上层的独立意识是如何产生的呢？长期以来，土生白人因其政治上的从属地位、经济利益的扩张受到限制而对半岛人和宗主国心怀怨恨。但如上文所述，在 18 世纪中期以前，特别是 1650—1750 年期间，土生白人的影响力总体上是呈上升趋势的。这不仅表现为土生白人担任殖民地中下级官僚的人数逐步增多，还表现为在扩张自身经济利益方面他们获得了越来越多的机会。"各殖民地建立了一个在地区之间进行农产品及制造品交换的活跃的内部市场。在船队制及其商品集散交易之

① John Lynch, *Los factores estructurales de la crisis: La crisis del orden colonial*, en Germán Carrera Damas y John V. Lombardi, *Historia General de América Latina*, Volumen V, Ediciones UNESCO/ Editorial Trotta, París, Francia, 2003, p. 33.

外，新的进出口商埠已经兴起，与来自英国、荷兰、法国殖民地的商人们进行贸易。与外国人的这种直接贸易逐步扩展，直至将卡塔赫纳港和波托贝略港也涵盖其中。与此同时，一条直达布宜诺斯艾利斯的商道也建立起来，荷兰、葡萄牙和英国的商贾们往返奔波于这条商道上，从而成为外国渗透和殖民地自治的又一个标志"①。然而，18 世纪中期以后，随着波旁改革的实施，土生白人原来所获得的政治影响力与经济自主性都逐渐化为泡影。②

尽管历史学家们对波旁改革的评析存在这样或那样的差别，但似乎有一点看法是基本一致的，即这场改革催生了土生白人的"独立"意识。其原因主要有以下几点：第一，改革加强了宗主国对殖民地的政治控制，如军事力量的增强，新总督辖区的建立，基层统治机构的调整与强化等，在提高对外防御能力的同时，也使土生白人享有的政治空间与自由度被大大压缩。土生白人官吏大部被从殖民政权体系中排挤出来，半岛人与土生白人之间的对立与冲突加剧。第二，宗主国通过改革从美洲殖民地获得的财政收入大幅增长。新的收入来源主要是通过提高各类税收进行搜刮，例如，对烟、酒、纸牌、彩票等行业垄断的强化，商业税（alcabala）税率由商品价值的 2% 逐步提高到 12%，某些原来地处边远或享有特权而无须纳税的社会群体现在都得纳税。"波旁新政"再度强调要消除殖民地那些可能与宗主国形成竞争的生产活动，如纺织作坊、葡萄园、橄榄园，等等。在打击教会

① John Lynch, *Los factores estructurales de la crisis*：*La crisis del orden colonial*, en Germán Carrera Damas y John V. Lombardi, *Historia General de América Latina*, Volumen V, Ediciones UNESCO/ Editorial Trotta, París, Francia, 2003, pp. 33 – 34.

② 关于波旁改革的背景、内容与结果，林被甸教授在《拉丁美洲史》一书中作了简明扼要的论述。本文因篇幅所限，就不再论及。参阅林被甸、董经胜《拉丁美洲史》，人民出版社 2010 年版，第 126—132 页。

的诸多措施中，包括不准教会放贷，强迫教会将自有资金、连同"美洲慈善基金"（fondos de beneficencia de América）都转交给国家，不仅损害了教会利益，也断绝了殖民地商人、矿业主和地产主们唯一的融资渠道。第三，波旁改革对美洲殖民地与其他欧洲国家的贸易严厉封杀，使土生白人面对一个正在迅速扩张的大西洋市场而不能加以利用，这是土生白人上层更加无法忍受的。有学者指出："波旁改革在实现王朝统治的再度中央集权化和推动经济增长的同时，并未改变社会经济结构，也没能恢复西印度领地殖民结构的活力，却增加了宗主国利益与西印度精英阶层利益之间的冲突，加剧了殖民地不同的压力集团之间的对立。美洲地区在波旁王朝即位以前已经享有的政治与经济自主被压缩了，加上由 18 世纪新的国际条件所开创的各种可能性，促使美洲的精英阶层开始考虑将独立作为一条出路和一种解决办法，以摆脱因为与母国的政治纽带而要付出的高昂代价，并重新确立属于自己的势力范围。"①这里所说的新的国际条件所开创的可能性，显然是指英国作为海洋大国的崛起，美国独立，法国大革命等，加速了资本主义制度的发展和西、葡封建王朝的没落。不过，土生白人精英阶层即便已经看到了国际大环境的有利变化，也并未因此就下定争取"独立"的决心，还只是"开始考虑"将独立作为一种可能的政治选项。

二　土生白人上层在独立运动中的表现

1808 年 3 月，拿破仑派军队入侵西班牙，废黜西班牙国王

---

①　Pedro Pérez Herrero, *Conflictos ideológicos y lucha por el poder*, en Germán Carrera Damas y John V. Lombardi, *Historia General de América Latina*, Volumen V, Ediciones UNESCO/ Editorial Trotta, París, Francia, 2003, p. 345.

费尔南多七世并将其软禁在法国。这一事态发展既使西班牙封建王朝陷入灭顶之灾，同时也激起了西班牙人民反对法国统治的斗争。值得关注的是殖民地土生白人上层对宗主国上述事态发展的整体反应。"从1808年夏天起，当半岛危机的消息传到美洲时，那里所有的居民，不论其社会地位与阶层如何，对所面临时刻的重要性都心知肚明。人们在各种集会、文件和仪式上所表达的首先是一种强烈的西班牙爱国主义。从价值观角度看，是对法国入侵的同仇敌忾和反侵略的决心，是对被俘国王的同样忠诚，是对作为其身份构成要素的天主教的共同推崇；从政治角度看是一种王朝多元观，即认为王朝就是集合于国王周围的若干王国和省份，它们互有差别，但权利平等"①。笔者认为，这段描述和分析之所以重要就在于它反映了两个客观事实。其一，土生白人上层继续忠实于西班牙王权，并不是某种伪装；其二，土生白人上层强调美洲殖民地与西班牙本土享有同样的权利。或者说，是在尊重王权的前提下要求享有平等权利。而这种权利最直接的体现就是，在出现权力真空的情况下，美洲殖民地有权像西班牙本土一样建立自治政府。土生白人的这一权利要求最终遭到西班牙临时政府的拒绝，这才是导致独立运动、直至独立战争爆发的更为直接的原因。"向自主管理迈出的这一步构成了无法弥补的与西班牙的决裂"②。

土生白人之所以热衷于建立"自治政府"，恐怕主要不是为

① Francois-Xavier Guerra, *Conocimiento y representaciones contemporáneas del proceso de continuidad y ruptura*, en Germán C. Damas y John V. Lombardi, *Historia General de América Latina*, *Volumen V*, Ediciones UNESCO/ Editorial Trotta, París, Francia, 2003, p. 429.

② [美] E. 布拉德福德·伯恩斯、朱莉·阿·查利普：《简明拉丁美洲史》，王宁坤译，张森根审校，世界图书出版公司2009年版，第86页。

了避免与宗主国发生更激烈的对抗，而是另有原因，那就是要保持殖民地社会内部的权力结构。达马斯和隆巴迪认为，在宗主国自身不保的情况下，土生白人一方面对于由社会与地区冲突、土著人起义等发出的内部警讯深感不安，另一方面，对法国和海地近期事态发展的意识形态影响与社会反响无法接受。[1]因此，"保护殖民地社会内部权力结构的意图导致在初期实施一项自治计划"[2]。

这就说明，土生白人只希望借助于"独立"来摆脱宗主国的统治，由自己取而代之，并不打算改变殖民统治时期建立的权力结构。

行文到此，我们似乎有必要提出一个问题：土生白人统治阶级果真是拉美独立运动的领导阶级吗？历史的真实情况是，西属美洲的土生白人中有一个以米兰达、玻利瓦尔、圣马丁等先驱者和杰出领导人为代表的、主张彻底打碎西班牙殖民枷锁的独立派。他们在人数上只是土生白人上层中的少数；他们关于实现政治独立和建立民族国家的一系列思想观念是土生白人上层的大多数人尚不具备的；他们为独立建国所建立的功业更是其他人所不能企及的。正是这批杰出的领导者赋予了拉美独立革命辉煌的一面。如果把在独立运动中发挥领导作用的力量笼统地归之于一个思想极端守旧、专注于维护本阶级利益的土生白人统治阶级，那么，独立运动留下的许多包含先进思想观念的文献以及当时所采取的许多政策，就都无法获得科学合理的解释。

---

① 指 1789 年爆发的法国大革命，以及在这场革命影响下，法属殖民地海地爆发奴隶起义并导致海地于 1804 年独立。

② Germán Carrera Damas y John V. Lombardi, *Intruducción del Volumen V de Historia General de América Latina*, Ediciones UNESCO/ Editorial Trotta, París, Francia, 2003, p. 27.

事实上，西属美洲独立运动的发展进程清楚地表明，土生白人上层发挥领导作用最突出的例子是以委内瑞拉、哥伦比亚为中心的新格拉纳达总督辖区和以布宜诺斯艾利斯为中心的拉普拉塔总督辖区，或许还可以加上奥希金斯领导的智利都督区。在新西班牙（墨西哥）情况就完全不同了，由伊达尔戈和莫雷洛斯两位下层神甫领导的激进的独立运动遭到残酷镇压，胜利果实被土生白人上层所篡夺。"新西班牙最保守的势力于1821年宣告了墨西哥的独立。他们既不主张社会变革，也不赞成经济改革。他们寻求保持，如果可能则要加强他们的特权。唯一的革新是在政治方面：克里奥尔皇帝代替了西班牙皇帝，这是更多克里奥尔人在政府中取代半岛人的象征。发生的这些事情与伊达尔戈和莫雷洛斯的观念全然不同，但适合克里奥尔人的愿望。墨西哥独立斗争以进行社会、经济和政治的巨大变革开始，却以保守派的政变而结束。唯一的直接获益者是克里奥尔人上层分子"①。秘鲁总督辖区以及当时还归属于拉普拉塔总督辖区的上秘鲁，则只能等待圣马丁和玻利瓦尔指挥的两支军队去进行最后的"解放"。葡属巴西的土生白人统治阶级更无作为，靠拥戴葡萄牙的王子当皇帝而实现国家独立。

土生白人上层的相当大一部分，不仅没有领导或参加独立运动，而且站在了独立派的对立面，从而引发相互间的激烈争斗。独立战争，尤其是玻利瓦尔领导的南美北部地区的独立战争，之所以经历了那么多的艰难曲折，除了西班牙军队的顽固抵抗、有色人种的相当大一部分被卷入敌对阵营等因素外，一个重要原因就是土生白人中的保王派（realistas）势力很大。"像新西班牙、

①　［美］E. 布拉德福德·伯恩斯、朱莉·阿·查利普：《简明拉丁美洲史》，王宁坤译，张森根审校，世界图书出版公司2009年版，第95页。

秘鲁或古巴这么重要的地区，实际上都承认了'摄政委员会'。更有甚者，在拉普拉塔、新格拉纳达或委内瑞拉，为数不少的城市拒绝承认新政府的权威。……承认摄政委员会权威的人把'洪达分子'（juntistas，即独立派）视为谋求独立的反叛者；后者则把前者视为半岛人手中的玩偶和美洲事业的叛徒。因此，双方都力图通过强力手段尽快削弱对手"①。

曼利克认为：拉美独立运动是"一场没有社会革命的政治革命"（una revolución política sin revolución social）②。"没有社会革命"无疑是拉美独立运动的一个极其重要的特点，但这并不等于说独立运动中建立的临时革命政府没有提出社会变革的主张和政策。1811 年 5 月 25 日，阿根廷在庆祝"五月革命"一周年时就颁布一项法令，取消滥用权力的行为，免除印第安人赋税，分配土地，承认印第安人享有平等权利等。在圣马丁进军秘鲁时，部队散发了由圣马丁和奥希金斯签署的《致秘鲁印第安人》的克丘亚语声明，重申了上述对待印第安人的政策。在墨西哥，独立运动的领导者伊达尔戈于 1810 年颁布了废除奴隶制、免除印第安人税负的法令；莫雷洛斯提出了平分土地的政策主张。玻利瓦尔在安戈斯图拉国民议会上向议员们提出："对于我制定的所有章程和法令，是进行改革还是加以废除，我听从你们的崇高决定。不过，我请求确认奴隶们的绝对自由，就像恳求我的生命和共和国的生

①　Francois-Xavier Guerra, *Conocimiento y representaciones contemporáneas del proceso de continuidad y ruptura*, en Germán C. Damas y John V. Lombardi, *Historia General de América Latina*, Volumen V, Ediciones UNESCO/ Editorial Trotta, París, Francia, 2003, p. 432.

②　Nelson Manrique, *Las sociedades originarias en el ámbito de la formulación inicial de los proyectos nacionales como culminación de los procesos de continuidad y ruptura*, en Germán C. Damas y John V. Lombardi, *Historia General de América Latina*, Volumen V, Ediciones UNESCO/ Editorial Trotta, París, Francia, 2003, p. 355.

命一样。"① 他还强调：共和政府的基础"应是人民的主权：三权分立，公民自由，禁止奴隶制，取消君主制和特权"②。玻利瓦尔1814年就宣布在委内瑞拉废除奴隶制。1821年7月，他亲自致函哥伦比亚议会议长，支持给奴隶的子女以自由。1824—1825年，他在秘鲁和玻利维亚亲自主持颁布关于印第安人权利的法令和把土地分配给土著居民的法令。不可否认，独立运动领导者们的上述政策带有争取印第安人和黑人奴隶站到革命队伍一边来的明确意图，但如果认为颁布这些政策仅仅只是一种暂时性的策略，而并不代表他们的政治理想，那显然是不正确的。

这些改革和政策之所以最终都半途而废，根本的原因就在于它们与土生白人统治阶级的利益相冲突。例如，圣马丁在担任秘鲁护国公时曾颁布奴隶《新生儿自由法》（libertad de vientres）。这条法律由于违背了上层特权阶级的利益，后来被改为奴隶的新生儿在21岁以前都必须受原来主人的监护。又如，奥希金斯因其在智利推行的社会改革遭到土生白人保守势力的反对，于1823年被迫下台。这类例子不胜枚举。

三　土生白人阶级利益与民族国家建设

人们不难发现，随着拉美独立运动的胜利，这场运动的一些主要领导者也相继离开了政治舞台。圣马丁1824年即离开阿根廷而定居法国；玻利瓦尔于1830年引退并于同年12月病逝；奥希金斯于1823年被迫流亡秘鲁；苏克雷于1830年遭暗杀，年仅35岁；具有激进思想的阿根廷人莫雷诺1811年就被从革命领导

① 《玻利瓦尔文选》，苏振兴等译，中国社会科学出版社1983年版，第99页。
② 同上书，第86页。

机构中排挤出来；墨西哥独立运动的两位领导者伊达尔戈和莫雷诺斯更是早已被杀害，如此等等。拉美独立运动的胜利成果最终被土生白人上层统治阶级所攫取。因此，独立后，拉美各共和国的历史将如何演进，民族国家的建设将体现何种政治理想和制度选择，在很大程度上就取决于作为统治阶级的土生白人上层的阶级立场与世界观。也正是从这个意义上说，我们对于当代拉美国家政治、经济与社会发展进程中的许多重要现象，如果不结合这些国家独特的历史背景去分析，是很难深入理解和正确把握的。本文由于篇幅所限，不可能全面探讨拉美各国的民族国家建设问题，我们想着重追溯一下有关拉美印第安人和非洲人后裔这两大社会群体的"解放"问题。①

　　印第安人和非洲人后裔是拉美、加勒比地区两个人数众多的社会群体，他们都有自己的语言和文化，有其独特的生活方式和宇宙观。根据拉美社会学者的调查，现存印第安人约有 3500 万，分为约 400 个不同的语言集团；非洲人后裔更多，达 1.5 亿人，其中三分之二（约 1 亿人）集中在巴西和哥伦比亚两国。这两个群体合计占拉美总人口的三分之一。今天，这两个群体共同的、也是最引人注目的特征可能就是贫困现象。研究表明，印第安人的贫困发生率通常要比非印第安人高出若干个百分点，"在极端的情况下，例如在危地马拉、墨西哥和秘鲁，印第安人与非印第安人之间贫困发生率的差异可能高达 20—30 个百分点"。"在巴西，1990 年，黑人和穆拉托男子的平均收入分别相当于白人男子的 63% 和 68%；黑人和穆拉托妇女的平均收入相当于白

---

　　① 在殖民地时期，黑人被分为三个社会等级：奴隶（esclavos）、自由黑人（libertos）和黑白混血人（pardos 或 mulatos）。19 世纪中后期，奴隶制度在相关拉美和加勒比国家先后被废除，黑色人种就逐渐被统称为"非洲人后裔"（afrodescendientes）。

人妇女的 68%"①。这些数据表明,在拉美国家的社会不平等现象中,种族不平等的因素非常突出。

在贫困率高、收入低这一现象的背后,是他们不能享受平等的政治、经济、社会与文化权利,具体表现为缺乏必要的土地等基本生产资料,受教育水平低,医疗卫生条件恶劣,缺乏专业技能,等等。现实表明,独立 200 年来,拉美地区的印第安人和非洲人后裔作为特定的人种集团(grupo étnico)依然没有获得和白种人平等的地位。有学者在分析当前莫拉莱斯总统在玻利维亚推行的改革时指出,玻利维亚印第安人悲惨处境的原因"不仅仅在于阶级统治,更重要的是种族统治。这种种族统治形成于殖民地时代,又被自 1825 年以来的寡头共和国所确认"②。

曼利克认为,土生白人统治阶级把自己视为殖民遗产的继承者。"(殖民地的)权力结构就是这份遗产的组成部分。这种权力结构有助于将土著居民管制起来并确保将他们创造的经济剩余加以剥夺。对土生白人整体而言,问题是以下述方式提出的:对于过去由西班牙王室掌控的权力机制,不是要将其拆毁,而是如何将其变为己有。这是一种不改变内部殖民结构的权力转移"③。土生白人统治阶级之所以热衷于维护殖民地内部权力结构,是要借助于这个现成的权力结构实现对社会下层阶级的政治统治;而

---

① Alvaro Bello y Marta Rangel, *La equidad y la exclusión de los pueblos indígenas y afrodescendientes en América Latina y el Caribe*, Revista de la CEPAL, No. 76, abril de 2002, Santiago de Chile, p. 41, 51.

② Adolfo Gilly, *Racismo, dominación y revolución en Bolivia*, Tareas, No. 134, Panamá, enero-abril, 2010, p. 135.

③ Nelson Manrique, *Las sociedades originarias en el ámbito de la formulación inicial de los proyectos nacionales como culminación de los procesos de continuidad y ruptura*, en Germán C. Damas y John V. Lombardi, *Historia General de América Latina*, Volumen V, Ediciones UNESCO/ Editorial Trotta, París, Francia, 2003, p. 355.

这种政治统治的主要目的则是维护土生白人统治阶级的经济利益。因此，如何维护土生白人统治阶级的阶级利益就成为民族国家建设的一项根本指导原则，并由此带来一系列后果。

独立以后，下层阶级依旧由印第安人和黑人等有色人种构成。保留殖民地的权力结构就不仅意味着国家政权继续保持着阶级压迫与种族压迫并存的双重性质，而且把原来由欧洲殖民者推行的、外来的种族歧视与种族压迫政策变成了国内政策。近期以来，许多研究拉美发展问题的学者都不约而同地把当前面临问题的根源追溯到独立建国时期的失误。他们认为，"国家认同"的建立历来与"国家政治共同体"的建构交织在一起。而"国家政治共同体"的建构首先要求摧毁源于殖民地的或寡头的政权形式。"这种政权形式沿用种族、文化优越性、传统、效能等观念而排斥广大民众的参与。被所有这些观念所掩盖的就是拒绝承认社会的其他成员是享有权利和选择的人，是一个民族社会的组成部分"。"例如，在安第斯各国社会，民族国家的建构就必须要打破印第安人与白人的'二元对立'"①。

土生白人统治阶级在建设民族国家的过程中，既不承认国内种族的多样性，也不承认文化的多元性；不仅在政治上使印第安人和非洲人后裔继续处于无权地位，而且长期力图用统治阶级自身的文化与价值观去同化（homogeneización）这些群体。这无疑是拉美国家在民族国家建设过程中长期面临困境的根本原因。

土生白人统治阶级承袭殖民统治的权力结构，主要是着眼于维护和扩张本阶级的经济利益。在当时的社会经济条件下，问题的关键就是掌握对土地与劳动力这两大经济要素的支配权。可以

---

① Enzo Faletto y Germán Rama, *Cambio Social en América Latina*, en Pensamiento Iberoamericano, No. 6, Julio-Diciembre 1984, pp. 14 – 15.

说，独立以后，印第安人和非洲人后裔的命运在很大程度上就是由土生白人统治阶级的上述经济利益所支配的。

独立以后，土生白人统治阶级对土地的兼并与掠夺不仅没有收敛，反而在国家政权的支持下变得更加肆无忌惮。这是一个已由文献史料和学术研究所证实的过程。在独立后不到100年的时间内，拉美出现过三次土地兼并浪潮。第一次发生在拉美各国独立建国的初期，当时，土生白人统治阶级利用新旧政权更替过程中的混乱局势强占印第安人土地的现象曾普遍发生。以秘鲁为例，"（印第安人）公社失去法律保护恰恰为共和派大地产主掠夺他们的土地开了方便之门。在其后的几十年间，大地产主们将大批印第安人驱赶到土地贫瘠地区，而这些印第安人同时也变成了扩展人身奴役的主要对象"①。第二次是许多拉美国家掀起的"开发空旷地带"运动，即对一些边远地区（巴西则主要是内陆腹地）的印第安人进行清剿，夺取了这些地区大片的土地。这一运动于19世纪30年代自阿根廷开始，前后延续了数十年。第三次是19世纪下半期在拉美普遍进行的自由改革。"拉美各国采取了没收教会地产、印第安人社区土地私有化、取消印第安人保留地、废除永久租佃制、拍卖公共土地和荒闲土地、实行土地勘界等多种措施，使本国权势阶层和外国公司获取了大量土地以扩大出口作物生产。在此过程中失去土地的大批印第安人和小农加入了农村无产者的队伍"②。在独立后不到100年的时间里，

① Nelson Manrique, *Las sociedades originarias en el ámbito de la formulación inicial de los proyectos nacionales como culminación de los procesos de continuidad y ruptura*, en Germán C. Damas y John V. Lombardi, *Historia General de América Latina*, Volumen V, Ediciones UNESCO/ Editorial Trotta, París, Francia, 2003, p. 357.

② 苏振兴主编：《拉美国家现代化进程研究》，社会科学文献出版社2006年版，第178页。

拉美土生白人统治阶级对土地资源的垄断远远超过 300 年殖民统治所达到的规模。英国学者布尔默—托马斯指出："事实上，19世纪 20 年代实行私人所有制的土地只是 1914 年实行私人所有制的一小部分。在将近一个世纪里，实行私人所有制的土地急剧扩大，如果实行私人所有制的新土地分配得更公平的话，就会为改变土地高度集中提供许多机会。"①

在生产方面，土生白人统治阶级面临的问题与 16 世纪殖民征服阶段结束以后西、葡殖民当局面临的难题是相类似的，即如何解决劳动力问题。19 世纪中期以后，随着欧洲市场对拉美初级产品需求的迅速扩张，解决劳动力问题就更行迫切。因此，土生白人统治阶级从建国初期起就致力于把印第安人和非洲人后裔变为"驯顺的劳动力"（mano de obra dócil）。就印第安人而论，尽管各国政府在免除殖民地时期印第安人的税负方面一再拖延或政策多次反复，但最终大部分税负还是取消了。土生白人统治阶级采取的主要办法是尽量剥夺印第安人拥有的土地，迫使他们变为"自由"劳动力，并通过各种立法强化对劳动力的管制与剥削。隆巴迪在谈到委内瑞拉的劳工立法时指出："在共和国最初年代里，代表大地产主利益的立法议员们通过了多项劳工法，用来监督和调控劳动力的流动；这些法律规范把劳动者约束在跟奴隶制一样的农奴制之上。反游手好闲法、雇工登记法、农业企业自办商店等，所有这些以控制农村劳动力为目的的传统要素都被吸收到共和国的立法中来。"②委内瑞拉的劳工法并不是特例，而

① ［英］维克托·布尔默—托马斯：《独立以来拉丁美洲的经济发展》，张凡等译，中国经济出版社 2000 年版，第 111 页。

② John V. Lombardi, *Independencia y esclavitud en el período de transición de 1750 – 1850*, en Germán C. Damas y John V. Lombardi, *Historia General de América Latina*, Volumen V, Ediciones UNESCO/ Editorial Trotta, París, Francia, 2003, p. 381.

是当时拉美国家具有普遍性的现象。这些法律也不只是用来管束印第安劳工，而是针对所有的有色人种劳工，包括 19 世纪中期被贩卖到拉美的中国"苦力"也不例外。

谈到非洲人后裔，就不能不涉及废除奴隶制问题。拉美多数国家到 19 世纪中期才废除奴隶制，巴西的奴隶制则一直延续到 1888 年。在废除奴隶制的过程中，奴隶主获得了国家提供的经济补偿，奴隶则除了一个"自由"身份之外别无所获，只能继续出卖劳动力并受国家劳工法律的束缚。由此可见，不论是废奴过程的延宕还是废奴的最终结局，土生白人统治阶级所关注的核心问题始终是如何保持对劳动力的控制。

如前所述，巴西和哥伦比亚是非洲人后裔人数最多的拉美国家，分别为 7480 万（1995 年统计数）和 3100 万（1991 年统计数）。有学者指出："从 1980 年代末和 1990 年代初，这两个国家的宪法才首次（巴西在 1988 年，哥伦比亚在 1991 年）赋予本国的黑人聚居区以文化和土地权利。"[①]这里有一点巧合，巴西宪法首次正式承认黑人的上述权利离巴西最终废除奴隶制度正好过去整整 100 年。我们在此想要强调的倒不是这种立法方面的变革来得太迟，而是庆幸人们终于能够意识到，对于实现国家的发展和长治久安来说，这种变革终究是避不开、绕不过的。以巴西为例，卢拉政府自 2003 年当政以来推行了一系列重大的社会行动计划，其中包括大力解决以非洲人后裔为主体的无地农民的土地问题，努力将社会变革从立法层面推进到实践层面。"受惠家庭达 1100 万户，贫困阶层收入五年间增长 22%，最低工资创下 20

---

① Alvaro Bello y Marta Rangel, *La equidad y la exclusión de los pueblos indígenas y afrodescendientes en América Latina y el Caribe*, Revista de la CEPAL, No. 76, abril de 2002, Santiago de Chile, p. 51.

多年来的最高值，赤贫人数在卢拉首个任期减少了 27.7%"①。

近年来，委内瑞拉、玻利维亚、厄瓜多尔等国左翼政府所实行的变革，也把解决有色人种群体的基本权利作为核心问题之一。委内瑞拉于 1999 年、玻利维亚于 2009 年、厄瓜多尔于 2008 年分别颁布新宪法。委内瑞拉新宪法强调以玻利瓦尔的理想为指导，宪法文本设有专章（第 8 章）全面论述和承认印第安人的各项基本权利，例如，国家承认印第安人及其聚居区的存在，承认他们的社会、经济与政治组织，承认他们的文化、习俗、语言和宗教，承认他们对其居住地区和世代占有的土地的固有权利；国家依法保障印第安人在全国代表大会以及各类联邦与地方机构有相应数量的代表，等等。这部宪法被称为"委内瑞拉第一部承认印第安人权利的宪法"。玻利维亚新宪法突出国家的"多元性"与"统一性"二者不可分割，强调要保障占本国人口多数的广大印第安人享有平等权利，规定西班牙语和 36 种印第安人语言为官方语言，正式改国名为"玻利维亚多民族国家"（Estado Plurinacional de Bolivia）。厄瓜多尔新宪法文本同样设专章（第 4 章）论述和承认印第安人和非洲裔厄瓜多尔人（afroecuadoriano）平等地享有各项基本权利。

我们从上述国家的例子可以看到，尽管拉美地区的印第安人和非洲人后裔争取自身解放的道路依然漫长，但拉美各国的当权者越来越认识到，彻底消除历史遗留的种族主义，全面实现种族之间的平等，是实现国家发展与社会进步的前进道路上无法回避的问题；社会各界对于纠正历史对印第安人和非洲人后裔这两大社会群体的不公正待遇的共识也在不断扩大。人们有理由相信，拉美国家对于独立运动 200 周年的纪念能够唤起一种对于历史的

---

① 吴志华：《卢拉，80% 民意先生》，《环球时报》2010 年 7 月 30 日第 18 版。

深刻反思，为在新的世纪推进民族国家的建设与发展开辟更美好的前景。

结束语

　　拉美独立革命的胜利既是当地人民和独立运动的领导者们经过艰苦斗争、浴血奋战所取得的，也与英国工业革命、北美独立革命、法国大革命等所构成的整个"大西洋革命"和西班牙、葡萄牙两个封建殖民帝国无可挽回的衰落这个历史大背景分不开。拿破仑军队对西班牙和葡萄牙的入侵所造成的这两个殖民宗主国的政治危机更是为拉美独立运动的爆发提供了一种独特的历史机遇。本文通过对土生白人与拉美独立运动之间的互动关系的考察，主要提出了以下几个问题。第一，究竟谁是拉美独立运动的领导者？学术界关于拉美独立运动的领导者有多种提法，如"土生白人地主"、"土生白人上层"、"土生白人独立派"，等等。笔者认为，前两种提法值得商榷。无论是土生白人"地主"还是"上层"，基本上只能让人将其理解为整个土生白人的上层统治阶级，进而认为这整个阶级不但是独立运动的积极参与者，而且是领导者。这显然与历史事实相去甚远。笔者倾向于采纳"土生白人独立派"是拉美独立运动领导者的观点，因为这比较符合历史的真实。土生白人中既有独立派，也有观望派和保王派；独立派中也有激进与保守之分。第二，拉美独立运动是"一场没有社会革命的政治革命"这个判断可能是中外大多数拉美史研究者都认同的。但正如本文所论述的，独立运动的领导者当时不仅提出了一系列关于社会革命的政策主张，而且也采取了一些落实措施，只不过是遭到保守势力的抵制与反对而最终成效甚微。第三，独立运动的胜利为拉美各共和国的未来发展开辟了两种可能性。一是加速实现境内不同种族之间的平等与融合，尽快实现新的民族国家的形成和巩固，进而完成独立运动所未能完成的社会革命的任务，推动资本主义的发展。二是土生白人统治阶级把新生的共和国政权继续作为阶级与种族压迫的工具，把维护本阶级的利益与实现民族解放对立起来，使殖民地时期的许多前资本主义制度长期延续下来，从而既无助于民族国家的建设，也阻碍了资本主义的发展。拉美国家基本上选择了后者。其原因似乎也并不复杂。随着独立运动走向胜利，这时，整个的土生白人上层阶级就都出来收获这场运动的胜利果实。一批独立派的重要领导人此时相继离开政治舞台，更使政治保守势力逐渐形成独大的局面。正如许多学者所指出的，鉴于当时拉美的资本主义因素还相当薄弱，土生白人上层阶级还不具备实现上述第一种发展前景的主观条件。

主要参考文献

1. ［秘鲁］何塞·卡洛斯·马里亚特吉：《关于秘鲁国情的七篇论文》，白凤森译，汤柏生校，商务印书馆 1987 年版。

2. 罗荣渠：《美洲史论》，商务印书馆 2009 年版。

3. 罗荣渠：《论西蒙·玻利瓦尔的世界历史地位——为美洲第一革命巨人诞生二百周年而作》，《拉丁美洲研究》1983 年第 3 期。

4. ［美］E. 布拉德福德·伯恩斯、朱莉·阿·查利普：《简明拉丁美洲史》，王宁坤译，张森根审校，世界图书出版公司 2009 年版。

5. 林被甸、董经胜：《拉丁美洲史》，人民出版社 2010 年版。

6. 苏振兴主编：《拉美国家现代化进程研究》，社会科学文献出版社 2006 年版。

7. 苏振兴：《拉美印第安人运动兴起的政治与社会背景》，《拉丁美洲研究》2006 年第 3 期。

8. 《玻利瓦尔文选》，苏振兴等译，中国社会科学出版社 1983 年版。

9. [英] 维克托·布尔默—托马斯: 《独立以来拉丁美洲的经济发展》, 张凡等译, 中国经济出版社 2000 年版。

10. Germán Carrera Damas y John V. Lombardi, *Intruducción del Volumen V de Historia General de América Latina*, Ediciones UNESCO/ Editorial Trotta, París, Francia, 2003.

11. Alvaro Bello y Marta Rangel, *La equidad y la exclusión de los pueblos indígenas y afrodescendientes en América Latina y el Caribe*, Revista de la CEPAL, No. 76, abril de 2002.

12. Enzo Faletto y Germán Rama, *Cambio Social en América Latina*, en Pensamiento Iberoamericano No. 6, Julio-Diciembre, 1984.

(原载《拉丁美洲研究》2010 年第 6 期)

挫折中学习　危机后崛起

——拉美国家独立 200 周年感言

　　拉丁美洲大部分国家在19世纪第一个25年中先后摆脱了欧洲殖民统治。独立 200 年来，实现国家现代化成为拉美各国追求的永恒的历史主题。经历了独立后头几十年由内部政治纷争与外部强权干涉造成的政治动荡时期之后，拉美国家于 1870 年前后即启动了国家的现代化进程，是后发国家探索现代化道路的先行者。此后 140 年，拉美国家的现代化进程大体以 1930 年为界分为前后两个大的发展阶段，前期发展顺利，后期则陷入危机，两度辉煌，又两度失落。

　　19 世纪下半叶至 20 世纪初，欧洲工业化和现代化取得巨大成就，并向周边扩散，形成了推动现代化的第二次大浪潮，并对拉美的农业、矿业等初级产品产生了巨大的市场需求。拉美国家抓住这个历史机遇，实行"初级产品出口增长模式"。短短几十年间，拉美地区兴建了 8 万多公里铁路，引进约 80 亿美元的外国直接投资，大片土地被投入农牧业开发，矿业生产快速复兴，蒸汽机的引进大大提高了生产和运输效率，冷藏船的使用使南美的鲜肉可以直接运抵欧洲，从而促成了初级产品出口的空前繁荣，并推动了早期的工业化和城市化。当时的工业发展主要集中于初级产品出口加工业和国内需求快速增长的日用工业品生产。1913 年前后，阿根廷、智利、墨西哥、巴西等国制造业产值占 GDP 的比重已达 12%—17% 左右。1869—1914 年，阿根廷城市人口翻了一番；1890—1914 年，巴西政府创建了约 500 个新的市政建制。

然而，拉美这一阶段的经济繁荣并没有能够持续下去。原因主要有两条。一是拉美国家没有及时转变经济增长方式。随着第一次世界大战的爆发，欧洲国家对初级产品的需求减少，同时，亚洲、非洲初级产品供应的增加在国际市场上与拉美形成竞争；此外，国际上多种合成材料的出现产生了对某些初级产品的替代效应。当时，许多拉美国家并没有及时调整经济增长方式，甚至进一步扩大初级产品的生产规模，最终导致实施了 60 年的 "初级产品出口增长模式" 走向崩溃，并陷入 1929—1932 年的深重危机。二是广大民众未能分享到经济繁荣的成果。当时流行的实证主义思想偏重于维护秩序和等级制度，从初级产品出口繁荣中获取巨大利益的主要是大地产主阶级和部分工商业主。美国历史学家伯恩斯（E. Bradford Burns）曾指出："在 20 世纪初，大多数拉丁美洲人的生活并不比一个世纪前更好。实际上，可以提出有说服力的论据，说明他们比原来生活得更差。"[①]

初级产品出口模式的崩溃，促使拉美国家重新思考实现现代化的道路。从 20 世纪 30 年代起，部分拉美国家开始了 "进口替代工业化增长模式" 的探索。第二次世界大战的爆发为拉美这一新模式的试验提供了有利契机，特别是拉美地区没有受到这场

---

① ［美］E. 布拉德福德·伯恩斯，朱莉·阿·查利普：《简明拉丁美洲史》，王宁坤译，张森根审校，世界图书出版公司 2009 年版，第 169 页。

战争的直接破坏。战后初期,以普雷维什为代表的一批拉美经济学家在总结战前"进口替代工业化"试验的成功经验的基础上,将这一增长模式推广到整个拉美地区。1950—1980年,拉美经历了一个工业化的高潮期,地区经济出现持续30年平稳、较高的增长;一批拉美国家在60、70年代先后跨越人均GDP 1000美元的关口;阿根廷、巴西、墨西哥等国进入新兴工业国的行列。

然而,在经济繁荣的背后,一场新的危机又开始逐渐形成。进口替代工业化这种内向增长模式有其自身的诸多局限,如产业的发展空间受到国内市场规模的限制;工业部门需要不断引进技术设备和中间投入,而自身却不能创汇;工业部门创造就业的能力较低,等等,从而会引起诸多的结构性失衡。这种增长模式延续的时间越长,结构性失衡也随之加剧。这种结构性失衡现象率先在乌拉圭、智利、阿根廷出现,并逐步扩展至其他国家。20世纪70年代初期,很多拉美国家的进口替代工业化模式已经由"活力不足"逐渐演变为结构性发展危机。

结构性发展危机的出现充分说明原有增长方式的失效,而拉美国家却在70年代中期纷纷走上"负债增长"之路,贻误了转变经济增长方式的时机,导致了1982年债务危机的爆发和长达20多年的经济大滑坡。此外,在战后经济繁荣期间,拉美地区的贫困发生率就处在40%的高位。20世纪80年代的经济衰退进一步加剧了社会的两极分化,1990年拉美贫困发生率创48.3%的历史纪录。可以说,在20世纪的最后20余年里,拉美国家的现代化进程遭受了一次重大挫折。尽管在这20多年中,拉美国家通过结构改革基本实现了向出口导向增长模式的转变,但与一些亚洲国家和地区早在60年代前期就实现这一转变相比,至少延误了40年。

随着经济增长方式的转变和政策的调整,自2003年以来,拉美国家呈现出政局基本稳定，经济增长加快，社会贫困现象减少的良好局面，并成功地应对了国际金融与经济危机的冲击。作为拉美大国，巴西更是呈现出快速崛起之势。

我们衷心希望，拉美国家在纪念独立 200 周年之际，通过认真总结 100 多年来现代化道路的实践经验，顺利地推进国家的现代化进程。

（原载《中国社会科学报》2011 年 6 月 10 日）

中国与拉美关系研究

2009 年的拉丁美洲

——中国企业"走出去"的新机遇

在中国和拉丁美洲、加勒比地区（以下简称"拉丁美洲"）关系的发展过程中，2008 年有两件大事值得重视。第一，中国政府于 11 月 5 日发表《中国对拉丁美洲和加勒比政策文件》。第二，胡锦涛同志于 11 月中、下旬对哥斯达黎加、古巴和秘鲁进行国事访问，并在秘鲁国会发表题为《共同构筑新时期中拉全面合作伙伴关系》的重要演讲。这两件大事共同传递出一个重要信息：中拉关系发展进入"全面合作伙伴关系"的新阶段。可以预期，作为中拉关系重点领域的经济贸易合作必将进一步扩大和深化。对中国企业界而言，拉丁美洲是实现"走出去"战略的新机遇。

《对拉丁美洲和加勒比政策文件》适时出台，意义深远

中国政府发表《对拉丁美洲和加勒比政策文件》（以下简称《文件》）是中拉关系史上的第一次，对于推动双边关系的发展意义深远。《文件》指出："中国政府从战略高度看待对拉关系，

致力于同拉丁美洲和加勒比国家建立和发展平等互利、共同发展的全面合作伙伴关系。"同时,《文件》提出了中国对拉美政策的总体目标:在政治领域"互尊互信、扩大共识";在经贸领域"互利共赢、深化合作";在人文领域"互鉴共进、密切交流";并重申"一个中国原则是中国同拉美国家及地区组织建立和发展关系的政治基础"。

《文件》出台以中拉关系长期积累为客观基础。新中国成立以来,中拉关系大体经历了三个大的发展阶段:即前 20 多年间以双方民间交往为主的阶段;20 世纪七八十年代中国与拉美地区大多数国家建交的阶段;90 年代以来,中拉各领域友好合作取得长足发展的阶段。迄今,中国已与 21 个拉美、加勒比国家建交。其中,中国与巴西、阿根廷、墨西哥、秘鲁、智利等国已建立了"战略伙伴"或"全面合作伙伴"关系;中国共产党与拉美的 80 多个政党建立了新型的党际合作关系;双方议会交往、政府部门对口交流和文化交流广泛开展,结为友好省、州或友好城市的已有 102 对;中国与拉美地区组织的磋商与对话机制不断完善;双方在国际多边外交中的协调配合日益密切。在经贸合作领域,双边贸易呈现出高速发展的态势;中国与拉美未建交国也都有贸易往来;中拉双方在电信、基础设施建设、能源矿产、科学技术等领域的投资合作不断取得新的进展;拉美已有 15 个国家承认中国的"市场经济地位";中国与拉美多数建交国签订了投资保护协定。正如胡锦涛同志指出:"中拉利益融合达到了前所未有的深度,双方关系水平达到了前所未有的高度。"①

《文件》出台表明中国对发展中拉关系的重视。拉丁美洲是

---

① 胡锦涛:《共同构筑新时期中拉全面合作伙伴关系——在秘鲁国会的演讲》,《人民日报》2008 年 11 月 22 日第 3 版。

一片广阔富饶的大陆，不仅达到了较高的发展水平，其巨大发展潜力也正在日益显现出来。拉美各国都希望联合自强，致力于促进本地区和平、稳定与发展；都积极参与国际事务，致力于维护世界和平和促进共同发展，在国际事务中正在发挥着越来越重要的作用。中国作为最大的发展中国家，与拉丁美洲这个重要的发展中地区加强团结，在国际范围内共同维护发展中国家的正当权益，在双边关系上坚持平等互利，共同发展，符合双方的根本利益。《文件》指出："中国政府制定对拉丁美洲和加勒比政策文件，旨在进一步明确中国对该地区政策目标，提出今后一段时期中拉各领域合作的指导原则，推动中拉关系继续健康稳定全面发展。"

《文件》反映了抓住机遇的强烈意识。《文件》指出："新形势下，中拉关系面临新的发展机遇。"如何理解新形势下的新机遇？胡锦涛主席对此有一段精辟论述：发展是增进人民福祉、促进社会进步的根本途径。发展是中拉最为紧迫的任务，中国和拉美的发展都处于关键时期，也都是对方发展的机遇。[1] 为了适应经济全球化的大趋势，中国和拉美国家都实行对内改革、对外开放的基本方针。中国经过 30 年高速发展，经济实力迅速壮大；拉美经济经历 20 世纪最后 20 年的相对低迷后进入了新的扩张期。中拉双方经贸合作的巨大潜力正在日益显现出来，充分利用这种机遇已成为推动各自发展的重要因素。在当前国际金融危机的严峻形势下，加强合作，共度时艰，更是中拉双方的共同愿望。可以说，发展是中拉双方最大的利益汇合点。正是在这个最大的利益汇合点上，双方互为对方提供了难得的机遇。

---

① 胡锦涛：《共同构筑新时期中拉全面合作伙伴关系——在秘鲁国会的演讲》，《人民日报》2008 年 11 月 22 日第 3 版。

《文件》体现了全面合作的指导方针。《文件》就中国与拉美国家开展合作交流的领域作了尽可能全面的阐述，涵盖了政治、经济、人文、社会、和平、安全和司法等方面的 34 个领域，既表明了中国继续深化对外开放的基本国策，也体现了中国与拉美国家建立"全面合作伙伴关系"的指导方针。

中拉关系新阶段的成功首访

《中国对拉丁美洲和加勒比政策文件》发表后，胡锦涛同志紧接着于 11 月中、下旬对哥斯达黎加、古巴和秘鲁三国成功地进行了国事访问，这是中拉关系进入"全面合作伙伴关系"新阶段后的首次访问。

在与哥斯达黎加总统阿里亚斯的会谈中，胡锦涛同志对中哥关系发展提出 3 点建议。第一，共同把握好中哥关系的发展方向。第二，共同建设好中哥关系的重要机制和平台。第三，共同培育好中哥关系的社会基础。双方宣布启动中哥自由贸易协定谈判，支持两国企业在基础设施建设、农业、电信、能源等重点领域开展务实合作。两国签署了涉及经贸、金融、能源、教育、科技等领域的 11 份合作协议。

在访问古巴期间，双方一致认为，中古保持和发展长期友好合作，是当前国际形势的需要，是两党、两国政府和两国人民的共同愿望，决心永做好朋友、好同志、好兄弟。双方就扩大贸易、投资和深化文化、教育、卫生、体育、旅游等合作达成广泛共识。两国签署了涉及经济技术、教育、医疗卫生等领域的 5 份合作文件。

在与秘鲁总统加西亚的会谈中，双方共同宣布两国自由贸易协定谈判成功结束，两国正式建立战略伙伴关系。胡锦涛同志提出："把促进和扩大相互投资作为两国务实合作的优先方向。中秘重点加强矿业领域投资合作，有利于全面提升双方经贸合作水平、促进两国共同发展。"加西亚总统表示："中国是秘鲁可依赖的朋友，秘鲁支持中国的发展。秘方期待更多中国采矿企业到秘鲁投资，愿意为它们创造良好的投资条件和环境。"①双方同意将贸易、矿业投资、基础设施建设、高技术、扶贫合作作为重点合作领域。两国签署了涉及经济技术、卫生、海关、扶贫、金融、矿业、农业等领域的 11 份合作文件。

2008 年 11 月 20 日，胡锦涛在秘鲁国会发表了题为《共同构筑新时期中拉全面合作伙伴关系》的演讲。这是一篇面向整个拉美地区的重要演讲，系统阐述了中国关于发展中拉关系的立场和主张。胡锦涛同志高瞻远瞩地指出："当今世界正在发生大变革大调整，和平与发展仍然是时代主题。求和平、谋发展、促合作已经成为不可阻挡的时代潮流。中国作为最大的发展中国家，拉美作为世界上重要的发展中地区，双方更加紧密地团结起来，开展更高层次、更宽领域、更高水平的合作，既是时代潮流的要求，也是各自发展的需要。""中国愿同拉美和加勒比国家一道，努力构筑双方平等互利、共同发展的全面合作伙伴关系。"②

胡锦涛同志强调，构筑这一伙伴关系，要牢牢把握共同发展的主题；要坚持平等互利的基本原则；要不断开拓创新，开展广泛全面的合作。他还进一步就发展中拉关系提出具体倡议：继续密切政治关系，深化经贸互利合作，加强国际事务中的协调配

① 《人民日报》2008 年 11 月 21 日第 1 版。
② 胡锦涛：《共同构筑新时期中拉全面合作伙伴关系——在秘鲁国会的演讲》，《人民日报》2008 年 11 月 22 日第 3 版。

合，重视社会领域互鉴共进，丰富人文对话交流。

拉美国家期待加强与中国的合作

中国政府提出与拉美国家构筑平等互利、共同发展的全面合作伙伴关系，开展更高层次、更宽领域、更高水平的合作，也反映了拉美国家的共同期待。

第一，拉美国家期待加强与中国合作，看重中国的巨大市场。

目前，中国已成为拉美在全球的第三大贸易伙伴，在亚洲的第一大贸易伙伴。墨西哥经济学家、联合国拉美经济委员会执行秘书阿丽西亚·巴尔塞娜最近指出："高水平的增长预期将使中国在未来几年成为全球经济最重要的增长中心，并为拉美和加勒比的出口创造一个潜力巨大的市场。然而，直到不久以前，除了南美洲的某些基本产品之外，对这个市场的开拓是不够的。"[①]

在2000—2007年的短短7年间，中拉年度贸易额由100多亿美元跃升至1000多亿美元的新台阶。[②]中国作为拉美贸易对象国的地位大幅上升。在拉美33国中，中国作为其出口对象国地位上升的有21国，并在其中10国跃居前5位；中国作为其进口对象国地位上升的有32国，并在其中23国跃居前5位。近7年来中拉贸易的高速增长有3个主要原因：一是中国从拉美进口的农、矿产品大幅上升；二是拉美经济增长速度加快，对中国商品

---

①　Alicia Bárcena, *Prólogo del documento Las relaciones económicas y comerciales entre América Latina y Asia-Pacífico*, *el vínculo con China*, Santiago de Chile, octubre de 2008, p. 10.

②　2007年，中拉双边贸易额1026亿美元，中方出口515亿美元，进口511亿美元。

的需求和进口能力明显增强；三是国际市场农、矿产品价格大幅上涨。拉美国家在农、矿产品生产方面具有优势，例如，拉美大豆产量占世界的 49.1％，油料产量占世界的 31.3％，精铜产量占世界的 19％，铝产量占世界的 22.3％，锌产量占世界的 28.1％，锡产量占世界的 16.7％，巴西、阿根廷的牛肉产量分别占世界的 15.7％ 和 5.3％。[①]因此，当前中拉贸易的基本格局是"产业部门间"（interindustrial）的贸易，具体表现为拉美国家主要向中国出口资源性产品，中国主要向拉美输出工业制成品。拉美国家普遍认为，如果把对华贸易变为"产业部门间"的贸易与"产业部门内部"（intraindustrial）的贸易并举的格局，将会大大扩展双边贸易。

第二，拉美国家期待加强与中国合作，认为中国是一个新兴的对外投资国。

中国是世界上拥有外汇储备最多的国家。近年来，有越来越多的中国企业走出国门，在海外投资兴业。截至 2007 年底，中国近 7000 家境内投资主体设立对外直接投资企业超过 10000 家，分布在全球 173 个国家（地区），投资存量 1179 亿美元。其中，2007 年对外投资净额为 265 亿美元。[②]因此，拉美国家普遍认为，中国已成为一个日益重要的对外投资国。

在全球的外国直接投资中，发展中国家吸收的部分由 1990 年的 25％ 上升到当前的 35％。20 世纪 70 年代，在进入发展中国家的外国直接投资中，拉美吸收的部分占 40％。如今，拉美这种独占鳌头的地位已被亚洲所取代。据联合国贸发会议统计，

---

① CELAL, *Las relaciones económicas y comerciales entre América Latina y Asia-Pacífico, el vínculo con China*, Santiago de Chile, octubre de 2008, pp. 44 – 45.

② 《2007 年度中国对外直接投资统计公报》（http：// www. adultpdf. com）。

2000—2006 年期间，进入亚洲（15 国）的外国直接投资年均 1100 亿美元，而进入拉美的只有 630 亿美元；截至 2006 年底，亚洲拥有的外国直接投资存量达 1.2 万亿美元，约占世界总量的 10%，拉美只有 9060 亿美元，约占世界总量的 7.6%。进入拉美的外国直接投资集中流向了巴西、墨西哥、智利等少数国家，例如，2006 年，拉美吸收外国直接投资 724 亿美元，其中墨西哥 190 亿美元，巴西 188 亿美元，两国合计占了 50% 以上。

截至 2007 年底，中国在拉美的直接投资存量为 247 亿美元，应该说，占同期中国对外直接投资存量的比例不小。但是，其中有 66 亿美元投放在英属维尔京群岛，168 亿美元投放在开曼群岛，即 247 亿美元中的 90% 以上集中投放在人口不足 15 万的两个英属加勒比小岛上。因此，拉美有评论认为："中国（对拉美的）投资主要流向了开曼群岛和英属维尔京群岛这两个加勒比的财政天堂，与拉美和加勒比其他经济体关系不大。"①这种情况表明，中国企业应该调整对拉美的投资布局。

第三，拉美国家期待加强与中国合作，视中国为"亚洲工厂"的核心。

拉美经济委员会近期发表几个关于拉美与亚洲、中国关系的报告都认为，由东盟国 10 国和中、日、韩 3 国组成的亚太地区已经成为"世界工厂"或"亚洲工厂"。其主要特点是：（1）以中国为核心，即中国作为主要角色和世界经济中心之一在亚洲的出现，使得亚洲地区以中国为中心正在进行广泛的贸易重组。（2）亚洲各国间进行了大量的相互投资，形成了地区性的生产与供应链条。（3）地区内部的贸易已形成"产业部门内部"贸

---

① CEPAL, *Las relaciones económicas y comerciales entre América Latina y Asia-Pacífico, el vínculo con China*, Santiago de Chile, octubre de 2008, p. 63.

易的格局。当前，60％的运输设备、机械以及零部件贸易都是在地区内部进行的。因此，拉美国家期待能够参与这个"亚洲供应链"，走与亚洲国家增加相互投资、扩大生产领域合作、开辟"产业部门内部"贸易渠道的道路。其中的重点合作对象就是"亚洲工厂"的核心——中国。

　　拉美国家长期奉行对外关系多元化的方针，但在不同阶段有不同的侧重点。进入 21 世纪以来，随着亚洲的崛起，拉美重点拓展与中国和亚洲经济贸易合作的趋势不断强化。"拉美太平洋弧"（El Arco del Pacífico Latinoamericano）的概念受到前所未有的重视便是其中的一个突出例子。所谓"拉美太平洋弧"本来是指拉美太平洋沿岸 11 国的简单地理概念。[①] 2006 年 8 月，这11 个国家正式组成一个地区性协调机构，创立"拉美太平洋弧部长论坛"。"论坛"探讨的重点课题之一是如何拓展与亚洲的经贸合作，参与亚洲的生产链条，分享亚洲的贸易繁荣。在短短两年多内，"论坛"已经举办了 4 次。[②]

　　在拉美的太平洋沿岸国家中，智利、秘鲁、哥斯达黎加等国在拓展与中国、亚洲的经贸合作方面更为积极主动，取得的成效也更为明显。例如，智利是率先大力开拓亚洲市场的国家，也是第一个与中国签订自由贸易协定的拉美国家，不仅较好地调整了对外经贸关系的布局，而且从中获得了重要商机。以智中双边贸易为例，自 2006 年 10 月双边自由贸易协定付诸实施以来，关税减让取得重要进展。中国削减或取消了占中国税目总数 97.2％的 7336 个产品的关税，其中 4795 种产品关税已降为零；智利削

---

　　① 拉美太平洋沿岸 11 国包括：墨西哥、危地马拉、洪都拉斯、萨尔瓦多、尼加拉瓜、哥斯达黎加、巴拿马、哥伦比亚、厄瓜多尔、秘鲁和智利。

　　② CEPAL, *El Arco del Pacífico Latinoamericano y su proyección a Asia-Pacífico*, Santiago de Chile, septiembre de 2008.

减或取消了占其税目总数 98.1% 的 7750 个产品的关税，其中 5891 种产品关税已降为零。在双边自由贸易协定实施的头两年内，双边贸易额分别达到 132 亿和 176 亿美元，同比增长 59% 和 33%；智利向中国的出口额分别为 92 亿和 116 亿美元，从中国的进口额分别为 40 亿和 60 亿美元。①智利的例子对其他拉美国家无疑具有重要的启示意义。

拉美地区形势的发展趋势

进入 21 世纪以来，由于多种因素的相互作用，拉美地区形势的发展呈现出一些新的趋势和特点。

地区政治局势保持平稳。拉美国家（除古巴外）实行的是西方代议制民主制度，按宪法规定通过定期举行大选实现政府的更迭和权力的交接。拉美政坛近期来的一个重要变化是一批左翼政府先后上台执政。这些左翼政府都是民选产生的，说明它们具有广泛的民众基础。拉美国家都是发展中国家，政党制度依然不够成熟，各种不同倾向的政治势力在政坛上交替出现是正常现象。20 世纪 90 年代，在少数拉美国家以及 2001 年在阿根廷，都出现过因国内局势动荡导致国家领导人提前下台的"政治危机"。但自那以后，这种现象没有再发生，反映出拉美国家政局的稳定性明显增强。这种局面的出现得益于多方面的原因：第一，各派政治力量能够遵守代议制民主制度的游戏规则，尊重投票结果，使国家能够保持正常的政治秩序。第二，各国政府致力于发展经济，改善民生，减少社会贫困，增强社会凝聚力，使社会的安定程度有所提高。第三，拉美各国政府通过多种地区性的

---

① 《人民日报》2008 年 11 月 14 日第 3 版。

磋商与协调机制，积极推动地区合作，努力化解有关国家的内部冲突，维护地区的和平稳定，共同营造有利于地区发展的环境。拉美各国局势发展也存在明显的差异性，例如，在有些国家，朝野之间、不同政治势力之间围绕某些政治议题的争斗比较激烈，或者有组织的犯罪活动比较猖獗，或者社会不公正现象依然严重，等等。由这类问题引起的矛盾、冲突激化，甚至局部性的动乱，也是在所难免的。这并不影响我们对拉美整体形势"保持平稳"的基本判断。

2003 年以来，经济形势明显好转。拉美地区的经济发展在 20 世纪 80 年代曾因债务危机而出现过"失去的 10 年"；90 年代在经济改革过程又多次发生金融危机，经济增长总体处于相对低迷的状态。2003 年拉美经济进入新的增长期，已连续 6 年保持年均 5% 左右的增长率；石油和多种大宗农矿产品出口需求旺盛，价格大幅攀升，许多拉美国家贸易连年盈余，财政状况不断改善，外汇储备逐年增加，就业形势好转，贫困发生率持续下降。①有评论认为，这样的经济形势是拉美近 40 年来不曾有过的。与此同时，实行稳健、务实的经济政策是拉美国家当前的主流趋势，例如，实行适度宽松的财政政策，增加基础设施建设投资和社会投入；实行灵活的汇率政策，保持出口商品的竞争优势；增加外汇储备，强化金融体系，减轻债务负担；深化产业结构调整，提高国内市场的供给能力，重点开发某些具有国际竞争力的新产品；继续实行开放政策，优化投资环境，加强国际合作，等等。极少数拉美国家实行的国有化政策，主要是在石油、

---

① 拉美经济委员会出版的《拉美社会概况（2008 年）》提供的数据表明，2002 年，拉美贫困人口 2.21 亿，贫困发生率 44%；2008 年分别为 1.82 亿和 33.2%。

天然气开采领域提高本国所占的股权比例。

积极应对国际金融危机冲击。当前，国际金融危机对广大发展中国家的不利影响正在不断加深。就拉美国家而言，这场危机的影响主要表现在以下几个方面。其一，随着美国、欧元区和日本经济相继陷入衰退，拉美国家的出口形势恶化。其中，墨西哥和中美洲国家因其对美国市场依存度太高，出口所受的冲击也最大；南美洲国家主要遭受国际市场原油和农、矿产品价格大幅下跌的打击；加勒比国家可能面临旅游业的萧条。其二，拉美国家有大批劳动力在美欧国家工作，每年汇回的收入高达数百亿美元，预计 2009 年"海外劳工汇款"将会出现较大幅度的下降。其三，外国直接投资减少，发展融资面临更大的困难。其四，预计拉美经济 2009 年会出现明显的下滑，就业形势可能出现逆转，贫困发生率可能止跌回升，社会形势会出现某种程度的恶化。

不过，这次国际金融危机的冲击是在拉美经过 6 年较高的经济增长和政策调整之后出现的，各国应对危机的能力明显加强。例如，绝大多数拉美国家公共财政状况较好，偿债压力不大，通货膨胀率不太高，金融体系健康，全地区外汇储备超过 5300 亿美元（2008 年第三季度）。从近期的情况看，拉美国家采取的应对措施包括：（1）实行"反周期"的财政货币政策，增加基础设施等领域的投资，以增加就业和拉动内需。例如，墨西哥、阿根廷将分别投入 5800 亿比索（约合 430 亿美元）和 320 亿美元用于基础设施建设。（2）扩大信贷规模，重点支持中小企业和外贸部门。如巴西对面临偿还外债压力的企业提供专项贷款。（3）减免税收。如厄瓜多尔政府决定，对受危机影响的出口部门暂缓征收 2009 年企业所得税。（4）提高对出境资本征税的税率。（5）确保社会投入，鼓励就业，实行专项社会救助计划，等等。

大国对拉美地区的重视程度明显提高。进入 21 世纪以来，受国际环境和拉美地区政治经济形势变化的影响，各大国对拉美的重视程度明显提高。美国政府在"9·11"事件后曾一度降低了对拉美地区的关注度，但自 2007 年起态度有所改变，如布什总统及美国政府其他高官频繁出访拉美，重建以大西洋为活动范围的美国第四舰队，吸收更多的中、南美国家加入北美自由贸易区，继续实施"哥伦比亚计划"，增加对拉美的医疗援助，等等。预计即将上台的奥巴马政府会进一步提高对拉美地区的关注程度。

欧盟强化与拉美关系的力度更为突出。例如，欧盟与拉美首脑会议已先后举行 5 次，参与国由 1999 年的 47 国增加到 60 国；欧盟与拉美贸易额由 2000 年的 1135 亿欧元增加到 2007 年的 1668 亿欧元；同期，欧盟对拉美投资的股票市值从 1765 亿欧元上升到 4000 亿欧元；欧盟还承诺在 2007—2013 年期间向拉美提供 27 亿欧元的一揽子援助。此外，欧盟与拉美的政治与经贸合作还具有越来越强的"制度化"或"机制化"特点。

俄罗斯近年来与拉美关系的进展十分引人注目，双方经贸合作规模不断扩大，对拉美的武器出口明显增加。仅在 2008 年，俄罗斯在拓展与拉美关系方面就采取了一系列重大行动，如梅德韦杰夫总统出访巴西、委内瑞拉、古巴等国；俄远程轰炸机造访委内瑞拉；俄海军舰队远涉重洋，与委内瑞拉海军在加勒比海举行联合演习。

正在崛起中的亚洲大国印度在拓展与拉美的关系方面也迈出了前所未有的步伐，总统和总理等主要领导人接连出访拉美主要国家，印、拉贸易额 2007 年已超过 40 亿美元，印度在拉美能源、矿业、信息产业、制药等领域的投资累计已有 70 亿美元，其中仅在玻利维亚开采铁矿的项目就准备投入 27 亿美元。

抓住机遇,深化中拉经贸合作

拉丁美洲有 5.5 亿人口，地区国内生产总值超过 40000 亿美元①，在世界几大发展中地区中人均产值最高。2007 年，拉美对外贸易总额 14293 亿美元，其中出口 7522 亿美元，进口 6771 亿美元。当年中拉贸易在拉美进、出口总额中分别只占 7.6% 和 6.8%，与美国和欧盟在拉美的直接投资均高达数千亿美元的规模相比，中国在拉美的直接投资更可谓无足轻重。可以说，迄今为止，中拉双方各自对对方市场的开拓都还做得远远不够。

胡锦涛强调，中拉构筑全面合作伙伴关系"要牢牢把握共同发展的主题"。"共同发展"必须通过双方互利合作的过程去实现。因此，在"全面合作伙伴关系"中，经贸合作处于中心地位。当前，中拉经贸合作的"新机遇"主要表现在以下几个方面。第一，随着双方发展水平的提高和经济规模的扩大，双方均向对方商品提供了更大的需求和吸纳能力。2000 年以来中拉贸易出现前所未有的高速增长已经证明了这一点。第二，拉美国家期待中国扩大在拉美的直接投资规模，在国际金融危机背景下，这种期待更为迫切。中国企业正面临在拉美投资的良好机遇，尤其是在能源矿产领域。例如，巴西淡水河谷公司、秘鲁矿业公司等已主动邀请中国企业加盟。第三，拉美正面临新一轮产业结构调整。多数拉美国家都希望有选择地发展一批具有国际竞争力的新型制造业，或对某些传统产业（如纺织业等）进行升级改造，为中国企业与拉美企业开展投资、技术合作和设备出口

---

① 根据拉美经济委员会最近提供的数据测算，拉美地区目前的国内生产总值约为 4.05 万亿美元；国际货币基金组织 2008 年 10 月公布的数字则为 4.4 万亿美元。

提供了机会。第四，拉美正在出现基础设施建设的热潮。这既是为突破基础设施落后的瓶颈制约，也是应对国际金融危机冲击的一项重大措施。中国的工程承包企业在拉美已有良好的业绩和信誉。2009 年 3 月中国正式加入美洲开发银行后，中国工程承包企业参与拉美工程建设的机会将大大增加。

中国企业该如何抓住和利用拉丁美洲提供的新机遇？

（1）从战略高度重视对拉美市场的开拓。中国的发展要充分利用"两个市场，两种资源"，这是一项长远的战略方针。海外不同地区的市场各有各的优势，欧美市场资金技术优势明显，拉美、非洲市场资源优势独特。中国随着自身发展阶段的变化，对外部不同类型资源需求的紧迫程度在发生变化，中国企业拓展海外经营的能力也在不断提高。对中国而言，拉美地区的重要性已和改革开放前期不可同日而语。

（2）着力优化贸易结构。近年来，中拉贸易摩擦案例多集中于中国输出的纺织、服装、鞋类、玩具等产品，拉美国家都希望力保本国的这类劳动密集型传统产业。因此，中国企业应增加技术含量较高的机电产品出口，相应减少上述敏感产品输出。拉美各国对华出口大多集中于 2—3 种农矿产品，品种比较单一，因此，普遍希望和中国的制造业企业加强合作，对华输出某些制造业零部件，参与"亚洲供应链"。这一愿望值得中国企业予以重视。与商品贸易相比，中拉服务贸易的发展更显滞后。

（3）扩大对拉美的直接投资是关键性步骤。中国当前对拉美投资的主要着眼点无疑是在能源矿产领域。国际金融危机引起拉美能源矿产企业的经营困难和产品价格的大幅下跌，为中国企业提供了低成本并购的机遇，但这种机遇可能是短暂的。这就要求中国企业、特别是大型国有能源矿产企业从国家长远战略需要出发，适时抓住机遇，果断作出投资决策。此外，中拉贸易如果长期局限于"产业部门间贸易"的格局，既难以保持持续增长，也难以实现贸易关系的均衡发展。当前的重要选择是扩大双方企业的投资与技术合作，不断拓宽合作生产的领域。

（4）主动寻找商机，立足长远发展。国内有一些长期经营欧美市场的企业，近期在拉美国家为其产品找到了新的出口市场，既弥补了欧美市场需求下降的损失，也为企业调整市场布局提供了机遇。这个例子说明，在当前国际金融危机肆虐的严峻形势下，中国的企业家更需要发扬奋力开拓的精神，主动到像拉美这样有潜力的市场上去寻找商机。对中国的企业家而言，走向拉美可能会暂时面临诸如距离较远、环境相对陌生、专业人才不足等不利因素，但以往的经验表明，这些因素不是不可克服的。关键的问题在于，企业一旦在拉美获得出口市场或投资项目，就要树立长期发展的观念，不断把市场做大，坚持把项目做好。只要假以时日，中国的企业家照样能在拉美的商海中创造业绩，为中拉双方的共同发展作出贡献！

（原载苏振兴主编《拉丁美洲和加勒比发展报告》，

（2008—2009）社会科学文献出版社 2009 年版）

中拉关系60年：成就与政策

1949 年 9 月，新中国成立前夕，毛泽东同志曾庄严宣告："占人类总数四分之一的中国人从此站立起来了。……我们的民族将从此列入爱好和平自由的世界各民族的大家庭，以勇敢而勤劳的姿态工作着，创造自己的文明和幸福，同时也促进世界的和平和自由。"①60 年来，在中国共产党的领导下，中国各族人民沿着社会主义现代化的道路大胆探索，辛勤劳动，把自己的国家建设得日益繁荣昌盛，迎来了中华民族伟大复兴的时代；与此同时，中国政府一贯奉行独立自主的和平外交政策，坚持走和平发展道路，在外交战线上取得了辉煌的成就，为人类的和平与发展事业作出了自己应有的贡献，赢得了国际社会的广泛尊重。

中国与拉丁美洲、加勒比地区关系（以下简称中拉关系）的长足发展，是新中国外交成就的重要组成部分。在举国上下欢庆我们的人民共和国 60 华诞的时候，笔者怀着兴奋的心情撰写此文，回顾中拉关系走过的风雨历程，重温几代中央领导集体对

---

① 《毛泽东著作专题摘编》（上），中央文献出版社 2003 年版，第 723 页。

拉美外交工作的正确决策，概述中拉关系发展的重大成就，与全国各族人民共襄盛举。

艰辛的开拓

60 年来，中国与拉美的外交关系经历了一个艰辛开拓、长期积累、稳步发展的过程。这个过程大体可以分为 4 个发展阶段：20 世纪 50—60 年代是以民间外交为主的阶段；70 年代是建交"突破"阶段；80 年代是巩固和扩大外交阵地的阶段；90 年代以来是建立面向未来的长期稳定关系的阶段。

早在新中国成立前夕，毛泽东同志就昭告世界："任何外国政府，只要它愿意断绝对于中国反动派的关系，不再勾结或援助中国反动派，并向人民的中国采取真正的而不是虚伪的友好态度，我们就愿意同它在平等、互利和互相尊重领土主权的原则的基础之上，谈判建立外交关系的问题。中国人民愿意同世界各国人民实行友好合作，恢复和发展国际间的通商事业，以利发展生产和繁荣经济。"①但是，新中国这一明确的外交政策当时在拉丁美洲却没有得到积极的响应。主要的原因有三个：第一，少数西方大国对新中国在外交上实行封锁和孤立政策。在当时西方反共宣传甚嚣尘上、"意识形态边疆"大行其道的拉丁美洲，这一政策所造成的负面影响尤为突出。第二，拉美国家地处西半球，地理上与中国相距遥远，彼此之间还缺乏了解。第三，台湾当局继续以"中国"的名义主导着对拉美的外交②，不遗余力地扩大在

① 《毛泽东选集》第 4 卷，人民出版社 1991 年版，第 1466 页。

② 民国时期，中国与拉美的建交国有 13 个，都被台湾国民党当局非法继承下来。参见袁世亮《中拉关系的历史回顾》，载李明德主编《拉丁美洲和中拉关系——现在与未来》，时事出版社 2001 年版，第 460 页。

拉美的"外交"地盘，对中华人民共和国与拉美国家发展关系极力进行干扰和破坏。

面对这种错综复杂的局面，以毛泽东同志为代表的第一代中央领导集体本着寄希望于人民的坚定信念，在积极支持拉美各国人民反帝爱国正义斗争的同时，大力开展对拉美的民间外交，广交朋友，解疑释惑，增进了解。毛泽东同志明确提出："只要巴西和其他拉丁美洲国家愿意同中国建立外交关系，我们一律欢迎。不建立外交关系，做生意也好，不做生意，一般往来也好。"①根据这一指导思想，我国的许多涉外单位对拉美地区开展了大量的民间外交活动，例如，邀请拉美国家社会各界有影响的人士和团体来中国参观访问；国内文化、商贸、工会、青年、妇女等各界组团出访，拓展民间交流；在拉美国家建立对华文化协会或友好协会等民间机构，其中最早成立的这类机构有：智利—中国文化协会（1952 年）、墨西哥—中国友好协会（1953 年）、巴西—中国文化协会（1953 年）等，1960 年，中国拉丁美洲友好协会正式成立；向部分拉美国家派出从事商贸与新闻报道的常驻机构或人员，等等。据不完全统计，仅在 1950—1959 年期间，约有 19 个拉美国家的 1200 多人先后来中国访问。毛泽东、刘少奇、周恩来等党和国家领导人都亲自做这些来访外宾的工作，耐心地向他们介绍新中国的建设成就和内外政策，以增进他们对中国的了解。

1959 年 1 月，菲德尔·卡斯特罗领导的古巴革命夺取了全国性胜利，建立了古巴革命政权。中国政府和人民对古巴革命的胜利给予了坚定、有力的支持，1 月 25 日在北京举行万人集会，

---

①　转引自王泰平主编《中华人民共和国外交史》第 2 卷（1957—1969 年），世界知识出版社 1998 年版，第 481 页。

声援古巴人民反对帝国主义干涉，保卫革命政权的伟大斗争。中、古两国政府为发展双边关系采取了一系列重要步骤，例如，古巴政府断绝了与台湾当局的"外交"关系，建立古巴—中国友好协会；新华通讯社在哈瓦那建立分社；双方派出多个代表团进行互访；1960 年 9 月，双方签署为期 5 年的贸易协定，以及文化合作协定和科技合作协定，中国决定从古巴购买 50 万吨原糖，古巴方面从中国进口大米和日用品，等等。这一系列重要步骤为中、古两国正式建立外交关系创造了条件。1960 年 9 月 2 日，卡斯特罗主席在哈瓦那举行的百万人大会上郑重宣布：古巴革命政府与中华人民共和国政府正式建立外交关系。古巴成为第一个与新中国建交的拉美国家。

中、古建交意味着中国与拉美国家建立外交关系的努力经过整整 10 年取得了第一次"突破"。然而，人们期待的第二次"突破"的到来却经历了又一个 10 年。不过，70 年代出现的第二次"突破"是中国与拉美国家建交的一个高潮，1970—1977 年期间，中国先后与智利等 11 个拉美国家建立外交关系。①这个建交高潮的突出特点是：建交国不仅数量多，而且拉美地区的主要国家几乎都在其中；时间相对集中，产生一种连续突破的冲击效应；台湾当局在拉美地区的影响随即被边缘化。

这个建交高潮的出现有多方面的原因或背景。第一，中国自身国际地位的提高。新中国自建立以来不仅国内政治稳定，经济发展，人民生活不断改善，而且在国际上坚持反帝、反殖、反霸，倡导和平共处五项原则，广泛团结第三世界，国际

---

① 20 世纪 70 年代先后与中国建交的拉美国家是：智利、秘鲁、墨西哥、阿根廷、圭亚那、牙买加、特立尼达和多巴哥、委内瑞拉、巴西、苏里南、巴巴多斯。

影响力日益扩大。1971 年 10 月，第 26 届联合国大会恢复了中华人民共和国在联合国及其安理会的合法席位，更使中国的国际地位与声望空前提高。第二，美国总统尼克松于 1972 年访华，表明中美关系开始解冻，双方的政策都在发生变化和调整。这一历史事件对于历来受美国对外政策影响较深的拉丁美洲所产生的冲击是比较大的。第三，中国 20 年来坚持不懈的民间外交在拉美地区产生了一种积累效应，拉美国家对华友好的社会力量越来越大，要求政府与中国建立正常关系的呼声越来越高，起了以"民"促"官"的作用。第四，随着战后国际形势的变化和世界对中国了解的加深，许多拉美国家的政治家逐渐认识到：为了实现国家的根本利益，必须摆脱"意识形态边疆"的束缚，实行对外关系多元化的方针；拉美国家和中国同属于第三世界，双方有着广泛的共同利益；中华人民共和国政府是代表全中国的唯一合法政府。第五，圭亚那、牙买加、特立尼达和多巴哥、苏里南、巴巴多斯等加勒比国家，是 1960 年以后才先后摆脱殖民统治赢得独立的。这些国家刚刚独立不久就和中国建交，与中国政府对它们争取民族独立斗争的坚定支持是分不开的。

1978 年，中国进入改革开放的新时期。改革开放伟大战略方针的确立，使我们从一种全新的战略高度来审视对拉美的外交工作。邓小平外交思想的形成，为我们进一步拓展对拉美的外交提供了正确方针政策的指引。我国综合国力和国际影响力的大幅提升，为深化中拉合作创造了极其有利的历史机遇。最近 30 年来，中国在拉美的外交阵地进一步扩大，中拉关系进入全方位发展的新阶段，呈现出多层次、多渠道、官民并举、全面发展的新格局。

巨大的成就

60 年来，中国对拉美外交所取得的成就是巨大的。下面，我们从几个方面作一个概略性的介绍。

一　中国在拉美享有重要的外交地位

到目前为止，中国已和 21 个拉美国家建立了外交关系。这些国家的领土面积、人口规模和经济总量占整个拉美地区的 90％ 以上。中国在拉美各建交国都派驻了外交使团，其中包括在厄瓜多尔的瓜亚基尔、墨西哥的蒂华纳、巴西的圣保罗和里约热内卢、玻利维亚的圣克鲁斯、智利的伊基克设立了总领事馆，在哥伦比亚的巴兰基亚设立了领事馆。在尚未建交的巴拿马、海地和多米尼加三国，中国设立了商务代表处。自 20 世纪 90 年代以来，中国和巴西、阿根廷、墨西哥、秘鲁等国已建立"战略伙伴关系"。据不完全统计，到目前为止，在拉美国家中，承认中国完全市场经济地位的国家有 13 个，与中国签订促进和相互保护投资协定的国家有 10 个，与中国签订政府间科技合作协定的国家有 16 个，成为中国公民旅游目的地国的国家有 19 个，与中国签订文化、教育交流协定的国家也有 10 多个。中国已成为拉美在全球的第三大贸易伙伴，在亚洲的第一大贸易伙伴。中国已与智利和秘鲁签署双边自由贸易协定，并已启动与哥斯达黎加的双边自由贸易协定谈判。中国和拉美国家之间在国际多边外交领域也存在着良好的协调、配合关系。正如胡锦涛所指出："中拉利益融合达到了前所未有的深度，双方关系水平达到了前所未有的高度。中拉已成为真正的好朋友、好伙伴。"①

表 1　　　　　　　　中国同拉美国家建交一览表

序号	国　名	建交日期
1	古巴共和国	1960 年 9 月 28 日
2	智利共和国	1970 年 12 月 15 日
3	秘鲁共和国	1971 年 11 月 2 日
4	墨西哥合众国	1972 年 2 月 14 日
5	阿根廷共和国	1972 年 2 月 19 日
6	圭亚那合作共和国	1972 年 6 月 27 日
7	牙买加	1972 年 11 月 21 日
8	特立尼达和多巴哥共和国	1974 年 6 月 20 日
9	委内瑞拉玻利瓦尔共和国	1974 年 6 月 28 日
10	巴西联邦共和国	1974 年 8 月 15 日
11	苏里南共和国	1976 年 5 月 28 日
12	巴巴多斯	1977 年 5 月 30 日
13	厄瓜多尔共和国	1980 年 1 月 2 日
14	哥伦比亚共和国	1980 年 2 月 7 日
15	安提瓜和巴布达	1983 年 1 月 1 日
16	玻利维亚共和国	1985 年 7 月 9 日
17	乌拉圭东岸共和国	1988 年 2 月 3 日
18	巴哈马	1997 年 5 月 23 日
19	多米尼克	2004 年 3 月 23 日
20	格林纳达	1985 年 10 月 1 日建交，1989 年 8 月 7 日中止外交关系，2005 年 1 月 20 日复交
21	哥斯达黎加	2007 年 6 月 1 日

注：中国 1985 年 12 月 7 日与尼加拉瓜建交，1990 年 11 月 9 日中止与其外交关系；1987 年与伯利兹建交，1989 年中止与其外交关系；1997 年 9 月 1 日与圣卢西亚建交，2007 年 5 月 5 日中止与其外交关系。

---

① 胡锦涛：《共同构筑新时期中拉全面合作伙伴关系——在秘鲁国会的演讲》，《人民日报》2008 年 11 月 22 日第 3 版。

二 高层互访频繁,政治互信加深

高层领导之间的密切交往, 不仅是国家关系良好的重要表现, 而且有利于及时沟通信息, 协调立场, 从战略高度指导双边关系顺利发展。随着中拉双方党政高层对于发展长期稳定、平等互利的全面合作伙伴关系所达成的高度共识, 90 年代以来, 中拉双方高层领导人的互访和在各种多边外交场合的会晤日益频繁。据不完全统计, 1990—2007 年, 中国党政高层领导出访拉美 85 次, 拉美国家高层领导访华 217 次。这些高层互访不仅大大加深了双方政治上的互信, 而且带来了大量实实在在的外交成果。除了高层领导人的直接交流外, 中拉双方还建立了多种高层对话或定期交流机制, 如高层协调与合作委员会、战略对话机制、外交部间政治磋商制度、中国与里约集团对话机制、双方经贸混合委员会, 等等。这些机制为落实领导人达成的共识、推动双边关系发展发挥了不可替代的重要作用。

2009 年 5 月巴西卢拉总统访华期间, 中巴两国政府发表了《中华人民共和国和巴西联邦共和国关于进一步加强中巴战略伙伴关系的联合公报》。这份《联合公报》的相关内容充分反映了高层互访和两国间磋商机制的重要意义。《联合公报》指出:"1993 年两国建立战略伙伴关系, 2004 年两国元首实现互访, 2006 年召开中巴高层协调与合作委员会(中巴高委会)第一次会议, 2007 年启动战略对话, 2008 年两国元首举行三次会晤, 这表明双边对话和关系不断密切。"[1]《联合公报》还透露, 中巴两国元首决定制定一项两国政府 2010—2014 年共同行动计划,

<hr>

[1] 《中华人民共和国和巴西联邦共和国关于进一步加强中巴战略伙伴关系的联合公报》(2009 年 5 月 19 日于北京),《人民日报》2009 年 5 月 20 日第 3 版。

并把制定此项计划的任务交给中巴高委会。

三　政党、议会等交流全面推进

中拉政党交流始于 20 世纪 50 年代初期。在长达 30 年左右的时间里，与拉美的党际交流主要是中国共产党和拉美国家的共产党之间的交流。这些交流不仅加深了党与党之间的相互了解，而且来华访问的拉美各国共产党人向中国广泛介绍了拉美国家的情况，也向拉美各国人民积极宣传中国的内外政策与建设成就，为推动中拉关系的发展作出了重要贡献。我国进入改革开放的新时期以后，党中央根据邓小平同志的思想，调整了党的对外工作方针，提出要坚持在独立自主、完全平等、互相尊重、互不干涉内部事务原则的基础上，同一切愿与我党交往的各国政党发展新型的党际交流和合作关系，促进国家关系的发展。在这一方针指引下，最近 30 年来，与中国共产党建立友好关系的拉美各类政党的数量迅速增加，迄今已超过 100 个，遍及拉美 33 个国家，既包括各国的共产党，也包括社会党、基民党和工党等不同政治倾向的各类政党。党的对外工作作为国家总体外交的重要组成部分，与政府外交相辅相成，互为补充，对推动和巩固国家关系发挥了积极作用。

中拉议会交流相当广泛、密切，已逐渐形成议会间定期交流机制。1990—2007 年期间，拉美有 20 多个国家（其中包括一些未建交国）的议会领导人先后 50 多次率团访华；同期，中国全国人大常委会委员长、副委员长和全国政协主席、副主席也先后20 多次出访拉美。双方议会领导人通过互访，就国家关系、立法工作、治国理政、议会多边外交等一系列重大问题交换看法，交流经验；议会对政府间签订的条约、协定给予充分的理解、支持；拉美国家各党派的议员通过访华，加深了对中国在共产党领导下多党合作的政治体制和中国改革开放政策等的了解。

此外，中拉地方政府之间的友好交流与经贸合作也呈现快速发展的态势，双方结为友好省（州）市的已超过 100 对。中国与拉美一些重要的地区组织也已建立相应的对话与合作机制，例如，中国已先后加入加勒比开发银行（1997 年）和美洲开发银行（2009 年）；中国与里约集团，以及南方共同市场、安第斯共同体等次地区一体化组织建立了对话机制或政治磋商与合作机制；中国已成为美洲国家组织常驻观察员，并在华盛顿设立了常驻观察员办事处；中国全国人大已成为拉美议会的观察员，等等。

四　经济贸易合作进入快速发展期

中国和拉美国家都是发展中国家，不仅双方经济具有互补性，而且双方都十分重视通过经贸合作促进共同发展。由于某些主客观因素的限制，中拉经贸合作经历了一个从无到有、从小到大的稳步发展过程。例如，1950 年双方贸易总额只有不到 200 万美元，经过 30 年左右的努力，1979 年达到 12.6 亿美元。进入 80 年代以后，中拉贸易的增长速度有所加快，到 1999 年，双边贸易总额达到 82.8 亿美元。[①]值得注意的是，进入 21 世纪以来，中拉贸易增长进入加速期，双边贸易总额 2000 年首次突破 100 亿美元，短短 7 年之后，2007 年双边贸易额即超过 1000 亿美元（1026 亿美元），2008 年（初步统计）已达到 1400 亿美元。推动中拉贸易加速增长的主要因素有三个：（1）中国随着经济的持续快速增长，对拉美的原料和初级产品（如原油、铁矿石、有色金属、大豆，等等）的需求快速上升。（2）这类产

---

① 　贸易数据来源于中国海关统计。转引自李明德主编《拉丁美洲和中拉关系——现在与未来》，时事出版社 2001 年版，第 500、505、562 页。

品的国际市场价格大幅攀升。（3）拉美国家在 2003—2008 年经历了一个经济扩张期，进口需求和进口能力明显上升，促进了中国以机电产品为主的出口大幅增加。尽管当前的国际金融危机会对中拉贸易产生不利影响，但从长远看，双方贸易发展的前景依然是乐观的。

表 2　　　　　　2000—2008 年中拉贸易增长　　　　单位：百万美元

年份	进出口总额	进口	出口	年度增长率（%）
2000	12595	5410	7185	36.4
2001	14939	6702	8237	14.6
2002	17825	8336	9489	15.2
2003	26806	14927	11879	25.2
2004	40027	21785	18242	53.6
2005	50457	26775	23682	29.8
2006	70218	34189	36029	52.1
2007	102611	51068	51543	43.0
2008*	124111	62981	61130	

＊　2008 年为 1—10 月的统计数字。

资料来源：中国海关统计。

随着双方经济实力的增强，中拉相互投资也呈现逐步增长的态势。据不完全统计，2006 年，中国对拉美的直接投资额已超过 80 亿美元，主要投资领域包括矿业、能源、纺织、家电、汽车等。拉美一些主要国家也在加快与中国经济技术合作的步伐。中国公司参与拉美国家的工程承包业务一直是经贸合作的一个重要组成部分。在当前国际金融危机的形势下，中国和拉美国家不仅对国际金融体系的改革持有共同的立场和主张，而且正在加大双边合作的力度，共同应对危机。例如，中国向巴西提供 100 亿美元贷款，中国和委内瑞拉将双边联合投资基金追加至120亿美元，巴、委两国将增加对中国的原油供应；中国与阿根廷达成700亿元等值人民币双边货币互换协议，等等。

五 科技合作、文化交流不断增加

中国已和16个拉美国家签署科技合作协定，其中与阿根廷、巴西、智利、古巴、墨西哥等国已建立科技合作混合委员会，奠定了科技合作的框架与机制。近年来，中拉科技合作项目不断增加，合作成果令人鼓舞。其中，中国与巴西地球资源探测卫星合作被认为是发展中国家间最成功的科技合作项目之一，双方已先后联合研制3颗地球资源卫星并发射升空，产生了良好的效益，第4、第5颗卫星已在研制中。中巴两国政府在今年5月发表的《联合公报》中表示：要"扩大并丰富该项目框架下的合作"。此外，中国与巴西在华生产支线飞机的合作、中国与委内瑞拉关于为委方研制和发射通讯卫星的合作、中国与阿根廷和智利在南极科学考察领域的合作，等等，都为合作双方带来了实际利益。

60年来，中拉文化交流持续不断。随着双方对发展面向未来的长期稳定合作关系日益重视，人文交流的范围也逐步扩大。例如，互办文化展览、电影周，互派留学生，文化界知名人士互访，学术界相互交流，文艺团体演出，新闻报道、旅游、体育等各界的合作，中国在拉美国家建立孔子学院，拉美一批重要的文学和学术著作被译介到中国，等等，对加深人民间的相互了解和推动国家关系的发展起了不可替代的重要作用。

正确的决策

中拉关系60年来取得的巨大成就，与中央几代领导集体的正确决策是分不开的。新中国建立前后，毛泽东同志就中国与国际社会的关系和中国的外交政策作过一系列重要的论述，充分体现了他作为伟大的无产阶级革命领袖高瞻远瞩的国际战略眼光。第一，对国际形势的正确判断。毛泽东同志指出："现在的世界潮流，民主是主流，反民主的反动只是一股逆流。目前反动的逆流企图压倒民族独立和人民民主的主流，但反动的逆流终究不会变为主流。"① "反法西斯的第二次世界大战的胜利，就是给全世界工人阶级和被压迫民族的解放事业开辟了更加广大的可能性和更加现实的道路。"②第二，坚持奉行独立自主的外交政策，同世界上一切爱好和平与自由的国家和人民团结在一起。第三，强调中华民族要自强不息，"自立于世界民族之林"，同时也应当对世界有所贡献。第四，积极支持各国人民的反帝、反殖、反霸斗争。"亚洲、非洲和拉丁美洲各国的民族独立解放运动，以及世界上一切国家的和平运动和正义斗争，我们都必须给以积极的支持"③。第五，中国愿意与西方国家在平等的基础上建立正常的国家关系。为了和平和建设的利益，我们愿意和世界上一切国家，包括美国在内，建立友好关系。我们相信这一点，总有一天会做到的。④

新中国成立 60 年来，几代中央领导集体在国家总体外交方针上既存在密切的传承关系，又坚持了随着形势变化不断调整的与时俱进的科学精神，从而保证了外交政策既有连续性，又有创新性。

---

①　《毛泽东选集》第 3 卷，人民出版社 1991 年版，第 1103 页。
②　《毛泽东选集》第 4 卷，人民出版社 1991 年版，第 1357—1358 页。
③　《毛泽东文集》第 7 卷，人民出版社 1999 年版，第 116 页。
④　参见《毛泽东著作专题摘编》（上），中央文献出版社 2003 年版，第 1161页。

　　如前所述，我们把 60 年来中拉关系的发展划分为 4 个阶段。在 20 世纪 50—60 年代以民间外交为主的阶段，中国在拉美地区所追求的外交目标是努力扩大与拉美社会各界的接触与交往，增加相互了解，寻求建交突破。所实行的基本政策主要有三项，一是支持拉美各国人民的反帝、反殖、反霸斗争；二是大力开展民间外交；三是坚持"一个中国"政策，反对在国际上制造"两个中国"或"一中一台"。中国政府对拉美国家正义斗争的支持表现在一系列重大事件上，例如，对古巴革命的坚定支持；对加勒比国家争取民族独立斗争的支持；1964 年 5 月，毛泽东同志发表谈话，支持巴拿马人民为收回运河区主权开展的英勇斗争；1965 年 5 月，毛泽东同志发表《支持多米尼加人民反对美国武装侵略的声明》；以及中国政府对拉美国家捍卫 200 海里海洋权和建立拉美无核区的支持，等等。中国这种鲜明的立场赢得了拉美各国人民的广泛赞誉和信赖，与我们对拉美开展的大量民间外交活动相辅相成，互相促进，为 70 年代我国与拉美国家实现建交大突破创造了有利的条件。

　　进入 70 年代以后，以毛泽东同志为代表的中央领导集体抓住有利时机，先后与 11 个拉美国家建立外交关系。随着建交国的迅速增加，中央适时地从前一阶段以民间外交为主转向"官""民"并举，把官方关系摆在更重要的地位，积极推进与建交国的互利合作，推动国家关系稳步发展。1974 年，毛泽东同志发表《关于三个世界划分问题》的谈话，提出了划分三个世界和团结反霸的战略思想，得到拉美国家的广泛认同和支持，对中拉双边关系发展和加强在国际多边外交领域的合作起到了重要的推动作用。

　　在我国进入建设有中国特色社会主义的新的历史时期后，邓小平同志对国际形势作出了一系列科学论断，丰富和发展了我国独立自主的和平外交政策。在邓小平外交思想的指引下，我国的外交工作不断开创出前所未有的新局面，其中对拉美的外交工作也取得了重大的新进展。

在中拉关系 60 年发展史上，笔者把 80 年代称为中国在拉美"巩固和扩大外交阵地"的阶段。这里所说的"巩固和扩大"并不单指建交国的增加或具体合作领域的拓展，更重要的是指，中国外交政策的调整为中拉关系发展开辟了更为广阔的前景。第一，邓小平同志调整了过去曾以社会制度和意识形态划线的做法，主张超越社会制度和意识形态的差异，从国家战略利益出发处理国家之间的关系。同时，中央还根据邓小平提出的党际交往"四项原则"，决定同一切愿意与我党交往的各国政党发展新型的党际交流和合作关系。这些政策调整有利于消除以往以意识形态划线给拉美国家留下的疑虑，特别是消除"文化大革命"期间"极左"思潮在外事领域造成的某些负面影响。第二，邓小平同志关于和平与发展是当今世界两大主题的科学论断，为中拉关系的发展指明了最根本的利益汇合点。80 年代，邓小平同志曾多次亲自与来访的拉美国家领导人谈话，反复强调发展是双方共同面临的历史挑战。例如，他在会见阿根廷总统劳尔·阿芳辛时说："我们现在面临的问题有两个，就是和平与发展。中国、阿根廷都应该利用这段时间，搞好自己的发展与建设。阿根廷是拉美大国，拉美的作用在国际事务中越来越重要。将来也会出现拉美的世纪。"①第三，邓小平同志高度重视第三世界国家的战略地位和作用，强调中国永远属于第三世界，积极倡导建立和平稳定、公正合理的国际政治经济新秩序。这些政策主张进一步强化了中国与拉美国家反对霸权主义，维护世界和平，促进共同发展

①　转引自外交部档案馆编《伟人的足迹——邓小平外交活动大事记》（1988 年 5 月 15 日），世界知识出版社 1998 年版，第 347—348 页。

的思想基础。邓小平同志在会见乌拉圭总统桑吉内蒂时明确表示："中国的政策是要同拉美国家建立和发展良好的关系，使中拉关系成为南南合作的范例。"①

90 年代，随着改革开放进程的深入和经济实力的增长，中国的对外交往日益扩大，国际影响力明显上升。以江泽民同志为代表的中央第三代领导集体及时提出了中国坚持走和平发展道路的思想，并抓住有利时机，加大了对拉美外交工作的力度。例如，中央党政主要领导人多次出访拉美，形成中拉双方高层领导频繁互访、密切接触的空前活跃局面；把扩大经贸合作作为强化双边关系的重点，积极予以推动；加强在国际多边外交领域的协调配合，维护共同利益；以 1993 年与巴西建立"战略伙伴关系"为起点，逐步推动中拉关系向长期稳定的方向发展；继续促进民间往来，增加社会各界的相互了解，等等。2001 年 4 月，江泽民同志在第三次出访拉美时对中拉关系的发展方向作了如下概括：（1）增进理解，平等相待，成为彼此信赖的朋友；（2）加强磋商，相互支持，在国际上维护中拉正当权益；（3）互利互惠，共同发展，努力扩大经贸合作；（4）面向未来，着眼长远，建立广泛全面的合作关系。②

进入 21 世纪以来，中国作为世界经济与贸易大国的出现，一方面使拉美国家深切地感到，中国的发展与他们自身的发展是如此密切相关；另一方面，也使拉美作为中国合作伙伴的地位不断提升。以胡锦涛同志为核心的新一代中央领导集体进一步提出了构建和谐世界的战略构想，大力强调与拉美国家之间平等互

---

① 中共中央文献研究室编：《邓小平年谱 1975—1997（下）》（1988 年 11 月 7 日），中央文献出版社 2004 年版，第 1257 页。

② 参见《江泽民文选》第 3 卷，人民出版社 2006 年版，第 241—242 页。

利、共同发展的合作理念，积极致力于推动中拉关系全面提升到一个新的高度。2004 年 11 月，胡锦涛同志出访拉美时，曾在巴西国会发表重要讲话，提出了中拉关系发展的三项目标：政治上相互支持，成为可信赖的全天候朋友；经济上优势互补，成为在新起点上互利共赢的合作伙伴；文化上密切交流，成为不同文明积极对话的典范。①胡锦涛同志在那次演讲中曾提出到 2010 年中拉贸易额突破 1000 亿美元，这一目标后来提前 3 年实现。2008 年 11 月 5 日，中国政府首次发表《中国对拉丁美洲和加勒比政策文件》，明确提出中国政府从战略高度看待对拉关系，致力于同拉丁美洲和加勒比国家建立和发展平等互利、共同发展的全面合作伙伴关系。2008 年 11 月 20 日，胡锦涛同志以国家主席身份第二次出访拉美时在秘鲁国会发表重要演讲，系统论述了中拉全面合作伙伴关系要以共同发展为主题，以平等互利为基本原则，要从继续密切政治关系、深化经贸互利合作、加强国际事务中协调配合，重视社会领域互鉴共进，丰富人文对话交流等 5 个方面来共同构建②，得到拉美国家的广泛认同。

结束语

60 年来，中拉关系的发展经历了艰辛的开拓，取得了巨大的成就。我们从这个发展过程可以看到：第一，中央几代领导集体始终用长远的战略眼光看待中拉关系。中国和拉美国家建立和发展良好的合作关系既是中国整体外交不可或缺的重要组成部

---

　　①　胡锦涛：《携手共创中拉友好新局面——在巴西国会的演讲》（2004 年 11 月 12 日），《人民日报》2004 年 11 月 14 日第 1、3 版。

　　②　胡锦涛：《共同构筑新时期中拉全面合作伙伴关系——在秘鲁国会的演讲》，《人民日报》2008 年 11 月 22 日第 3 版。

分，也是符合双方的根本利益的。站在这样一种战略高度，我们就能对双方关系的发展前景充满信心，并耐心地去开展工作，克服某些复杂因素的暂时干扰。第二，中央几代领导集体对中拉关系的发展倾注了大量心血。这集中地体现在中央领导总是根据内外形势的新变化和新特点，制定或调整政策，保证了外交工作的顺利开展。第三，中国政府始终对拉美国家采取一种忠诚态度。这种态度不仅表现在对拉美各国人民爱国正义斗争的一贯支持，也表现在以平等互利为原则、共同发展为主题的全面合作。第四，中国要不断增强自身综合国力。60 年来中拉关系发展水平的不断提高是与中国自身实力的不断增强密切联系在一起的，中拉关系未来的进一步发展仍然在很大程度上取决于中国自身实力的继续壮大。我们有理由相信，在双方共同努力下，中拉关系的未来前景会更加美好。

（原载中国社会科学院老干部工作局编《人民共和国是一切胜利之源》，世界知识出版社 2009 年版）

中拉关系如何面向未来

在中央几代领导集体正确决策的指引下，中国与拉丁美洲和加勒比地区的关系（以下简称中拉关系）走过了60年风雨历程，经历了艰辛开拓、长期积累、稳步发展的过程，取得了巨大的成就。今天，我们在回顾以往60年发展历程的同时，更需要认真考虑如何承前启后，继往开来，把中拉关系推向更高的发展阶段。

一 影响中拉关系发展的5个因素

回顾以往60年的经历可以发现，中拉关系的发展过程受到5个主要因素的正面或负面影响。这5个因素分别是：国力因素、地理因素、美国因素、台湾因素和文化因素。

国力因素指的是中国自身的综合国力。综合国力的强弱历来是支撑或制约国家外交能力的关键因素。在拥有日益强大的综合国力的情况下，如何在外交上理性地去运用这种实力也至关重要。中拉关系过去60年的发展与中国国力的不断增强及其正确运用是密切相关的。

　　地理因素是指中国与拉美地理上相距遥远这个客观事实。这个因素既使中拉之间不存在诸如边界、领海之类的纠纷或邻国间固有的某些历史积怨，但也给双方的相互了解和合作交流增添了难度。

　　所谓中拉关系中的美国因素，是美国超级大国的独特地位以及美拉关系、美中关系各自的特殊性等多重背景下出现的，具体表现为美国对于中拉关系的发展始终抱持一种戒备心态，在不同时期和不同的问题上采取抵制、干扰或防范政策。

　　过去60年中，台湾因素始终是中拉关系发展的一个干扰因素。新中国成立后，台湾当局先是以"中国"的名义将民国时期中国与拉美建交国的官方关系非法继承下来①，继而在拉美大力拓展"外交"地盘，对中华人民共和国与拉美国家发展关系极力进行干扰和破坏。"台独"势力在台湾当权之后，更是公开打出"两国论"的旗号，在拉美大搞"银弹外交"、"烽火外交"。到目前为止，拉美仍是台湾当局拥有"邦交国"最多的地区。

　　文化因素是指中拉双方广义的文化背景差异，既包括各自文化传统的不同，也包括意识形态和某些价值观念的差别。文化的差异性固然可以增加相互的吸引力，但更需要双方在交往中能够求同存异，不断积累共识。

　　关于上述5个因素的消长变化对中拉关系的影响，我们可以举几个例子来加以验证。新中国成立初期，中国在拉美地区没有一个建交国，可以说是从一片空白起步。直到1969年为止，在长达20年的时间里，中国仅与古巴实现建交。为什么会出现这

---

　　①　新中国成立时，拉美地区共有20个独立国家，其中13国在民国时期已与中国建交。

样一种局面？第一，当时以美国为首的西方国家对新中国在外交上实行孤立、封锁政策，而这一政策在被称为美国"后院"的拉美地区造成的影响尤为突出。第二，拉美国家与中国相距遥远，双方缺乏了解，加之在冷战背景下，西方媒体在拉美大肆进行反共宣传，要求拉美国家实行"意识形态边疆"政策。第三，台湾当局的干扰、破坏。可以说，几种不利因素结合在一起造成了中国在拉美的外交困局，而中国却缺乏相应的实力立即去突破这种困局。正是在这样的历史背景下，中央提出了开展民间外交，以"民"促"官"的方针。毛泽东同志 1958 年 9 月在会见巴西客人时表示："只要巴西和其他拉丁美洲国家愿意同中国建立外交关系，我们一律欢迎。不建立外交关系，做生意也好。不做生意，一般往来也好。"[①]

　　20 世纪 70 年代，中国迎来了与拉美国家建交的一个高潮期。1970—1977 年期间，中国先后和智利等 11 个拉美国家建交，阿根廷、墨西哥、巴西等拉美大国都在其中。这个建交"大突破"的出现，同样反映了上述 5 个因素影响的消长变化。第一，新中国成立 20 多年来国内政局稳定，经济建设蒸蒸日上，人民生活不断改善。中国政府与一些亚非国家共同倡导和平共处五项原则，建交国越来越多。1971 年 10 月，第 26 届联合国大会恢复了中国在联合国及其安理会的合法席位，国际社会普遍承认中华人民共和国是代表全中国的唯一合法政府。中国的国际地位和影响力空前提高。正如巴西学者指出："联合国恢复中国合法席位后，对于巴西而言，再没有理由忽视中国的存在。"[②] 1974

---

　　① 《毛泽东文集》第 7 卷，人民出版社 1999 年版，第 403 页。

　　② ［巴西］雅尼丝·伊利克主编：《巴西与中国——世界秩序变动中的双边关系》（中文版），世界知识出版社 2001 年版，第 98 页。

年，毛泽东同志提出划分三个世界和团结反霸的战略思想，得到包括拉美国家在内的广大第三世界国家的认同和支持。第二，1972 年 10 月，美国总统尼克松访华，表明中美关系开始解冻，双方的政策都在变化和调整。这一历史事件对历来受美国对外政策影响较深的拉美国家形成了较大的冲击。第三，在战后民族民主运动高涨的国际背景下，拉美国家独立自主的意识不断加强。拉美的一些政治家逐渐意识到，摆脱"意识形态边疆"的束缚，与中国建立正常的国家关系，符合本国的根本利益。第四，中国在 50—60 年代对拉美开展的大量民间外交，广交了各界朋友，加深了相互了解，产生了一种累积效应。拉美对华友好人士和民间友好组织要求政府与中国建交的呼声越来越高。第五，中国政府对拉美的反帝、反殖、反霸斗争一直给予深切的同情和坚定的支持，赢得了拉美国家的信赖。例如，加勒比地区的 13 个国家是在 1960 年以后才摆脱殖民统治获得独立的。其中圭亚那、牙买加、特立尼达和多巴哥、苏里南、巴巴多斯 5 国刚独立不久就和中国建交，与中国对其争取民族独立斗争的坚定支持是分不开的。

中国进入改革开放新时期以来，中拉关系的发展总体上是顺利的，具体表现为中国在拉美的建交国由前期的 12 个增加到 21 个，经贸合作快速发展，双方关系的水平进一步提高。正如胡锦涛同志所说："中拉保持着频繁的高层交往，中国同拉美国家和地区组织的磋商和对话制度不断完善，在涉及彼此核心利益和重大关切的问题上相互理解、相互支持。中拉利益融合达到了前所未有的深度，双方关系水平达到了前所未有的高度。"①

---

① 胡锦涛：《共同构筑新时期中拉全面合作伙伴关系——在秘鲁国会的演讲》，《人民日报》2008 年 11 月 22 日第 3 版。

　　毫无疑问，改革开放以来中拉关系的新发展得益于中国综合国力的增强。不过，我们应当看到，中国最近30年综合国力的增强有一个过程，日益强大的国力因素对中拉关系的明显推动主要表现在最近10年左右。例如，中拉双边贸易额1979年仅为12.6亿美元，1999年达到82.8亿美元，虽然增速有所加快，但并未出现超常增长。进入2000年以后，形势大为改观，当年中拉贸易额首次超过100亿美元（126亿），短短7年之后（即2007年）就突破1000亿美元（1026亿），2008年已超过1400亿美元，从而出现一个中拉贸易增长的加速期。对于中拉贸易的加速增长，或许拉美国家、特别是南美洲国家的感受更为强烈。在刚刚过去的2003—2008年拉美经济扩张周期中，基本产品出口加速增长和贸易比价大幅改善成为一个主导因素，中国作为这类产品的主要进口国发挥了关键性作用。可以说，拉美国家从来不曾像现在这样感受到中国的发展与它们自身的发展如此密切相关。中国这个巨大的"潜在市场"一旦变为对拉美出口产品有着巨大需求的"现实市场"，就成为拉美国家发展的重要历史机遇。

　　我们在强调国力因素的重要作用的同时，不可忽略外交政策调整所起的作用。在党的十一届三中全会以来我国对外政策的一系列重要调整中，对中拉关系发展影响最为直接的有以下几个方面：

　　第一，邓小平同志关于和平与发展是当今时代面临的两个主要问题的科学论断，为中拉关系发展指明了最根本的利益汇合点。中国政府奉行的平等互利、共同发展的方针，符合拉美国家的根本利益，得到拉美国家的广泛认同。

　　第二，以邓小平同志为核心的第二代中央领导集体调整了曾以社会制度和意识形态划线的做法，主张超越社会制度和意识形态差异，从国家战略利益出发处理国家间的关系。同时，中央还提出了党际交往的"四项原则"，决定同一切愿意与我党交往的各国政党发展新型的党际交流与合作关系，使党的对外工作作为国家总体外交的重要组成部分，与政府外交相辅相成，互为补充。这方面的政策调整有利于消除以往以意识形态划线给拉美国家留下的疑虑，对推动建立和巩固国家关系起到了积极的作用。

第三，中国主张建立公正合理的国际政治经济新秩序，并以"负责任的大国"出现在国际舞台上，深得拉美国家的赞许，为扩大双方在国际多边外交领域的合作奠定了政治基础。

第四，中国声明坚持走和平发展道路，致力于构建和谐世界，有利于消除西方国家恶意制造的"中国威胁论"等在拉美的消极影响。

第五，20 世纪 90 年代以来，中央明显地加大了对拉美外交工作的力度，其中特别是高层领导人出访拉美日益频繁，通过与拉美国家领导人的直接接触，互通情况，协调立场，扩大共识，使高层政治互信不断加深。

综上所述，60 年来，中拉关系的稳步发展既有赖于我国综合国力的不断增强，也有赖于我们采取正确的政策去有效地发挥国力因素的积极作用和化解各种不利因素的消极影响。

这条历史经验对于推动中拉关系的未来发展依然具有重要意义。

二　中拉关系发展面临重要的机遇期

当前，中拉关系的发展正面临重要的机遇期。这个机遇期是由多种因素共同构成的，要求我们高度关注和及时把握。

1. 新兴市场国家地位上升，相互合作加强

在世界大变革大调整的背景下，一批新兴市场大国实力增强，国际影响力有所提高。当前的国际金融危机进一步表明，发达国家拉动国际经济贸易增长的能力下降，8国集团继续主导全球事务已显力不从心，组建由一批新兴市场大国参与的协商、对话机制势在必行。基于上述变化，拉美国家发出了要求参与国际性决策的强烈呼声，例如，联合国拉美经济委员会执行秘书阿丽西亚·巴尔塞娜在2009年7月13日于智利举行的"马德里俱乐部"会议上指出："现在正在构建一种谁也不能单独行事的新的政治几何学。（世界的）未来既要共同分享，也要共同商定。拉美地区必须坐到谈判桌上。"①

面对新的形势，新兴市场国家的共同战略利益进一步凸显，加强团结合作的共识不断增强。第一，为实现共同战略利益，新兴市场国家必须加强相互协调，在国际斗争中形成共同立场与合力，坚决维护发展中国家的利益。第二，在涉及彼此核心利益和重大关切的问题上需要相互理解、相互借重。第三，在彼此面临困难时，必须强化合作，相互支持，共克时艰。胡锦涛同志在首次"金砖四国"领导人会晤时指出："我们四国既面临新的发展机遇，也面临前所未有的挑战。我们应该把握历史机遇，加强团结合作，共同维护发展中国家的整体利益。"②可以说，国际环境的新变化客观上提高了包括中拉合作在内的整个南南合作的战略地位，扩大了中拉双方在国际多边和双边合作中的共同战略利益，要求双方大力拓展合作的领域，创新合作的渠道与方式。

---

① http：//www. eclac. cl 13 de Julio，2009.

② 胡锦涛：《在"金砖四国"领导人会晤时的讲话》，《人民日报》2009年6月17日第3版。

2. 拉美国家作为中国合作伙伴的重要性提高

2009 年初，笔者曾指出："中国随着自身发展阶段的变化，对外部不同类型资源需求的紧迫程度在发生变化，中国企业拓展海外经营的能力也在不断提高。对中国而言，拉美地区的重要性已和改革开放前期不可同日而语。"[1]进入 21 世纪以来，拉美成为中国所需的铁矿石、有色金属、能源、大豆等产品的一个重要来源地已是不争的事实；中国企业在拉美拓展海外经营的势头方兴未艾。当前的国际金融危机也表明，中国在努力扩大国内需求的同时，进一步推动出口市场的多元化也势在必行。拥有 5.5 亿人口、年度 GDP 超过 3 万亿美元的拉美地区，无疑是中国出口市场多元化的一个重要选择。我们还必须看到，在中拉关系的未来日程上，非传统安全领域的合作议题会越来越多，重要性会越来越大。

3. 在 2007 年中拉贸易额突破 1000 亿美元之后，联合国拉美经济委员会曾发表一份拉美对华经济贸易合作报告。该机构执行秘书阿丽西亚·巴尔塞娜在报告的"序言"中指出："高水平的增长预期将使中国在未来几年成为全球经济最重要的增长中心，并为拉美和加勒比的出口创造一个潜力巨大的市场。然而，直到不久以前，除南美洲的某些基本产品之外，对这个市场的开拓是不够的。"[2]这段话反映了拉美国家在对华贸易方面的三点共识：中国的市场前景非常广阔；拉美对华出口产品还局限于某些基本产品；拉美各国对中国市场的开拓还很不平衡。因此，拉美

---

① 苏振兴：《2009 年的拉丁美洲——中国企业"走出去"的新机遇》，载苏振兴主编《拉丁美洲和加勒比发展报告（2008—2009）》，社会科学文献出版社 2009 年版，第 12 页。

② Alicia Bárcena, *Prólogo del documento Las relaciones económicas y comerciales entre América Latina y Asia-Pacífico, el vínculo con China*, Santiago de Chile, octubre de 2008, p. 10.

经济委员会明确建议：拉美国家在继续扩大对华基本产品出口的同时，要努力扩大在制造业领域的投资与技术合作，使中拉贸易格局由"产业部门间"（interindustrial）贸易向"产业部门内部"（intraindustrial）贸易拓展。这项建议同时反映出拉美国家对中国日益增长的对外投资与技术合作能力寄予很高的期待。其中特别强调拉美的制造业企业应通过与中国企业的合作，以期参与以中国为核心的"亚洲工厂"或"亚洲供应链"。

　　国际金融危机发生以来，无论是中国应对危机的有力举措及其成效，还是中拉金融合作的新进展，都进一步增强了拉美国家扩大对华合作的信念。

　　中拉经贸合作的重要性也受到国际社会的广泛关注。2007年，OECD出版《中国在拉美的有形之手》一书，该书汇集了5篇关于中拉经贸关系的专题研究报告。这些研究报告的作者分别来自美洲开发银行、亚洲开发银行、经合组织发展中心、西班牙中央银行、智利中央银行、牛津大学、毕尔巴鄂比斯开银行等。OECD发展中心主任卡塞利（Louka T. Katseli）在该书"序言"中对这些研究报告的基本结论作了如下表述："下面的章节将为中国的崛起在贸易和金融方面对拉美产生的积极和消极影响提供详细的证据，从而证明拉美可能是世界上受益最大的地区之一。本书的一些作者集中分析了贸易影响，而其他作者则研究了外国直接投资问题。他们都强调指出，中国为拉美提供了一个独特的机遇，加强该地区传统资源优势。拉美面对的主要政策问题是：如何既能继续利用中国的快速发展并从中获利，又能规避落入原材料生产者困境的风险，而非更深地嵌入全球价值链。"①可

---

① ［西、法］哈维尔·桑蒂索主编：《中国在拉美的有形之手》"序言"，王鹏等译，世界知识出版社2009年版，第3—4页。

见，国际经济界对中拉经贸合作的评价是正面的、积极的。

4. 拉美的外交"多元化"格局正在发生重大变化

拉美国家推行对外关系多元化方针已经多年，但由于受多种因素制约，这种"多元化"只是从"欧美外交"的传统格局向发展中世界的缓慢位移，还未能在欧美之外形成一个有足够分量的新的外交支点。进入 21 世纪以来，随着亚洲的崛起，拉美国家"面向亚太"的外交取向明显加强。[①]例如，拉美太平洋沿岸 11 国创立"拉美太平洋弧部长论坛"，共同探讨如何推进亚洲外交；拉美各国领导人出访亚洲的频率大幅提高；拉美国家与亚洲国家签订自由贸易协定的案例越来越多，等等。据统计，2004—2006 年期间，拉美向亚洲的出口占其总出口的 8.3%，其中智利向亚洲的出口已占其总出口的 31.2%；拉美从亚洲的进口占其总进口的 19.4%，其中墨西哥从亚洲的进口已占其总进口的 22.6%。[②]中国已成为拉美在全球第三、亚洲第一大贸易伙伴。日本和韩国已是拉美重要的外来投资国，印度和中国在拉美的直接投资也呈快速增长态势。早在 2007年，OECD 发展中心主任卡塞利就指出："另一个正在形成的事实是经济相互依存的全球范式发生了显著变化。拉美与亚洲、特别是与日本和韩国的经济联系已经非常牢固。中国和印度的兴起极大地扩展和加深了这些联系。拉美正越来越多地把目光投向亚洲，而兴起的亚洲则在拉美寻求资源和新的市场。

---

① 拉美国家所说的"亚太"，主要包括中、日、韩、东盟 10 国和印度，有时也将澳大利亚、新西兰纳入其中。

② CEPAL, *Las Relaciones Económicas y Comerciales entre América Latina y Asia-Pacífico, el Vínculo con China*, Santiago de Chile, Octubre de 2008, pp. 53–54.

对欧洲和美国而言，这也是一个唤其觉醒的信号。"①

拉美国家加强与亚洲的合作，有利于扩大对外合作的选择余地，加强在国际竞争中的主动地位，改变传统上对欧美的过度依赖。可以预期，随着国际格局多元化的继续发展，拉美国家加强与亚洲合作的步伐还会进一步加快。不过，人们也应当清醒地看到，亚洲与拉美经贸合作的规模还远远落在欧美的后面，亚洲国家与欧美国家在拉美地区的竞争也不是一种零和博弈。

三　努力构筑全面合作伙伴关系

2008 年 11 月 5 日，中国政府在首次发表的《中国对拉丁美洲和加勒比政策文件》中明确提出："加强同广大发展中国家的团结合作，是中国独立自主和平外交政策的立足点。中国政府从战略高度看待对拉关系，致力于同拉丁美洲和加勒比国家建立和发展平等互利、共同发展的全面合作伙伴关系。"②同年 11 月 20 日，胡锦涛同志出访拉美期间，在秘鲁国会发表了题为《共同构筑新时期中拉全面合作伙伴关系》的重要演讲。构筑中拉全面合作伙伴关系是中央在新时期引领中拉关系继往开来、再上新台阶的指导方针。

（一）坚持"平等互利，共同发展"

通过互利合作，实现共同发展，是中国和拉美国家最根本的

---

① ［西、法］哈维尔·桑蒂索主编：《中国在拉美的有形之手》"序言"，王鹏等译，世界知识出版社 2009 年版，第 4 页。
② 新华网，2008 年 11 月 5 日。

利益汇合点。1988 年 5 月，邓小平同志在会见阿根廷总统劳尔·阿芳辛时说："真正的太平洋时代的到来至少还要五十年。那时也会同时出现一个拉美时代。我希望太平洋时代、大西洋时代和拉美时代同时出现。"①这段话充分表达了邓小平同志希望拉美国家和中国实现共同发展的愿望。

胡锦涛同志在论述构筑中拉全面合作伙伴关系时，对"平等互利，共同发展"作了明确的定位和深刻的阐述。他认为，"共同发展"是中拉全面合作伙伴关系的"主题"，并强调指出："发展是中拉最为紧迫的任务，中国和拉美的发展都处于关键时期，也都是对方发展的机遇。中国愿同拉美国家扩大各领域务实合作，在合作中促进各自发展，又以各自发展促进共同发展。"他还从中国坚持走和平发展道路的高度，确定"平等互利"是中拉全面合作伙伴关系应坚持的"基本原则"："中国将始终不渝走和平发展道路，始终不渝奉行互利共赢的开放战略。中国坚持国家不分大小、强弱、贫富一律平等，坚持把维护和发展中拉共同利益作为双方合作的出发点和落脚点，尊重拉美各国人民自主选择发展道路的权利，同拉美各国平等相待，在合作中照顾拉美国家正当关切，努力实现互利共赢。"②坚持"平等互利，共同发展"，照顾拉美国家的正当关切，体现了一种新型的国家关系准则和互利共赢的目标，必将得到越来越多拉美国家的认同。

2003—2008 年，拉美经济经历了一个连续 6 年的扩张期，人均 GDP 年增长率达到 3.5%。联合国拉美经济委员会指出：

---

① 中共中央文献研究室编：《邓小平年谱 1975—1997（下）》（1988 年 5 月 15 日），中央文献出版社 2004 年版，第 1231 页。

② 胡锦涛：《共同构筑新时期中拉全面合作伙伴关系——在秘鲁国会的演讲》，《人民日报》2008 年 11 月 22 日第 3 版。

拉美上一次出现人均 GDP 增长率连续几年超过 3% 是在 40 年以前。[①]这个评论反映出 40 年来拉美的经济增长实在不甚理想，也流露出对新一轮经济扩张极为珍视。然而，随着 2008 年国际金融危机的爆发，拉美地区受到国际贸易和外来投资严重萎缩、海外劳工汇款锐减、旅游业陷入萧条等多重打击，这一轮经济扩张戛然而止。拉美经济委员会的最新预测表明，2009 年，拉美经济将出现 1.9% 的负增长。前几年就业回升、实现《千年宣言》目标不断取得进展的有利形势会因此而逆转。尽快克服金融危机的影响，实现经济复苏，已成为拉美国家的最大关切。在当前形势下，中拉全面加强合作，共克时艰，对双方都具有特殊的重要意义。

（二）着眼于长远发展，立足于分阶段推进

60 年来，前后几代中央领导集体都特别强调要从战略高度看待中拉关系，同时又十分注重从实际出发，分阶段推进双边关系。例如，在新中国成立后的一段较长的时间里，中国在开展对拉美的外交工作方面曾面临很多困难。以毛泽东同志为核心的第一代中央领导集体始终把中拉关系看做是我国整体外交不可或缺的重要组成部分，立足于民间外交，广交朋友，解疑释惑，增进了解，终于实现了与拉美国家建交的大突破。又如，1960 年前后，中拉关系的发展才刚刚起步，中央就未雨绸缪，决定建立"拉丁美洲研究所"，为中拉关系的长远发展进行"智库"建设。我们还应清醒地看到，上文列举的几种不利于中拉关系发展的消极因素今后还会继续存在，任何双边关系的发展都有赖于双方的

---

① CEPAL, *Balance preliminar de las economlas de América Latina y el Caribe*, 2007, Santiago de Chile, pp. 13 – 14.

共同努力，单方面期望值过高也是不现实的。历史经验表明，唯其坚持从战略高度看待中拉关系，我们才能以国家长远利益和外交全局的眼光去谋划和开展对拉美的各项工作，才能以开拓的勇气和创新的精神去克服某些不利因素带来的困难或障碍；唯其立足于分阶段推进，我们才能更好地审时度势，采取有针对性的政策措施去发挥各种有利因素的作用，推动中拉关系稳步向前发展。

构筑中拉全面合作伙伴关系是一个能很好地继往开来的方针，它要求在前期的基础上将双边关系大步向前推进，并以新的合作成就进一步扩大中国在拉美的影响力，为中拉关系开辟更加广阔的未来前景。"全面合作"意味着中拉合作将在密切政治关系、深化经贸合作、加强国际事务中协调配合、重视社会领域互鉴共进、丰富人文对话交流等各方面全面展开，合作的领域将大大拓展。例如，中国政府在《中国对拉丁美洲和加勒比政策文件》中就主动提出了 30 多个具体合作领域。可以预期，中拉双方在诸如能源安全、粮食安全、气候变化、环境保护、金融安全、社会安全等广泛的非传统安全领域的合作将具有越来越重要的地位。随着双方各自发展水平的提升，合作的规模会进一步扩大。例如，进入 21 世纪以来中拉贸易呈现出加速增长；最近两年中拉能源合作和金融合作的规模明显扩大，等等。在新形势下，双方合作的方式也将不断创新。例如，近年来，中拉金融合作就采取了建立联合投资基金或贷款融资与原油供应结合、工程承包与项目融资结合、双边货币互换等多种形式，以及中国和巴西在"金砖四国"框架内的合作，等等。中国在拉美的 21 个建交国国情差异很大，发展对华合作的具体需求也不尽相同。在"全面合作伙伴关系"的架构下，不仅所有这些国家拓展对华关系的途径会更加广阔，而且多个层次、多种类型的合作都可以并行不悖。中国与拉美未建交国的合作也会继续扩大和深化。

（三）拓展经贸合作是重中之重

中拉全面合作伙伴关系既以共同发展为主题，不断拓展经贸合作就成为重中之重。如果说，应对国际金融危机的过程已经为中拉经贸合作开辟了新的前景，那么，人们或许将会看到，在经历这场金融危机以后的世界格局中，中拉经贸合作的整体地位还会进一步提升。

迄今为止，中拉贸易结构主要是依托于双方固有的比较优势，即中方输出工业制成品，拉美输出基本产品。从长远的角度看，这种优势互补的结构仍将是中拉贸易发展的重要基础，但需要逐步拓展和优化。例如，拉美经济委员会在一份研究报告中指出，在拉美各国（巴西、墨西哥除外）的对华出口中，3 种主要产品所占的比重分别高达56%—93%[①]，足见其出口产品过于单一和集中。报告因此建议拉美国家应扩大与中国在制造业领域的合作，争取参与以中国为核心的"亚洲工厂"的供应链条。OECD 汇编于《中国在拉美的有形之手》一书中的几篇研究报告则有一个共同的担心："中国可能为拉美提供了一个独一无二的贸易机遇，但也可能对该地区的长期发展构成严重威胁（因为严重依赖资源类产品不利于技术的升级和多样化）。"[②]上述两种观点关注的是同一个问题，即拉美国家不能长期局限于对华输出资源性产品，而应当同时推动制造业的发展及其产品输出。这个建议对中拉经贸合作的未来发展是有利的，因而也是中国乐观其

---

① CEPAL, *Las Relaciones Económicas y Comerciales entre América Latina y Asia-Pacífico: el Vínculo con China*, octubre de 2008, p. 61.

② ［西、法］哈维尔·桑蒂索主编：《中国在拉美的有形之手》，王鹏等译，世界知识出版社2009年版，第2页。

成的。其一，拉美对华出口商品的多样化不仅有利于优化贸易结构，扩大贸易规模，而且有利于实现贸易平衡；其二，双方制造业企业的合作可以带动相互投资和技术合作；其三，双方通过合作可以在制造业领域增加优势互补，减少竞争，可以带动更多的企业特别是中小企业参与其中。

在优化贸易结构的同时，建立国家间双边自由贸易区的模式可以进一步推广；金融部门需要更好地为推动双边贸易发展提供服务；海关合作、动植物检验检疫等方面的贸易便利措施需要不断加强；双方的某些贸易摩擦需要冷静处理，等等。总之，双方应在深化和扩大相互贸易的共同目标下，努力去探索新的方式和渠道。

就当前中拉经贸合作的总体状况而言，增加相互投资可能是一个带关键性的步骤。一段时间以来，有些国际经济界人士热衷于研究所谓中拉双方在吸引外来投资上的"竞争性"。作为国际上对外投资主体的西方跨国公司，在选择投资对象时恐怕除了投资环境与投资收益外很难有其他偏好，而主要扮演受资国角色的中国和拉美国家之间究竟能有多大的"竞争性"值得怀疑。笔者认为，随着中拉双方对外投资能力的上升，我们倒是应该着重研究双方相互投资的"互补性"。双方扩大制造业合作的愿望必须通过相互投资来实现；拉美国家急于要克服基础设施发展滞后的瓶颈制约，引进中国投资未尝不是一种可行的选择。胡锦涛同志曾郑重提议："努力增加相互投资，重点加强制造业、基础设施建设、能源矿产、农业、高新科技产业等领域投资合作，加大政策扶持和引导。"①进一步拓展生产领域的合作才能扩大双边贸

① 胡锦涛：《共同构筑新时期中拉全面合作伙伴关系——在秘鲁国会的演讲》，《人民日报》2008年11月22日第3版。

易的基础，才能更好地推动双边贸易持续、平衡地向前发展。受惠于双方经贸合作的企业界将日益成为积极推动双边关系发展的一支重要力量。

加强中拉金融合作的重要意义已经在当前共同应对金融危机的过程中初步显现出来。如何进一步发挥金融合作的潜力，探索多种有效的金融合作方式，逐步建立健全金融合作机制，使金融合作成为深化双边关系、推动双边经贸合作的重要手段，已成为双方需要高度关注和认真研究的新课题。

（四）重视人文交流

鉴于中拉之间地理上相距遥远和文化背景差异较大，人文交流在双边关系发展中的重要作用始终不可低估。当前，拉美对中国的关注度已大大提高，中国如何把自己的历史文化和当代发展系统、准确地介绍给拉美国家尤为重要。如果拉美国家接受的关于中国的信息总是来自西方媒体，就很难改变中国在拉美缺乏话语权的局面。笔者以为，在加强人文交流方面，下面几个问题值得予以考虑。

第一，在中拉人文交流中有必要确定一些重点领域，如教育合作、人文学术交流、民间团体交往，等等，以求用相对有限的资源去获取更大的交流效益。在教育合作领域，相互培养留学生是发展双边关系的一项"人才工程"，具有重要而长远的影响。当前，在建立孔子学院的同时，互派留学生和进修教师的规模应进一步扩大，中方尤其应增加向南美国家派遣留学生。人文学术交流的重要性之所以越来越重要，一是双方共同关心、需要共同探讨的课题越来越多；二是拉美各国政府也和中国一样越来越重视发挥"智库"的作用，或者说，高层次的人文学术交流属于"精英层"之间的交流，能产生一种特殊的影响力。在国际上各类 NGO 组织大量涌现，其作用和影响力不断扩大的情况下，加强民间团体在对外交往中的作用是必然的选择。

与此同时，要尽量发挥商业性交流渠道的作用，诸如旅游观光、文艺演出、文化艺术作品展览、体育比赛，等等，应尽可能通过商业渠道进行交流，政府可予以推动。

第二，大力改进各种宣传媒介。中拉之间语言、文化传统、思维方式等差别很大。我们面向拉美的各种宣传媒介，如新闻报道、电视节目、影片、书籍、期刊等，如何从内容与形式，以及语言表达上为拉美的受众或读者所喜闻乐见，通俗易懂，还需要继续作出艰苦的努力。

第三，专业人才队伍建设亟待加强。当前，与中拉关系的快速发展相比，专业人才队伍的建设明显处于滞后状态。例如，我国从事拉美研究的专门机构太少，专业人才短缺，现有的研究队伍已出现英语人才占多数的非正常局面。最近 20 年来，我国高等院校中的拉美研究力量不是在增加，而是在减少；包括拉美史在内的世界历史教学与研究没有得到应有的重视。中国的一些企业家走到拉美去投资兴业，却往往找不到既懂当地语言、又比较熟悉当地环境的业务助手。从推动中拉人文交流的角度看，我们现在所缺乏的恐怕主要还不是物质资源，而是人才资源，缺乏既对双方文化、历史、社会有深入了解，又具有较高的西班牙语、葡萄牙语水平的专门人才。

第四，要重视吸收拉美优秀文明成果。人文交流本来就是双向的，既要宣传自己，也要学习对方。吸收各国优秀文明成果与增强中华文化的国际影响力是相辅相成的。最近 30 年来，我们在译介拉美优秀的学术著作、文学著作等方面虽然取得了一定成绩，但从总体上看，目前对于吸收包括拉美国家在内的发展中国家的优秀文明成果的重视程度不够，缺乏相应的规划、组织工作和必要的投入，还远远满足不了相关研究工作、特别是广大公众了解外部世界的强烈需求。这项工作单靠市场运作或学者的个人努力是不够的。

四　结束语

中国正处在由一个地区性强国走向全球性大国的历史进程之中。正如胡锦涛同志指出："当代中国同世界的关系发生了历史性变化，中国的前途命运日益紧密地同世界的前途命运联系在一起。"[①]从这个高度来观察，未来的中拉关系必将有一个新的更大的发展。为了实现这个令人鼓舞的目标，笔者在本文中着重论述了三个问题。第一，中拉关系经过60年的发展已经站在一个新的历史起点上。我们既要充分利用双方关系业已奠定的基础，也要认真总结60年来开展对拉美地区工作的基本经验。第二，国际形势的新发展，中拉双方各自发展阶段的变化，正在为中拉关系的未来发展创造出新的历史机遇。我们需要从长远的战略眼光出发，努力推动各种有利因素继续向前发展，理性地化解某些不利因素可能带来的消极影响，善于抓住新机遇，敢于开拓新局面。第三，中央确定的"构建中拉全面合作伙伴关系"的方针既适应于当前阶段中拉关系发展的客观要求，也是需要经过艰苦努力才能实现的。我们应当在中央方针的指引下，各相关部门通力合作，推动中拉关系走向更加灿烂的明天。

---

① 胡锦涛：《高举中国特色社会主义伟大旗帜　为夺取全面建设小康社会新胜利而奋斗——在中国共产党第十七次全国代表大会上的报告》，载《中国共产党第十七次全国代表大会文件汇编》，人民出版社2007年版，第45页。

主要参考文献

1. 胡锦涛：《共同构筑新时期中拉全面合作伙伴关系——在秘鲁国会的演讲》，《人民日报》2008 年 11 月 22 日第 3 版。

2. 胡锦涛：《高举中国特色社会主义伟大旗帜　为夺取全面建设小康社会新胜利而奋斗——在中国共产党第十七次全国代表大会上的报告》，载《中国共产党第十七次全国代表大会文件汇编》，人民出版社 2007 年版。

3. 胡锦涛：《在"金砖四国"领导人会晤时的讲话》，《人民日报》2009 年 6 月 17 日第 3 版。

4. 袁世亮：《跨世纪的中拉关系》，载李明德主编《拉丁美洲和中拉关系——现在和未来》，时事出版社 2001 年版。

5. 杨万明：《中国对拉丁美洲国家外交政策之研究（1990—2006）》，中国社会科学院研究生院博士论文，2008 年。

6. 苏振兴：《2009 年的拉丁美洲——中国企业"走出去"的新机遇》，载苏振兴主编《拉丁美洲和加勒比发展报告（2008—2009）》，社会科学文献出版社 2009 年版。

7. ［西、法］哈维尔·桑蒂索主编：《中国在拉美的有形之手》，王鹏等译，世界知识出版社 2009 年版。

8. CEPAL, *Las Relaciones Económicas y Comerciales entre América Latina y Asia-Pacífico*, *el Vínculo con China*, Santiago de Chile, Octubre de 2008.

（原载《拉丁美洲研究》2009 年增刊 2）

拉丁美洲对中国迅速发展与影响扩大的反响

中国的快速发展引起了世界的高度关注，拉丁美洲也不例外。国外有评论指出："中国崛起并作为一个重要大国出现在拉丁美洲，是 21 世纪初拉美地区的重大事态发展之一。"因此，"拉美国家都在作出决策以适应因中国崛起所形成的新的国际舞台"①。国际上关于中国崛起对拉丁美洲的影响的评论早已有之，特别是在胡锦涛同志 2004 年 11 月对部分拉美国家进行国事访问之后，国外一些新闻媒体把这次访问称之为中国对拉美的"攻势"，拉美、美国和欧洲的学术界掀起了一股研究中拉关系的热潮，先后发表了大量文章和著作。这种情况表明，中拉关系并不被视为一种纯粹的双边关系，而是同时牵涉到其他方面的利益。因此，本文所论及的拉美对中国崛起的反应，也将欧美国家对中拉关系发展的反应包含在内，并力求从这种综合反应中去分析中

---

① Gonzalo Sebastián Paz（España），*Cambio y contitnuidad en las relaciones de China con América Latina a principios del siglo XXI*，Revista Iberoamericana de Estudios de Asia Oriental，No. 1，2007，p. 2.

拉关系面临的挑战以及我们应采取的对策。

一　中国在拉美地区的影响

迄今为止，所谓"中国作为一个重要大国出现在拉丁美洲"，其主要含义也就是指中国已经成为拉美的一个重要经贸合作伙伴，或者说，中拉双方之间经济利益或商业利益的重要性上升到了一种前所未有的高度。换句话说，中国作为一个重要大国出现在拉丁美洲，并未在政治或意识形态、军事或安全领域给这个地区带来冲击。可以预期，中国在和平发展道路与和谐世界国际观的指引下，未来也不会在这些领域对拉美国家构成挑战。

进入21世纪以来，中拉经贸合作呈现出加速发展的新态势。1999年，中拉双边贸易额仅82.6亿美元，2000年突破100亿美元，2005年超过500亿美元，2009年达到1215亿美元，是2000年的10倍。据联合国拉美经济委员会统计，2009年，因受国际金融危机冲击，拉美对美国和欧盟的出口分别同比下降26%和28%，唯独对华出口持续上升，同比增长5%。"中国已经成为拉美和加勒比出口的主要增长源，包括在2009年拉美和加勒比经历严重衰退的情况下也依然如此。……对拉美地区而言，中国是一个巨大的机遇之源。"①目前，中国已成为拉美的第三大贸易伙伴，排在美国和欧盟（27国）之后。中国在拉美的直接投资也出现较快增长的势头。中国已有一批实力较强的企业进入拉美；2009年，中国对拉美投资同比增长了一倍；中拉双方新近又就一批重大投资项目达成协议。在工程承包方面，中拉双方也

---

① CEPAL, *La República Popular China y América Latina y el Caribe*: *hacia una relación estratégica*, Santiago de Chile, mayo de 2010, pp. 5 – 6.

陆续就一些大型项目签约，如中国与阿根廷两国政府签署了价值100亿美元的铁路合同；中铁公司与委内瑞拉国家铁路局签订了总金额75亿美元的铁路合同。在金融合作领域，2009年，中国正式加入美洲开发银行；中国与阿根廷两国央行签署了700亿元人民币的双边货币互换协议；中国与巴西、委内瑞拉和厄瓜多尔3国共签署了190亿美元的"贷款换石油"协议；中、委联合投资基金由原来的60亿美元扩大到120亿美元；2010年，中国与委内瑞拉签署了200亿美元融资协议。

中国崛起和中拉关系的新发展的确引起了拉美及欧美舆论的强烈反响。涉及的主要议题主要有以下几个。

(一) 中国与拉美的外交关系

国外有学者认为，崛起的中国，连同其他亚洲国家，构成了拉美外交的第三个支点（un tercer punto de apoyo）。在20世纪，美国和欧洲是拉美的两个主要经济支柱，而这两个"支点"都在大西洋方面。"随着中国的崛起，出现了前所未有的第三个支点，并确认了一种新向性（tropismo），即美洲越来越将其眼光注视着太平洋这一面。……对拉丁美洲而言，中国重新崛起是一个头等重要的地缘经济变化。这种亚洲向性就意味着，拉美地区如今更加依赖于人民币的浮动和来自北京或上海的需求。这是一个好消息，因为对拉美的需求出现了更大的地理多元化。"[1]

事实上，最近10年来，拉美"面向亚洲"的外交取向已取

---

[1] Javier Santiso（España），*La emergencia de China y su impacto en América Latina*，*España*，Política exterior，Vol. 19，№ 107，2005，p. 98（http：//dialnet. unirioja. es/ servlet/ articulo? Codico = 1237354）.

得明显进展，而中国则是其亚洲外交的重中之重。拉美各国领导人出访中国的频率大幅提高，建立包括双边自由贸易区以及贸易、投资、金融、技术等多种对华合作机制；拉美太平洋沿岸11 国创立了"拉美太平洋弧部长论坛"，共同探讨如何推进与中国和亚洲国家的关系，其中秘鲁、智利等国更希望成为中国进入拉美的平台；拉美的大西洋岸国家则希望通过太平洋岸国家建立面向中国和亚洲的物流与信息通道。

　　有学者认为，拉美国家推进对华外交有两个基本原因，一是历史的启示，二是现实的需要。从历史角度看，自 19 世纪以来，美国对拉美地区的强烈影响无所不在，对涉及拉美的主权事务进行干涉，一直把拉美视为自己的后院，再加上由美国推荐的发展模式在拉美并不成功，这使拉美产生了一种要摆脱美国影响的愿望，希望突破那个"中心—外围的圈子"。从现实角度看，中国对初级产品的需求不仅大大扩展了拉美的出口市场，而且提升了这类产品的国际价格。中国奉行和平共处的原则，不干涉别国的主权与内部事务，这使得中国在与别国进行经济交往时不采取西方的做法，不会因为人权或民主问题而进行报复。①

　　有的学者则着重强调中国外交战略的作用。"从和平崛起到和平发展，从多极化到多边主义，胡锦涛提出的'和谐世界'是通过对话谋求一致。这种思考和政策是基于下述判断：中国的主要影响因素是经济而不是防务。然而，这一政策正在获得越来越大的影响力，人们看到，中国的利益在其国土以外正在涵盖越

---

　　① 参见 Juan Carlos Triviño Salazar（Argentina），*Relaciones comerciales entre China y Latinoamerica：Un matrimonio de conveniencia*，Centro Argentino de Estudios Internacionales，pp. 2 – 3（www. cael. com. ar）.

来越广泛的领域"①。

（二） 中国与拉美的经贸关系

国外学者一篇分析中国对拉美贸易影响的文章曾用《天使还是魔鬼?》作为标题，② 可见人们对于中国在贸易领域对拉美影响的看法存在很大反差。拉美经济委员会执行秘书阿丽西亚·巴尔塞娜指出："高水平的增长预期将使中国在未来几年成为全球经济最重要的增长中心，并为拉美和加勒比的出口创造一个潜力巨大的市场。然而，直到不久以前，除南美洲的某些基本产品之外，对这个市场的开拓是不够的。"③关于中国对拉美的贸易影响也存在负面看法，主要集中于以下三个问题：（1）中国对初级产品的巨大需求有可能导致拉美国家经济"过度的初级产品专门化"；（2）中国输出的部分制成品对拉美国家相关产业部门造成了损害；（3）中国商品在第三方市场、主要是美国市场上抢占了拉美国家的市场份额。

鉴于中国对拉美的商品需求主要集中于能源和各种原材料，人们担心在这种需求引导下，拉美国家经济会走向过度的初级产品专门化，进而引起"荷兰病"、"去工业化"，等等。"中国效应会导致拉美在附加值少、加工程度低、受制于国际周期波动的

---

① Xulio Rios （España）, *El impacto de China en el futuro de Asia y del mundo*, 9 de enero de 2009, p. 5 （http：//www. política-china. org）.

② ［西、法］哈维尔·桑蒂索等：《天使还是魔鬼?——中国对拉美新兴市场的贸易影响》，原载《拉美经委会评论》第 90 期（2006 年 12 月），后被收入哈维尔·桑蒂索主编的《中国在拉美的有形之手》一书并译成中文，世界知识出版社 2009 年版。

③ Alicia Bárcena （México）, *Prólogo del Documento "Las Relaciones Económicas y Comerciales entre América Latina y Asia-Pacífico*, El Vínculo con China, Santiago de Chile, octubre de 2008, p. 10.

产品方面传统的专门化格局进一步加深"。"一旦中国经济突然
减速，拉丁美洲将直接受到伤害"①。此外，人们还担心，当前
中国与拉美贸易结构的特点或迟或早会导致双方贸易失衡，并妨
碍双方合作的深化。"拉美地区与中国的贸易实质上具有产业部
门间（interindustrial）贸易的性质。在这种模式下，中国出口的
主要是制成品，拉美和加勒比输出的主要是初级产品。这既会妨
碍中拉双方企业的联盟，也会妨碍拉美国家更有效地进入亚太地
区的生产链条"②。因此，拉美经济委员会建议：中拉双方应该
扩大在制造业领域的投资与技术合作，促使双方贸易结构由产业
部门间的贸易逐步向产业部门内部（intraindustrial）的贸易转
变，这既有助于推动拉美国家的产业结构调整，也有利于双边贸
易的可持续发展。

如果说，中国作为一个巨大市场而被拉美视为重要的贸易伙
伴和发展机遇，那么，中国作为全球主要的出口大国则被拉美视
为竞争对手。"自中国于 2001 年加入世界贸易组织以来，人们担
心来自中国产品的竞争会对拉美的成衣业、电子产业以及该地区
数千家公司生产的其他工业制品产生毁灭性影响"③。在双边贸
易领域，近年来中拉贸易摩擦案例的发生频率比较高，多数涉及
中国出口的纺织、服装、鞋类、玩具、电子等类商品。显然，拉

---

① Javier Santiso（España），*La emergencia de China y su impacto en América Latina*，España Política exterior，Vol. 19，№ 107，2005，pp. 100 – 101（http：// dialnet. unirioja. es/ servlet/ articulo? Codigo = 1237354）。

② CEPAL，*La República Popular China y América Latina y el Caribe*：*hacia una relación estratégica*，Santiago de Chile，mayo de 2010，p. 5.

③ 爱德华多·洛拉（美洲开发银行）：《拉美应该惧怕中国吗?》，原文发表在《经济季评》（*Trimestre Económico*）第 72 卷第 3 期（2005 年 7—9 月），后被收入哈维尔·桑蒂索主编的《中国在拉美的有形之手》一书并被译成中文。世界知识出版社 2009 年版，第 8 页。

美国家认为，中国这些产品的进入对拉美国家的相关产业部门构成了损害。有学者认为，即便中国在南美洲国家作为初级产品的大买家而受到欢迎，但"那里也存在着工业部门和工人运动（对中国）的抵制"①。

　　上述担心也表现在双方在第三方市场特别是美国市场上的竞争，甚至有所谓"中国在未来几十年内取代拉美"的恐惧感。这种情绪在其出口对美国市场依存度很高的墨西哥和中美洲国家尤为强烈。有学者写道："墨西哥带头抵制中国在拉美的扩张，原因之一是其客户工业的工作岗位遭受了重大损失。由于这个原因，墨西哥是最后一个接受中国加入 WTO 的国家。在中美洲，（对中国的）接纳也比在南美洲更受争议。人们认为，中美洲国家和多米尼加共和国与美国签订自由贸易协定的推动力就在于，它们是将此举作为抵消中国在美国市场尤其是在纺织工业领域竞争力的一种防卫手段。"②

　　针对中国在贸易领域对拉美是构成机遇还是威胁的争论，国外学者发表了多篇颇有深度的研究报告，得出了以下几点基本结论。（1）"中国对拉美的贸易影响在短期和中期内总体是积极的。……拉美的贸易将从中国强劲的需求和加速的增长中获益。"③（2）中拉双方贸易结构的互补性大于竞争性。"大多数拉美国家的贸易结构与中国的贸易结构通常更具有互补性而非竞

---

　　① Gonzalo Sebastián Paz（España）, *Cambio y continuidad en las relaciones de China con América Latina a principios del siglo XX*1, Revista Iberoamericana de Estudios de Asia Orental, No. 1, 2007, p. 6.

　　② Ibid. p. 6.

　　③ ［西、法］哈维尔·桑蒂索等：《天使还是魔鬼？——中国对拉美新兴市场的贸易影响》，载哈维尔·桑蒂索主编《中国在拉美的有形之手》，王鹏等译，世界知识出版社 2009 年版，第 60 页。

争性。由于出口结构存在差异，破坏贸易转移效应的可能性降低了"①。（3）在拉美本土市场上，中国产品并未与当地制造业形成多么激烈的竞争。中国"在低技术和高技术领域生产的一系列产品正在变得愈来愈有竞争力。拉美仍然远离这一进程"②。或者说，拉美国家制造业的成长主要取决于本国进一步调整产业结构和增强其产品的国际竞争力。在就业方面，以巴西为例，"从已经得出的就业研究结果看，与中国和印度进行贸易对工业部门的就业只产生了很小的负面影响"③。（4）中拉双方在美国市场上的竞争并不像某些新闻媒体宣传得那么严重。墨西哥产品与中国产品在美国市场的竞争指数为 50%，巴西则低于 30%，哥伦比亚、阿根廷、秘鲁、乌拉圭、智利和委内瑞拉等国更低于 20%。④如果说，中国的竞争优势表现在劳动成本与中间投入成本相对低廉，那么，墨西哥和中美洲国家则享有与美国距离短及双边贸易优惠安排等优势。德夫林等学者的研究表明，在服装生产方面，尼加拉瓜的劳工成本比中国高 34%，墨西哥比中国高 96%；制造业的年平均名义工资墨西哥为中国的 5 倍（1998年），巴西为中国的 3 倍（2002 年）；2003 年，一个标准集装箱的货物从中国运到美国需要 24 天，运输成本为 4300 美元，墨西

---

① 圣哈亚·拉利、约翰·维斯：《中国和拉美：贸易竞争（1990—2002）》，载哈维尔·桑蒂索主编《中国在拉美的有形之手》，王鹏等译，世界知识出版社 2009年版，第 101 页。

② 同上。

③ ［西、法］哈维尔·桑蒂索等：《天使还是魔鬼？——中国对拉美新兴市场的贸易影响》，载哈维尔·桑蒂索主编《中国在拉美的有形之手》，王鹏等译，世界知识出版社 2009 年版，第 61 页。

④ Javier Santiso（España），*La emergencia de China y su impacto en América Latina*，*España*，Política exterior，Vol. 19，№ 107，2005，p. 102（http：// dialnet. unirioja. es/ servlet/articulo？ codigo = 1237354）。

哥则只需 4 天，运输成本 1750 美元。[①]据洛佩斯—科尔多瓦等学者测算："西半球自由贸易将使拉美对美国的出口增加约 3%，而中美洲对美出口的增幅尤为显著（21%）。"他们认为："生产效率增长滞后是拉美出口成绩低下的主要原因。"[②]

（三）中国在拉美的投资

中国自改革开放以来，在吸收外国直接投资方面成绩显著，年度外国直接投资流入量都处在发展中国家的前列。与此同时，外国直接投资在拉美国家的发展中也历来扮演着重要角色。因此，这些国家很自然地把中国视为争夺外国直接投资的主要竞争对手。特别是在 1997 年以后的一段时间内，流入拉美的外国直接投资处于萎缩态势，更使上述观点获得某种经验支撑。

然而，上述观点却是缺乏事实根据的。首先，导致 1997 年以后一段时间内流入拉美的外国直接投资减少的原因不是来自外部，而是来自拉美自身。其一，90 年代前半期，外国直接投资大量流入拉美是与拉美大规模的私有化浪潮相吻合的。待到 1997 年以后私有化的高潮过去，外国直接投资流入量自然呈现减少趋势。其二，1998—2002 年，拉美经济整体上处于低增长状态，投资环境随之恶化。随着 2003 年拉美地区经济进入新的扩张期，外国直接投资的流入也强劲回升。例如，2004 年，中国吸收外国直接投资超过 600 亿美元，同比增长 8%；巴西（180 亿美元）、墨西哥

---

① Robert Devlin, Antoni Estevadeordal y Andrés Rodríguez-Clare（Eatados Unidos），*El impacto de China：Oportunidades y retos para América Latina y el Caribe*, Etidores BID y David Rokefeller Center for Latin American Studies, Harvard University, Washington, D. C., 2007, p. 205, 207, 226.

② 埃内斯托·洛佩斯—科尔多瓦、亚历杭德罗·米科、丹尼尔肯·莫利纳：《与龙争锋：拉美和中国对美国市场的出口》，载哈维尔·桑蒂索主编《中国在拉美的有形之手》，王鹏等译，世界知识出版社 2009 年版，第 124 页。

（160 亿美元）、智利（50 亿美元）、阿根廷（40 亿美元）4 国合计超过 430 亿美元，同比增长 50%。

其次，国外学术界就中国在吸引外国直接投资方面是否与拉美构成竞争进行了相当深入的研究。他们主要从中拉双方外国直接投资的主要来源地和双方接收外国直接投资的产业部门重合指数（índice de coincidencia sectorial）进行分析。桑蒂索指出：中国的 4 个境外直接投资主要来源地依次是中国香港、日本、中国台湾和新加坡，其中仅有日本同时也是拉美的 5 个外国直接投资主要来源地之一。[①]德夫林等学者则通过各主要外来投资者分别在中国和拉美的外国直接投资存量分析，得出了与桑蒂索基本相同的结论（见图 1、图 2）。[②]阿莉西亚·加西亚—埃雷罗和丹尼尔·圣巴巴拉在一份专题研究报告中指出："研究结果显示，在从 1984 年至 2001 年的长时期内，没有什么证据表明外国直接投资从拉美向中国转移。…… 外资大量流入中国给墨西哥和哥伦比亚带来不利影响，但没有给其他拉美国家造成同样的影响。"[③]这里所说的对墨西哥和哥伦比亚的不利影响，其根据就是吸收外国直接投资的产业部门重合指数，中国吸收的外国直接投资主要集中于制造业部门，墨西哥和哥伦比亚分别有 56%、21% 的外国直接投资投入制造业。作者表示，这个分析仅仅是尝试性的在投资方面，拉美人关注的另一个问题是中国

---

①　Javier Santiso（España），*La emergencia de China y su impacto en América Latina*，*España*，Política exterior，Vol. 19，№ 107，2005，p. 104（http：//dialnet. unirioja. Es/servlet/articulo? codigo = 1237354）。

②　Robert Devlin，Antoni Estevadeordal y Andrés Rodríguez-Clare（Eatados Unidos），*El impacto de China：Oportunidades y retos para América Latina y el Caribe*，Editores BID y David Rockefeller Center for Latin American Studies，Harvard University，Washington，D. C. ，2007，p. 176.

③　阿莉西亚·加西亚—埃雷罗、丹尼尔·圣巴巴拉：《中国对拉美吸引外国直接投资产生不利影响?》，载哈维尔·桑蒂索主编《中国在拉美的有形之手》，王鹏等译，世界知识出版社 2009 年版，第 153—154 页。

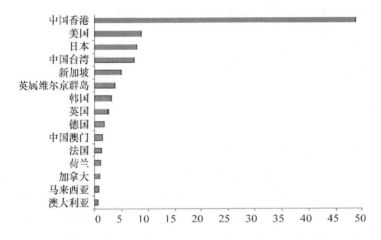

图 1　到 2000 年按来源划分流入中国的累积境外直接投资（%）

注：来源于中国国家统计局（2003）。

资料来源：Robert Devlin, Antoni Estevadeordal y Andrés Rodríguez-Clare, *El impacto de China：Oportunidades y retos para América Latina y el Caribe*, Banco Interamericano de Desarrollo, David Rockefeller Center for Latin American Studies, Harvard University, julio de 2007, p. 176.

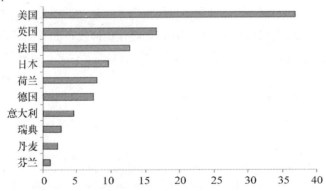

图 2　1997—2001 年按来源划分流入拉美的累积外国直接投资（%）

资料来源：Robert Devlin, Antoni Estevadeordal y Andrés Rodríguez-Clare (Eatados Unidos), *El impacto de China：Oportunidades y retos para América Latina y el Caribe*, Editores BID y David Rockefeller Center for Latin American Studies, Harvard University, Washington, D. C. , 2007, p. 176.

对拉美的直接投资。在这方面同样是舆论纷纭。一方面，拉美人抱怨中国在拉美投资"雷声大，雨点小"，与此同时，欧美舆论却惊呼中国正在拉美地区"倾倒财富"和"掠夺资源"。既有人批评中国资本偏爱加勒比的"避税天堂"而冷落拉美国家，也有人担心受到中国资本的控制，宣传所谓"中国人买下了非洲，现在正试图买下巴西"，如此等等。不过，当前舆论关注的焦点是，认为中国在拉美的投资过分集中于能源和矿产资源领域。

德夫林等学者认为，当前中国对拉美投资有两个特点：一是投资主要目的是建立出口平台以保障自然资源的供应；二是投资者主要是中国的大公司。① 桑蒂索则强调，中国"不仅寻求原料供应以支持其高速的增长，而且想要确保这种供应正常而可靠，从而需要有港口、铁路、煤气管道、输油管道等基础设施的支撑。拉丁美洲在供应原料的同时，也成为一个吸引基础设施投资的地区"②。帕斯也认为："跟贸易相比，（中国的）投资规模还不大。……实际上，就像在非洲及其他地区一样，（中国的）投资似乎有一种明确的模式：确保中国经济所需的原材料供应。在基础设施领域的投资也集中于保障初级产品供应。中国在加勒比地区投资的具体目标则在于将投资的政治效应最大化，如修建体育场馆、住宅，等等。"③

（四）中国的发展模式

国外有学者认为，中国崛起给予拉丁美洲的启示主要是在发展

---

① Robert Devlin, Antoni Estevadeordal y Andrés Rodríguez-Clare（Eatados Unidos），*El impacto de China：Oportunidades y retos para América Latina y el Caribe*, Editores BID y David Rockefeller Center for Latin American Studies, Harvard University, Washington, D. C. , 2007, p. 182.

② Javier Santiso（España），*La emergencia de China y su impacto en América Latina*, p. 105.

③ Gonzalo Sebastián Paz（España），*Cambio y continuidad en las relaciones de China con América Latina a principios del siglo XXI*, Revista Iberoamericana de Estudios de Asia Oriental, № 1, 2007（http：//www. rediao. org/paz 08. pdf），p. 7.

道路的探索方面。战后初期，拉美曾经是世界上最具活力的发展中地区，给人的印象是，拉美地区通过自身的工业化努力正在摆脱欠发达状态，而亚洲国家则被战争、外国占领和政治冲突弄得精疲力竭。然而，亚洲虽然起步较晚，却以30年的快速增长使大部分人走出了贫困；拉美尽管有前期的优势并作出了改革的努力，却并未取得能令其经济起飞和减少贫困的增长水平。因此，"从拉美的视角来看，中国的崛起可以被看做最近半个世纪来不断演绎的一个动人故事的又一篇章。在很大程度上，这是一个命运转折的故事"。"拉美人有必要去研究东亚的经验并从中吸取政策教训。……经济学家们从70年代起就在探讨'东亚奇迹'的原因，但除了承认市场的关键作用外没有达成其他任何共识。如今，中国又引发了一场同样热烈的讨论，但同样没有得出任何结论。无论就其改革的阶段性推进还是就其基本特色而言，中国对于拉美似乎是另一个世界。但即便如此，从中国所发生的变化来看，拉美的政策制定者们没有理由去忽视（中国）那些可以适用于其他国家的好的思想"①。

桑蒂索则指出，中国在全球经济舞台上的崛起对拉美的影响包含三个层面，一是贸易层面，二是金融层面，三是认知层面（dimensión cognitiva）。所谓"认知层面"指的是中国"作为成功的发展模式的作用"。他认为，尽管中国模式很难在别的地方复制，但它对其他新兴经济体具有巨大的启示意义。"中国把自由市场与国家控制结合在一起。今天在拉丁美洲同样需要这种结合：市场加上坚实的体制，建立公共与私营部门之间的联盟，重

---

① Robert Devlin, Antoni Estevadeordal y Andrés Rodríguez-Clare（Eatados Unidos），*El impacto de China：Oportunidades y retos para América Latina y el Caribe*，Editores BID y David Rockefeller Center for Latin American Studies，Harvard University，Washington，D. C.，2007，pp. 220 – 222.

新评估国家的作用，以务实主义方式创建各种政策工具"①。桑蒂索特别强调，当前在智利以及墨西哥、巴西、哥伦比亚等不少拉美国家，实行务实主义的、具有连续性与渐进性的经济政策正在成为主流趋势，从而在逐步改变以往那种自由主义模式与革命模式频繁交替的混乱局面。"反驳中国的经验是不可能的。……在拉丁美洲，中国经验促使以智利人为代表的一批人也力图创造一种新事物：以务实主义经济政策为依据的、而不是以实验室的试验或直接来自经济学教科书的别国模式为依据的经济发展"②。

二　大国竞争与中拉关系的新发展

近几年来，有一种现象值得关注。无论是对中拉关系还是中非关系的新发展，西方国家作出的反应都要比拉美和非洲本身强烈得多。预计这种现象今后还会继续存在。我们必须把这一现象放在国际关系调整的大背景下去审视。进入 21 世纪以来，在世界范围内，大部分新兴经济体的经济增长速度明显加快。有统计数据表明，2003—2008 年，在 125 个新兴经济体中，有 57% 的经济体人均 GDP 年均增长率超过 3%；在 26 个发达经济体中，人均GDP 年均增长率高于 3% 的仅占 25%。③西方发达经济体在这次国际金融危机中又普遍遭受重创，危机后的复苏过程也步履蹒跚，

①　Javier Santiso(España), *La emergencia de China y su impacto en América Latina*, p. 108.

②　Robert Devlin, Antoni Estevadeordal y Andrés Rodríguez-Clare (Eatados Unidos), *El impacto de China : Oportunidades y retos para América Latina y el Caribe*, Editores BID y David Rockefeller Center for Latin American Studies, Harvard University, Washington, D. C., 2007, pp. 110 – 111.

③　Osvaldo Kacef y Rafael López-Monti (CEPAL), *América Latina, del auge a la crisis: desafíos de política macroeconó-mica*, Revista de la CEPAL, No. 100, abril de 2010, Santiago de Chile, p. 43.

而一些主要的新兴经济体却依旧保持着强劲增长的势头。双方经济实力的消长变化必然引起国际关系的相应调整。以拉美地区为例，随着最近 10 年中拉经贸合作的快速发展，中国已取代日本成为拉美在亚洲的第一大贸易伙伴。根据拉美经济委员会 2010 年 5 月的预测，美国、欧盟（27 国）和中国作为拉美三大主要贸易伙伴的地位将在今后 10 年发生重要变化。2009 年，拉美向美国、欧盟和中国的出口分别占其总出口的 38.6%、13.8% 和 7.6%，到 2020 年，将分别变为 28.4%、13.6% 和 19.3%；同期，拉美从美国、欧盟和中国的进口将分别从占总进口的 33.1%、14.7%、9.5% 变为 26.1%、14.0% 和 16.2%；中国 2014 年将在进出口两方面都超过欧盟而成为拉美第二大贸易伙伴，与此同时，中国与拉美第一大贸易伙伴美国的差距将大幅度缩小（见图 3、图 4）。

图 3　2000—2020 年拉美和加勒比地区（16 国）主要出口目的地占总出口的比重（%）

注：数据来源于 CEPAL，联合国商品贸易统计数据库（Comtrade）和各国统计。16 个国家是：阿根廷、玻利维亚、巴西、智利、哥伦比亚、哥斯达黎加、厄瓜多尔、萨尔瓦多、危地马拉、洪都拉斯、墨西哥、巴拿马、巴拉圭、秘鲁、乌拉圭和委内瑞拉。所作的估计和预测是根据 2000—2009 年拉美及加勒比地区、亚太、中国、美国、欧盟和世界其他国家的国内生产总值增长率。对贸易增长率的预测是以长期经济增长率为基础。

资料来源：CEPAL，*La República Popular China y América Latina y el Caribe：hacia una relación estratégica*，Santiago de Chile，mayo de 2010，p. 13.

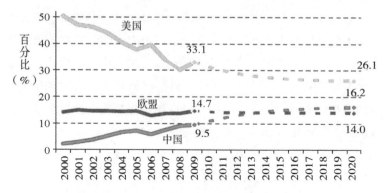

**图4 2000—2020年拉美和加勒比地区（16国）
主要进口来源地占总进口的比重（%）**

注：数据来源于 CEPAL，联合国商品贸易统计数据库（Comtrade）和各国统计。16个国家是：阿根廷、玻利维亚、巴西、智利、哥伦比亚、哥斯达黎加、厄瓜多尔、萨尔瓦多、危地马拉、洪都拉斯、墨西哥、巴拿马、巴拉圭、秘鲁、乌拉圭和委内瑞拉。所作的估计和预测是根据2000—2009年拉美及加勒比地区、亚太、中国、美国、欧盟和世界其他国家的国内生产总值增长率。对贸易增长率的预测是以长期经济增长率为基础。

资料来源：CEPAL, *La República Popular China y América Latina y el Caribe: hacia una relación estratégica*, Santiago de Chile, mayo de 2010, p. 13.

除中国之外，近几年间，印度、俄罗斯、韩国、伊朗、南非及部分东盟国家与拉美经贸合作的规模与深度也在快速拓展。面对此种情况，西方国家为了维护其在拉美的既得利益，不惜采用某些政治手段，如制造"中国威胁"论、"新殖民主义"论、"掠夺资源"论，等等，以排挤和打击新的竞争对手。

美国历来把拉美视为自己的"后院"，对中国等新兴大国进入拉美抱有一种强烈的抵制态度。正如有学者指出，在胡锦涛同志2004年11月出访拉美之后，美国的新闻媒体、国会、军方和政府都对中国在拉美的影响高度警惕。新闻媒体"通常都把中国在拉美的存在描绘成对美国在该地区利益的一种威胁。在互联网上，许多保守派的博客攻击中国在拉丁美洲的新作用，攻击共和党政府缺少作为"①。国会中的多个委员会与新闻媒体紧密配合，就中国在拉美地区对美国构成的"安全威胁"频繁举行听证会，政界、学术界、新闻界和军方高级将领都纷纷在会上发表证词。这些会议所涉及的议题包括：中国与拉美国家的军方人员交流，中国对拉美的武器装备出口，中国与有关拉美国家联合研制卫星的军事用途，中国可能利用前苏联在古巴的基地进行监听和窃取情报，中国可能对美国的石油安全和巴拿马运河航行安全造成威胁，中国可能与拉美的左翼政府建立某种特殊关系，如此等等。一时间，中国在拉美"威胁论"甚嚣尘上。

　　正是在这种背景下，2006 年 4 月，时任美国国务院负责西半球事务的助理国务卿香农（Thomas Shannon）来华访问，与中国外交部相关官员就双方对拉美政策举行对话。从那时以来，两国官员在这一机制下进行过 4 次对话，对于双方减少误解，对于美国国内关于中国在拉美"威胁论"的降温，都起到了积极作用。尽管美方现在也承认，中拉经贸合作能促进拉美的繁荣稳定，符合美国的利益，但预计美国未来对中拉关系发展的猜忌和干扰还会继续下去。第一，随着中国在拉美经济利益的扩大，中美双方在拉美地区的商业竞争有可能加剧。第二，美国有可能要求中国在拉美地区承担更多的"责任"，甚至鼓动拉美国家在对华合作中提高要价。第三，美国在所谓西半球"安全利益"方面对中国的高度戒备心理任何时候都不会有丝毫的放松。因此，中美双方继续保持关于对拉美政策的对话和沟通是非常必要的。

――――――――――

　　①　Gonzalo Sebastián Paz（España），*Cambio y continuidad en las relaciones de China con América Latina a principios del siglo XXI*，Revista Iberoamericana de Estudios de Asia Orental，№ 1，2007，p. 8.

　　欧洲国家对中国进入拉美所持的态度跟美国有所不同。欧洲国家把进入拉美的新兴大国都视为新的商业竞争对手，但是，欧洲人也历来对美国独霸拉美的企图十分反感，因此，如今有更多的角色参与到拉美地区的竞争中来，对欧洲并不是一件坏事。对于最近 10 年中拉关系的快速升温，欧洲的舆论反应是正面与负面兼而有之。例如，本文所引证的几篇关于中拉经贸合作的深度分析报告多数出自欧洲学者之手，他们所得出的基本结论都是正面的、积极的。同时，欧洲也有一些政治势力无论对中拉关系还是中非关系的发展都持负面看法，欧洲同样存在所谓中国在拉美构成"威胁"的论调。尽管欧盟当前的经济复苏受到一些成员国主权债务危机的严重困扰，但并未因此而忽略欧拉关系。以 2010 年 5 月举行的欧盟—拉美峰会为标志，欧盟加大了对中美洲的援助力度；重新启动与南美共同市场的自由贸易谈判；成立了拉美投资基金、加勒比基础设施投资基金、欧盟—拉美和加勒比基金等三项基金，以推动双方在能源、环境和基础设施等领域的投资合作。德国政府于 2010 年 8 月 4 日出台新的对拉美政策，强调与拉美的价值观和文化认同，拟加强对拉美的技术转让和文化交流[1]；法国与巴西的军事与武器供应合作迈出了重大步伐；西班牙更以其与拉美独特的历史、文化渊源和"伊比利亚美洲峰会"为载体继续深化与拉美的合作，如此等等。

　　日本作为拉美经贸合作伙伴地位的相对下降已经引起日本政府的警觉。2010 年 8 月 25 日，日本外务省成立"新兴国家部"，意在加大与包括拉美国家在内的新兴市场国家的外交力度。拉美的舆论认为，日本已推出了加深与拉美经济关系的新战略，采取公共部门

---

　　① Newsletter Punto Europa, *Nueva estrategia alemana para América Latina*, № 6, 17/08/2010.

与私营部门结盟的方式，寻求利用该地区在自然资源、能源、基础设施和粮食安全等领域的合作机遇。其主要途径是与拉美国家签订经济协定和实施官方发展援助相结合，前者旨在深化贸易自由化，后者强调使拉美受援国加强基础设施、开发人力资源、加入地区与全球价值链，以恢复生产部门、推进对外贸易和吸引投资。①

综上所述，我们可以作出以下判断：在今后一段时间内，包括发达国家和新兴大国在内的大国之间，围绕拉美地区的资源与市场的竞争将会呈现出日益加剧的态势。

三 中国的应对之策

中国和拉美之间隔着浩瀚的太平洋，双方不存在诸如边界、领海之类的纠纷或邻国间固有的某些历史积怨。随着中拉双方政治互信的加深，拉美国家并不认为中国在政治或安全上对它们构成威胁，而是把中国崛起视为自身发展的一种历史机遇。最近10年中拉关系的快速发展表明，拉美国家不仅主动抓住了中国崛起所提供的机遇，获得了实实在在的利益，而且对中国崛起的国际影响和中拉合作的巨大潜力的认识不断加深。特别是在后危机时代，欧洲和北美市场对拉美产品与服务的需求相对萎缩，中国经济却继续保持快速增长的态势，中国开展对外经济技术合作的能力也快速提升，从而更加坚定了拉美国家推进对华合作的信念。例如，拉美经济委员会为 2010 年 2 月在墨西哥坎昆举行的拉美、加勒比国家首脑会议②提供的咨询报告强调，拉美地区应

---

① 参见 CEPAL, *Panorama de la inserción internacional de América Latina y el Caribe 2009 - 2010*, Capítulo V, Santiago de Chile, septiembre de 2010.

② 这次会议被舆论界称为拉美"团结峰会"，因为在这次会议上，拉美、加勒比各国领导人一致同意，要组建一个没有美国参加的拉美和加勒比国家共同体。

当建立一个地区性的代表机构，以地区集体的方式推进与中国及亚洲地区的关系，"采取共同的准则去接近亚太地区，通过多国组成的企业家和部长级团组，可以在诸如基础设施、能源、银行、旅游、后勤服务等领域达成惠及两大地区的成套计划"①。2010 年 5 月，拉美经济委员会又在题为《中华人民共和国与拉丁美洲和加勒比：迈向一种战略关系》的报告中提出："鉴于中国在世界经济中的主导角色日益突出，拉美应当与中国建立一种战略联盟。"②正因为中国的发展与拉美国家自身的发展利益息息相关，拉美国家对于中国崛起和中拉关系发展的舆论反应总体是积极的、正面的，一些负面的舆论或猜疑主要集中于双方的商业竞争和实际经济利益层面。根据上述就拉美对华舆情的考察与分析，笔者认为，我们需要采取一些有针对性的政策与措施。

第一，对拉美涉华的一些负面舆论要冷静分析，慎重处理。据笔者观察，在拉美涉华的负面舆论中，有相当大一部分只是属于个别或少数人毫无根据的臆测，既不构成拉美对华舆论的主流，影响力也很小，我们似乎不必过于在意。对于少数恶意攻击中国的报道，我们当然要进行有理有据的批驳，努力消除其不良影响。不过，我们也要注意到，拉美绝大多数新闻媒体的主要信息渠道直接源于西方各大通讯社。有些歪曲中国形象的言论，如宣扬中国对拉美的政治与军事"威胁"，攻击中国在拉美"掠夺资源"，等等，其源头主要来自北美或欧洲，目的在于挑拨中拉关系。我们对这类观点的批驳需要看准对象，否则反而中了西方的圈套。有些舆论在一段时间内影响面比较广，但有可能随着形

---

① CEPAL, *Espacios de convergencia y de cooperación regional*, Cancún, México, 21–23 de febrero de 2010, p. 87.

② CEPAL, *La República Popular China y América Latina y el Caribe: hacia una relación estratégica*, Santiago de Chile, mayo de 2010, p. 24.

势的变化而逐渐淡化。例如，关于中国"抢走"了拉美国家外国直接投资的说法在90年代后半期曾颇有市场，如今再持这种看法的人就不多了。

第二，对拉美涉华舆论中那些有可能影响双方关系发展的重要问题应予以重视。在当前拉美的对华舆论中，有一些问题是值得我们认真关注的。一是中拉双边贸易发展的可持续性问题。拉美国家担心对华贸易过分集中于少数几种大宗初级产品的输出难以持续，甚至可能走上"繁荣—崩溃"之路，希望双方加强在制造业和服务业等领域的合作，逐步改变双方产业部门间贸易的单一格局。中拉贸易的发展如果出现严重失衡或不可持续，对双方利益都会造成损害。因此，我们有必要对拉美国家的这种关切作出积极的回应。二是关于中国对拉美的直接投资过分集中于资源部门的问题。这个问题的实质并不在于中方对拉美资源产业投资过多，而是在于对拉美的其他产业部门投资过少。可以考虑在充分尊重企业对外投资决策自主性的同时，由国家提出某些指导性意见，适度加强对拉美非资源性产业的投资。三是关于中国和拉美国家在部分制造业领域的相互竞争问题。从总体上讲，拉美国家的制造业发展水平低于中国。诸如纺织、服装、制鞋等劳动密集型产业在拉美国家经济中所处的地位依然相当突出，在中美洲和部分加勒比国家尤其如此。可以说，拉美国家为中国这类产品留下的市场空间极为有限，更何况拉美各国都很担心中国这类产品的进入会对其相关产业部门造成损害。如果说，中国和拉美国家的同类产品在第三方市场（如美国市场）上形成一定的竞争不可避免，那么，双方围绕这类产品在拉美市场上去竞争，甚至引起贸易摩擦，似乎必要性不大。当前，中拉贸易的发展主要表现为中国与南美国家间贸易的迅速扩张，并未改变传统上中国与中美、加勒比国家贸易量过小的失衡现象，而中国与拉美的未建交国又集中于这个次地区之内。因此，如何进一步拓宽与中美、加勒比国家的经贸合作渠道，是一个需要认真探讨的课题。

第三，加强对国外涉华舆情的调查。随着中国综合实力的快速上升，中国外交工作所涉及的领域在不断扩大，中国在海外的利益也在快速拓展。在这个大背景下，及时掌握国外对华舆情的变化，对我国在外交工作中掌握主动权的重要意义已大幅上升。据笔者观察，我们目前对国外涉华舆情的关注可能还是局限于某些重点国家或重点问题，还远没有把这种关注扩大到包括拉美在内的世界各大地区，更没有形成一个覆盖全球的舆情调查机制。因此，笔者建议，中央外事主管部门可以选择一个具备相应能力的单位，投入相应的资源，在其中建立一个全球涉华舆情调查机构，既负责定期（每半年或一年）提供全球涉华舆情调查与分析报告，也要就各类突发性问题及时提供国外舆情动态反映。

（中国社会科学院拉美研究所孙洪波副研究员为本文提供了部分资料，作者谨致谢意）

主要参考文献

1. Javier Santiso（España），*La emergencia de China y su impacto en América Latina*，España，Política exterior，Vol. 19，№ 107，2005（http：//dialnet. unirioja. Es/servlet/articulo？codigo = 1237354）.

2. Robert Devlin，Antoni Estevadeordal y Andrés Rodríguez-Clare（Eatados Unidos），*El impacto de China：Oportunidades y retos para América Latina y el Caribe*，Editores BID y David Rockefeller Center for Latin American Studies，Harvard University，Washington，D. C.，2007.

3. Gonzalo Sebastiún Paz（España），*Cambio y continuidad en las relaciones de China con América Latina a principios del siglo XXI*，Revista Iberoamericana de Estudios de Asia Oriental，№ 1，2007（http：//www. rediao. org/paz 08. pdf）.

4. Xulio Ríos（España）, *El impacto de China en el futuro de Asia y del mun-do*（http：//www. politica-china. org）, 9 de enero de 2009.

5. Gustavo A. Cardozo, *China y América Latina：Un nuevo frente ideológico?*（http：//www. casasia. es/pdf）

6. CEPAL, *Espacios de convergencia y de cooperación regional*, Cancún, México, 21 – 23 de febrero de 2010.

7. CEPAL, *La República Popular China y América Latina y el Caribe：hacia una relación estratégica*, Santiago de Chile, mayo de 2010.

8. CEPAL, *El comercio internacional en América Latina y el Caribe en 2009：Crisis y recuperación*, Santiago de Chile, diciembre de 2009.

9. CEPAL, *Las relaciones económicas y comerciales entre América Latina y A-sia-Pacífico*, *El vínculo con China*, Santiago de Chile, octubre de 2008.

10. Roberto Bouzas, *China y Argentina：Relaciones económicas bilaterales e interacciones globales*（http：//www. juridicas. unam. mx）.

11. Juan Carlos Triviño Salazar（Argentina）, *Relaciones comerciales entre China y Latinoamerica：Un matrimonio de convivencia*, Centro Argentino de Estudios Internacionales（http：//www. cael. ar）.

12. ［西、法］哈维尔·桑蒂索主编：《中国在拉美的有形之手》，王鹏等译，世界知识出版社 2009 年版。

13. ［西、法］哈维尔·桑蒂索：《拉丁美洲经济政策的务实性》，高静等译，世界知识出版社 2009 年版。

14. 苏振兴、张勇：《有进有退，在危机中深化合作——国际金融危机背景下的中拉经贸合作》，载《拉丁美洲和加勒比发展报告（2009—2010)》，社会科学文献出版社 2010 年版。

（原载张蕴岭主编《中国与世界：新变化、新认识与新定位》，中国社会科学出版社 2011 年版）

美国与拉美关系研究

从"美洲倡议"看美、拉关系的走向

美国总统乔治·布什1990年6月27日提出的"美洲倡议",标志着美国对拉丁美洲政策的重大调整。"倡议"出台一年多来,已经对美、拉关系的发展产生了明显的影响。本文试图从分析"倡议"的基本内容入手,着重探讨一下今后一个时期美、拉关系的走向。

一

"美洲倡议"是在世界格局发生重大变化的背景下出台的,是美国新的全球战略的一个组成部分,而不是一个纯经济性的倡议。

布什总统在发表"美洲倡议"时所作的演讲中说,美国提出这个"倡议"的目的是要为西半球成为自由的半球而"在这个关键时刻发挥一种建设性的作用"。按照布什的解释,这里所说的"关键时刻",就是所谓"自由事业"在东欧和美洲都取得"巨大进展"的时刻。东欧发生的变化使美国感到高兴,这不难理解。在拉丁美洲,"自由事业"的进展表现在哪里?这就是拉美国家出现的由文人政府取代军人政府的"政治民主化"进程和经济领域的国有企业私有化趋势。美国现在所要发挥的"建设性作用",就是要促使拉美进一步推行美国所主张的资产阶级"多元民主"和自由市场经济。

在上述讲话中,布什一方面对拉美"民主潮流的高涨"感到兴奋,另一方面,公开声称"古巴也加入世界民主国家行列的日子不远了",对美国要改变古巴社会制度的企图毫不掩饰。在经济方面,布什认为,拉美国家"正在抛弃阻碍经济发展的国家主义经济政策,现在正在增强自由市场的力量来帮助西半球实现其尚未利用的前进的潜力"。与此同时,美国在"美洲倡议"中所说的在促进投资和减免债务方面与拉美国家的合作,都是以拉美国家是否实行经济私有化和是否推行以市场经济为导向的改革作为前提条件的。布什在谈到贸易问题时还进一步强调,"美洲倡议"的目标是不但要使美洲成为"一个自由贸易区",而且要成为"一个完全自由的民主的半球"。可见,在"美洲倡议"中,美国始终是把政治目标和经济目标联系在一起的。从表面上看,"美洲倡议"是以贸易、投资、债务作为"三大支柱",而实质上是以美国当今力图向全世界推销的"政治民主化"与"经济私有化"这两种价值观为支柱。

二

"美洲倡议"出台的重要背景之一无疑是世界经济形势的变化。20 世纪 80 年代中期以来,美国经济面临的问题日趋严重,美国在世界经济中的地位相对下降。随着世界经济区域化、集团化趋势的发展,特别是西欧经济一体化的进展,以及以《洛美协定》为基础的欧洲经济外围集团的扩大,美国在国际经济领域的阵地正在缩小，西欧和日本在经济上、技术上对美国的挑战不断加强。在西半球范围内，拉美经济在经历了 80 年代的持续衰退与艰难的调整之后，当前大多数拉美国家仍然面临着通货膨胀居高不下、债务负担沉重、贸易条件恶化、资金外流、投资不振等严峻问题。拉美经济的持续衰退，不但对美国经济产生不利影响，而且使拉美国家对美国的贸易保护主义、对美国在解决债务危机上所持的立场等日益不满。在东西方关系缓和的情况下，美、拉双方在经济贸易领域的矛盾进一步突出起来。

　　"美洲倡议"虽然包含着调整美、拉之间经济贸易关系的意图，但是应当看到，它的主要着眼点是谋求改善美国自身的经济地位。无疑，"倡议"所说的三个"支柱"——贸易、投资和债务，都是拉美国家当前恢复与发展经济面临的重大问题。然而，美国在"倡议"中并没有对解决这些问题提出多少切实可行的办法。

　　首先，"倡议"是以美、拉之间的贸易自由化作为推动经济合作的中心环节，并提出了建立西半球自由贸易区的目标。但是，人们从"倡议"中却看不到美国准备为实现这一目标采取哪些实际步骤。布什总统虽然承认 80 年代西半球范围内的贸易落后于世界贸易总的增长速度这个现实，但笼统地将其主要原因归结为限制性过强的贸易壁垒，并进而一般性地批评贸易保护主义。实际上，80 年代西半球地区贸易增长缓慢的一个重要原因是，严重的债务危机削弱了拉美国家的进口能力。就保护主义而言，尽管多数拉美国家的平均关税率可能比美国高，但由关税和非关税壁垒构成保护主义总体水平，拉美国家恐怕远远不及美国。美国在"倡议"中除表示将在乌拉圭回合贸易谈判中对拉美国家"特别感兴趣的产品"降低关税外，并未对减少美国的保护主义作更多的承诺，而是着重敦促拉美国家降低关税，开放市场，以创造与美国签订自由贸易协议的条件。

其次，在投资问题上，"倡议"首先提出一个先决条件，即拉美国家必须进行市场经济导向的投资改革和实行经济私有化，取消国家干预，才能取得美国和美洲开发银行等的投资合作。"倡议"建议设立的投资基金每年仅 3 亿美元，而且美国只提供其中的 1 亿美元，另外 2 亿美元还指望欧洲国家和日本提供。拉美国家一些评论认为，西欧和日本能否拿出这笔钱还很难说，即便凑够了每年 3 亿美元，也只是相当于当前拉美国家支付 3 天的外债利息，因此，这笔基金能起的作用将是有限的。

再次，在债务问题上，除原有的布雷迪计划外，"倡议"并没有为解决拉美国家欠国际商业银行的债务提出任何新办法。布什总统认为，在布雷迪计划指导下，解决债务问题"正在取得重大进展"。拉美债务国却并不如此乐观。拉美经济委员会去年年底还指出，减少银行债务的计划"进展有限"，并认为，这种情况不是由债务国的行为造成的，而是因为债权国用于支持减债的公共资金太少，以及公共部门对银行施加的减债压力不够。①"倡议"只是提出部分减免拉美国家积欠美国的官方债务，以及允许拉美国家以本国货币支付美国官方债务利息，并把这笔钱留作环境保护基金，即所谓"债务与大自然交换"。如果这种办法能够付诸实施，对一些欠美国官方债务占其债务总额比重较大的国家（如萨尔瓦多、洪都拉斯等国）会带来较大的好处。不过，享受这种优惠也得以实行市场经济和私有化为前提条件。上述措施对缓解拉美整个债务问题则是无足轻重的，因为拉美国家欠美国的官方债务总共 120 亿美元，只占拉美负债总额的 3%。

---

① 参见拉美经济委员会《拉美和加勒比经济初步总结（1990 年）》，拉美经济委员会，1990 年。

从以上分析可以看出，对拉美国家来说，"美洲倡议"的重要意义恐怕主要在于美国对拉美经济面临的问题所表示的关注，以及加强双边合作的意愿。从美国方面来看，提出"美洲倡议"的主要用意就在于，在美、加（拿大）自由贸易条约的基础上，进一步扩大美国对西半球市场的控制，更好地利用拉美的廉价劳动力和资源，确保来自拉美的能源供应，以期缓解美国自身的经济困难和加强对付西欧、日本的经济技术挑战的能力。正如拉美经济体系1991年4月的一份文件中指出："美洲倡议"主要是出于美国的"经济与战略需要"①。

三

"美洲倡议"在拉美引起的反响是各不相同的：古巴政府明确表示反对；其他拉美国家的政府普遍表示欢迎和支持；拉美经济委员、拉美经济体系等地区性机构态度比较谨慎，可以说，是一种有保留的支持。在社会各界，持支持态度、怀疑态度或否定态度的均有。

拉美国家当权的领导人之所以对美国的"倡议"采取积极态度，看来主要有以下几个方面的原因。

第一，拉美各国文人政府当前在政治上面临的主要问题是巩固国内的"政治民主化"进程，它们在这方面需要得到美国的支持。众所周知，在20世纪50和60年代，拉美国家发生的一系列军事政变及其建立的军人政府，大都得到美国的支持，即便在美国推行"争取进步联盟"、公开标榜支持拉美实行代议制民

---

① 参见拉美经济体系《从拉美、加勒比与美国关系的角度看"美洲倡议"》，加拉加斯，1991年4月。

主的年代，美国在实际上也并未改变支持拉美军人独裁政府的政策。只是到了 70 年代后期卡特政府推行"人权外交"时，美国对拉美军人政府的态度才逐渐有所改变。当前，拉美各国文人政府在国内政治中还面临诸多挑战，其中政府与军队的关系不协调就是一个重要方面，仅在 1990 年，就有 6 个国家发生军事政变、兵营暴动等事件。美国在"美洲倡议"中对拉美"民主化"的支持，很自然地被人们理解为是对拉美军人政治行为的一种制约，给文人政府撑了腰。

第二，美国是拉美对外经济贸易合作的主要对象国。美国投资在拉美的外来投资中居首位，拉美欠美国的债务高达 1000 亿美元。1989 年，拉美对美国的出口额为 603 亿美元（占拉美出口总额的 54%），从美国进口 491 亿美元（占进口总额的 60%），顺差 112 亿美元。但是，美、拉双方在经济贸易领域的矛盾也比较尖锐，例如，美国在解决债务问题上所持的立场比其他西方国家更为强硬；美国的保护主义措施经常引起双方贸易冲突，如此等等。80 年代，拉美对美国的制成品出口明显增加，由 1980 年占出口比重 23% 增加到 1989 年的 55%。拉美经济体系担心："本地区在制成品方面的竞争能力有可能加剧贸易冲突并刺激美国国会中保护主义压力的滋长。"①拉美国家当前经济状况普遍不佳，都期望与美国的经济贸易关系能不断改善，因此，美国在"倡议"中表明的加强经济贸易合作的意向和拉美国家领导人的愿望是一致的。

第三，近年来国际局势的重大变化在一定程度上引起拉美国家的不安。这主要表现在两个方面。一方面是世界经济区域化集

---

① 拉美经济体系：《从拉美、加勒比与美国关系的角度看"美洲倡议"》，加拉加斯，1991 年 4 月。

团化趋势的发展，使拉美国家担心本地区有可能会游离于一些主要经济集团之外，从而产生一种"失落感"。拉美与欧洲共同体的贸易关系从 70 年代以来呈现出不断下降的趋势，拉美国家担心，随着西欧统一大市场的逐步形成和东欧局势的变化，拉美在欧共体的对外经济合作中可能会降到更加次要的地位。拉美国家同样感到，亚太地区各国间经济合作的加强，特别是日本日益把亚太国家作为其对外经济合作的重点，这对于拉美来说也不大有利。在美洲范围内，美、加自由贸易条约的签订和北美建立自由贸易区的前景，更使中、南美国家感到"被人遗忘"。另一方面，如前所述，随着美、苏关系的缓和，中美洲地区冲突已逐步趋于缓解。这个变化是拉美国家所欢迎的。但与此同时，美国对中美、加勒比地区的援助也呈相应减少之势。拉美国家因此感到，在冷战后的年代里，美国可能在对外经济合作中更多地关注东欧地区而忽视拉丁美洲。

美国对拉美人的上述心态是了解的。布什在发表"美洲倡议"的讲话中说："我知道有些人担心，我们在过去一年中目睹的东欧发生的革命性变化将会转移我们对拉丁美洲的注意力。我今天在这里向你们大家保证——正如我向中美洲和南美洲、加勒比和墨西哥的许多民主领导人所保证的那样，美国不会忽视在我们自己的半球这里面临的巨大挑战和机会。"美国的上述保证至少使拉美国家的领导人感到一种心理上的满足。从西半球经济集团化的角度来说，人们也只能寄希望于美国发挥一种主导作用。

四

"美洲倡议"出台一年多来，美国方面采取了一些后续行动。其中主要有：

（1）美国总统布什在面临海湾危机的情况下仍于 1990 年 11—12 月间两次出访拉美，先后访问了墨西哥、巴西、乌拉圭、阿根廷、智利和委内瑞拉 6 国，主要就推动"美洲倡议"的落实与 6 国领导人进行了会谈。

（2）美国通过了一项《美洲倡议法》。这项立法共 6 条，主要包括 3 方面的内容。其一，授权财政部拨款 5 亿美元用作"美洲基金"，每年 1 亿美元，分 5 年使用，由美洲开发银行管理，主要用于改善拉美国家的投资环境。其二，确定美国财政部为"美洲倡议"的执行中心。其三，就部分减免拉美国家欠美国官方债务以及"债务与大自然交换"的办法作了一些具体规定。另据报道，1991 年 6 月和 8 月，智利和玻利维亚已分别就部分减免官方债务与美国达成协议。

（3）美国国际开发署与商务部达成一项协议，决定在商务部内建立"拉美与加勒比贸易发展中心"，负责进行市场调查，为美国经济界提供市场信息与投资机会。

（4）美国许诺在乌拉圭回合贸易谈判中降低部分产品的关税：热带产品减税 69%，从开发自然资源中获得的产品减税 30.9%，农产品减税 70.8%，纺织品减税 7%，其他产品减税 17.8%。上述产品平均减税率为 27.3%。上述承诺是布什在"美洲倡议"中所作承诺的具体化，能否兑现，待乌拉圭回合谈判结束时即可见分晓。

（5）美国、加拿大和墨西哥 3 国已开始进行关于自由贸易协定的谈判。1990 年 9 月 26 日，布什总统正式通知国会，美国政府准备与墨西哥进行自由贸易谈判。在此之前，美、墨两国总统于 6 月 11 日发表联合声明。声明说："一项包含逐步并全部消除两国间贸易壁垒的协定可能会给双方带来无法估量的好处，其中包括分阶段地全部取消进口关税，消除或最大限度地减少诸如进口配额、许可证和对贸易的技术限制等非关税贸易壁垒，建立一种对知识产权明确而相互关联的保护；确立公正而顺畅地处理纠纷的程序；以及形成改善并扩大商品、劳务和投资在美、墨两国间流动的渠道。"[①] 1991 年 2 月，美、加、墨 3 方同意就建立自由贸易区开始谈判。

除上述措施外，美国 1990 年通过的《1990 年贸易与关税法》将"加勒比盆地倡议"由原定的为期 12 年改为永久性的。1990 年 10 月，美国政府还向国会提交一份《1990 年安第斯贸易优惠法》草案，其中一项主要内容是，规定从安第斯国家进口的产品，只要其 35% 的增加值是在一个或几个安第斯国家、或一个或几个"加勒比盆地倡议"成员国形成，即可免税进入美国市场。上述这两项措施被认为也是美国为改善美、拉关系，推动"美洲倡议"而采取的步骤。

五

一年多来，拉美各国政府在对"美洲倡议"表示支持的前提下，主要是对"倡议"涉及的各方面问题进行研究，力求采取切实可行的对策。为此，拉美国家的领导人举行了一系列双边和多边磋商，各国的研究机构也提出了一些研究报告与政策建议。看来，主张以"美洲倡议"为基础，推动拉美与美国之间的经济合作的思想占着主导地位，同时也存在下述几方面的疑虑。

第一，拉美国家认为，"美洲倡议"是由美国单方面提出的，如果要成为指导双边关系的准则，就得允许拉美国家提出自

---

① 转引自拉美经济体系《商情公报》1990 年第 32 期，第 6 页。

己的意见来加以补充和完善。但这一点似乎不易做到。特别是如果美国方面对"倡议"涉及的各种问题的处理办法都单方面付诸立法，如《美洲倡议法》那样，将减免官方债务的幅度、条件、具体办法和环保基金的管理与使用等都以立法形式规定下来，那么，拉美国家即便有不同意见，也很难施加影响。

第二，如前所述，"倡议"在促进投资和减免债务问题上都规定了先决条件。虽然拉美国家也主张实行市场经济和私有化，但在具体政策上并不见得与美国的主张完全一致。例如，不少拉美国家并不赞成笼统地反对国家干预，也不主张对国有企业不加区别地都实行私有化。问题还在于，美国从"倡议"所提出的先决条件出发，进而引出所谓"选择性"原则，即美国在考虑是否推动对某个国家投资或减免债务时，要根据美国确定的条件进行选择。这就很容易造成对别国的干预，或者成为美国达到某种目的的手段。

第三，建立西半球自由贸易区或关税同盟这样的目标不可能一步到位，而必然是一个漫长的过程，并且将会主要以拉美国家单个地与美国签署有关协定的形式逐步推进。那么，这类协定如何既能做到不损害第三方利益，又能与拉美地区的一体化进程并行不悖，将会有不少难题需要解决。此外，拉美国家对美国的贸易保护主义也疑虑甚大。有的研究机构已经提出，要求美国将其形形色色的保护主义措施列出一份完整的单子交给拉美国家，以防在达成某些协定之后又冒出新的保护主义名目来。

第四，从近期看，拉美国家通过实施"美洲倡议"能得到的实惠不会太多，更不可能很普遍。估计在90年代之内，可望直接加入以美、加自由贸易条约为基础的自由贸易区的大概只有墨西哥、智利等极少数国家。因此，当前拉美国家对"美洲倡议"的态度实际上也不尽一致。少数经济情况较好，有条件早日参加上述自由贸易区的国家，似乎是把加强与美国的合作、争取尽早谈判和签署自由贸易条约置于中心地位。而大多数国家则更倾向于加强拉美地区、特别是小地区的经济一体化，并加强相互磋商，协调立场，以改善自身的经济状况，加强对美国的谈判地位。这些国家目前纷纷与美国签订关于自由贸易的框架协议，这一方面是美、拉双方都需要造成一种推进"美洲倡议"的气氛，另一方面，拉美国家可借此进一步推动自身的经济一体化势头，并约束美国的贸易保护主义。

六

"美洲倡议"是美国在新的国际形势下调整美、拉关系的方针。由于国际形势的变化，苏联在拉美的影响急剧下降；古巴处境困难；美国对拉美地区的影响力大大增加，延续多年的中美洲危机已逐步朝着于美国有利的方向走向缓解，美国与拉美国家之间在处理中美洲问题上的分歧也随之消除；拉美国家要求摆脱经济困境、要求美国改变过去只关注东西方对峙而忽视拉美国家发展的政策的呼声强烈。美国从其新的全球战略出发，一是希望拉美局势保持相对稳定，并在扫毒、环境保护、移民等一系列问题上得到拉美国家的合作；二是企图彻底消除苏联在拉美地区的影响，把所有的拉美国家都拉入从属西方资本主义的轨道；三是谋求确保美国在西半球的经济影响力，增强对付西欧、日本经济技术挑战的能力。因此，可以说，"美洲倡议"既反映了美国的战略意图，也在一定程度上符合多数拉美国家领导人的愿望。

那么，"美洲倡议"是否会真正引导美、拉双方建立起一种新型的"伙伴关系"呢？布什在"倡议"中确实多次提到要和拉美国家建立"伙伴关系"。拉美也有人认为，美国与拉美的关系正在从"强制性的合作"走向"伙伴性的合作"。然而，笔者认为，"美洲倡议"依然没有摆脱美国外交政策中的干涉主义与霸权主义传统。上文已经指出，布什在发表"美洲倡议"的讲话中公然表示要改变别国的社会制度；"倡议"对于美国与拉美国家的经济合作都单方面规定了先决条件；另据拉美经济体系最近的一份文件透露，美国还规定通过减免官方债务机制建立的环保基金，只能由民间机构管理，拉美各国政府不得插手。大到一个国家实行何种社会制度，小到一笔为数不多的环保基金的管理，美国都要干涉。看来，"美洲倡议"所说的"伙伴关系"与美国历来标榜的"伙伴关系"相比，并没有增加多少新意。或许人们不应忘记的一个重要背景是，美国是在宣称取得冷战胜利并成为当今世界独一无二的超级大国的情况下提出"美洲倡议"的。如果说，"美洲倡议"所说的"伙伴关系"尚未经受美、拉双边关系重大事件的检验，那么，人们可以从美国对古巴政策的动向、美国对解决拉美债务问题的立场、美国对交还巴拿马运河的态度等一系列问题上加以验证。

　　"美洲倡议"突出强调的是加强美、拉双边的经济合作，可以说，这是双方互有需要，因而有付诸实施的客观基础。布什1990年9月致国会的信件中说，"倡议"是对拉美国家领导人致力于建设强有力的经济的支持，同时，美国也受到了拉美国家经济危机的损害。就是说，美国也不得不承认拉美经济的长期衰退于美国是不利的。因此，美国在提出"倡议"之后，又相继采取了一些措施推动其付诸实施。拉美国家以"倡议"为契机进一步加强与美国的经济合作也是一种必然趋势。正如拉美有的学者指出：拉美国家经过数十年对泛美主义持异议之后，今天由于自身经济的软弱和环境的局限，又正在趋向于加入某种形式的

"经济泛美主义"①。在双方都希望加强合作的情况下，今后一段时期，美、拉关系的发展可能会比过去顺利一些。

但是，应当看到，"美洲倡议"有它的局限性。其一，美国已不是20多年前的美国了。1961年"争取进步联盟"计划付诸实施时，美国曾允诺在其后10年中向拉美提供所需200亿美元外来资金的主要部分。今天，美国已没有底气作出类似承诺。拉美国家当前面临的情况也不同了，经济上积累的问题太多，仅就高达4000多亿美元的外债而言，恐怕谁也拿不出什么神奇的办法来迅速加以解决，"美洲倡议"至多只能对拉美地区的经济困境起某种缓解作用。其二，从长远来看，拉美国家只有与美国的自由贸易是不够的，拉美经济需要进行深刻的结构调整与技术改造，而技术转让恰恰是被"美洲倡议"所忽略的问题。如果拉美与美国之间经济分工形式不发生较大的变化，那么，双方的贸易自由化能给拉美带来多少好处，还值得探讨。其三，如前所述，美国在"倡议"中并未表现出对拉美国家的平等态度。鉴于双方发展水平差异太大，实力相差悬殊，在今后的合作过程中，双方的矛盾冲突仍然是不可避免的。

综上所述，可以认为，"美洲倡议"的出台标志着美、拉关系进入一个以加强双边经贸合作为特点的新的阶段，少数拉美国家还可能和美国形成地区性经济集团，从而导致这些国家在对外政策上更多地向美国方面倾斜。但是，西半球的情况毕竟和欧共体不同，拉美国家在和美国加强合作的过程中，在维护本国主权和民族利益方面将是十分敏感的。对多数拉美国家来说，也还不存在把本国经济的出路完全寄托于与美国合作的理由。因此，它

―――――――――

① 参见罗贝托·拉塞尔主编《90年代的国际日程》，布宜诺斯艾利斯：拉美出版集团1990年版，第27页。

们在发展与美国关系的同时，不会放弃"对外关系多边化"的
方针，仍会致力于扩大与西欧、亚太地区的关系和加强本地区国
家之间的合作。

（原载《拉丁美洲研究》1991 年第 5 期）

全球化背景下美国与拉美关系的新特点

本次会议的主题是讨论"全球化时代美国与拉丁美洲的关系"。究竟以哪个历史时点作为"全球化时代"开始的标志，人们显然没有一致的看法，本文也不可能就这个问题进行讨论。因此，笔者想首先声明一点：本文对美拉关系的讨论局限于自20世纪70年代中期以来的30年。这个论述范围的选择主要是依据美拉关系本身发展的某些阶段性特点以及事态发展的连续性。笔者不想断定上述这30年是否都属于人们所说的"全球化时代"，但是，如果从美拉关系的全部历史过程来观察，上述这个阶段双方的关系确实具有某些与以往不同的或许可以称之为全球化背景下的新特点。

美国与拉丁美洲的关系从来不是平等的关系，而是一种在美国主导下的双边关系。最近30年来，随着拉美地区危机频繁发生（80年代以债务危机为表现形式的结构性发展危机，90年代至21世纪初的多次金融危机和政治危机），特别是随着世界两极冷战格局结束和美国成为唯一的超级大国以后，美拉双方地位失衡的状况进一步加深，美拉双边关系的非对称性更加突出。

从美国对拉丁美洲政策的角度来观察，尽管30年间历届政府之间存在着差异，但美国在拉丁美洲所追求的基本目标却是前后一致的。笔者试图用"政治民主化"和"经济自由化"来概括全球化背景下美国对拉美政策所追求的基本目标。用亨廷顿的话说就是"鼓励拉丁美洲西方化"。

美国新保守主义的重要智囊人物福山认为，20世纪最后25年最令人瞩目的变化是，自由民主制度"始终作为唯一一个被不懈追求的政治理想，在全球各地区和各种文化中得到广泛传播。此外，经济学范畴中的自由原则——自由市场——也在普及"，"经济思想领域的自由化革命正在与全球的政治自由化进程相伴而行"①。最近30年间，拉丁美洲是福山所鼓吹的这两种"福音"传播得最为广泛的地区之一，而美国则在其中发挥了一种不可替代的作用。

一 美国"人权外交"与拉美民主化

拉美国家在其独立建国100多年的历史上，政治体制方面民主政权与独裁政权频繁交替是一种普遍现象，并且这种交替现象还曾先后形成几个明显的周期。可以说，拉美国家的政治民主化进程走的是一条迂回、曲折的前进道路。这种现象主要是由这些国家多种内部因素决定的，但外部因素尤其是美国对拉美政策的影响，也起了不可忽视的作用。以20世纪六七十年代为例，当时右翼军事政变形成一股强大的政治浪潮，席卷了几乎整个拉丁美洲。这股浪潮始于1962年阿根廷和秘鲁的军人政变。到1976年阿根廷军人推翻庇隆政府为止，整个拉丁美洲继续由民选的文

---

① ［美］弗朗西斯·福山：《历史的终结及最后之人》，黄胜强等译，中国社会科学出版社2003年版，"代序"第4页。

人政府治理的国家已经寥寥无几。这个时期拉美的独裁政权有两种类型，一类可称为"传统型"，以巴拉圭的斯特罗斯纳政权、海地的杜瓦利埃政权、尼加拉瓜的索摩查政权为代表，政治上独裁专制，在经济社会发展方面无所作为；另一类即所谓"权威主义型"，政治上同样独裁专制，但积极致力于经济发展，其中巴西在军政府时期出现"经济奇迹"，智利在军政府时期启动了大规模的结构改革。

六七十年代拉美这股右翼军事政变浪潮的出现有两个重要背景。一是拉美国家的发展道路出现偏差，日趋严重的社会分化引发了剧烈的社会冲突，并进而导致激烈的政治动荡。二是在拉丁美洲民族民主运动日益高涨的形势下，1959 年古巴革命取得胜利并进而选择了社会主义道路。这一重大事态发展被美国视为共产主义在西半球打开了一个缺口。在美国看来，拉美那些具有民主改革倾向的文人政府都是靠不住的，唯有右翼军人的铁腕统治才是防范共产主义在西半球扩张的一道屏障。因此，人们可以清楚地看到，在那些年代里，美国不仅扮演了拉美国家右翼军事政变的策动者、独裁政权的保护者的角色，而且也不像今天这样起劲地推销美国的"民主制度"和高喊"人权高于主权"，相反，对拉美军政府大量侵犯人权的行为视而不见。

从 1978 年起，拉美地区的政治风向又开始发生变化，出现一股军人独裁政权"还政于民"的政治民主化浪潮。巴拿马的托里霍斯将军于这一年将部分权力交给文人总统，开了这次拉美民主化浪潮的先河。此后，其他拉美国家的军政府陆续通过多种方式交出政权。到 1990 年 3 月智利军政府交权为止，这次民主化浪潮中的权力由军人向文人转移的阶段基本结束，拉丁美洲形成了历史上前所未有的"一片民主的大陆"。

亨廷顿曾引述李普塞的观点说："有极其令人信服的证据表

明，经济发展对民主化有巨大的积极作用。"①这个观点本身并不错，但用来解释拉丁美洲的上述民主化浪潮似乎缺乏充分的说服力。在拉美发展史上，1950—1980 年是工业化和城市化的高潮期，地区经济保持了前所未有的长达 30 年的持续增长。尽管当时广大社会阶层有着强烈的民主诉求，但政治民主化却没有什么进展。当这个发展阶段已接近尾声，一场空前严重的经济危机行将爆发之际，却出现一次民主化浪潮。对这种现象究竟应该如何解释呢？笔者认为，正是由于战后几十年间拉美民众的民主诉求遭到长期压制，特别是各国独裁政权残酷的镇压政策，拉美国家普遍出现严重的社会分裂和社会反抗，其中尼加拉瓜桑地诺民族解放阵线领导的反对索摩查独裁政权的武装斗争正在节节胜利。葡萄牙（1974 年）、西班牙（1975 年）独裁政权的倾覆和代议制民主的重现，对拉美地区反独裁、争民主的斗争也产生了巨大的推动力。可以说，尽管到 70 年代中期，曾以自发的武装反抗一度震撼整个拉美大陆的几十支城、乡游击队都遭到残酷镇压，日渐式微，但拉美地区如果不采取重大的变革举措，那场严重的政治危机依旧无法化解。

1977 年上台执政的美国卡特政府强调"人权外交"。显然，美国外交政策的这种变化是适应整个国际形势变化的，是为实现其全球战略目标服务的，正如有的评论指出，美国"把人权用来发动一场新冷战"。对于拉丁美洲，卡特把他的人权外交的目的说得非常明确："我决心既支持较为独裁专制的盟国和朋友，又有力地在这些国家促进人权，我们引导它们改变镇压政策，就会扩大自由与民主，并将帮助它们消除爆发革命的原因，因为革

---

① ［美］塞缪尔·P. 亨廷顿：《第三波——20 世纪后期民主化浪潮》，周琪等译，上海三联书店 1998 年版，"序"第 3—4 页。

命党常常是从那些受迫害的人们中爆发出来的。这样，我们也许可以实现我们的目的，从而无须以一个同样具有压迫性质的左翼政权去替换一个极权的右翼政权。"①也就是说，美国要在拉丁美洲采取主动，用"维护人权"和恢复资产阶级代议制民主的手段来化解这场政治危机，防止这场危机变成革命。可见，美国是从美苏争霸和"防止共产主义颠覆"的战略目标来对拉美政治民主化的必要性加以定位的。80年代初里根入主白宫之后，尼加拉瓜革命已经取得胜利，萨尔瓦多和危地马拉的反帝、反独裁斗争进一步高涨，中美洲危机全面爆发。卡特所担心的危机演变成革命、极权的右翼政权被左翼政权"替换"的局面，在中美洲这个局部地区已经成为现实。因此，里根政府一方面继续保持对其他拉美国家独裁政权的强大压力，敦促它们"还政于民"；另一方面，美国政府把中美洲变为美苏争夺的战场，进行直接的武装干涉和"低烈度战争"，并支持拉美国家发起的"中美洲和平进程"，造成强大的国际压力。美国通过这种两手政策最终达到了自己的目的：第一，苏联被迫从中美洲地区退出；第二，萨尔瓦多和危地马拉恢复民主，游击队放下武器，参与政治生活；第三，在1990年尼加拉瓜大选中，美国全力支持以查莫罗夫人为首的竞选联盟，使桑地诺阵线在选票箱中丢失政权。

　　综上所述，笔者认为，拉美地区20世纪70年代后期开始的政治民主化进程一直延续至今，标志着拉美国家政治体制在全球化背景下发生重大变化。我们固然应当首先从拉美各国内部去分析引起这种政治变化的原因，但是，如果忽略了"美国因素"对这个进程的影响，就很难作出合乎逻辑的解释。

---

　　①　《华尔街日报》社论，1980年1月18日。

二　从智利"试验"到"华盛顿共识"

最近 30 年间，拉美国家经济领域的突出变化就是由原来的国家主导型经济体制转向了自由市场经济体制。促成这种体制转轨的是新自由主义主导下的市场化改革。这场改革从 20 世纪 70 年代中期智利的"新自由主义试验"开始，既经历了一个改革的政策体系不断完善的过程，也经历了新自由主义及其经济改革范式在拉美地区逐步推广的过程。1990 年"华盛顿共识"的问世，标志着政策体系已基本定型，主要包括贸易开放、金融自由化、国有企业私有化、税制改革、劳工市场灵活化、社会保障体系局部私有化等。大体也是在 1990 年前后，这场改革由前期在拉美少数国家进行转入在整个拉美地区全面实施的阶段。

由皮诺切特将军领导的智利 1973 年"9·11"军事政变，推翻了由智利社会党、共产党等组成的"人民团结"政府，杀害了阿连德总统。美国情报机构参与和资助这场血腥军事政变的事实是有案可查的。1970 年开始执政的"人民团结"政府在其基本纲领中提出了反帝、反垄断、反寡头的任务和"向社会主义过渡"的目标，在很短时间内，通过土地改革、外资企业国有化和征收国内私人企业等措施，迅速建立起一个庞大的"社会所有制领域"。智利这场激进的改革运动是"二战"后拉美地区的民族民主革命运动继古巴革命之后出现的一个新的高潮，既引起国内右翼势力的强烈反对，更为美国所不容。因此，在"9·11"政变后，智利军政府不仅在政治上实行专制独裁，残酷镇压左翼力量，而且在经济上大力开展对"人民团结"政府经济政策的批判，指责"人民团结"政府"全面破坏了经济"，"企图把智利变成一个马克思主义的极权国家"，为军政府经济政策的右转制造舆论。这个背景决定了智利必然要转向新自由主义。从国际背景来看，1974—1975 年的经济危机和资本主义国家"滞胀"局面的出现，导致了凯恩斯主义的失灵和新自由主义经济思想的复兴。至于智利军政府在改革初期主要选择了现代货币主义，则与国内有一批弗里德曼的门生——"芝加哥弟子"有着直接的关系。从智利的事态发展来看，通过军人推翻阿连德政府来彻底改变智利的发展方向这样一个重大决策，美国是直接参与了的。在智利选择新自由主义的过程中，美国政府所起的作用或许并不明显，但是，美国主流学术界和思想界所起的作用却是不可忽视的。弗里德曼曾亲临智利指导经济改革，并为他的学生们"感到自豪"。《华尔街日报》更是赞扬智利那些"能同时降低通货膨胀、关税和失业的经济学家将在华盛顿受到欢迎"①。

20 世纪 80 年代初，国际形势发生了新的变化。随着"里根经济学"和"撒切尔主义"的出台，新自由主义成了美英两国的主流经济思想，美国政府也开始在国际上扮演积极推销新自由主义的角色。在拉美地区，1982 年债务危机的爆发使众多的拉美国家陷入一场空前严重的结构性发展危机的深渊，进行重大的结构改革已经刻不容缓；战后几十年间作为该地区主流经济思想的拉美结构主义则因这场危机的形成和爆发而逐渐失去影响力。正是在这个背景下，以美国为代表的西方媒体以及拉美当地的自由派报刊掀起了鼓吹新自由主义的强大舆论宣传，强烈抨击拉美的"经济民族主义"，诱导拉美国家走新自由主义的市场化改革之路。西方债权国和债权银行组成了债权人俱乐部，相互协调立

---

① John Williamsón, "*Revision del consenso de Washington*", en Louis Emmerij y José Nuñez del Arco（compiladores）: *El desarrollo económico y social en los umbrales del siglo XXI*, BID, Washington. D. C. 1998, p. 51.

场和对策，拒绝拉美国家提出的"以发展促还债"的主张，停止提供新贷款，要求这些国家实行"衰退性调整"，以保证按期偿还债务利息。其结果是，拉美地区经济连年衰退。

1985 年 9 月，以美国财政部长詹姆斯·贝克的姓氏命名的"贝克计划"作为西方第二个债务战略正式出台。"贝克计划"与西方第一个债务战略的不同之处在于它采取"以退为进"的策略，接受债务国"以发展促还债"的建议，同意由国际商业银行和多边金融机构向发展中的重债务国（大多数是拉美国家）提供新的贷款支持，以推动其经济适度增长，从而避免债务国完全丧失偿还债务的能力。但是，债务国要获得新的贷款支持，必须按西方国家的要求进行经济改革。因此，"贝克计划"明确提出，债务国必须进行"综合、全面的宏观经济与结构改革"，以实现"削减政府开支，紧缩财政，开放经济，放宽外资进入条件，鼓励竞争，向自由市场经济过渡，进行国有企业私有化，发挥私人企业积极性，实行资本流动自由化"，等等。可见，这些要求或条件不仅充分体现了新自由主义的基本主张，而且是通过"贝克计划"这样一个官方文件正式提出来的。在这种内外交困的局面下，拉美国家在改革的指导思想和改革方案上已经没有多少自主选择的余地。80 年代中期，墨西哥、哥斯达黎加、玻利维亚等国成为第二批启动新自由主义改革的国家。

20 世纪 80 年代中期启动新自由主义改革的拉美国家之所以不很多，可能跟"贝克计划"的实施并不顺利有直接关系。这主要表现在"贝克计划"所要求的国际商业银行和多边金融机构的贷款迟迟没有到位，使得许多拉美国家继续在经济衰退与还债压力之间苦苦挣扎。不过，就新自由主义在拉美地区的传播而言，"贝克计划"所起的作用是不容忽视的。正是从 80 年代中期起，拉美新自由主义改革的各项基本政策全面出台，为后来

"华盛顿共识"的问世奠定了基础。

就美国与拉美关系的发展变化而言，1989 年是一个更值得关注的年份。这一年，东欧发生剧变，标志着世界格局正在发生重大而深刻的变化。在这个背景下，美国加快了使"拉丁美洲西方化"的步伐。当年 3 月，西方的第四个债务战略——"布雷迪计划"出台，使拉美国家获得重新安排债务的机会，债务危机开始走向缓解。当年 11 月，设在华盛顿的国际经济研究所召开关于拉丁美洲经济改革的研讨会，有多个拉美国家的经济部长以及国际金融机构和美国政府的代表参加。约翰·威廉姆森向会议提交了一份题为《华盛顿就经济政策改革想要发表的意见》（ *Lo que Washington quiere decir por reformas de la política económica* ）的文件，归纳了指导拉美国家经济改革的 10 条政策，得到美国政府、联邦储备委员会、IMF 和世界银行的支持。这就是被称为"新自由主义政策宣言"的"华盛顿共识"。可以说，"华盛顿共识"的问世成为新自由主义改革在拉美地区全面铺开的标志。

新自由主义改革于 1990 年前后在拉美进入高潮，还与拉美一批当权的资产阶级政党在东欧剧变、苏联解体的背景下开始进行的意识形态调整直接相关。战后活跃在拉美政治舞台上的资产阶级政党，就其意识形态而论，大多数属于所谓"第三世界民族主义"。随着世界格局的变化，特别是新自由主义改革的来临，这类政党都面临一个意识形态调整问题。对这些政党来说，由广泛的国家干预到经济市场化，由创建大批国有企业到私有化，由高保护到贸易自由化，由限制外资到欢迎外资，由扶持工会到压制工会，由对美国保持某种独立性或离心倾向到主动靠近美国，都意味着内外政策 180 度的大转向。它们如果还固守原来的意识形态和政治立场，就适应不了这种变化。拉美政党的这种意识形态调整步伐在 80 年代后半期明显加快，其中有几个很突出的例子。墨西哥的萨利纳斯总统于 1988 年上台后，抛弃了他所代表的革命制度党坚持了近 60 年的"革命的民族主义"，开始推行"社会自由主义"。分别于 1989 年和 1990 年上台的阿根廷梅内姆总统和秘鲁藤森总统，都是通过民族主义的竞选纲领获得大选胜利的，而上台之后就立即推行新自由主义。正如约翰·威廉姆森所说，他在 1989 年提出"华盛顿共识"时，注意到了"拉丁美洲正在发生的政治态度的变化"①。

三 从"华盛顿共识"到"美洲倡议"

1990 年 6 月 27 日，美国总统乔治·布什曾发表轰动一时的"美洲倡议"。10 多年过去了，现在人们提及"美洲倡议"时，似乎只剩下一个内容：提倡"自由贸易"，而对于美国提出的美洲自由贸易区计划即"美洲计划"（Proyecto de las Américas）的全部内涵和所追求的战略目标不太关注。

把拉丁美洲从政治、经济、意识形态或价值观等方面都纳入美国的轨道，是美国长期追求的战略目标。在冷战年代，美国只能追求拉美地区的基本稳定，既不可能在这个地区投入更多的力量，也不可能追求更高的目标，因为当时美拉双方在政治上往往缺乏互信；在经济贸易领域，当时拉美地区不仅市场潜力有限，而且强烈的经济民族主义思想也与美国格格不入。国外一些学者认为，西半球一体化方案于 80 年代初开始在白宫酝酿，到 90 年代才成为美国外交政策的优先目标之一。1982 年 5 月，里根政府提出"加勒比盆地倡议"（Iniciativa para la Cuenca del Cari-

① Christian Deblock y Sylvain F. Turcotte, *Estados Unidos*, *Brasil y las negociaciones hemisféricas*: *el ALCA en modalidad biladeral*, Foro Internacional, Enero-Marzo, 2005, p. 9.

be），向加勒比国家提供贸易优惠待遇，但明确规定享受美国贸易优惠的国家应满足以下三个条件：（1）必须是"民主国家"；（2）必须实行市场化改革和自由贸易；（3）必须对美国投资提供广泛保护。"时至今日，这个优惠贸易制度仍被当做发展中国家求得发展并与世界经济一体化的模式加以推行"。①90年代初，由于西方意识形态的强烈冲击，也由于市场化改革的推进和全球化背景下国际竞争压力的加剧，拉美国家的领导层对美国的态度开始发生明显的变化，认为美国是加速拉美地区经济发展的一个"增长极"（un polo del crecimiento），因而把加快与美国的经济一体化作为重要的战略目标。毫无疑问，在美国看来，随着两极冷战格局行将结束，通过自由贸易把整个美洲大陆整合起来的历史机遇已经到来。1988年，美国率先与加拿大签订双边自由贸易协定；1990年6月，美国与墨西哥宣布启动自由贸易协定谈判；仅两星期之后，即1990年6月27日，老布什总统就发表了"美洲倡议"。

"美洲倡议"是美国政府在东欧已经发生剧变、苏联即将解体的时刻发表的一个外交战略文件，不仅正式提出建立覆盖整个西半球的"美洲自由贸易区"计划，而且明确表述了美国在拉美地区所追求的战略目标。老布什明确表示，美国这个"倡议"是在"自由事业"在东欧和美洲都取得"巨大进展"的"关键时刻"提出的，其目的是要使西半球成为"一个完全自由民主的半球"。所谓"自由事业"在美洲的"巨大进展"，就是指拉美地区的"政治民主化"和经济自由化的进展。不过，在美国看来，这种进展还远远不够。第一，西半球还存在一个社会主义

---

① R. E. Feinberg, *Summitry in the Americas*, *A Progress Report*, Washington, Institute for International Economics, 1997.

的古巴。因此，布什政府不仅将古巴排除在美洲自由贸易区之外，而且说"古巴也加入世界民主国家行列的日子不远了"，毫不隐讳要改变古巴社会制度的用心。第二，拉美国家的政治民主化还必须通过彻底的经济自由化来提供保障。因此，布什认为，拉美国家"正在抛弃阻碍经济发展的国家主义经济政策，现在正在指望自由市场的力量来帮助本半球实现其尚未利用的前进的潜力"。美国"国家安全委员会"1993 年的一份"备忘录"对"美洲倡议"的政治目标表述得更为清晰：实施"一项具有罗斯福总统的睦邻政策和肯尼迪总统的争取进步联盟政策那种广度的历史性倡议"的时刻已经到来，目的是要组成一个"以共同的经济体制和价值观念为基础的民主共同体"①。

这就是说，"美洲倡议"首先是一个政治倡议，是要在拉美建立一个以经济自由为基础的"民主共同体"（una Comunidad de Democracias）。"一方面，要通过市场把各国分割的经济空间整合成一个单一的、巨大的空间；另一方面，要使规模与发展程度各不相同，但具有关于自由、市场和民主的共同价值观念的国家相互共存"②。

至于美国在"倡议"中提出的美拉关系的"三大支柱"，即自由贸易、促进投资和减免债务，都是以拉美国家是否实行经济私有化、市场化改革作为前提条件的。由此可见，"华盛顿共识"和"美洲倡议"的出台前后相隔仅几个月，两者是互相呼应的。"华盛顿共识"强调推行新自由主义是美国主流学术界、

---

①　Christian Deblock y Sylvain F. Turcotte, *Estados Unidos, Brasil y las negociaciones hemisféricas: el ALCA en modalidad bilateral*, Foro Internacional, Enero-Marzo, 2005, p. 13.

②　UNDP, *Ideas y aportes: la democracia en América Latina: Hacia una democracia de ciudadanos y de ciudadanas*, Nueva York, abril de 2004.

美国政府和国际多边金融机构的共识，意在使拉美国家认识到没有其他选择余地。"美洲倡议"则是美国政府的官方倡议，不仅把推进新自由主义改革作为与美国开展自由贸易的前提条件，从而给"华盛顿共识"以全力支持，而且力图通过美洲自由贸易区的形式将美国在拉美地区推进西方政治民主、自由市场经济和西方价值观念的成果巩固下来。

四　当前美拉关系中的矛盾

30 年来，美国在"鼓励拉丁美洲西方化"方面并非一帆风顺。拉美国家（除古巴外）都是发展中的资本主义国家。这些国家的"精英阶层"在意识形态或基本价值观方面与西方资本主义国家并不存在根本性的差别。在世界两极冷战格局结束后，它们更加强调要认同"西方世界"。最近 30 年间在拉美出现的政治民主化和经济改革进程，首先是拉美国家在新形势下自身政治、经济发展的内在要求。在这个阶段中，美国正是基于拉美地区内外环境的变化而大幅度地调整了对该地区的政策，但是，美国所追求的战略目标并未改变，依然是实现对拉美地区的有效控制，以维护本国的霸权地位与经济利益，在推行政策的方式上则比以往更加咄咄逼人。因此，全球化背景下的美拉关系也依旧摆脱不了传统上双方关系所固有的矛盾与冲突：双方利益难以协调的矛盾，以大欺小、以强压弱的不平等关系的冲突。

当前美拉关系中的矛盾和冲突，可以简单概括为以下几点。

（一）"民主"与"市场"的矛盾

说"民主"与"市场"的矛盾是美拉关系中的矛盾，似乎有点牵强，因此，需要作些解释。尽管自 20 世纪 70 年代末期以来拉美的政治民主化取得了巨大进展，尽管 2001 年美洲国家组织的 34 个成员国签署了一份《泛美民主宪章》，但是，毋庸讳言，拉丁美洲的民主正面临深刻的危机。正如联合国开计划署在一份专题报告中所说："自民主化浪潮开始 25 年来，拉美的民主历经挫折。在中美洲的武装斗争停止的同时，南美洲的武装斗争仍在继续；在不少国家发生了未遂政变，军人哗变，民众街头抗议，以及其他形式的危机，并导致了总统辞职或被赶下台。"(1997 年以来，拉美国家已有 7 位民选总统先后在国内危机中被迫辞职或被废黜。) 原因何在？"在拉丁美洲，政治民主与权利受到限制和严重的经济社会问题共存。2003 年，贫困人口和赤贫人口分别占总人口的 43.9% 和 19.4%。此外，拉美是世界上不公平程度最高的地区之一"①。拉美严重的经济社会问题的出现固然与 80 年代债务危机的冲击有关，但是更主要的是最近 20 年来极端的市场化改革留下的苦果。而这种"市场原教旨主义"正是美国在拉美极力推销的经济改革模式。正因为如此，拉美国家民众反对美国主导的经济全球化、反对新自由主义的浪潮持续高涨；一些积极推行新自由主义的政党声誉大跌；资产阶级左翼政治力量在大选中接连获胜。尽管美国对于左派在拉美国家掌权的局面并不乐见，但又无可奈何，因为这种局面在很大程度上是由美国所推行的政策造成的。

(二) 关于建立美洲自由贸易区的矛盾

从 20 世纪 90 年代初以来，美国的老布什、克林顿、小布什三任总统在建立美洲自由贸易区问题上的政策基本上是前后一贯

---

① Anibal Quijano, *El laberinto de América Latina: Hay otra salida?* Tareas, No. 116, Panamá, abril de 2004, p. 51.

的。就目前情况来看，美洲自由贸易区尽管在其形成的道路上已经取得了很大的进展，但是，它原定于 2005 年初完成谈判的计划已经落空，而且，对于它下一步的发展前景人们现在都无法作出较有把握的预测。出现这种困境的原因显然是复杂的，不过，其中最主要的原因是巴西与美国之间的矛盾。

作为世界"中等强国"之一的巴西，对由美国主导的美洲自由贸易区计划一直不甚热心。相反，最近 10 多年来，巴西积极致力于次地区的经济一体化，形成了以巴西为首的具有相当经济实力的"南方共同市场"。可以说，巴西早就意识到，在美洲自由贸易区问题上与美国直接较量的时刻迟早要到来。卢拉和基什内尔分别就任巴西和阿根廷总统后，两位领导人对美洲自由贸易区的立场基本一致，从而增强了巴西与美国较量的地位。2003 年初，美国出于自身利益考虑，率先提出农业补贴和反倾销措施不在美洲自由贸易区范围内谈判，要放到 WTO 去谈，其目的是限制巴西农产品进入美国市场。美国还提出"南方共同市场"成员国的关税减让期要比中美洲和加勒比国家短，并将面临一系列相对不利的过渡措施。此议一出，正好给巴西提供了反击机会。巴西提出，对巴西工业而言，投资、服务、公共部门采购，特别是知识产权，都是极为敏感的课题。因此，巴西建议：（1）降低在这 4 个问题上的谈判目标；（2）达成一个广泛的框架协定，包括原产地规则、区别对待半球合作计划等内容，而把市场准入问题留给双边谈判去解决。美国出于多种考虑，最终接受了巴西的建议。结果导致了 2003 年 11 月在迈阿密举行的美洲国家部长会议采纳了所谓"自助餐"模式，或称"美洲自由贸易区瘦身"（ALCA aligerado）方案。这实际上意味着美洲自由贸易区将包含两个层次的协定。第一个层次是全部 34 个成员国都必须遵守的产品关税减让协定；第二个层次是成员国之间就有争议的问题（如农业、反倾销、投资、公共部门采购等）进行谈判，达成双边或多边协定，从而满足了巴西、阿根廷等国所要求的充分的灵活性。这一重大变化不仅使美洲自由贸易区的谈判未能如期完成，而且也意味着美洲自由贸易区已从1994年的最初计划大大地后退了。未来的前景可能主要取决于美国和巴西双边谈判的进展。

（三）单边主义与平等协商的矛盾

当今的美国在处理全球性事务中推行单边主义，在处理西半球事务时就更改不了那种"一言堂"、"以我为中心"的传统作风。但是，即便在西半球范围内，美国的霸道行为与其他国家要求平等协商之间的矛盾冲突也在不断加剧，特别是在"9·11"事件后，这种冲突已日趋表面化。例如，拉美国家并不认为本地区面临多么严重的恐怖威胁，担心美国借"反对恐怖主义"之名干涉内政，更担心美国借此机会扩大在拉美地区的军事存在。然而，拉美国家的上述担心却正在变为现实。据报道，近几年中，美国军方在拉美地区大大扩展了名为"前沿行动基地"（Locaciones de Operaciones de Avanzada）的军事与后勤基地。"总部设在佛罗里达的南方司令部在波多黎各、墨西哥和中美洲还设有分部。在南方司令部指挥下，（美国）不仅加紧了对拉美国家军队的军事训练，而且正在中、南美洲建立一个广泛的'前沿行动基地网'。除原有的波多黎各、关塔那摩、巴拿马、洪都拉斯和萨尔瓦多基地外，在哥斯达黎加、伯利兹、开曼群岛和阿鲁巴—库拉索也建有基地，如今又加上厄瓜多尔的曼塔，哥伦比亚的卡格塔、莱蒂西亚和布图马约，秘鲁的伊基托斯，玻利维亚的恰帕雷和圣克鲁斯，阿根廷的萨尔塔、丘布伊和里奥内格罗。"委内瑞拉政府驱逐美国军事教官的行动是拉美国家与美国这种矛盾的一次公开表露。在美国派往哥伦比亚的人员（800 名军人，600 名文职顾问）中，倒卖毒品、走私武器、驾车肇事、嫖娼宿妓等丑闻频频曝光，却受到外交豁免权的保护，引起当地群情激愤，使哥伦比亚政府处境尴尬。墨西哥与美国之间关于移民问题的冲突日趋尖锐。美国支持委内瑞拉右翼势力发动推翻查韦斯政府的政变受到拉美舆论的强烈谴责；美国发动伊拉克战争遭到不少拉美国家的公开反对；美国推荐的美洲国家组织秘书长人选被拉美国家否决；美国提出的关于建立民主监督机制的建议遭到拉美国家拒绝，如此等等。国际舆论指出，拉美国家正在形成一种"非美国化"的倾向。

结束语

回顾拉美国家最近 30 年的发展历程，或许能给人们提供某种历史启示。20 世纪七八十年代的政治民主化进程促成了拉美地区代议制民主的恢复，既是一种历史的进步，也使这个地区在 80 年代避免了经济危机与政治危机并发的局面。然而，同期启动的、由新自由主义主导的经济改革不仅未能有效地恢复经济增长，反而使社会问题持续恶化，从而使政治民主再度陷入深刻的危机。当前，拉美国家尽管对美洲自由贸易区的建立抱有不同程度的期待，但是很明显，谁都不会把国家的出路全部寄托在西半球的经济一体化上。因此，拉美各国正在重新探索适合自身的发展道路，并且已经提出了多种新的改革方案。事实再次证明，各个国家的政治、经济与社会发展都有其自身的特点和规律，单靠某种外来的药方是无济于事的。

主要参考文献

1. ［美］弗朗西斯·福山:《历史的终结及最后之人》,黄胜强等译,中国社会科学出版社 2003 年版。

2. ［美］塞缪尔·P. 亨廷顿:《第三波——20 世纪后期民主化浪潮》,周琪等译,上海三联书店 1998 年版。

3. John Williamson, *Revisión del consenso de Washington*, en Louis Emmerij y José Nuñez del Arco（compiladores）, *El desarrollo económico y social en los umbrales del siglo XXI*, BID, Washington, D. C. , 1998.

4. Christian Deblock y Sylvain F. Turcotte, *Estados Unidos, Brasil y las negociaciones hemisféricas: el ALCA en modalidad bilateral*, Foro Internacional, Enero-Marzo, 2005.

5. R. E. Feinberg, *Summitry in the Americas*, *A Progress Report*, Washington, Instutute for International Econmics, 1997.

6. UNDP, *Ideas y aportes: la democracia en América Latina: Hacia una democracia de ciudadanos y ciudadanas*, Nueva York, abril de 2004.

7, Anibal Quijano, *El laberinto de América Latina: Hay otra salida?* Tareas, No. 116, Panamá, abril de 2004.

（原载朱鸿博、江时学、蔡同昌主编《国际新格局下的拉美研究》,复旦大学出版社 2007 年版）

作者著作目录

专　著

1. 《苏振兴文集》，上海辞书出版社 2005 年版。

2. 《拉丁美洲国家经济发展战略研究》（主编之一），北京大学出版社 1987 年版。

3. 《拉丁美洲史稿》第 3 卷（主编之一），商务印书馆 1993 年版。

4. 《拉丁美洲的经济发展》（主编），经济管理出版社 2000 年版。

5. 《发展模式与社会冲突——拉美国家社会问题透视》（与袁东振合著），当代世界出版社 2001

年版。

6. 《拉美国家现代化进程研究》（主编），社会科学文献出版社 2006 年版。

7. 《拉美国家社会转型期的困惑》（主编），中国社会科学出版社 2010 年版。

8. 《巴西经济》（主编），人民出版社 1983 年版。

9. 《走向 21 世纪的拉丁美洲》（合著），人民出版社 1993 年版。

10. 《拉美国家的现代化进程》，台湾淡江大学 2007 年版。

翻译著作

1. 《拉丁美洲经济的发展》（合译），上海译文出版社 1981 年版。

2. 《玻利瓦尔文选》（合译），中国社会科学出版社 1983 年版。

3. 《外围资本主义：危机与改造》（合译），商务印书馆 1990 年版。

4. 《全球化与世界体系》上、下册（合译），社会科学文献出版社 2003 年版。

编纂著作

1. 《拉丁美洲和加勒比发展报告（2005）》，主编：苏振兴；副主编：蔡同昌。社会科学文献出版社 2006 年版。

2. 《拉丁美洲和加勒比发展报告（2007—2008）》，主编：苏振兴；副主编：蔡同昌。社会科学文献出版社 2008 年版。

3. 《拉丁美洲和加勒比发展报告（2008—2009）》，主编：苏振兴；副主编：蔡同昌。社会科学文献出版社 2009 年版。

4. 《拉丁美洲和加勒比发展报告（2009—2010）》，主编：苏振兴；副主编：蔡同昌。社会科学文献出版社 2010 年版。

5. 《中拉关系 60 年：回顾与思考》上、下卷，主编：苏振兴；副主编：宋晓平、高川。当代世界出版社 2010 年版。

6. 《拉美现代化进程及其启示》，主编：苏振兴；副主编：刘维广。知识产权出版社出版（正在出版过程中）。

学术论文和研究报告

（部分论文已收入《苏振兴文集》，此处不再重复）

1. 《巴西的外债问题》（与陈作彬合写），《拉丁美洲研究》1979 年第 2 期。

2. 《阿根廷农业资本主义的发展》，《拉丁美洲研究》1980 年第 1 期。

3. 《战后外国在巴西的直接投资》（与陈作彬合写），《拉丁美洲研究》1980 年第 3 期。

4.《智利的经济复兴政策及其成效》（与卢后盾合写），《拉丁美洲研究》1981 年第 3 期。

5.《阿根廷农业发展缓慢的原因》，《拉丁美洲研究》1981 年第 4 期。

6.《关于拉丁美洲的发展模式》，《拉丁美洲研究》1982 年第 2 期。

7.《拉普拉塔人民抗英斗争的历史意义》，《拉丁美洲研究》1982 年第 4 期。

8.《战后拉丁美洲的反帝反霸反殖斗争》（与徐世澄合写），《拉丁美洲研究》1982 年第 5 期。

9.《评拉丁美洲的经济形势》（与陈作彬合写），《拉丁美洲研究》1983 年第 2 期。

10.《关于当前拉美国家的经济危机》（与徐文渊合写），《拉丁美洲研究》1984 年第 3 期。

11.《论拉丁美洲的"民主化进程"》，《拉丁美洲研究》1986 年第 6 期。

12.《拉丁美洲——一个生机蓬勃，充满潜力的大陆》，《红旗》杂志 1986 年第 16 期。

13.《评美国对巴拿马的军事入侵》，《拉丁美洲研究》1990 年第 2 期。

14.《拉丁美洲的新结构主义》，《拉丁美洲研究》1991 年第 2 期。

15.《从"美洲倡议"看美、拉关系的走向》，《拉丁美洲研究》1991 年第 5 期。

16.《经济前景较好，不宜过分乐观》，《拉丁美洲研究》1998 年第 2 期。

17.《经济继续衰退，改革面临困境——2002 年拉美经济形势述评》，《拉丁美洲研究》2003 年第 1 期。

18.《改革与发展失调——对拉美国家经济改革的整体评估》，《拉丁美洲研究》2003 年第 6 期。

19.《拉美经济：在复苏路上蹒跚而行》，《拉丁美洲研究》2004 年第 1 期。

20.《增长、分配与社会分化——对拉美国家社会贫富分化问题的考察》，《中国社会科学院学术委员会集刊》第 1 辑，社会科学文献出版社 2004 年版。

21.《关于拉美国家现代化研究若干问题的探讨》，《中国社会科学院学术咨询委员会集刊》第 2 辑，社会科学文献出版社 2006 年版。

22. 《智利的经济政策与发展模式》，《拉丁美洲研究》2005 年第 5 期。

23. 《拉美国家能实现"千年宣言"的减贫目标吗?》，《拉丁美洲研究》2006 年第 2 期。

24. 《拉美印第安人运动兴起的政治与社会背景》，《拉丁美洲研究》2006 年第 3 期。

25. 《拉美左派崛起与左派政府的变革》，《拉丁美洲研究》2007 年第 6 期。

26. 《拉美国家经济改革的回顾与评估》，《拉丁美洲研究》2008 年第 4 期。

27. 《巴西产业竞争力分析》，《拉丁美洲研究》2008 年第 5 期。

28. 《中拉关系如何面向未来》，《拉丁美洲研究》2009 年增刊 2。

29. 《土生白人与拉美独立运动》，《拉丁美洲研究》2010 年第 6 期。

30. 《从"进口替代"到"出口导向"：拉美国家工业化模式的转型》（与张勇合写），《拉丁美洲研究》2011 年第 4 期。

31. 《拉美经济增长方式转变与现代化进程的曲折性》（与张勇合写），《拉丁美洲研究》2011 年第 5 期。

32. 《谨防城市化的消极后果——拉美国家城市化进程的若干启示》，载冷溶主编《中国特色社会主义与全面建设小康社会》，社会科学文献出版社 2008 年版。

33. 《拉丁美洲对中国迅速发展与影响扩大的反响》，载张蕴岭主编《中国与世界：新变化、新认识与新定位》，中国社会科学出版社 2011 年版。

34. 《美国与巴拿马运河》，载中国拉丁美洲史研究会主编《拉丁美洲史论文集》，东方出版社 1986 年版。

35. 《关于拉美国家社会问题的思考》，载谈世中等主编《经济全球化与发展中国家》，社会科学文献出版社 2002 年版。

36. 《跨世纪的拉丁美洲经济》（与袁东振合写），载李明德主编《拉丁美洲和中拉关系：现在和未来》，时事出版社 2001 年版。

37. 《"拉美化"主要是指社会分化》，载张小冲等主编《走进拉丁美洲》，人民出版社 2005 年版。

38. 《新自由主义与拉美工业

化》，载张小冲等主编《走进拉丁美洲》，人民出版社 2005 年版。

39.《**拉美社会分化的几点深层原因**》，载张小冲等主编《走进拉丁美洲》，人民出版社 2005 年版。

40.《**改革开放与中拉关系的新发展**》，载中国社会科学院科研局/学部工作局编《30 年回顾与评析》，社会科学文献出版社 2009 年版。

41.《**全球化背景下美国与拉美关系的新特点**》，载朱鸿博等主编《国际新格局下的拉美研究》，复旦大学出版社 2007 年版。

42.《**新自由主义指导下的拉美经济改革与影响**》，载李若谷主编《世界经济发展模式比较》，社会科学文献出版社 2009 年版。

43.《**中拉关系 60 年：成就与政策**》，载中国社会科学院老干部局编《人民共和国是一切胜利之源》，世界知识出版社 2009 年版。

44.《**拉美国家经济增长及增长方式的转变**》（与张勇合写），载张蕴岭主编《中国面临的新国际环境》，社会科学文献出版社 2011 年版。

45.《**拉丁美洲城市化进程及**

其特点》，载郑秉文主编《拉丁美洲城市化：经验与教训》，当代世界出版社 2011 年版。

46.《**未竟的工业化**》，《江汉大学学报》2006 年第 1 期。

47.《**智利经济形势与经济政策**》，载中国现代国际关系研究院与智利驻华使馆编《智利与中国：关于两国全面合作的思考》。

48.《**2009 年的拉丁美洲——中国企业"走出去"的新机遇**》，载苏振兴主编《拉丁美洲和加勒比发展报告（2008—2009）》，社会科学文献出版社 2009 年版。

49.《**有退有进，在危机中深化合作——国际金融危机背景下的中拉经贸合作**》（与张勇合写），载苏振兴主编《拉丁美洲和加勒比发展报告（2009—2010）》，社会科学文献出版社 2010 年版。

50.《**如何看待拉美国家经济社会危机频发现象**》，《国外理论动态》2007 年第 10 期。

51.《**拉美经济与亚洲金融危机**》，载中国现代国际关系研究院编《当代第三世界透视》，时事出版社 2001 年版。

52.《**拉美经济在 8 年之中三次衰退**》，《拉丁美洲研究》2002

年第 1 期。

53.《拉美国家关于新工业化道路的探索》,《拉丁美洲研究》2003 年第 3 期。

54.《拉美国家经济社会危机频发并非发展的一般规律》,《世界社会主义研究动态》2006 年第 20 期。

55.《拉美政坛"左倾化"现象评析》,《马克思主义文摘》2007 年第 2 期。

56.《拉美国家探索现代化道路的若干启示》,《学习与研究》2007 年第 6 期。

57.《谨防城市化的消极后果》,《中国党政干部论坛》2006

年第 6 期。

58.《体制内变革:拉美左派的基本政治取向》,《世界问题研究》2007 年第 64 期。

59.《拉丁美洲:新自由主义"退潮",本土发展理论复兴》,《红旗文稿》2008 年第 6 期。

60.《巴西工业竞争力分析》,《拉美调研》2008 年第 14 期。

61.《智利政府如何支持中小企业发展》,《拉美调研》2008 年第 15 期。

62.《拉美经济形势:回顾与前景预测》,载《两岸合作开发拉丁美洲研讨会论文集》,台湾致理技术学院,2012 年 3 月。

作 者 年 表

1937 年 4 月 16 日

出生于湖南省汨罗县影珠山一农民家庭。

1943 年 2 月至 1946 年 12 月

在家乡读小学。

1947 年 2—7 月

在长沙县希古台读小学 5 年级。

1948 年 3 月至 1951 年 3 月

在湖南省汨罗县南仓一家中药店当学徒。

1951 年 3 月至 1953 年 8 月

在湖南省汨罗县南仓"中医药联合诊所"任药剂师。

1953 年 9 月至 1956 年 7 月

在湖南省长沙县高仓中学读初中。

1956 年 9 月至 1959 年 7 月

在湖南省湘潭市第一中学读高中。

1959 年 9 月至 1960 年 7 月

在北京外国语学院留苏预备部学习，专修俄文。

1960 年 9 月至 1964 年 7 月

在北京大学西方语言文学系西班牙语专业学习。

1964 年 8 月至 1969 年 5 月

在中共中央对外联络部拉丁美洲研究所翻译组工作。其间，1964 年 10 月至 1965 年 5 月，在甘肃省张掖县参加"四清"工作，任拉美所工作队团支部书记；1965 年 6—12 月，在山东省黄县于家口参加劳动锻炼。

1969 年 6 月至 1971 年 4 月

先后在黑龙江省肇源县、河南

省沈丘县中联部五七干校劳动，任第6连指导员。

1971 年 5 月至 1974 年 5 月

在中共中央对外联络部拉美局工作，任副处长。

1974 年 6 月至 1977 年 4 月

在中国驻阿根廷大使馆任文化专员，三等秘书。

1977 年 5 月至 1980 年 12 月

在中共中央对外联络部拉丁美洲研究所工作，任所领导小组成员、南美研究室主任。

1981 年 1 月至 1982 年 4 月

在中国社会科学院拉丁美洲研究所任南美研究室主任。

1982 年 5 月至 1985 年 5 月

任中国社会科学院拉丁美洲研究所副所长，并于 1983 年晋升副研究员。

1984 年

主持创建中国拉丁美洲学会，并先后任副会长、常务副会长、会长。

1985 年至 1996 年 12 月

任拉美研究所所长；在研究所设立分党组期间，兼任拉美所分党组书记；1988 年晋升研究员；1990 年 6 月至 1991 年 5 月，在联合国拉美和加勒比经济委员会进行客座研究；1992 年起享受政府特殊津贴。

1996 年 12 月至 1997 年 12 月

先后在秘鲁太平洋大学、阿根廷贝尔格兰诺大学任客座教授。

1998 年 3 月至 2003 年 3 月

任第九届全国政协委员，政协外事委员会委员。

1998 年至 2006 年

任中国社会科学院学术咨询委员会委员。

2006 年

当选中国社会科学院学部委员。